JN347167

TRAVEL
무작정
따라하기

방콕

깐짜나부리 | 아유타야 | 파타야 | 후아힌

VOL 1

| 테마북 |

절대 놓칠 수 없는
최신 여행 트렌드

이진경 · 김경현 지음

길벗

무작정 따라하기 방콕
The Cakewalk Series - BANGKOK

초판 발행 · 2018년 1월 5일
초판 4쇄 발행 · 2019년 1월 11일
개정판 발행 · 2019년 6월 28일
개정판 3쇄 발행 · 2019년 11월 8일
개정2판 발행 · 2023년 7월 21일
개정3판 발행 · 2025년 3월 25일

지은이 · 이진경 · 김경현
발행인 · 이종원
발행처 · (주)도서출판 길벗
출판사 등록일 · 1990년 12월 24일
주소 · 서울시 마포구 월드컵로 10길 56(서교동)
대표전화 · 02)332-0931 | **팩스** · 02)323-0586
홈페이지 · www.gilbut.co.kr | **이메일** · gilbut@gilbut.co.kr

편집팀장 · 민보람 | **기획 및 책임편집** · 백혜성(hsbaek@gilbut.co.kr) | **표지 디자인** · 강은경
제작 · 이준호, 손일순 | **마케팅** · 정경원, 김진영, 조아현, 류효정 | **유통혁신** · 한준희 | **영업관리** · 김명자 | **독자지원** · 윤정아

진행 · 김소영 | **본문 디자인** · 한효경, 도마뱀퍼블리싱 | **지도** · 김경현 | **교정교열** · 이정현 | **일러스트** · 이희숙, 양하나
CTP 출력 · **인쇄** · **제본** · 상지사피앤비

- 이 책은 저작권법의 보호를 받는 저작물로 이 책에 실린 모든 내용, 디자인, 이미지, 편집 구성은 허락 없이 복제하거나 다른 매체에 옮겨 실을 수 없습니다.
- 인공지능(AI) 기술 또는 시스템을 훈련하기 위해 이 책의 전체 내용은 물론 일부 문장도 사용하는 것을 금지합니다.
- 잘못 만든 책은 구입한 서점에서 바꿔 드립니다.

ISBN 979-11-407-1283-0(13980)
(길벗 도서번호 020265)

© 이진경, 김경현
정가 19,000원

독자의 1초까지 아껴주는 정성 길벗출판사

(주)도서출판 길벗 | IT단행본, 성인어학, 수험서, 교과서, 경제경영, 교양, 자녀교육, 취미실용 www.gilbut.co.kr
길벗스쿨 | 국어학습, 수학학습, 주니어어학, 어린이단행본, 학습단행본 www.gilbutschool.co.kr

✦✦✦

매거진과 가이드북을 한 권에!
여행자의 준비 패턴에 따라 내용을 분리한 최초의 가이드북
여행 무작정 따라하기

"백과사전처럼 지루하지 않고, 잡지처럼 보는 재미가 있는 가이드북은 없을까?"
"내 취향에 맞는 여행 정보만 쏙쏙 골라서 볼 수 있는 구성은 없을까?"

〈여행 무작정 따라하기〉 시리즈는 여행 작가, 편집자, 마케터가 함께
여행 가이드북 독자 100여 명의 고민을 수집한 후
그들의 불편을 해소해주기 위해 계발 과정만 수년을 거쳐서 만들었습니다.

매거진 형식의 다양한 읽을거리와 최신 여행 트렌드를 담은 테마북
꼭 가봐야 할 지역별 대표 명소와 여행 코스를 풍성하게 담은 가이드북

두 권의 정보와 재미를 한 권으로 담은
여행 무작정 따라하기 시리즈가
여러분의 여행을 응원합니다.

INSTRUCTIONS
무작정 따라하기 일러두기

이 책은 전문 여행작가 2명이 방콕 전 지역을 누비며 찾아낸 관광 명소와 함께,
독자 여러분의 소중한 여행이 완성될 수 있도록 테마별, 지역별 정보와 다양한 여행 코스를 소개합니다.
이 책에 수록된 관광지, 맛집, 숙소, 교통 등의 여행 정보는 2025년 3월 기준이며 최대한 정확한 정보를 싣고자 노력했습니다.
하지만 출판 후 또는 독자의 여행 시점과 동선에 따라 변동될 수 있으므로 주의하실 필요가 있습니다.

VOL.1 테마북

테마북에서는 방콕을 비롯한 근교 지역의 다양한 여행 주제를 소개합니다.
자신의 취향에 맞는 테마를 찾은 후 가이드북에서 소개하는 지역과 지도에 체크하여 여행 계획을 세울 때 활용하세요.

방콕과 근교의 다양한 여행 주제를 볼거리, 음식, 쇼핑, 체험으로 소개합니다.

- 볼거리
- 음식
- 체험
- 쇼핑

이 책은 국립국어원 외래어 표기법을 따랐습니다. 그러나 태국어 지명이나 상점명 등은 현지 발음을 기준으로 했으며, 브랜드명은 우리에게 친숙한 것이나 국내에 소개된 명칭으로 표기했습니다.

MAP 해당 스폿을 소개한 지역의 지도 페이지를 안내합니다.

INFO 해당 스폿을 소개하는 페이지를 안내합니다.

구글 지도 GPS 구글 지도 검색창에 입력하면 바로 장소별 위치를 알 수 있는 GPS 좌표를 알려줍니다.

찾아가기 BTS 역이나 MRT 역, 랜드마크 기준으로 가장 쉽게 찾아갈 수 있는 방법을 설명합니다.

주소 해당 장소의 주소를 알려줍니다.

전화 대표 번호 또는 각 지점의 번호를 안내합니다.

시간 해당 장소가 운영하는 시간을 알려줍니다.

휴무 특정 휴무일이 없는 현지 음식점이나 기타 장소는 '연중무휴'로 표기 했습니다.

가격 입장료, 체험료, 식비 등을 소개합니다. 여러 개의 추천 메뉴가 있을 경우에는 전반적인 가격대를 알려줍니다.

홈페이지 해당 지역이나 장소의 공식 홈페이지를 기준으로 소개합니다.

VOL.2 가이드북

방콕의 대표적인 인기 여행지와 현재 새롭게 뜨고 있는 핫 플레이스까지 총 10개 지역을 선정해 소개합니다.
또 방콕과 함께 연계해서 여행하면 좋은 근교 지역도 소개합니다. 여행 코스는 지역별, 일정별, 테마별 등 다양하게 제시합니다.

 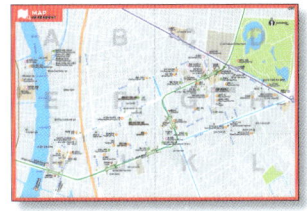

지역 상세 지도 한눈에 보기
각 지역별로 소개하는 볼거리, 음식점, 쇼핑 장소, 체험 장소, 숙소 위치를 실측 지도를 통해 자세히 알려줍니다. 또한 여행자의 편의를 위해 지역별 골목 사이사이에 자리한 맥도날드, 버거킹, 스타벅스 등의 프랜차이즈 숍과 다양한 편의점의 위치를 꼼꼼하게 표시했습니다.

지역&교통편 한눈에 보기
❶ 인기, 관광지, 쇼핑, 식도락, 나이트라이프, 복잡함 등의 테마별로 별점을 매겨 각 지역의 특징을 알려줍니다.
❷ 보자, 먹자, 사자, 하자 등 놓치지 말아야 할 체크리스트를 소개합니다.
❸ BTS, MRT, 수상 보트 등 해당 지역으로 이동할 때 이용해야 할 교통 정보를 한눈에 보여줍니다. 메인 역까지 가기 위한 정거장 수, 소요 시간, 요금 등 세부적으로 알려주어 여행 경비와 시간을 효율적으로 활용할 수 있게 도와줍니다. 표기한 명칭은 역명 기준이지만 지역명으로 봐도 무방합니다.

코스 무작정 따라하기
해당 지역을 완벽하게 돌아볼 수 있는 다양한 코스를 지도와 함께 소개합니다.
❶ 모든 코스는 역 또는 여행의 기준점이 되는 랜드마크에서부터 시작합니다.
❷ 스폿별로 그다음 장소를 찾아가는 방법을 소개합니다.
❸ 해당 스폿의 운영 시간, 휴무일 등 꼭 필요한 여행 정보만 명시했습니다.

지도에 사용된 아이콘
관광지·기타 지명
- 추천 볼거리
- 추천 쇼핑
- 추천 레스토랑
- 추천 즐길거리
- 추천 호텔
- 관광 안내소
- 볼거리
- 유명 레스토랑
- 숙소
- 게스트하우스
- 쇼핑
- 즐길거리
- 학교
- 우체국
- 공원

교통·시설
- 기차역
- 방콕 BTS
- 방콕 MRT
- 한인업소
- 선착장
- 공항
- 택시 정류장
- 버스 터미널
- 주차장
- 경찰서
- 주유소
- 병원
- 주요 건물
- 스타벅스
- 세븐 일레븐
- 훼미리마트
- 맥도날드
- 버거킹
- KFC

줌 인 여행 정보
지역별 관광, 음식, 쇼핑, 체험 장소 정보를 역 출구나 대표 랜드마크 기준으로 구분해서 소개해 여행 동선을 쉽게 짤 수 있도록 해줍니다. 실측 지도에 포함되지 못한 지역은 줌 인 지도를 제공해 더욱 완벽한 여행을 즐길 수 있게 도와줍니다.

PROLOGUE
작가의 말

이진경

태국은 여행하기 정말 좋은 나라입니다.
특히 방콕은 역사적인 볼거리와 도심의
매력을 동시에 품은 곳입니다.
《무작정 따라하기 방콕》과 함께 방콕에서
보고, 먹고, 쇼핑하는 재미에
푹 빠져보시길 바랍니다.

- 《무작정 따라하기 타이베이》, 《무작정 따라하기 치앙마이》, 《태국관광청 가이드북》, 《죽기 전에 꼭 가봐야 할 여행지 33(2)》, 《Just Go 강원도》

오래전, 싱가포르와 말레이시아, 태국을 여행한 적이 있습니다. 싱가포르에서 시작해 말레이시아의 몇 개 도시를 거쳐 마지막으로 찾은 곳이 태국이었습니다. 그때 알았죠. 전 세계 사람들이 태국으로 모여드는 이유를요.

세월만큼 많은 것이 변했습니다. 당시에는 완행버스를 타고 지방 소도시를 여행했습니다. 버스의 노래방 기계에서 흘러나오는 유행가를 한목소리로 따라 부르던 학생들이 기억납니다. 이미 버스는 버스가 아니라 축제의 현장이었죠. 방콕에 BTS가 생겼을 땐 정말 반가웠습니다. 재빠르게 이동하며 땀까지 식힐 수 있으니 그야말로 일석이조였습니다. 그땐 그랬습니다. 교통편에 택시를 이용하라고 적은 일본 가이드북 번역서가 우리의 실정에 맞지 않는다며 목 놓아 울부짖던 시절이었습니다.

세월이 흐르며 저희도 변했습니다. 이제 저희는 아무렇지도 않게 렌터카를 빌립니다. BTS의 불편한 구조와 낙후된 시설을 흉보기도 하죠. 가이드북 교통편에 택시를 이용하라고 적기도 합니다. 비단 저희만이 아닐 것이라고 생각합니다. 요즘 여행자에게는 돈만큼 시간과 편리도 귀중하니까요.

여행자의 시간과 편리를 챙기는 건 가이드북의 역할 중 하나일 겁니다. 《무작정 따라하기 방콕》을 집필하며 그 부분을 늘 염두에 두었습니다. 낯선 여행지의 수많은 선택지 중에서도 소중한 것들만 담으려 애썼습니다. 단순히 보는 여행을 넘어 잘 먹고, 잘 노는 즐거움을 소개해드리고자 노력했습니다.

스마트하고 꼼꼼하며 부지런한 백혜성 편집자가 아니었다면 힘든 작업이었을 겁니다. 후반 작업 기간에는 잠도 제대로 못 주무셨죠. 사는 동안 한 번도 쓰러진 적이 없어 정말 다행입니다. 기절의 로망(?)은 로망으로만 남겨두길 바랄게요. 수고하셨고, 감사합니다. 초반 목차 작업을 함께 했던 우현진 팀장님, 고맙습니다. 잘 쉬고 돌아오세요. 교정 교열 담당 이정현 님에게도 감사의 인사를 전합니다. 걸어 다니는 국어사전이에요. 숱한 주말을 헌납한 디자이너님들도 너무 고생 많으셨습니다. 감사합니다. 여러분 덕분에 글이 책으로 완성됐습니다. 감사합니다.

취재에 여러모로 도움을 주신 태국 관광청과 한눈송이 님, 늘 감사합니다. 공항 사진 찍어주신 민병규 님, 고맙습니다.

다섯 마리 고양이의 집사 주제에 걱정 없이 취재를 떠날 수 있었던 건 고마운 이웃 덕분입니다. 비비 엄마 김효숙 님, 감사합니다. 매번 염치없이 부탁드려요. 비비 아빠 신호승 님, 건승을 바랍니다. 은주도 고맙다. 고마운 마음은 세월이 지나도 변하지 않을 겁니다. 마치 태국처럼요.

오래전, 싱가포르와 말레이시아를 거쳐 태국에 도착한 저희는 끄라비의 한 리조트에 짐을 풀었습니다. 썽태우를 타고 찾아간 그곳은 정말 리조트였습니다. 넉넉하지 않은 경비 탓에 싱가포르의 모텔과 말레이시아의 허름한 호텔을 전전하던 터라 그 자체가 감동이었죠. 뼛속까지 친절로 무장한 태국인들의 환대를 받았고, 시간제한 없이 술을 사서 즐겼습니다. 천국이 따로 없었죠. 지금도 마찬가지입니다. 태국의 물가는 저렴하고, 태국인들은 여전히 친절합니다. 우리나라를 빼고 태국만큼 술 먹기 좋은 곳도 없죠. 그 어느 나라도 따라갈 수 없는 태국의 매력은 세월이 지나도 변함없이 무궁무진합니다. 이 책과 함께 여러분도 태국과 방콕의 매력을 오롯이 느낄 수 있기를 바라봅니다.

김경현

수십 번 방콕 여행을 했지만 방콕은 저에게 여전히 넓은 도시입니다. 방콕 여행자에게 도움이 되도록 그동안의 노하우와 열정을 모아 책에 담았습니다. 좋은 여행하시길 바랍니다.

- 《무작정 따라하기 타이베이》, 《무작정 따라하기 치앙마이》, 《태국·베트남·캄보디아·라오스 100배 즐기기》, 《태국관광청 가이드북》, 《죽기 전에 꼭 가봐야 할 여행지 33(2)》, 《Just Go 충청도》 외 다수

CONTENTS

VOL.1 테마북

INTRO

- 006 작가의 말
- 012 태국 국가 정보
- 014 방콕 지역 한눈에 보기
- 018 방콕 여행 캘린더
- 020 방콕 여행 미션 10
- 022 BANGKOK HOT & NEW 6

PART. 1 SIGHTSEEING

- 028 **MANUAL 01** 인기 명소
  방콕의 핵심이자 필수 관광지 BEST 3
- 044 **MANUAL 02** 사원
  숨죽였지만 늘 빛나는 방콕의 사원
- 054 **MANUAL 03** 박물관
  어제와 오늘의 태국 수장고
- 056 **MANUAL 04** 세계문화유산
  세계문화유산으로 남은 찬란했던 태국의 왕조, 아유타야
- 062 **MANUAL 05** 근교 여행
  근교로 떠나는 휴양 여행, 파타야 vs 후아힌?

PART. 2 EATING

- 088 **MANUAL 06** 태국 요리
  중독성 강한 태국 요리의 세계 태국 대표 요리 BEST 5
- 096 **MANUAL 07** 국수
  '면 덕후' 모여라! 매력 만점 태국 국수 열전
- 105 **MANUAL 08** 로컬 맛집
  현지인들이 찾는 보물 맛집
- 110 **MANUAL 09** 컨템퍼러리 다이닝
  맛과 분위기 모두 잡은 다이닝

114	**MANUAL 10** 해산물 레스토랑
	해산물 요리의 진수를 맛보다
118	**MANUAL 11** 강변 레스토랑
	짜오프라야 낭만 다이닝
122	**MANUAL 12** 지방 요리
	태국 지방 요리의 특징과 대표 메뉴
128	**MANUAL 13** 카페
	방콕 여정에 쉼표가 되다
132	**MANUAL 14** 디저트
	우리 입맛에도 잘 맞는 태국 디저트 베스트

PART. 3 EXPERIENCE

138	**MANUAL 15** 마사지 & 스파
	천국으로의 초대
142	**MANUAL 16** 나이트 라이프
	방콕의 밤은 낮보다 아름답다
150	**MANUAL 17** 1일 투어
	1일 투어로 떠나는 방콕 근교

PART. 4 SHOPPING

160	**MANUAL 18** 쇼핑센터
	방콕 쇼핑을 한방에 해결한다!
168	**MANUAL 19** 스파 코즈메틱
	고급 스파를 집 안으로 데려오는 방법
174	**MANUAL 20** 시장
	시장에서 방콕의 트렌드를 읽다

CONTENTS

VOL.2 가이드북

BANGKOK

AREA 01
싸얌 SIAM
- 207 싸얌 교통편
- 210 싸얌 코스 무작정 따라하기
- 212 싸얌 핵심 여행 정보

AREA 02
칫롬·프런찟 CHIT LOM·PHLOEN CHIT
- 225 칫롬·프런찟 교통편
- 227 칫롬·프런찟 코스 무작정 따라하기
- 228 칫롬·프런찟 핵심 여행 정보

AREA 03
쑤쿰윗 1 : 나나·아쏙·프롬퐁 NANA·ASOK·PHROM PHONG
- 235 나나·아쏙·프롬퐁 교통편
- 238 나나·아쏙·프롬퐁 코스 무작정 따라하기
- 240 나나·아쏙·프롬퐁 핵심 여행 정보

AREA 04
쑤쿰윗 2 : 텅러·에까마이 THONG LO·EKKAMAI
- 249 텅러·에까마이 교통편
- 251 텅러·에까마이 코스 무작정 따라하기
- 252 텅러·에까마이 핵심 여행 정보

AREA 05
씨롬·싸톤 SILOM·SATHON
- 261 씨롬·싸톤 교통편
- 264 씨롬·싸톤 코스 무작정 따라하기
- 266 씨롬·싸톤 핵심 여행 정보

AREA 06
왕궁 주변 : 랏따나꼬씬 RATTANAKOSIN
- 279 왕궁 주변 교통편
- 283 왕궁 주변 코스 무작정 따라하기
- 286 왕궁 주변 핵심 여행 정보

AREA 07
카오산 로드 KHAOSAN ROAD
- 293 카오산 로드 교통편
- 296 카오산 로드 코스 무작정 따라하기
- 298 카오산 로드 핵심 여행 정보

AREA 08
민주기념탑 주변 RATCHADAMNOEN ROAD
- 303 민주기념탑 주변 교통편
- 306 민주기념탑 주변 코스 무작정 따라하기
- 308 민주기념탑 주변 핵심 여행 정보

AREA 09
쌈쎈·테웻 SAMSEN·THEWET
- 313 쌈쎈·테웻 교통편
- 315 쌈쎈·테웻 코스 무작정 따라하기
- 316 쌈쎈·테웻 핵심 여행 정보

AREA 10
차이나타운 CHINATOWN
- 319 차이나타운 교통편
- 322 차이나타운 코스 무작정 따라하기
- 324 차이나타운 핵심 여행 정보

OUT OF BANGKOK

AREA 01
담넌 싸두악·암파와·매끌렁
DAMNOEN SADUAK·
AMPHAWA·MAEKLONG

- 333 매끌렁 강 주변 교통편
- 334 매끌렁 강 주변 코스 무작정 따라하기
- 336 매끌렁 강 주변 핵심 여행 정보

AREA 02
깐짜나부리
KANCHANABURI

- 339 깐짜나부리 교통편
- 342 깐짜나부리 코스 무작정 따라하기
- 344 깐짜나부리 핵심 여행 정보

AREA 03
아유타야 AYUTTHAYA

- 351 아유타야 교통편
- 354 아유타야 코스 무작정 따라하기
- 356 아유타야 핵심 여행 정보

AREA 04
파타야 PATTAYA

- 361 파타야 교통편
- 365 파타야 코스 무작정 따라하기
- 366 파타야 핵심 여행 정보

AREA 05
후아힌 HUA HIN

- 375 후아힌 교통편
- 378 후아힌 코스 무작정 따라하기
- 380 후아힌 핵심 여행 정보

INTRO

- 185 방콕 이렇게 간다
- 188 공항에서 방콕 시내 들어가기
- 191 방콕 시내 교통 한눈에 보기
- 198 방콕 여행 코스 무작정 따라하기

OUTRO

- 386 여행 준비
- 390 상황별 여행 회화
- 393 인덱스

INTRO
무작정 따라하기 **태국 국가 정보**

국가명
쁘라텟 타이, 태국
Kingdom of Thailand

수도
끄룽텝, 방콕 Bangkok

국기
현 짜끄리 왕조의 라마 6세 때인 1917년부터 사용했다. 청색은 국왕, 흰색은 불교, 적색은 국민의 피를 상징한다. 태국어로는 '통뜨라이롱'이라고 한다.

면적
51만4000㎢. 한반도의 약 2.3배, 대한민국 면적의 약 5배이다. 북서쪽으로 미얀마와 국경을 맞대고 있으며, 북동쪽으로 라오스, 동쪽으로 캄보디아, 남쪽으로는 말레이시아와 국경을 맞대고 있다. 국토의 28%가 삼림지대로 이루어져 있으며 약 41% 가량은 경작지로 구성되어 있다. 지역 구분은 치앙마이를 중심으로 하는 북부, 방콕을 중심으로 하는 중부, 나컨 랏차씨마를 중심으로 하는 이싼(동북부), 푸껫을 중심으로 하는 남부로 나눌 수 있다.

514,000㎢

위치
동남아시아 인도차이나 반도의 중앙에 자리한다. 북서쪽으로 미얀마, 북동쪽으로 라오스, 동쪽으로 캄보디아, 남쪽으로 말레이시아와 국경을 접하고 있다.

인구
7164만 명(2025년 기준)

종교
불교 90%, 이슬람교 6%, 기독교 2%, 기타 2%

여권 & 비자
왕복 항공권과 유효기간이 6개월 이상 남은 여권을 소지하면 무비자로 90일간 체류 가능.

인종
타이 92%

시차
한국보다 2시간 느리다.
한국이 오전 10시면 태국은 오전 8시.

기후
열대몬순 기후로 연평균 기온은 29도다. 1년 중 가장 더운 시기는 4월. 기온이 40도까지 올라가기도 한다. 여행하기 가장 좋은 시기는 건기에 해당하는 11월 초~2월 말로 기온은 18~32도 정도다.

언어
공용어 **태국어**
여행 관련 종사자들은 대부분 영어를 구사한다.

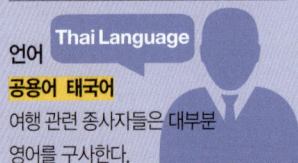

화폐

공식 화폐는 밧(B, Baht)이다. 지폐로는 20·50·100·500·1000B이 있다. 동전은 1·2·5·10B과 25사땅, 50사땅을 사용한다. 1B은 100사땅이다.

신용카드

비자 VISA, 마스터카드 Mastercard, 아멕스 AMEX, JCB 등 해외 결제가 가능한 신용카드를 사용할 수 있다. 고급 호텔, 고급 레스토랑, 백화점 등에서는 사용하기 수월한 편. 일부 레스토랑과 상점은 일정 금액 이상을 소비해야 신용카드를 받으며, 서민 식당 등지에서는 아예 사용할 수 없는 경우가 많다.

ATM

곳곳에 자리한 ATM에서 신용카드와 트래블카드를 이용해 현금 인출(Withdrawal)이 가능하다. 은행에 따라 환율의 편차가 크기 때문에 얼마의 환율이 적용되는지 꼼꼼히 살펴보는 게 좋다. 수수료는 220B가량 나온다.

화장실

방콕 시내에서는 쇼핑센터 내 화장실을 찾으면 된다. 편리하고 깔끔해서 이용할 만하다. 자주 이용하는 교통수단 중 하나인 BTS 역사 내에는 개방된 화장실이 없으니 주의할 것. MRT 역사 내에는 공중화장실이 있다. 터미널이나 작은 사원에 딸린 공중화장실에는 화장지가 비치돼 있지 않으며, 입구에서 3~10B의 사용료를 받기도 한다. 전반적으로 화장실 이용이 불편하므로 이동하기 전 화장실에 다녀오는 게 좋다.

스마트폰

공항과 대부분의 숙소를 비롯해 일부 쇼핑센터와 레스토랑에서 무료 와이파이를 제공하지만, 속도는 장담할 수 없다. 가장 편리한 방법은 태국 심카드를 구매하는 것. AIS, Dtac, TrueMove 등 통신사에서 기간, 데이터와 통화 용량에 따라 다양한 상품을 선보인다. 쑤완나품 공항 입국장의 통신사 부스를 이용하면 편리하다. 한국의 전화번호를 유지해야 하는 경우에는 한국 통신사 로밍이나 포켓 와이파이가 유용하다.

환율

1B=약 40원(매매기준율 기준)
당연한 이야기지만 환율에 따라 체감 물가는 달라진다. 태국 밧의 환율은 최근 몇 년 동안 1B=40원가량에서 국제 정세에 따라 등락을 거듭하고 있다.

환전

태국에서는 한국 돈의 환전이 쉽지 않으므로 한국에서 미리 환전하는 게 편리하다. 미국 달러는 태국 어디에서든 자유롭게 환전할 수 있지만 한국 원화를 미국 달러로, 미국 달러를 다시 태국 밧으로 환전하면 이중으로 수수료를 물어야 하므로 추천하지 않는다.

GLN

QR 결제 시스템. 앱 혹은 삼성월렛으로 GLN 설치 후 연결 계좌에 원화를 충전해 사용하면 된다. 태국은 길거리 노점에서 사용할 수 있을 정도로 GLN 이용이 매우 활발하다.

전압

220~240V. 콘센트 모양은 다르지만 별도의 어댑터 없이 한국 플러그를 사용할 수 있다.

식수

태국의 수돗물은 석회질이 함유돼 있어 식수로 적당하지 않다. 반드시 생수를 마실 것. 커피, 라면을 끓일 때에도 생수를 사용해야 한다.

우편

시내 곳곳에 우체국이 자리한다.

INTRO

무작정 따라하기
방콕 지역 한눈에 보기

AREA 1 싸얌 SIAM

- 📷 관광 ★★☆☆☆
- 🛍 쇼핑 ★★★★★
- 🍴 식도락 ★★★★★

방콕의 다운타운 일번지 싸얌 파라곤, 싸얌 센터, 싸얌 디스커버리 등 대규모 쇼핑센터가 자리한 방콕의 대표 중심지

🔍 이런 분들에게 잘 어울려요!

방콕 최고의 다운타운을 보고 싶은 태국 초보 여행자

싸얌 파라곤의 진가를 깨우친 방콕 여행 마니아

시티 라이프가 적성에 딱 맞는 2030 여자끼리 여행

AREA 2 칫롬 CHIT LOM · 프런찟 PHLOEN CHIT

- 📷 관광 ★☆☆☆☆
- 🛍 쇼핑 ★★★★★
- 🍴 식도락 ★★★★★

스펙트럼이 다양한 쇼핑 스트리트 센트럴 월드, 게이손, 센트럴 앰버시 등이 자리한 방콕의 대표 쇼핑가

🔍 이런 분들에게 잘 어울려요!

쇼핑의 A to Z를 섭렵하고자 하는 쇼핑 마니아

싸얌 지역을 방문한 경험이 있는 방콕 여행 유경험자

고즈넉한 랑쑤언 로드 등 도심의 이중적인 면을 찾는 여행자

BANGKOK

AREA 3 나나 NANA · 아쏙 ASOK · 프롬퐁 PHROM PHONG

- 관광 ★☆☆☆☆
- 쇼핑 ★★★★★
- 식도락 ★★★★★

방콕을 대표하는 유흥·상업 지역 쑤쿰윗 지역의 일부. 유흥 시설은 나나, 쇼핑센터는 아쏙과 프롬퐁에 몰려 있다.

🔍 이런 분들에게 잘 어울려요!

| 엠쿼티어 등 고급 쇼핑센터를 여유롭게 즐기고 싶은 3040 직장인 | 밤새 놀 각오로 고고 바를 찾아 헤매는 남자 또래 여행자 | 터미널 21의 창의적인 숍을 좋아하는 감각적인 2030 |

AREA 4 텅러 THONG LO · 에까마이 EKKAMAI

- 관광 ☆☆☆☆☆
- 쇼핑 ★★☆☆☆
- 식도락 ★★★★★

트렌드세터의 집결지 텅러와 에까마이 골목 곳곳 트렌드를 이끄는 레스토랑과 카페가 가득하다.

🔍 이런 분들에게 잘 어울려요!

| 트렌드세터라 자부하는 전 연령 여행자 | 혼자여도 제대로 된 끼니를 갈구하는 고독한 미식가 | SNS와 블로그가 취미인 2030 여성 여행자 |

AREA 5 씨롬 SILOM · 싸톤 SATHON

- 관광 ★★★★☆
- 쇼핑 ★★★★☆
- 식도락 ★★★☆☆

아시아티크의 길목 아시아티크로 가는 길목이자 방콕의 상업 지역. 높은 빌딩이 많아 전망 좋은 호텔 루프톱 바를 즐길 수 있다.

🔍 이런 분들에게 잘 어울려요!

| 방콕 초보 여행자 | 그저 바라만 봐도 좋은 허니문 커플 | 이브닝드레스를 입는 것만으로 행복한 2030 여자 또래 여행자 |

AREA 6 왕궁 주변 : 랏따나꼬씬 RATTANAKOSIN

- 관광 ★★★★★
- 쇼핑 ★★★☆☆
- 식도락 ★★★☆☆

방콕 핵심 관광지 방콕 최고의 볼거리가 밀집한 지역. 현 태국 왕조인 짜끄리 왕조의 왕실 사원 왓 프라깨우가 핵심 볼거리다.

🔍 이런 분들에게 잘 어울려요!

| 방콕을 찾은 누구나 | 특히 방콕이 처음인 여행자 | 보는 게 남는 거라고 생각하는 볼거리 우선주의 여행자 |

AREA 7 카오산 로드 KHAOSAN ROAD

- 관광 ★★★☆☆
- 쇼핑 ★★★★★
- 식도락 ★★★☆☆

핫 플레이스가 된 여행자 거리 배낭여행자 거리로 명성을 얻기 시작해 먹거리, 놀 거리, 살 거리가 밀집된 방콕의 핫 플레이스로 등극.

🔍 이런 분들에게 잘 어울려요!

| 방콕을 기점으로 태국과 세계 여행을 꿈꾸는 배낭여행자 | 일상 탈출을 꿈꾸는 청춘 여행자 | 여행 경비를 조금이라도 아끼고 싶은 알뜰 여행자 |

AREA 8 민주기념탑 주변 RATCHADAMNOEN ROAD

- 관광 ★★★★★
- 쇼핑 ★☆☆☆☆
- 식도락 ★★★☆☆

방콕의 숨은 볼거리 왓 랏차낫다람, 왓 쑤탓과 싸오칭차, 왓 싸껫 등의 볼거리가 자리한 곳. 왕궁 주변에 비해 한적하다.

🔍 이런 분들에게 잘 어울려요!

| 보는 게 남는 거라고 생각하는 볼거리 우선주의 여행자 | 역사 탐방에 관심이 많은 중·장년층 | 카오산 로드에 머무는 장기 여행자 |

AREA 9 쌈쎈 SAMSEN · 테웻 THEWET

- 📷 관광 ★★☆☆☆
- 🛍 쇼핑 ★☆☆☆☆
- 🍴 식도락 ★★★☆☆

카오산과 이어진 여행자 거리 카오산과 연계해 여정을 꾸리기에 좋은 곳. 카오산보다 한적하고, 좀 더 저렴하다.

🔍 이런 분들에게 잘 어울려요!

방콕이 내 집처럼 편안한 태국 여행 마니아

소박하고 정적인 분위기를 즐기는 배낭여행자

현지화를 추구하는 호기심 많은 청년층

AREA 10 차이나타운 CHINATOWN

- 📷 관광 ★★☆☆☆
- 🛍 쇼핑 ★★☆☆☆
- 🍴 식도락 ★★★★★

태국 속의 작은 중국 야시장이 문을 여는 저녁에 방문할 것. 해산물, 국수 등 저렴하고 맛있는 먹거리가 풍부하다.

🔍 이런 분들에게 잘 어울려요!

먹는 게 남는 거라는 믿음을 지닌 미식 여행가

현지화를 추구하는 호기심 많은 청년층

이국 속의 이국 풍경을 원하는 사진 마니아

OUT OF BANGKOK

AREA 1-1 담넌 싸두악 수상 시장
Damneon Saduak Floating Market

- 관광 ★★★★☆
- 쇼핑 ★★☆☆☆
- 식도락 ★★★☆☆

방콕 근교 최대 수상 시장 방콕에서 서쪽으로 약 100km 떨어진 곳에 자리한 수상 시장으로, 1일 투어를 통해 즐겨 찾는 장소.

🔍 이런 분들에게 잘 어울려요!

이국적인 풍경을 원하는 사진 마니아 | 1일 투어가 편한 초보 여행자 | 오전을 허투루 보내기 싫은 부지런한 여행자

AREA 1-2 암파와 수상 시장
Amphawa Floating Market

- 관광 ★★★☆☆
- 쇼핑 ★★☆☆☆
- 식도락 ★★★☆☆

현지인들에게 인기 만점 수상 시장 주말에만 열리는 수상 시장. 반딧불이 투어를 위해 대개 오후에 출발하는 1일 투어를 이용.

🔍 이런 분들에게 잘 어울려요!

자녀들과 떠나는 체험 여행 | 현지화를 추구하는 호기심 많은 청년층 | 1일 투어가 편한 초보 여행자

AREA 1-3 매끌렁 시장
Maeklong Railway Market

- 관광 ★★★☆☆
- 쇼핑 ★☆☆☆☆
- 식도락 ★☆☆☆☆

선로에 형성된 위험한 시장 선로 위에 자리해 기차가 들어올 때마다 판매대를 걷었다 펼쳤다 하는 독특한 풍경을 연출하는 시장.

🔍 이런 분들에게 잘 어울려요!

짧아도 괜찮다, 인상적인 자극이 필요한 여행 생활자 | 엄마와 함께 떠나는 편안한 여행 | 1일 투어가 편한 초보 여행자

AREA 2 깐짜나부리 KANCHANABURI

- 관광 ★★★★★
- 쇼핑 ★☆☆☆☆
- 식도락 ★★★★☆

콰이 강을 따라 콰이 강의 물줄기를 따라 에라완 폭포의 아름다움과 죽음의 철도로 대변되는 참혹한 전쟁사가 공존.

🔍 이런 분들에게 잘 어울려요!

영화 〈콰이 강의 다리〉를 기억하는 장년층 | 트레킹을 즐기는 활동적인 청년층 | 휴가 기간이 짧지만 방콕에만 머물기 싫은 직장인

AREA 3 아유타야 AYUTTHAYA

- 관광 ★★★★★
- 쇼핑 ★☆☆☆☆
- 식도락 ★★☆☆☆

아유타야 왕국으로 떠나는 여행 태국에서 가장 번성했던 아유타야 왕국의 흔적을 엿볼 수 있는 유네스코 세계문화유산.

🔍 이런 분들에게 잘 어울려요!

역사 탐방에 관심 많은 전 연령 여행자 | 배낭여행의 낭만을 꿈꾸는 중고등학생 | 휴가 기간이 짧지만 방콕에만 머물기 싫은 직장인

AREA 4 파타야 PATTAYA

- 관광 ★★★★★
- 쇼핑 ★★★★★
- 식도락 ★★★★★

태국 동부 해안 최고의 휴양지 방콕 인근의 해변 도시로 해변에서의 휴식은 물론 미식과 쇼핑, 나이트라이프를 위한 완벽한 장소.

🔍 이런 분들에게 잘 어울려요!

 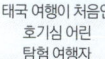

태국 여행이 처음인 호기심 어린 탐험 여행자 | 밤의 추억을 공유하고 싶은 남자끼리 여행 | 밤낮으로 놀아도 체력이 남아도는 2030 남녀 여행자

AREA 5 후아힌 HUA HIN

- 관광 ★★★☆☆
- 쇼핑 ★★★★☆
- 식도락 ★★★★★

왕실 휴양지로 개발된 고즈넉한 해변 도시 고즈넉한 해변과 풍성한 먹거리를 즐길 수 있는 휴식과 힐링을 위한 최적의 장소.

🔍 이런 분들에게 잘 어울려요!

호텔과 비치만 오가는 게으른 휴식을 원하는 3040 직장인 | 방콕 여행도, 해변의 낭만도 포기하기 싫은 신혼부부 | 파타야와 푸껫을 섭렵한 태국 여행 마니아

INTRO

무작정 따라하기 방콕 여행 캘린더

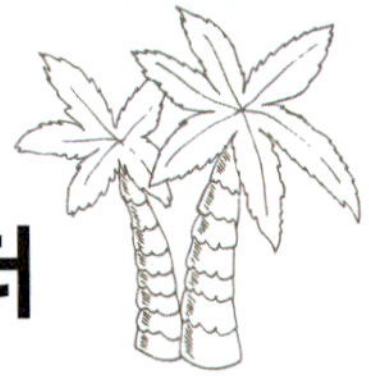

Jan	Feb	Mar	Apr	May	Jun

공휴일

1월 1일 완 큰삐마이
새해

2월 12일 완 마카부차
음력 1월 보름. 부처님의 설법을 듣기 위해 1250명의 제자가 모인 것을 기념하는 불교 행사
※주류 판매 금지

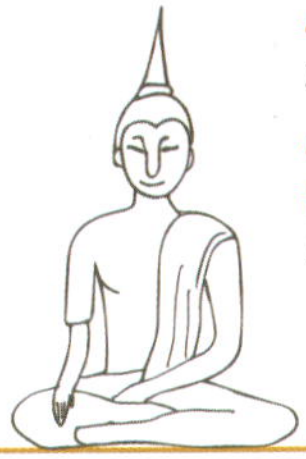

4월 6일 완 짜끄리
짜끄리 왕조 기념일

4월 13~16일 완 쏭끄란 태국의 전통적인 새해 행사

5월 1일 노동절

5월 4일 완 찻몽콘
대관식 기념일

5월 11일 완 위싸카부차 음력 4월 보름. 부처님 오신 날
※주류 판매 금지

6월 3일 왕비의 생일

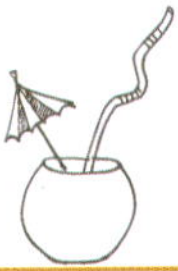

축제

4월 13~15일 쏭끄란
Songkran

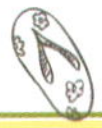

과일

3~6월 망고

9~2월 귤

4~8월 두리

1월 파인애플

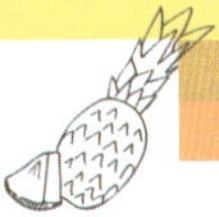

4~6월, 12~1월 파인애플

5~9월

1~12월 파파야, 로즈애플, 바나나, 수박,

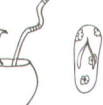

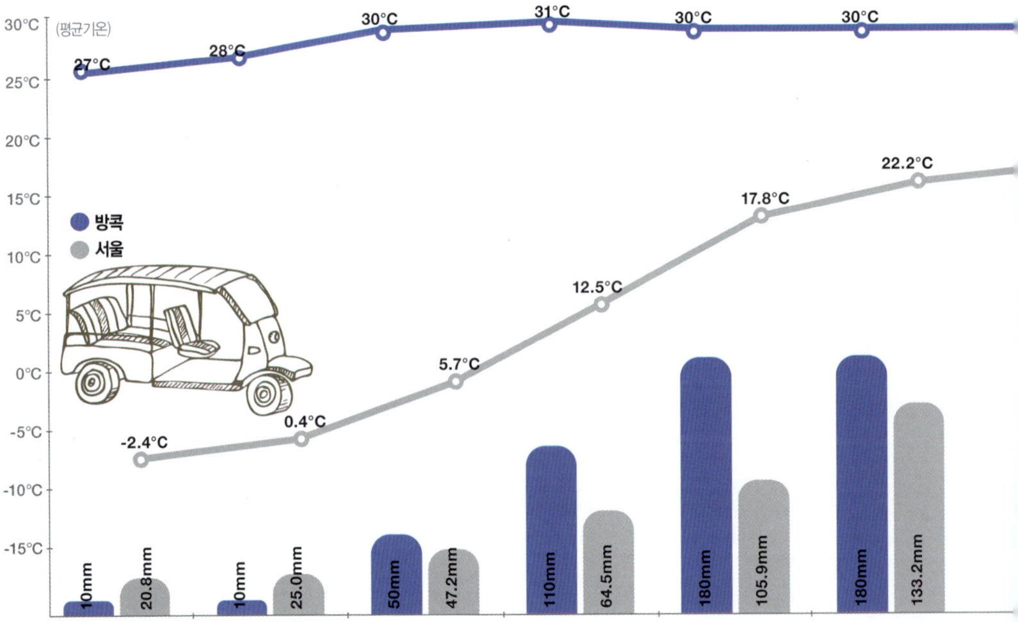
(평균기온)
30°C
25°C
20°C
15°C
10°C
5°C
0°C
-5°C
-10°C
-15°C
방콕
서울
27°C
28°C
30°C
31°C
30°C
30°C
-2.4°C
0.4°C
5.7°C
12.5°C
17.8°C
22.2°C
10mm
20.8mm
10mm
25.0mm
50mm
47.2mm
110mm
64.5mm
180mm
105.9mm
180mm
133.2mm

태국의 공휴일은 불교 관련 행사가 대부분 차지하고 있다. 불교 기념일은 음력으로 쇠기 때문에 공휴일은 매년 바뀐다. 태국의 새해이자 가장 더운 시기에 열리는 쏭끄란은 매년 날짜가 같다.

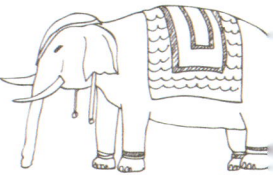

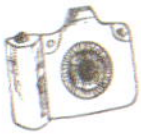

Jul

7월 28일 라마 10세 국왕의 생일

7월 10일 완 아싼하부차 부처님의 첫 설법을 기념하는 불교 행사

7월 11일 완 카오판싸 스님들이 우기 동안 이뤄지는 석 달간의 안거에 들어가는 첫째 날

※주류 판매 금지

Aug

8월 12일 씨리낏 왕모의 생일 & 어머니의 날

Sep

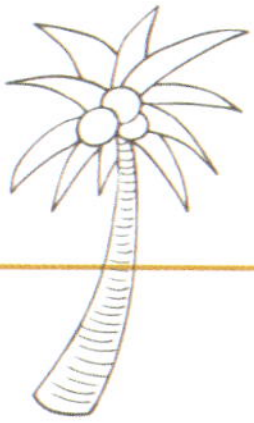

Oct

10월 13일 라마 9세 애도의 날

10월 23일 완 삐야마하랏 1910년 10월 23일에 서거한 쭐라롱껀 대왕 기념일

Nov

11월 5일 러이끄라통 Loy Krathong

Dec

12월 5일 라마 9세의 생일 & 아버지의 날

12월 10일 완 랏타탐마눈 제헌절

12월 31일 완 씬삐 한 해의 마지막 날

7~10월 롱꽁

9~2월 귤

8~11월 포멜로

12월 파인애플

망고스틴, 람부탄

코코넛, 구아바, 잭프루트, 드래건프루트

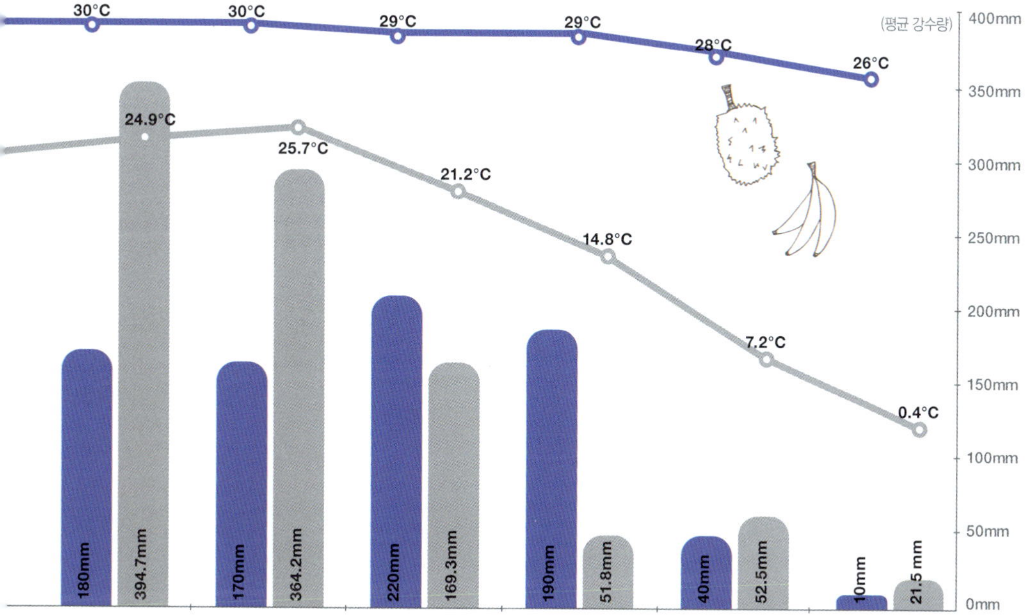
30°C
30°C
29°C
29°C
28°C
26°C
(평균 강수량)
400mm
350mm
300mm
250mm
200mm
150mm
100mm
50mm
0mm
24.9°C
25.7°C
21.2°C
14.8°C
7.2°C
0.4°C
180mm
394.7mm
170mm
364.2mm
220mm
169.3mm
190mm
51.8mm
40mm
52.5mm
10mm
21.5 mm

INTRO

무작정 따라하기 방콕 여행 미션 10

MISSION 1   방콕 명소를 반드시 찾아라

아무리 덥고 시간이 없어도 왓 프라깨우(왕궁)와 왓 포, 왓 아룬은 반드시 방문하자. 하나라도 빼놓으면 섭섭한 방콕의 핵심 볼거리다.

MISSION 2   주요 사원을 방문하라

왓 프라깨우와 왓 포, 왓 아룬 외에도 개성 넘치는 사원이 아주 많다. 수많은 사원 중에서도 왓 쑤탓과 왓 랏차낫다람, 왓 싸껫을 강력 추천한다.

MISSION 3   다양한 시장을 탐험하라

짜뚜짝 주말 시장, 아시아티크, 쩟쩨 야시장 등지는 단순히 물건을 사고파는 시장을 넘어 문화와 일상을 공유하는 방콕의 트렌드다.

MISSION 4   1일 1 마사지를 실천하라

태국이 마사지의 천국이라는 사실은 만고불변의 진리다. 저렴한 길거리 마사지 숍에서 고급 스파까지 예산과 상황에 맞게 마사지를 즐기자.

MISSION 5   태국 요리의 세계에 입문하라

'카우팟'과 '팟타이'만 외치다 가기엔 태국 요리의 세계는 너무나 방대하다. 뿌팟퐁까리와 팟팍붕으로 접근해 똠얌꿍과 카레까지 단계별로 공략하자.

MISSION 6 | 나이트라이프를 즐겨라

낮보다 화려한 방콕의 밤을 즐기자. 루프톱 바, 라이브 바, 나이트클럽, 디너 크루즈 등 밤을 보낼 장소는 무궁무진하다.

MISSION 7 | 스파 제품을 쇼핑하라

태국 스파를 경험하는 가장 편리한 방법. 시장의 저렴한 스파 제품부터 백화점의 유명 스파 제품까지 다양하다. 한국보다 3~4배 저렴한 가격도 매력적이다.

MISSION 8 | 열대 과일을 먹고 또 먹어라

싱싱하고 저렴한 과일을 먹고 또 먹자. 한국에서는 감히 상상할 수 없이 저렴하다. 본격적인 과일 파티를 위해 집에서 쓰던 과도를 가져가면 유용하다.

MISSION 9 | 카오산 로드를 방문하라

배낭여행을 하지 않아도 카오산 로드는 충분히 매력적이다. 전 세계 여행자들과 어울려 쇼핑하고, 먹고, 마시고, 춤추며 카오산 로드를 즐기자.

MISSION 10 | 해변 도시로 떠나라

방콕 여정에 파타야 혹은 후아힌을 더하자. 해변 도시에서 만끽하는 휴식과 미식은 대도시 방콕과는 또 다른 재미와 활력을 선사한다.

BANGKOK
HOT & NEW 6
2025 - 2026

Latest Bangkok News

시시각각 변하는 어메이징 시티, 방콕. 오늘의 방콕은 어떤 모습일까?

---

1 | 태국 여행, 불안하다면

Thailand Tourist Police App

태국 여행에 앞서 불안한 마음이 든다면 관광 경찰 앱에 주목하자. 태국 관광 경찰에서는 앱(Thailand Tourist Police App)을 통해 관광객의 편의를 제공한다. 앱의 주요 기능은 △관광 경찰 콜센터(1155) 연결 △경찰 및 온라인 통역사와 실시간 채팅 △실시간 위험 지역 및 경찰서 찾기 △여행 권고 또는 안전 경고와 같은 알림 △여행지 인근 명소 및 여행 정보 제공 등이다. 사고 신고, 관광 정보 제공, 언어 지원 등의 기능이 있는데, 특히 긴급 상황에서는 GPS 추적을 통해 빠르고 효율적인 지원을 보장하며, 5개 국어 통역 서비스 중 한국어 서비스가 있어 눈길을 끈다.

2 | 아시아티크에 쥐라기 공원

The Jurassic World in Asiatique

방콕의 핫플레이스인 아시아티크에 쥐라기 공원이 들어설 예정이다. 아시아티크 운영사인 에셋 월드 코퍼레이션(AWC, Asset World Corporation)은 몰입형 체험 시설인 쥐라기 월드: 디 익스피리언스(The Jurassic World: The Experience)를 2025년 중반까지 조성할 예정이라고 밝혔다. 시설이 들어서는 면적은 아시아티크의 상당 부분인 6,000㎡다. AWC는 개발 첫 단계에서 14억 밧을 투자해 세계 최대의 쥐라기 체험 시설을 조성한다는 방침이다. 쥐라기 공원에는 공룡 테마 존을 비롯해 레스토랑, 상점 등이 들어설 것으로 보인다.

| 3 | 새로운 쇼핑몰 속속 등장 |

Brand New Shopping Mall

방콕 시내에 초대형 쇼핑몰이 등장하며 쇼핑 지형을 바꾸고 있다. 그중 하나는 엠스피어(Emsphere). 엠스피어의 등장으로 BTS 프롬퐁 역 인근은 엠포리움, 엠쿼티어와 더불어 EM 쇼핑몰 지구가 형성됐다. 방콕의 고급 쇼핑 문화를 선도했던 엠포리움과 엠쿼티어에 비해 엠스피어는 좀 더 젊고 활기찬 분위기. 개방적인 구조라 쇼핑센터 특유의 답답한 느낌 또한 덜하다. 또 다른 신상 쇼핑센터는 원 방콕(One Bangkok)이다. 초대형 건물에 들어선 원 방콕은 건물의 크기만큼 시원시원한 분위기. 잘 꾸민 정원이 휴식처가 되기도 한다. 참고로 방콕에서 가장 인기 있는 쇼핑센터로는 씨암 파라곤과 아이콘 씨암을 꼽을 수 있다.

One Bangkok : The Heart of Bangkok

MRT 룸피니 역 일대에 원 방콕(One Bangkok)이 들어섰다. 원 방콕은 호텔, 쇼핑몰, 오피스 타워, 문화 예술 공간, 광장·녹지 공간으로 구성된 복합 단지. 총면적 167,000㎡(약 5만 평)로 이 중 광장·녹지 공간이 절반가량에 해당한다. 원 방콕은 과거 쑤언룸 나이트 바자와 룸피니 복싱 스타디움 등이 자리했던 부지다.

원 방콕 프로젝트에 따라 단지에는 리츠칼튼 방콕과 안다즈 원 방콕을 비롯한 총 4개의 호텔이 들어선다. 호텔의 일부 객실은 룸피니 공원을 굽어보는 조망을 자랑한다. 시내 면세점 킹파워 시티 부티크(King Power City Boutique), 태국 전역의 특산품을 선보이는 싸라팟타이(Sarapad Thai) 등 약 750개의 매장과 250개의 레스토랑이 입점한 쇼핑몰도 눈여겨 볼만하다. 원 방콕은 MRT 룸피니 역과 연결되며, BTS 프런찟 역에서 셔틀버스로도 찾을 수 있다.

| 5 | 유명 음식점 요리를 배달 앱으로 | 6 | 방콕의 새로운 기차역 끄룽텝 아피왓 중앙역 |

The Heyday of Delivery Apps

Krung Thep Aphiwat Central Terminal Station

태국에서는 배달 앱을 이용해 편리하고 손쉽게 배달 음식을 주문할 수 있다. 직접 방문할 여유가 없거나 위치가 애매한 맛집의 요리를 호텔 방에서 즐길 수 있어 여행 반경이 한층 넓어진다.

전성기를 맞은 배달 앱의 중심에는 그랩 푸드(Grab Food)와 푸드판다(Foodpanda), 라인맨(Lineman)이 있다. 가장 인기 있는 앱은 그랩 푸드. 차량 공유 앱인 '그랩'을 설치하면 그랩 푸드까지 한 번에 이용할 수 있어 여행자 접근성이 좋다. 앱을 통해 라이더와 채팅도 가능하다. 간단한 태국어는 앱 기능에 있는 번역기를 이용하면 된다.

푸드판다는 한국의 '배달의민족'과 같은 음식 전문 앱이다. 50B 이상 무료 배달 등 저렴한 배달료가 강점이다.

채팅 앱 '라인'에 기반한 라인맨은 세 배달 앱 중 가장 많은 음식점 수를 보유하고 있다. 길거리 음식부터 고급 레스토랑까지 선택의 폭이 넓다. 다만 태국어 사용자 중심이라 영어 사용자는 앱 사용에 한계가 있고, 배달료가 비싼 편이다.

방콕에서 태국 북부와 남부, 동북부(이싼) 지역으로 기차 여행을 떠나려면 이제 끄룽텝 아피왓 중앙역으로 가야 한다. 2023년 1월 19일 쑹아이꼴록행 야간열차를 시작으로 새로운 기차역의 시대가 열렸다. 역이 자리한 곳은 짜뚜짝 공원 인근의 방쓰 지역. 현재 14개의 북부 노선, 20개의 남부 노선, 18개의 동북부 노선 등 총 52개 장거리 노선의 급행열차가 끄룽텝 아피왓 중앙역에서 출발한다. 기존의 중앙역이었던 후알람퐁 역에서는 동부 노선의 일반·관광 열차를 운행한다.

끄룽텝 아피왓 중앙역은 24개의 플랫폼과 2개의 MRT 플랫폼을 갖춘 초대형 역이다. 역 내에는 푸드코트 등의 편의시설이 갖춰져 있으며, MRT 블루 라인 방쓰 역을 비롯해 SRT 레드 라인 방쓰 그랜드 역과 연결돼 있다.

한국 사람들이 한국을 코리아라 부르지 않듯이 태국 사람들은 방콕을 방콕이라 하지 않는다. 그들은 천사의 도시라는 뜻의 끄룽텝이라는 이름으로 부른다. 도시 이름이 그렇듯 방콕에 다가서지 않는 이방인들에게 방콕은 방콕일 뿐이다. 방콕에 한 발 더 다가가 따뜻한 시선을 보낼 때 방콕은 천사의 도시, 끄룽텝의 면모를 보여준다.

028	**MANUAL 01** 인기 명소	
044	**MANUAL 02** 사원	
054	**MANUAL 03** 박물관	
056	**MANUAL 04** 세계문화유산	
062	**MANUAL 05** 근교 여행	

MANUAL 01
인기 명소

방콕의 핵심이자
필수 관광지 BEST 3

왓 프라깨우와 왓 포, 왓 아룬은 방콕을 대표하는 명소이자 태국을 대표하는 3대 사원이다. 왓 프라깨우와 왓 포는 현 짜끄리 왕조가 터를 잡은 랏따나꼬씬, 왓 아룬은 짜끄리 왕조의 전신인 톤부리 왕조의 수도 톤부리에 짜오프라야 강을 사이에 두고 서 있다. 세 곳의 사원을 방문하는 것만으로도 태국의 수백 년 과거가 눈에 그려진다.

BEST 1

태국 최고의 볼거리
왓 프라깨우와 왕궁
Wat Phra Kaew & Grand Palace

총 면적 21만8,400m²로 1,900m 길이의 담장 내에 자리한다. 담장 안 최고의 볼거리는 왕실 사원인 왓 프라깨우. 태국에서 가장 신성한 에메랄드 불상을 모신 사원이다. 왕실 거주 공간으로는 두씻 마하 쁘라쌋, 프라 마하 몬티엔 등이 있다.

왕궁의 역사는 짜오프라야 강 서쪽의 톤부리에서 강 동쪽의 랏따나꼬씬으로 수도를 옮긴 1782년으로 거슬러 올라간다. 새로운 왕조인 짜끄리 왕조를 창시한 라마 1세는 버마의 공격에 효과적으로 대응하기 위해 강 건너 랏따나꼬씬 지역으로 수도를 옮기면서 중앙에 새로운 왕궁과 왕실 사원을 건설했다. 그 후 새로운 왕이 등극할 때마다 건물을 재건축하거나 보수·확장·신설해 현재에 이른다.

VOL.2 ● **MAP** p.280F ● **INFO** p.286 ● **찾아가기** 싸남 루앙 건너편, 타 창(Tha Chang) 선착장에서 직진해 도보 5분, 카오산 로드에서 도보 15분 ● **주소** Na Phra Lan Road ● **시간** 08:30~15:30 ● **휴무** 연중무휴 ● **가격** 500B ● **홈페이지** www.royalgrandpalace.th

 토크SAY
내가 본 곳은 왕궁인가 왓 프라깨우인가?

흔히 '왕궁에 간다'고 하지만 방콕 왕궁 여정의 핵심은 왕궁이 아닌 왓 프라깨우다. 경내로 들어서서 가장 먼저 만나는 건물 역시 왕실 사원인 왓 프라깨우와 그 부속 건물. 왓 프라깨우에 이어 왕궁으로 진입한 후에도 건물 외관 정도를 보는 것에 만족해야 한다. 엄밀하게 따지면 여행자들은 왕궁이 아닌 왓 프라깨우를 구경하는 셈. 현지인들에게 길을 물을 때도 '그랜드 팰리스'보다는 '왓 프라깨우'가 잘 통한다는 사실을 알아두자.

짜끄리 왕조 역사

짜끄리 왕조는 1782년부터 이어온 현 태국 왕조다. 라마 7세 때 입헌군주제가 도입됐지만 그 어느 나라보다 왕의 힘과 권력이 대단하다고 알려져 있다.

라마 1세 쭐랄록
짜끄리 왕조의 창시자. 현재 방콕인 랏따나꼬씬으로 수도 이전.
아들 17명, 딸 25명

라마 2세 풋릇란팔라이
아들 38명, 딸 35명

라마 3세 쩨사다보딘
아들 22명, 딸 29명

재위 기간: 1782~1809 » 1809~1824 » 1824~1851 »

라마 8세 아난따 마히돈
의회의 재가로 1935년 스위스에 머물던 9세에 왕위에 오름. 1945년 12월 태국으로 돌아오지만 6개월 후인 1946년 6월 침실에서 머리를 저격당해 사망.
자녀 없음

라마 7세 프라차티뽁
입헌군주제가 시작되기 전 마지막 군주. 1932년 혁명으로 태국 군주정치가 막을 내린다. 1941년 사망.
자녀 없음

라마 6세 와치라웃
딸 1명

1935~1946 « 1925~1935 « 1910~1925 «

라마 9세 푸미폰 아둔야뎃
형이 사망하자 즉위. 70년 126일간 집권하며 세계 최장기 집권 원수이자 태국 역사상 최장기 군주로 기록. 2008~2013년 〈포브스〉지에서 '세계 최고 부자 왕족'으로 선정.
아들 1명, 딸 3명

라마 10세 마하와치라롱껀
현재 태국의 국왕. 푸미폰의 유일한 아들로 64세의 나이로 즉위.
아들 7명, 딸 2명

» 1946~2016   2016~

라마 4세 몽꿋

1956년 영화 〈왕과 나〉의 실제 인물. 서구 열강의 압력이 있던 시기로 서양 문물을 포용.

아들 39명,
딸 43명

1851~1868

라마 5세 쭐라롱껀

사회, 정치 근대화와 왕권 강화. 프라빠야마하랏(대왕)으로 불리며 태국인의 존경을 받는다

아들 32명,
딸 44명

1868~1910

왓 프라깨우와 왕궁 무작정 따라가기

STEP 1 입구 통과

입구는 싸남 루앙 쪽 단 한 군데다.

✓ 입장하기 전에 물을 구입하자. 내부에 물을 판매하는 곳이 없다.
✓ 오전 8시 30분 오픈 시간에 맞춰 찾자. 그나마 가장 사람이 적으며, 가장 시원한 시간이다.

STEP 2 복장 검사

복장 검사대에서 검사를 한다. 입장 시 드레스 코드가 엄격하다.

✓ 긴바지 O, 긴치마 O, 소매 있는 셔츠 O, 반바지 X, 레깅스 X, 짧은 치마 X, 시스루 X, 민소매 티 X, 샌들 X, 플립플롭 X

✓ 적절하지 않은 복장을 입은 경우 보증금을 받고 긴치마인 싸롱이나 바지를 대여해주지만, 차례가 오기를 기다리며 시간을 허비해야 한다. 남들이 입었던 땀에 젖은 옷을 입는 것도 찝찝하다. 상황에 따라 대여소의 문을 닫는 것도 문제다. 이럴 때는 친절한 설명도 듣지 못하고 입구에서 쫓겨난다. 입장을 포기하지 않는 이상 옷 구매는 필수다.

✓ 신발에 대한 규제는 약한 편이지만 대비 차원에서 양말을 준비하자. 샌들이나 플립플롭의 경우라도 양말을 신으면 입장 가능하다.

STEP 3 매표소

외국인 입장료는 500B.
왓 프라깨우와 왕궁 외에 아트 오브 더 킹덤 뮤지엄, 콘 공연 등의 입장권이 포함돼 있다.

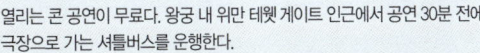

✓ 살라 찰름끄룽 극장에서 월~금요일 13:00, 14:30, 16:00에 열리는 콘 공연이 무료다. 왕궁 내 위만 테웻 게이트 인근에서 공연 30분 전에 극장으로 가는 셔틀버스를 운행한다.

✓ 퀸 씨리낏 박물관은 싸남 루앙 쪽 입구 바로 오른쪽에 자리하지만 왕궁 입장권을 소지해야 입장 가능하다. 왓 프라깨우와 왕궁을 둘러본 후 방문하면 된다. 씨리낏 왕비가 실제 입었던 옷과 태국 전통 공연인 콘의 의상과 장식품 등이 주요 볼거리다. 09:00~16:30(마지막 입장 15:30)

STEP 4 오디오 가이드 대여

한국어는 지원되지 않으므로 선택 사항이다. 영어, 프랑스어, 독일어, 일본어, 만다린 중국어, 러시아어, 스페인어, 태국어를 지원한다. 2시간 기준, 대여료 200B과 여권 혹은 신용카드를 맡겨야 한다. 이용 시간은 08:30~14:00.

STEP 5 왓 프라깨우 입장

일석이조! 프리 패스 핵심 볼거리

퀸 씨리낏 박물관과 아트 오브 더 킹덤 뮤지엄은 왓 프라깨우와 왕궁 입장권을 소지하면 무료로 함께 구경할 수 있는 볼거리다. 퀸 씨리낏 박물관은 왓 프라깨우와 왕궁을 둘러본 후 바로, 아트 오브 더 킹덤 뮤지엄은 아유타야 일정과 함께하자.

프리 패스 1
퀸 씨리낏 박물관
Queen Sirikit Museum of Textiles

1870년 라마 5세 때 건립된 왕궁 경내의 건물을 활용해 2003년에 세운 박물관이다. 옛 건물을 보존하면서 동시에 대대적인 수리를 거친 박물관에는 전시실과 교육 시설 등이 마련돼 있다. 박물관 코스의 마지막인 뮤지엄 숍에는 패브릭으로 제작된 각종 액세서리, 의류, 소품 등을 판매한다.

- 찾아가기 왕궁 경내. 싸남 루앙 쪽 입구 오른쪽
- 주소 Ratsadakhorn-bhibhathana Building, The Grand Palace ㅣ 시간 09:00~16:30, 마지막 입장 15:30
- 휴무 월요일, 새해, 쏭끄란, 12월 10일 제헌절 ㅣ 가격 150B ㅣ 홈페이지 www.qsmtthailand.org

프리 패스 2
살라 찰름끄룽
Sala Chalermkrung

1933년 영화극장으로 개장한 이래 태국의 예술과 문화를 책임지고 있는 왕실 극장이다. 2018년 유네스코 인류 무형문화유산 대표 목록에 등재된 콘을 공연한다. 콘은 라마끼안에 바탕을 둔 마스크 공연. 공연은 평일 하루 세 차례 25분간 열린다.

- 찾아가기 MRT 쌈얏 역에서 도보 2분. 왕궁에서 바로 갈 경우, 위만 테웻 게이트에서 셔틀버스 탑승, 공연 30분 전 출발
- 주소 66 Charoen Krung Road ㅣ 시간 09:00~18:00, 공연 월~금요일 13:00, 14:30, 16:00 ㅣ 휴무 연중무휴 ㅣ 가격 왕궁 입장권 소지 시 무료
- 홈페이지 www.salachalermkrung.com

프리 패스 3
아트 오브 더 킹덤 뮤지엄
Arts of the Kingdom Museum

로열 프로젝트 사업을 통해 만들어진 퀸 씨리낏 훈련소(Queen Sirikit Institute)는 서민층에게 교육의 기회를 제공해 소외된 지역의 지속 가능한 발전을 돕는 기관이다. 박물관에서는 훈련소에서 배출한 장인들이 탄생시킨 예술 작품을 전시하고 있다.

- 찾아가기 아유타야에서 남쪽 방콕 방면으로 약 20km
- 주소 Ko Koet, Bang Pa-in, Phra Nakhon Si Ayutthaya
- 시간 10:00~15:30 ㅣ 휴무 월~화요일, 새해, 쏭끄란
- 가격 150B, 왕궁 입장권 소지 시 무료 ㅣ 홈페이지 www.artsofthekingdom.com

조심 또 조심! 왕궁 주변 사기 유형

왕궁이 문을 닫았다며 다른 관광지로 안내해주겠다고 한다.

왕궁은 365일 문을 연다. 점심시간에 문을 닫는 일도 절대 없다.

목적지가 어디든 일단 아주 멀다고 하며 뚝뚝 타기를 강요한다. 동시에 목적지를 포함해 일대 사원을 저렴한 가격으로 관광시켜주겠다고 한다.

친근한 영어로 접근하는 그들의 말에 솔깃해서는 절대로 안 될 일. 막상 뚝뚝을 타면 방콕에 보석 박람회가 열린다는 등 한국에서 비싼 가격에 되팔 수 있다는 등 물밑 작업을 펼치며 보석 가게로 안내한다. 방콕의 보석 사기는 주요 국가 대사관에서 태국 정부에 항의할 정도로 심각하다. 사기 당하지 않으려면 애초에 귀를 막고 무시하는 게 상책이다.

비둘기에게 먹이를 주라고 한다.

어떤 대꾸도 하지 않고 무시하는 게 좋다. 조금만 관심을 보여도 먹이를 강제로 손에 쥐여주며 비둘기 떼에게 뿌리고는 먹이 값을 내놓으라고 한다.

클로즈UP! 조각상을 찾아보자!

본당 주변 곳곳에서 특이한 모양의 조각상을 찾아보자. 라마야나와 라마끼안에 등장하는 신들이 왓 프라깨우 곳곳을 지키고 있다.

약 왓 프라깨우의 입구를 지키고, 프라 쑤완 쩨디를 받치고 있는 수호 도깨비. 얼굴색이 다양하다.

낀년 라마끼안에 등장하는 반인반조(半人半鳥)의 신. 상반신은 사람이고, 하반신은 새다. 여성은 끼나리, 남성은 낑부룻이라고 한다. 프라쌋 프라 텝 비돈을 둘러싸고 다양한 모양과 이름으로 자리한다.

가루다 인간과 독수리의 모습을 한 신. 태국어로는 크룻.

나가 프라 몬돕의 계단에 자리. 머리가 5개인 뱀 모양의 신. 태국어로는 낙.

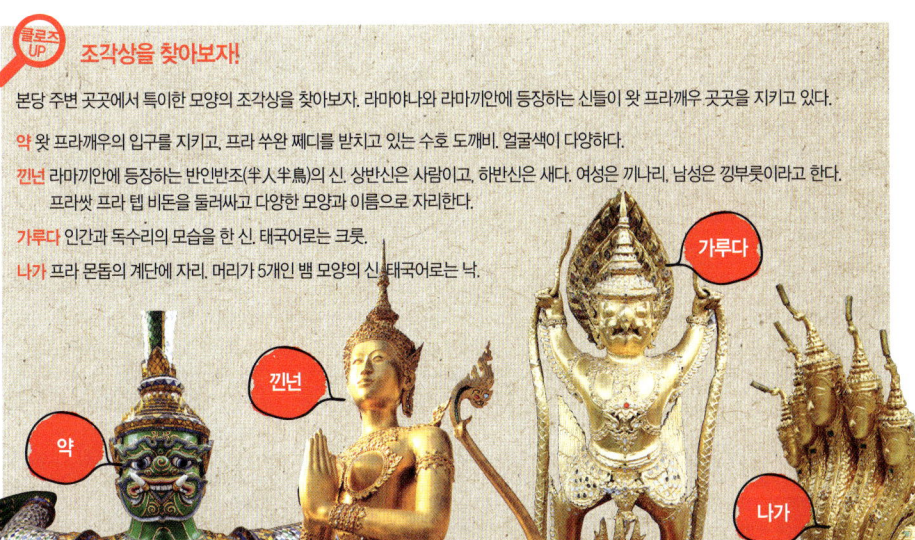

왓 프라깨우 Wat Phra Kaew

왓 프라깨우는 라마 1세 때 세운 사원이다. 아유타야에 있는 왓 프라 씨싼펫과 마찬가지로 왕실 사원으로 지은 곳이라 승려가 살지 않는다. 정식 이름은 왓 프라 씨 랏따나 쌋싸다람(Wat Phra Si Rattana Satsadaram), '에메랄드 부처의 사원'이라는 뜻으로, 영어로는 에메랄드 사원(Emerald Temple)이라 한다.

본당 주변 Upper Deck

매표소를 통과해 정면에 보이는 건물이 왓 프라깨우의 본당이지만 입구는 반대편이다. 본당 입구 쪽으로 가기 위해서는 어쩔 수 없이 본당 왼쪽의 탑을 가장 먼저 보게 된다.

1. 프라 씨 랏따나 쩨디 Phra Sri Rattana Chedi
가장 앞에 있는 황금색 종 모양의 탑. 라마 4세 때 만들었으며 탑 내부에는 부처님의 가슴 뼈가 안치돼 있다고 한다.

2. 프라 몬돕 Phra Mondop
왕실 도서관. 사각 기단을 은으로 만들고 진주로 내부를 장식했다. 내부에 불교 서적을 보관하고 있으며, 일반에는 공개하지 않는다.

3. 프라쌋 프라 텝 비돈 Prasart Phra Thep Bidorn
왕실 신전. 짜끄리 왕조 역대 왕들의 실물 크기 동상을 보관한다. 짜끄리 왕조 기념일인 4월 6일에만 내부를 공개한다.

4. 프라 쑤완 쩨디 Phra Suwan Chedi
라마 1세가 부모에게 바치기 위해 건립했다. 현재의 탑은 라마 4세 당시 재건한 것으로 탑 하단은 도깨비 약과 원숭이 신 하누만이 받치고 있다.

부속 건물 Subsidiary Buildings

왓 프라깨우의 본당으로 가기 전에 프라 몬돕 뒤로 돌아가 몇 개의 건물을 추가로 볼 수 있다. 건물 내부는 공개하지 않는다.

5. 앙코르 왓 모형 The Model of Angkor Wat
19세기 말, 싸얌의 속국이었던 크메르 왕국의 앙코르 왓에 감동한 라마 4세가 세운 건축물.

6. 프라 위한 욧 Phra Vihan Yot
라마 4세 때 도자기를 이용해 만든 작은 불당. 쑤코타이 왕조의 람캄행 대왕이 사용하던 왕좌를 보관하고 있다.

7. 호 프라 몬티엔 탐 Ho Phra Montien Tham
프라 몬돕과 같은 왕실 도서관이다. 불교 관련 서적을 보관하고 있다.

8. 회랑 벽화 Cloister Gallery
힌두 신화인 라마야나를 태국식으로 변형한 라마끼안의 벽화. 라마 1세 때 최초로 그렸으며, 이후 여러 차례 보수를 거쳤다.

본당 The Chapel Royal of The Emerald Buddha

왓 프라깨우에서 가장 크고 화려한 본당은 부속 건물들을 감상한 후 가장 나중에 방문하게 된다. 본당에는 사원의 명칭이 유래된 프라깨우, 즉 에메랄드 불상을 모셨다. 매우 신성시되는 곳이므로 들어가기 전에 신발을 벗어야 하며, 앉아 있을 때도 발이 불상을 향하지 않도록 조심해야 한다. 사진 촬영도 금지다.

9. 프라 우보쏫 Phra Ubosot
본당 내에는 옥으로 만든 프라깨우를 모셨다. 휘황찬란한 대좌 위에 모신 불상의 크기는 불과 66cm, 작은 크기에도 고귀한 오라가 느껴진다. 프라깨우는 1434년 치앙라이에 있던 탑 속에서 발견된 후 람빵과 라오스 위앙짠(비엔티안)으로 옮겨진다. 1552년부터 226년간 라오스에 머물던 프라깨우는 짜끄리 왕조를 창시한 라마 1세가 위앙짠을 점령하며 전리품으로 방콕으로 반출됐다. 프라깨우는 황금으로 된 옷을 입고 있으며, 1년에 세 번 계절에 따라 옷을 갈아입는다. 3월 더위에는 아유타야의 왕들이 사용했던 왕관과 장신구를 착용하며, 7월 우기에는 에메랄드가 박힌 황금 승복을 입는다. 시원한 11월에는 황금으로 만든 숄로 불상을 완전히 감싼다. 승복을 갈아입히는 예식은 국왕이 직접 수행한다.

왕궁 Grand Palace

왓 프라깨우의 남서쪽 코너를 통해 사원을 벗어나면 정원과 거대한 건물들이 자리한 왕궁 경내로 들어서게 된다. 왕궁은 라마 8세까지 역대 왕들의 공식적인 거주 공간. 일반에게는 일부 건물만 공개한다. 현재 왕궁은 왕실 행사나 국가적인 행사 때만 사용한다. 태국어로 왕궁은 '프라 랏차 왕'이다.

10. 프라 마하 몬티엔
Phra Maha Montien

왓 프라깨우에서 왕궁으로 접어들어 가장 먼저 보게 되는 궁전이다. 접견실로 사용한 아마린 위니차이(Amarin Winitchai), 대관식을 위한 파이싸 딱신(Paisal Taksin), 라마 1세, 2세, 3세의 거주 공간이었던 짜끄라팟 피만(Chakrapat Phiman) 등 세 건물이 연속해서 하나의 건물을 이룬다.

11. 두씻 마하 쁘라쌋
Dusit Maha Prasat

왕궁 내에서 태국적인 색채가 가장 강한 건물이자 가장 오래된 건물이다. 9층의 건물 첨탑은 마치 국왕이 쓰는 왕관처럼 생겼다. 내부에는 라마 1세 즉위식 때 사용했던 왕좌가 남아 있다. 현재는 왕족이 사망하면 시체를 화장하기 전까지 방부 처리해 보관하는 곳으로 사용한다.

12. 짜끄리 마하 쁘라쌋
Chakri Maha Prasat

라마 5세인 쭐라롱껀 대왕이 짜끄리 왕조를 성립한 지 100년이 된 것을 기념하기 위해 만들었다. 전체적으로 유럽풍 건물이지만 지붕과 첨탑은 전형적인 태국 양식을 띤다. 두 동의 부속 건물이 있는 형태로 현재는 외국 귀빈을 위한 접견실 부분만 사용한다.

13. 왓 프라깨우 박물관
Wat Phra Kaew Museum

두씻 마하 쁘라쌋 앞에 있는 건물로 왓 프라깨우에서 나온 유물을 보관·전시하고 있다. 중요 유물은 에메랄드 불상에 입히는 황금 옷과 1980년대 왓 프라깨우를 보수하면서 발견한 국왕 전용 코끼리의 뼈. 왕궁의 최초 모습과 현재 모습을 재현한 모형도 전시한다.

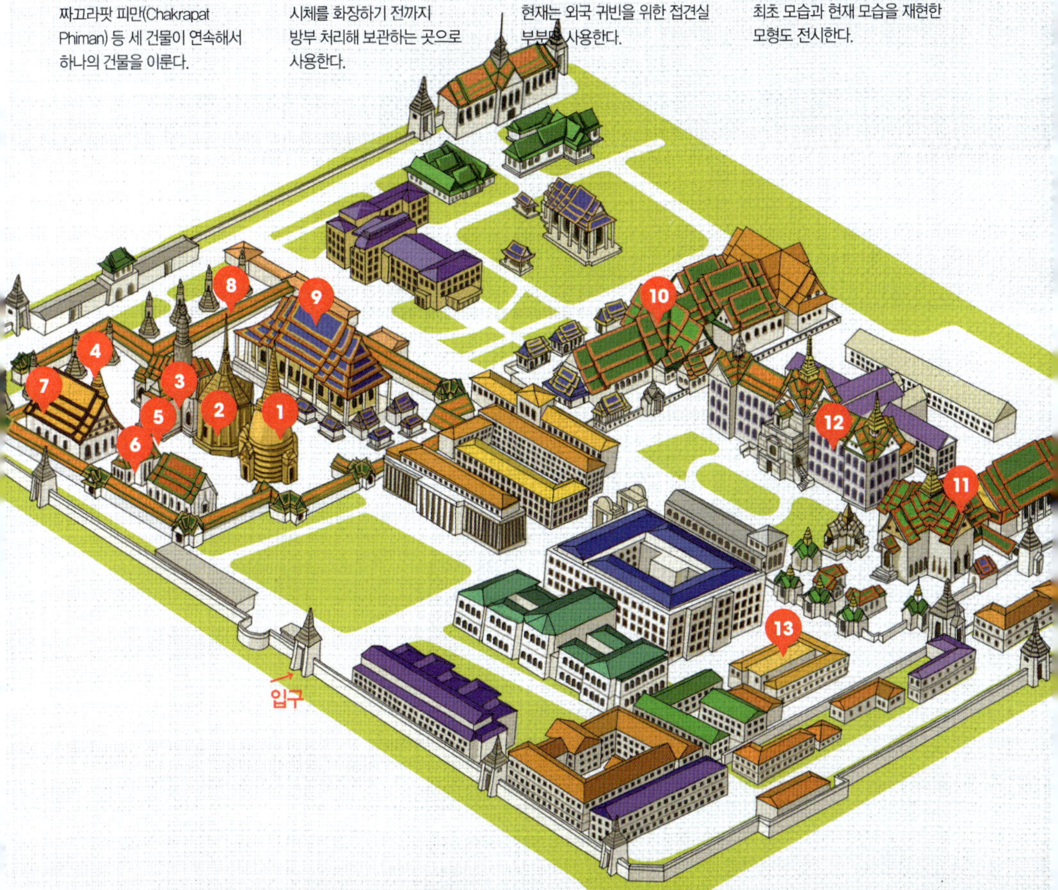

입구

BEST 2

태국에서 가장 큰 와불상을 모신 사원
왓 포 Wat Pho

방콕에서 가장 크고 오래된 사원. 방콕이 성립되기 전인 17세기 아유타야 시대에 세웠다. 라마 1세 때 왓 프라 쩨뚜폰(Wat Phra Chetuphon)이라 명명했지만 아유타야 당시의 왓 포타람(Wat Photaram)이라는 명칭이 이어져 현재까지도 왓 포라 불린다. 열반을 의미하는 와불상을 모시고 있어 열반 사원으로도 알려졌다.

왓 포는 라마 1세가 방콕을 수도로 정한 후 규모가 확장됐다. 규모가 커지면서 승려도 늘어나 500명의 승려와 750명의 수도승이 거주하는 대형 사원으로 변모했다.

왓 포의 입구는 두 곳이다. 하나는 왕궁 남쪽에 있는 쏘이 타이 왕(Soi Thai Wang), 다른 하나는 쩨뚜폰 로드(Chetuphon Road)에 있다. 쏘이 타이 왕 입구를 이용하면 와불상, 쩨뚜폰 로드 입구를 이용하면 본당을 먼저 보게 된다.

VOL.2 ⓜ MAP p.280J ⓘ INFO p.288

찾아가기 타 띠엔(Tha Tien) 선착장에서 170m 직진하면 쏘이 타이 왕 입구가 보인다. 왓 아룬(Wat Arun) 선착장에서는 강을 건너는 보트인 르아 캄팍을 타고 타 띠엔 선착장으로 건너가야 한다. 왕궁에서 걸어간다면 왕궁 출입문에서 좌회전해 마하랏 로드(Maha Rat Road) 혹은 우회전해 싸남 차이 로드(Sanam Chai Road)를 따라가면 된다.

주소 2 Sanam Chai Road
시간 08:00~19:30
휴무 연중무휴 **가격** 300B
홈페이지 www.watpho.com

 왓 포에서 찾아보자

1. 약

'약'은 사원을 수호하는 도깨비. 과거 왓 포 도깨비는 왓 쳉(왓 아룬) 도깨비와 가까운 사이였다고 한다. 형편이 좋지 않았던 왓 포의 도깨비는 짜오프라야 강을 건너가 왓 쳉의 도깨비에게 돈을 꾼다. 돈을 갚기로 약속한 날이 다가왔지만 왓 포 도깨비에게서는 연락이 없었다. 왓 쳉의 도깨비는 짜오프라야 강을 건너 왓 포 도깨비를 찾아갔지만, 돈을 갚을 수 없다는 말만 듣는다. 둘의 싸움은 이렇게 시작됐다. 몸집이 거대한 도깨비들의 싸움에 나무들은 짓밟히고 주변은 쑥대밭이 된다. 왓 프라깨우의 도깨비가 말려봤지만 소용이 없었다. 이에 보다 못한 시바 신은 둘을 돌로 만들어 왓 포와 왓 쳉의 프라 우보쏫을 지키게 했다. 두 도깨비의 싸움으로 왓 포 일대 땅에는 아무것도 남지 않았다. 그때부터 이곳은 '조금도 남지 않다'는 뜻의 '띠엔'이라고 불렸다. 현재 왓 쳉의 도깨비는 왓 아룬의 프라 우보쏫 앞을, 왓 포의 도깨비는 불교 경전을 보관하는 프라 몬돕(Phra Mondop) 앞을 지키고 있다.

2. 석상

왓 포 여기저기에 놓인 중국풍 석상은 또 하나의 재미. 장군과 서양인 석상은 왓 포 입장권에도 등장한다.

장군 무서운 눈으로 아래를 바라보고 있다. 갑옷을 입고 한 손에 무기를 들고 문을 지킨다.

서양인 서양인 복장을 하고 모자를 썼다. 중국에 유럽 문물을 소개한 마르코 폴로를 형상화한 석상으로, 총 네 쌍의 마르코 폴로가 있다.

정치인 웃는 얼굴. 한 손으로 길게 늘어진 수염을 만지작거리고 다른 한 손으로는 책을 들고 있다. 그리고 끝이 살짝 접힌 모자를 쓰고 있다.

수도승 온화한 표정에 긴 망토를 걸치고 염주를 목에 찼다.

철학자 수염이 없어 어려 보인다. 한 손에 펜이나 책을 들고 있다.

시민 밀짚모자를 쓰고 한 손에 그물이나 괭이를 들고 있다.

왓 포를 둘러보자!

1. 프라풋 싸이얏 Phra Vihara of the Reclining Buddha
사원의 북서쪽에 위치. 와불상을 모신 불당이다. 불당의 크기는 길이 60.75m, 높이 22.60m. 라마 3세 때인 1832년에 지었다. 불당 안에는 길이 46m, 높이 15m의 태국 최대 크기의 와불상이 누워 있다. 와불상은 황금으로 칠해져 있으며, 열반에 든 자세를 취한다. 와불상에 맞춰 불당을 만든 탓에 와불상을 한눈에 담기는 힘들다. 그래도 발바닥 쪽에서는 와불상의 전체적인 모습이 한눈에 들어온다. 발바닥에는 자개를 이용해 삼라만상을 그려놓았다. 와불상 외에 벽화도 볼거리다. 설법하는 부처님과 신도들, 도리천 등 불교 관련 그림과 더불어 고대 무기, 별자리 등 주제가 다양하다.

2. 프라 마하 쩨디 씨 랏차깐 Phra Maha Chedi Si Rajakarn
사원 서쪽에 자리한 네 기의 거대한 탑. 높이 42m로 화려한 모자이크 타일과 톱니바퀴 모양으로 장식했다. 녹색 탑은 라마 1세, 흰색 탑은 라마 2세, 노란색 탑은 라마 3세, 파란색 탑은 라마 4세를 상징한다. 라마 3세가 아버지를 위해 헌정한 흰색 탑을 제외하고 탑은 각 시대에 만들었다. 라마 4세 때 네 기의 탑을 두르는 담을 세워 이후 이곳에는 새로운 탑이 들어설 수 없었다. 참고로 왓 포에는 크기는 다르지만 비슷한 모양의 탑이 곳곳에 자리한다.

3. 프라 우보쏫 Phra Ubosot
동쪽에 자리한 왓 포의 본당. 라마 1세 때 건축해 라마 3세 때 규모를 확장했다. 본당의 창틀은 단단한 나무에 반짝이는 자개를 박아 우아하게 장식했다. 본당 내부에는 두 손을 모으고 결가부좌를 튼 불상을 모셨다. 불상 자체는 단아하지만 3단으로 이뤄진 받침대가 아주 화려하다. 내부에는 불교의 세계를 표현한 다양한 벽화, 외부에는 라마끼안을 묘사한 벽화가 있다.

4. 프라 라비양 Phra Rabieng
프라 우보쏫을 둘러싼 회랑. 네 방향의 회랑에 라마 1세 당시 북부에서 가져온 400여 기의 불상이 안치돼 있다. 불상들은 현대에 와 금박을 입혔다.

토크 SAY
번뇌여 사라져라

와불불상은 앞쪽 머리에서 시작해 발바닥 부분을 돌아 뒤쪽까지 순서대로 구경하게 돼 있다. 발바닥을 감상한 후 와불상 뒤쪽으로 향하면 동전이 가득 담긴 그릇이 눈에 띈다. '기부금 20B'이라고 적혀 있는 동전 그릇에는 1B짜리 동전이 100개도 넘게 들어 있다. 20B을 내면 100B을 주다니, 웬 떡인가 싶겠지만 사실 동전은 파는 게 아니다. 와불상 뒤편에 놓인 108개의 그릇에 동전을 하나하나 담으며 번뇌를 없애라는 것. 소원을 빌거나 재미 삼아 해보는 것도 나쁘지 않다. 다만 동전을 넣는 데 집중하는 사람들을 상대로 소매치기가 비일비재하다니 주의, 또 주의할 일이다.

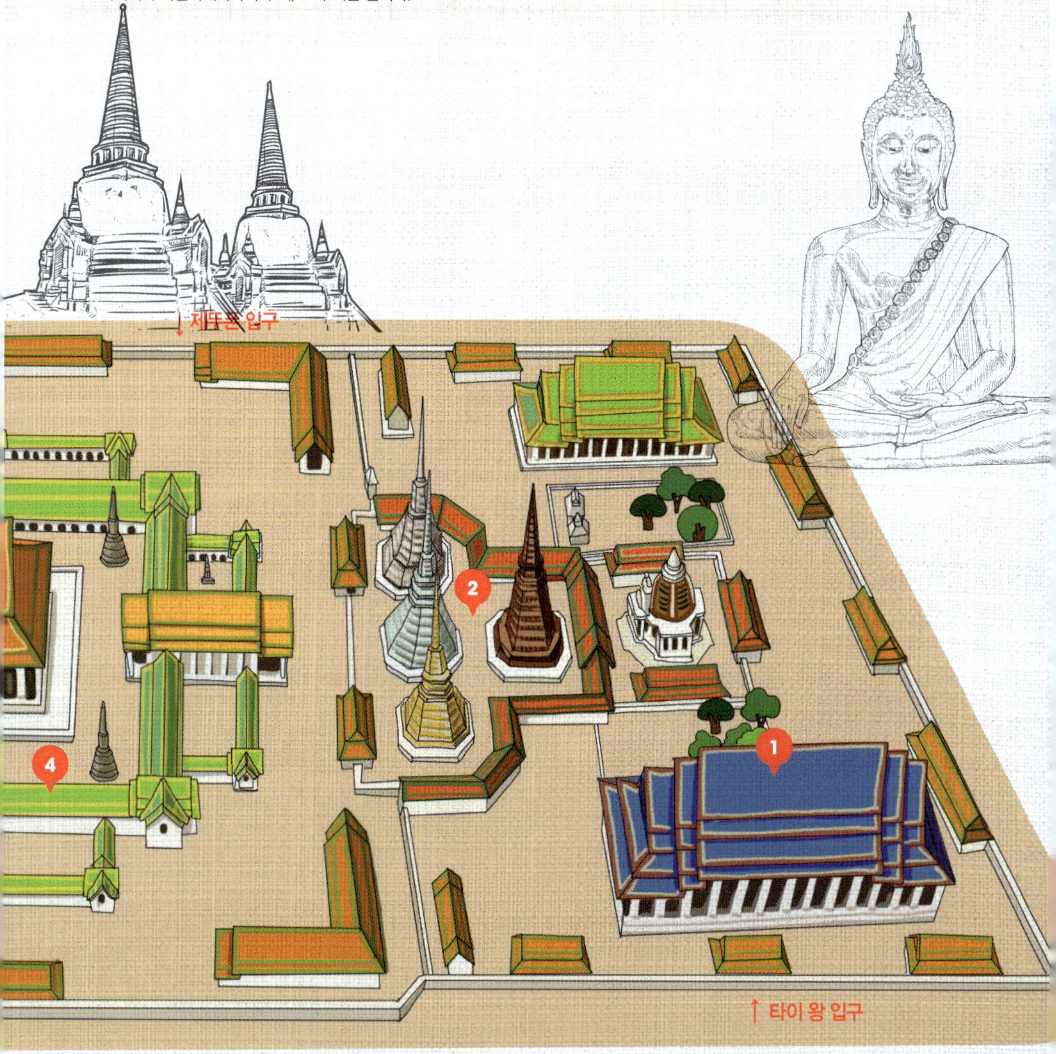

BEST 3

짜오프라야 강 너머 그린
방콕의 스카이라인
왓 아룬
Wat Arun

왓은 사원, 아룬은 새벽이라는 뜻으로 이름 그대로 새벽 사원이다. 사원은 아유타야 시대에 지었지만 정확한 조성 연대는 알 수 없다. 사원의 원래 이름은 왓 마꺽이다. 톤부리 왕조를 세운 딱신 왕은 버마와의 싸움에서 승리한 후 동틀 무렵에 왓 마꺽에 도착했다고 한다. 그런 연유로 왓 마꺽은 날이 밝아 오는 사원이라는 의미로 왓 챙(Wat Chaeng)이라 불리게 됐다. 이후 에메랄드 부처를 모신 왕실 사원 왓 프라깨우의 역할을 잠시 맡았다가 현재는 왓 아룬 혹은 왓 챙이라 불린다.

VOL.2 ⓞ MAP p.280l ⓘ INFO p.288 ⓖ **찾아가기** 짜오프라야 익스프레스가 왓 아룬 선착장에 선다. 타 띠엔 선착장에서는 르아 캄팍을 타고 왓 아룬 선착장으로 건너면 된다. ⓞ **주소** 158 Wang Doem Road ⓣ **시간** 08:00~18:00 ⓧ **휴무** 연중무휴 ⓦ **가격** 100B
ⓗ **홈페이지** www.facebook.com/watarunofficial

톤부리 왕조
버마(미얀마)를 물리친 딱신이 짜오프라야 강 서쪽의 톤부리 지역에 수도를 정하고 세운 나라로 현재 왓 아룬이 자리한 지역이 톤부리다. 불행하게도 왕조가 존재한 기간은 1767년부터 1782년까지 고작 15년. 딱신을 폐위하고 새롭게 들어선 짜끄리 왕조는 짜오프라야 강 동쪽의 랏따나꼬씬으로 수도를 옮긴다.

왓 아룬 방문 꿀팁

오전에 방문하기
새벽 사원이라는 이름 탓일까. 제대로 된 왓 아룬을 감상하려면 아침부터 서두르는 게 현명하다. 오후에는 왓 아룬의 프라 쁘랑 뒤로 해가 넘어가 역광이 들기 때문. 예쁜 사진을 찍고 싶다면 반드시 오전에 방문하자.

특별한 기념사진 남기기
태국 전통 의상을 입고 사진을 찍자. 왓 아룬 입구 근처에 태국 전통 의상을 빌려주는 곳이 자리한다. 가격은 300B.

왓 아룬 무작정 따라가기

STEP 1 타 띠엔 선착장의 'Cross the River' 안내판을 따른다. 짜오프라야 익스프레스와 다른 선착장이니 주의할 것!

STEP 2 5B을 내고 회전문 통과

STEP 3 보트 탑승 후 강 건너 하차

왓 아룬을 둘러보자!

1. 프라 쁘랑 The Central Prang

왓 아룬에서 가장 눈에 띄는 탑. 방콕을 넘어 태국을 상징하는 조형물로, 2019년 이전에 발행된 10B 동전에도 나온다. 높이는 67m. 원래는 16m 높이의 탑이었지만 라마 3세 때 증축해 현재의 위용을 갖추게 됐다. 4층 구조의 탑은 도자기 조각으로 만든 식물로 장식했다.

2. 네 기의 쁘랑 Small Prangs

프라 쁘랑 주변에 자리한 네 기의 탑. 도자기로 꽃과 식물을 만들어 장식했다. 탑의 하단은 가지각색 표정을 짓는 도깨비 악이 받치고 있다. 상층부의 사방에 마련된 작은 방에는 바람의 신 프라 파이가 말을 타고 있다. 그 위에는 가루다와 끼나리가 자리한다.

3. 2개의 악 Demon Statues

본당 입구에 있는 도깨비 수호신. 녹색 얼굴의 도깨비는 톳싸깐, 흰 얼굴의 도깨비는 싸핫데차라고 한다. 높이는 약 8m. 라마 3세 때 만든 것으로, 싸핫데차는 700여 년 전에 복원했다.

4. 프라 우보쏫 Phra Ubosot

왓 아룬의 본당. 라마 2세 때 지은 건물로 라마 4세 때 복원했다. 부처의 생애를 표현한 벽화와 라마 2세를 형상화한 본존불이 자리한다. 중국 예술에 심취한 라마 3세 덕분에 왓 아룬 곳곳에 중국풍 조각상과 건물이 많다.

5. 딱신 왕 동상 King Taksin's Bronze Statue

톤부리 왕조의 유일한 왕인 딱신 왕의 동상. 버마의 침공을 물리치고 란나 왕국과 캄보디아를 합병해 싸얌의 통일을 이룬 인물로, 후대에 대왕으로 칭송받고 있다.

MANUAL 02
사원

숨죽였지만
늘 빛나는 방콕의 사원

생활과 종교의 경계가 모호한 태국에는 사원이 참 많다. 방콕도 마찬가지라 지도 위 사원을 일일이 헤아리는 일조차 조금은 벅차다. 방콕의 수많은 사원 중 손꼽히는 주요 사원을 소개한다. 부처님의 자애는 방콕의 3대 사원으로 손꼽히는 왓 프라깨우와 왓 포, 왓 아룬과는 다를 바 없겠지만 분위기와 매력은 또 다른 사원들이다.

키워드로 보는 방콕 사원

- 왓 쑤탓 — 웅장한 불당
- 왓 마하탓
- 왓 랏차낫다람 — 으뜸 조망
- 왓 싸껫
- 왓 뜨라이밋
- 왓 인타라위한 — 거대한 불상
- 왓 벤짜마보핏 — 빛나는 외관

사원 방문 전에 알아두면 좋은 용어

뜻	발음	태국어
사원	왓	วัด
본당, 불전	봇, 프라 우보쏫	โบสถ์, พระอุโบสถ
불전	위한	วิหาร
불상	프라	พระ
왕궁, 신전	쁘라쌋	ปราสาท
둥근 모양의 탑	쩨디	เจดีย์
육각형의 탑	쁘랑	ปรางค์

사원 방문 에티켓

불당에 들어갈 때는 신발을 벗는 것이 기본 에티켓이다. 발바닥이 시커메지는 게 싫다면 양말을 준비하자. 특별히 사진 촬영을 금지한 곳을 제외하고는 불당 내부나 불상의 사진을 찍는 건 허용된다.

내가 태어난 날은 무슨 요일?

태국 사람들은 생년월일뿐 아니라 자신이 태어난 요일까지 안다. 우리와 다른 신기한 문화지만 태국에서는 당연하고도 일상적인 일. 사원을 방문해 자신이 탄생한 요일에 해당하는 수호신에게 경배를 드리며, 요일별로 정해진 색이 행운을 가져다준다고 믿는다. 국왕의 생일에 노란색 옷을 입는 것도 그 때문. 2016년에 서거한 라마 9세와 현재 국왕인 라마 10세 모두 월요일에 태어났다.

요일별 행운의 색

일요일	월요일	화요일	수요일	목요일	금요일	토요일
빨간색	노란색 혹은 크림색	분홍색	초록색	주황색 혹은 갈색	담청색	보라색 혹은 검은색

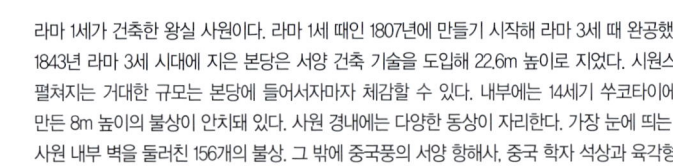

Wat Suthat

왓 쑤탓
싸오칭차와 함께 빛나는 사원

민주기념탑 주변

라마 1세가 건축한 왕실 사원이다. 라마 1세 때인 1807년에 만들기 시작해 라마 3세 때 완공했다. 1843년 라마 3세 시대에 지은 본당은 서양 건축 기술을 도입해 22,6m 높이로 지었다. 시원스레 펼쳐지는 거대한 규모는 본당에 들어서자마자 체감할 수 있다. 내부에는 14세기 쑤코타이에서 만든 8m 높이의 불상이 안치돼 있다. 사원 경내에는 다양한 동상이 자리한다. 가장 눈에 띄는 건 사원 내부 벽을 둘러친 156개의 불상. 그 밖에 중국풍의 서양 항해사, 중국 학자 석상과 육각형의 탑 등이 있다.

VOL.2 ⓞ MAP p.304I ⓘ INFO p.308
ⓖ 찾아가기 방콕 시청 광장 맞은편, 랏차담넌 로드 민주기념탑에서 550m, 도보 7분
ⓐ 주소 146 Bamrung Muang Road ⓣ 시간 08:00~20:00 ⓗ 휴무 연중무휴 ⓟ 가격 100B

클로즈 UP 싸오칭차 Giant Swing

왓 쑤탓 입구 앞에는 문처럼 생긴 붉은색 기둥이 있다. 대형 그네라는 뜻을 지닌 싸오칭차의 흔적이다. 멋진 자태 덕분에 방콕의 사진 포인트 중 한 곳으로 꼽히는 이곳에서는 창조와 파괴의 신인 시바를 맞이하기 위해 매년 음력 2월 행사가 열렸다. 행사 때는 4명의 남자가 한 조가 돼 그네를 탄다. 한 조가 된 이들은 그네를 타며 25m 높이의 대나무 기둥에 매달아놓은 금화 주머니 잡기 놀이를 했다. 하지만 사고가 빈번히 발생하며 1930년대부터 사용이 금지되기에 이르렀다. 지금은 붉은색 그네 틀만 남았지만 독특한 아름다움은 그대로 전해진다.

민주기념탑 주변

왓 랏차낫다람

미로 사원의 꼭대기에 올라

민주기념탑 인근 라마 3세 공원 바로 뒤편에 자리한다. 라마 3세 때 지은 사원으로, 불상을 모신 불당과 스님들이 거주하는 공간이 사원 경내를 이루고 있다. 가장 인상적인 건물은 로하 쁘라쌋(Loha Prasat). 철의 신전으로도 불리는 첨탑이다. 첨탑은 해탈에 이르기 위한 37개의 선행을 의미해 모두 37개로 구성된다. 내부의 길은 미로처럼 이어진다. 미로를 잇는 작은 방에는 불상, 로하 쁘라쌋의 모형 등이 놓여 있다. 36m 높이로 솟은 가운데 탑의 꼭대기까지는 계단을 통해 오를 수 있다. 인근 풍경이 막힘 없이 펼쳐지는 보석 같은 공간이다.

VOL.2 ⊙ **MAP** p.304F ⊙ **INFO** p.308 ⊙ **찾아가기** 랏차담넌 로드 민주기념탑에서 시내 방면으로 350m, 도보 5분 ⊙ **주소** 2 Maha Chai Road ⊙ **시간** 08:00~17:00 ⊙ **휴무** 연중무휴 ⊙ **가격** 20B

왓 싸껫 Wat Saket

민주기념탑 주변 — 방콕을 조망하는 언덕 위 사원

90m 높이의 인공 언덕인 푸카오텅에 자리한 사원이다. 언덕 꼭대기에 황금빛 쩨디가 있어 황금산(Golden Mount)으로도 불린다. 쩨디는 라마 3세 때 세웠지만 무게를 견디지 못하고 무너져 라마 4세 때 다시 만들었다. 그 후 라마 5세 때 인도에서 가져온 불교 유물을 쩨디에 보관하며 지금의 모습을 갖췄다. 사원에 가려면 344개의 계단을 올라야 한다. 조금 힘들지만 언덕 위에서 보는 풍경은 힘든 시간을 보상한다. 사원에 매달아놓은 풍경들이 바람에 흔들려 경쾌하게 울리면 마음까지 맑아지는 듯한 기분이 든다.

VOL.2　MAP p.305G　INFO p.309
찾아가기 랏차담넌 로드 민주기념탑에서 시내 방면으로 가다가 판파 다리를 건넌다. 700m, 도보 9분
주소 344 Chakkraphatdi Phong Road　시간 07:00~19:00　휴무 연중무휴　가격 50B

왓 마하탓 Wat Mahathat

왕궁 주변 — 거대한 불당에 거대한 불상을 모신 사원

아유타야 시대에 만든 사원으로, 본래 이름은 왓 쌀락이다. 짜끄리 왕조의 라마 1세 때부터 라마 5세 때까지 규모를 확장했으며 이름도 왓 마하탓으로 바꿨다. 불당인 우보쏘는 1000명이 한꺼번에 들어갈 정도로 크다. 불당의 규모에 걸맞게 불상 또한 매우 크다. 우보쏘 옆으로는 흰색 탑인 쁘랑이 서 있다. 무성한 초록과 대비를 이루는 탑이 화사하다. 경내의 내부 회랑을 따라 대형 불상이 이어지며, 우보쏘 주변에는 승려들의 거주 공간이 있다.

VOL.2　MAP p.280B　INFO p.286　찾아가기 탐마쌋 대학교와 왕궁 사이, 타 창에서 마하랏 로드를 따라 우회전, 500m, 도보 7분　주소 3 Maha Rat Road　시간 06:00~18:00　휴무 연중무휴　가격 무료입장

왓 벤짜마보핏
대리석 사원 | 두씻 주변

라마 5세가 두씻 지역에 궁전을 건설하며 함께 만든 사원이다. 건물의 주재료가 대리석이라 대리석 사원(Marble Temple)으로도 불린다. 이탈리아에서 수입한 대리석을 사용한 것 외에 사원 내부 창을 스테인드글라스로 꾸미는 등 유럽의 건축양식을 혼합했다. 사면으로 이뤄진 4층 지붕이 완벽한 대칭과 조화를 이루는 우보쏫은 태국 예술의 정수로 평가된다. 우보쏫 입구에 자리한 사자 모양의 조각상 씽도 정교하고 매력적이다. 내부에는 금동 불상인 프라 부다 친나랏을 그대로 모사한 불상을 모셨으며, 불상 아래에는 라마 4세의 유골을 안치했다.

VOL.2 MAP p.305C INFO p.309
찾아가기 라마 5세 기념상을 등지고 나와 좌회전해 시내 방면으로 500m, 도보 6분 주소 69 Si Ayutthaya Road
시간 06:00~18:00 휴무 연중무휴 가격 20B

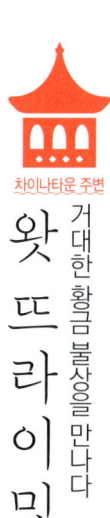

왓 뜨라이밋
거대한 황금 불상을 만나다 | 차이나타운 주변

세계에서 가장 큰 황금 불상을 모신 사원이다. 4층에 자리한 불상은 쑤코타이 양식의 온화한 이미지로 높이는 3.98m, 무릎과 무릎 사이 길이는 3.13m, 무게는 5.5톤에 달한다. 황금 불상은 1955년 5월 25일 우연한 기회에 모습을 드러냈다. 황금 불상에 회반죽을 입혀놓은 불상인 루앙 포 왓 프라야 끄라이를 옮기던 중 깨지는 사고가 발생한 것. 당시 사진과 깨진 회반죽 조각 등은 3층 박물관에서 전시한다. 2층은 야오와랏 차이나타운 헤리티지 센터로, 왓 뜨라이밋 인근에 자리한 차이나타운이 궁금하다면 방문할 가치가 있다.

VOL.2 MAP p.321H INFO p.324 찾아가기 MRT 후알람퐁 역 1번 출구에서 차이나타운 방면으로 가다가 첫 번째 교차로에서 좌회전, 총 500m, 도보 6분 주소 661 Charoen Krung Road 시간 08:00~17:00 휴무 연중무휴
가격 4층(불상) 40B, 2~3층(박물관) 통합 100B

왓 보원니웻

국왕 수행처로 유명한 사원 · 카오산 로드 주변

카오산 일대에서 가장 규모가 큰 사원. 건축적인 특징보다 국왕들의 수행처로 유명하다. 왓 보원니웻에서 수행한 최초의 국왕은 라마 4세. 라마 6세, 7세, 9세 또한 이곳에서 출가 의식을 치르고 수도 생활을 했다. 사원에 있는 2개의 위한은 일반에게 개방되지 않는다. 대신 높다란 기둥이 있는 우보쏫에는 들어갈 수 있다. 우보쏫 내에는 1257년 크메르로부터 독립한 것을 기념해 만든 쑤코타이 양식의 불상이 안치돼 있다. 우보쏫 뒤쪽에는 황금색의 쩨디가 자리한다.

VOL.2 ⓞ MAP p.295H ⓘ INFO p.298 **찾아가기** 차나 쏭크람 경찰서에서 카오산 거리 끝까지 간 후 따나오 로드(Tanao Road)로 좌회전해 약 200m 더 걸으면 교차로 인근에 사원이 보인다. 차나 쏭크람 경찰서에서 500m, 도보 7분 ● **주소** 248 Phra Sumen Road ● **시간** 08:00~17:00 ● **휴무** 연중무휴 ● **가격** 무료입장

왓 인타라위한

빅 부다 사원 · 카오산 로드 주변

높이 32m의 대형 불상을 모시고 있어 '빅 부다' 사원으로 불린다. 24K금을 사용한 대형 불상은 라마 4세 때인 1867년에 건설하기 시작해 60년에 걸쳐 완성했다. 불상의 머리 부분에는 스리랑카에서 가져온 부처의 사리를 모셨다. 실제 불상의 크기가 워낙 거대해 공양을 드리는 이들은 발만 바라보며 절을 올리게 된다. 운이 좋다면 불상 뒤쪽 계단을 통해 불상의 머리 부분까지 오를 수 있다.

VOL.2 ⓞ MAP p.314D ⓘ INFO p.316 **찾아가기** 택시 승차 후 쌈쎈 쏘이 10에 하차해 골목 안쪽으로 진입 ● **주소** 144 Wisut Kasat Road ● **시간** 06:00~18:00 ● **휴무** 연중무휴 ● **가격** 40B

방콕의 이색 사원

방콕에 태국 사원만 있는 건 아니다. 중국이나 인도 이민자를 위한 사원과 힌두 신을 모신 작은 사당도 많다. 중요한 볼거리는 아니지만 다양한 종교적인 모습을 엿보기에 손색이 없다.

기도발이 좋기로 소문난 사당
에라완 사당
Erawan Shrine

힌두교 브라마 신을 위한 사당. 브라마가 타고 다니는 신성한 동물인 에라완이 사당 중심에 모셔져 있다. 사당은 바로 옆에 자리한 그랜드 하얏트 에라완 호텔과 밀접한 관련이 있다. 1953년 호텔을 건설하며 발생한 인명 피해가 영혼의 흐름을 방해하는 호텔의 위치 때문이라고 생각한 것. 힌두 브라만교 성직자의 권고에 따라 사당을 지은 이후 호텔은 아무런 사고 없이 완공됐다. 에라완 사당은 기도 효과가 좋기로 소문나 향과 초, 꽃을 들고 찾아오는 이들로 늘 인산인해를 이룬다. 한쪽에 마련된 무대에서는 태국 전통 공연이 수시로 펼쳐진다.

VOL.2 MAP p.226C INFO p.228
찾아가기 BTS 칫롬 역 8번 출구에서 도보 1분
주소 494 Ratchadamri Road 시간 06:00~22:00
휴무 연중무휴 가격 무료입장

방콕의 리틀 인디아
씨 마하 마리암만 사원
Sri Maha Mariamman Temple

우마 데위 사원 혹은 태국식으로 왓 캑이라 불린다. 방콕에 거주하는 남인도 출신의 상인과 노동자를 위해 1876년 힌두 브라만교 사원으로 건설됐다. 사원 내부에는 시바 신을 상징하는 링가를 모신 작은 사당이 자리하며, 중앙 성소에는 사원의 주인인 우마 데위를 모셨다. 우마 데위 주변은 가루다, 크리슈나, 비슈누 같은 유명 힌두 신들이 호위하고 있다. 신도 대부분이 인도인이라 사원 주변에 인도 음식점과 시장 등 인도인을 위한 거리가 형성돼 있다.

VOL.2 MAP p.262F INFO p.272
찾아가기 BTS 쑤라싹 역 3번 출구에서 뒤돌아 첫 번째 도로에서 좌회전해 씨롬 로드가 나오면 좌회전, 총 750m, 도보 9분
주소 2 Pan Road 시간 월~목요일 06:00~20:00, 금요일 06:00~21:00, 토~일요일 06:00~20:30 휴무 연중무휴
가격 무료입장

차이나타운의 중국 불교 사원
왓 망꼰 까말라왓
Wat Mangkon Kamalawat

태국의 소승불교 사원과 전혀 다른 중국의 대승불교 사원. 1871년에 건설됐다. 한자로 용연사(龍蓮寺)이며 왓 렝너이라고도 불린다. 중국 이민자들의 신앙심을 담은 중국적인 색채의 사원으로, 차이나타운에 있는 중국 사원 중에서도 가장 많은 이들이 찾는다. 기와지붕을 휘감은 용 조각과 한자로 쓰인 현판 등이 우리에게는 익숙하게 다가온다.

VOL.2 MAP p.321C INFO p.324 찾아가기 차이나타운 중앙, 야오와랏 로드 로터스에서 망꼰 로드를 따라 300m, 도보 4분
주소 423 Charoen Krung Road 시간 월~금요일 08:00~16:30, 토~일요일 08:00~17:30 휴무 연중무휴 가격 무료입장

MANUAL 03
박물관

어제와 오늘의 태국 수장고

박물관은 짧은 걸음을 옮기는 것만으로 과거와 현재를 넘나들게 하는 마법 같은 공간이다. 수백 년 혹은 수천 년 된 이야기를 품은 그곳에서 우리는 과거에서 현재의 시간을 넘나들며 옛이야기를 듣고 보고 느낄 수 있다. 너무나 태국적이어서 너무나 세계적인 방콕 박물관의 이야기에 귀를 기울여보자.

서양인이 수집한 태국의 보물들
짐 톰슨 하우스
Jim Thompson House Museum

BTS 역과 박물관을 15분마다 연결하는 셔틀 뚝뚝을 운행한다.

짐 톰슨은 사라졌지만 그의 집은 끌렁 쌘쌥 운하 변의 주택가에 남아 있다. 200년 이상 된 여섯 채의 티크목 건물이 푸른 정원 가운데 자리해 태국 고유의 아름다움을 느끼게 한다. 집 내부에는 짐 톰슨이 수집한 골동품과 도자기, 회화, 불상 등이 가득하다. 박물관을 방불케 하는 수집품은 나컨 까쌤의 차이나타운이나 아유타야, 롭부리 등 지방을 돌아다니며 짐 톰슨이 직접 구입한 것들이다. 박물관은 소중한 수집품이 많아 개별적으로 돌아볼 수는 없고, 영어나 프랑스어, 일본어, 중국어, 태국어로 진행하는 가이드 투어를 통해 둘러봐야 한다. 가이드 투어 전에는 가방을 1층 로커에 보관해야 한다. 내부 촬영도 금지돼 있다. 박물관 외에 짐 톰슨 레스토랑과 짐 톰슨 타이 실크 매장, 짐 톰슨 아트센터가 자리한다.

VOL.2 ⓜ **MAP** p.209A
ⓘ **INFO** p.216
ⓐ **찾아가기** BTS 내셔널 스타디움 역 1번 출구 계단을 내려와 뒤돌아 걷다가 까쌤싼 쏘이 2가 나오면 우회전해 골목 끝, 350m, 도보 2분
ⓐ **주소** 6 Soi Kasemsan 2, Rama 1 Road ⓣ **시간** 10:00~17:00
ⓗ **휴무** 연중무휴 ⓟ **가격** 200B
ⓗ **홈페이지**
www.jimthompsonhouse.org

 짐 톰슨은 누구?

태국을 대표하는 실크 브랜드인 짐 톰슨 타이 실크(Jim Thompson Thai Silk)의 창시자, 제2차 세계대전 당시 태국에 파견된 OSS 장교 짐 톰슨은 종전 후에도 본국으로 귀환하지 않고 방콕에 정착했다. 타이 실크에 주목한 그는 다양한 디자인의 옷과 소품을 만들어내며 '실크 왕'이라는 명성을 얻었지만, 1967년 말레이시아 카메룬 하이랜드 여행 중 실종된다. 엄청난 인원을 투입해 수색했지만, 그의 시신은 발견되지 않았다.

태국 예술의 트렌드를 보다
방콕 아트 앤드 컬처 센터(BACC)
Bangkok Art and Culture Centre

예술과 문화의 향기로 가득한 공간. 국립 미술관, 퀸스 갤러리보다 젊은 층에 각광받는다. 건물 전체를 아트 앤드 컬처 센터로 사용하며, 각종 문화 공연과 예술 작품을 전시한다. 특별한 경우를 제외하고 무료 관람이 대다수이므로 가벼운 마음으로 들러 태국 예술의 트렌드를 엿보자. L층에는 라이브러리, 1~4층에는 신인 작가들의 작품을 자유롭게 전시하는 피플스 갤러리, 디자인 숍, 카페와 레스토랑, 5층에는 뮤지컬과 영화를 위한 오디토리움, 7~9층에는 메인 갤러리가 자리한다. 작품은 상설 전시하는 편이며, 자세한 일정은 홈페이지에서 확인 가능하다. 7~9층의 메인 갤러리에 입장하려면 A4 사이즈 이상의 가방은 로커에 맡겨야 한다. 로커는 여권을 제외한 신분증이나 100B을 맡기면 무료로 이용할 수 있다.

VOL.2 MAP p.208F **INFO** p.216
찾아가기 BTS 내셔널 스타디움 역 3번 출구에서 바로
주소 Bangkok Art and Culture Centre, 939 Rama 1 Road
시간 화~일요일 10:00~20:00 **휴무** 월요일 **가격** 무료입장
홈페이지 en.bacc.or.th

태국에 관한 모든 것
싸얌 박물관
Museum of Siam

태국과 태국 사람들, 태국적인 것 등 태국 주제의 박물관이다. 태국의 역사는 물론 건축, 문화, 전통, 음식, 의복 등 태국에 관한 거의 모든 것을 전시해, 태국이라는 나라와 태국 사람들의 삶의 방식을 이해하게 한다. 가상 현실과 증강 현실 등 최신 기술을 결합하고 관람객의 참여를 끌어내는 전시 방식 또한 흥미롭다. 증강 현실을 통해 태국 요리를 직접 해보는 식이다. 버스 차장의 돈통, 비닐에 얼음을 잔뜩 넣은 태국식 테이크아웃 커피, 각종 야돔과 야명 등 생활과 밀접한 볼거리도 많아 태국의 여러 면모를 쉽고 재미있게 배우게 된다.

VOL.2 MAP p.280J **INFO** p.290
찾아가기 MRT 싸남차이 역에서 바로
주소 4 Sanam Chai Road **시간** 화~일요일 10:00~18:00
휴무 월요일 **가격** 100B **홈페이지** www.museumsiam.org

태국 역사를 한눈에
국립박물관
National Museum

태국에 있는 박물관 중 가장 크고 방대한 규모를 자랑한다. 라마 1세 때 지은 건물 자체도 볼거리. 라마 4세 때는 개인 박물관으로 사용하다가 라마 5세 때 왕궁 유물을 옮겨 와 전시했다. 지금처럼 사용된 건 라마 7세 때이며, 1967년과 1982년에 건물 수를 늘렸다. 박물관은 여러 개의 건물로 나뉘어 태국의 역사, 왕실 생활용품, 태국 역대 왕조의 미술품과 조각, 불상 등을 전시한다.

VOL.2 **MAP** p.280B **INFO** p.286

찾아가기 싸남 루앙 북서쪽에 위치, 방콕 관광 안내소에서 싸남 루앙 방면으로 400m, 도보 5분 **주소** 4 Soi Na Phra That
시간 수~일요일 08:30~16:00(매표 마감 15:30)
휴무 월~화요일 **가격** 200B
홈페이지 www.virtualmuseum.finearts.go.th

눈여겨봐야 할 국립박물관 유물

1·2·5·3·4·7 갤러리 순서로 돌아보면 외부에 설치된 유물까지 꼼꼼하게 볼 수 있다.

갤러리 1
람캄행 대왕 비문. 쑤코타이 고유 문자로 쓰인 비문으로 쑤코타이 시대의 왕권, 정치, 사회제도, 종교, 생활사 등 다양한 모습을 담고 있다.

갤러리 2
프라 부다 씽. 쑤코타이 란나 예술의 정수를 보여주는 불상.

갤러리 304
가네샤. 인간의 몸에 코끼리 머리를 한 인도 신. 동자바.

갤러리 306
미륵보살. 롭부리 유물.

갤러리 405
걷는 자세의 불상. 쑤코타이.

하리하라
하리하라. 힌두교의 신인 하리(비슈누)와 하라(시바)의 합체상. 쑤코타이.

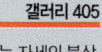

갤러리 406
화려한 장식의 장. 아유타야.

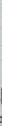

갤러리 501
붓사복. 소형 왕좌 파빌리온. 방콕.

부처님 발자국. 쑤코타이.
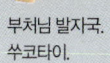

갤러리 7
왕실 가마.

MANUAL 04
세계문화유산

세계문화유산으로 남은
찬란했던 **태국의 왕조, 아유타야**

Ayutthaya

버마의 침략을 받기 전까지 417년간 태국에서 가장 번성했던 왕국이다. 1350년 우텅 왕이 아유타야를 세운 이후 33명의 왕을 배출하며 왕국을 이끌어갔다. 태국과 서양의 접촉이 처음 이뤄진 곳도 바로 아유타야에서다. 당시 아유타야는 '세계 무역의 중심지' 혹은 '황금의 도시'라 불릴 정도로 번성했지만, 침략과 파괴의 역사에 묻히고 말았다. 난공불락일 것 같았던 아유타야는 1767년 버마에 함락돼 지금은 유네스코 세계문화유산이라는 잔재로만 남았다.

아유타야 다니기

아유타야는 빠싹 강, 롭부리 강, 짜오프라야 강으로 둘러싸인 섬이다. 왓 프라 마하탓, 왓 프라 씨싼펫 등 주요 사원이 섬 안에 자리해 걸어서 둘러볼 수 있다. 다만 강 건너 왓 야이차이몽콘과 왓 차이왓타나람은 조금 멀다. 섬 안 유적은 자전거를 빌려 돌아보고 왓 야이차이몽콘과 왓 차이왓타나람에 갈 때는 오토바이 택시나 뚝뚝을 타자.

아유타야 추천 코스

1일 코스

10:00	11:00	11:40	12:20	13:00	14:00	15:00
왓 야이차이몽콘	왓 프라 마하탓	왓 랏차부라나	점심 식사	왓 프라 씨싼펫	왓 로까야쑤타람	왓 차이왓타나람

뚝뚝 10분 → 뚝뚝 2분 → 뚝뚝 7분 → 뚝뚝 7분 → 뚝뚝 7분 → 뚝뚝 7분

추천 쿤쁘라넘 ครัวประนอม P.359

반일 코스

10:00	11:00	11:40
왓 야이차이몽콘	왓 프라 마하탓	왓 프라 씨싼펫

뚝뚝 10분 → 뚝뚝 6분

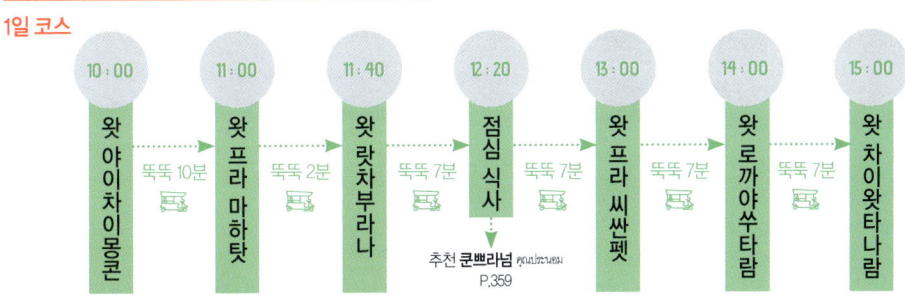

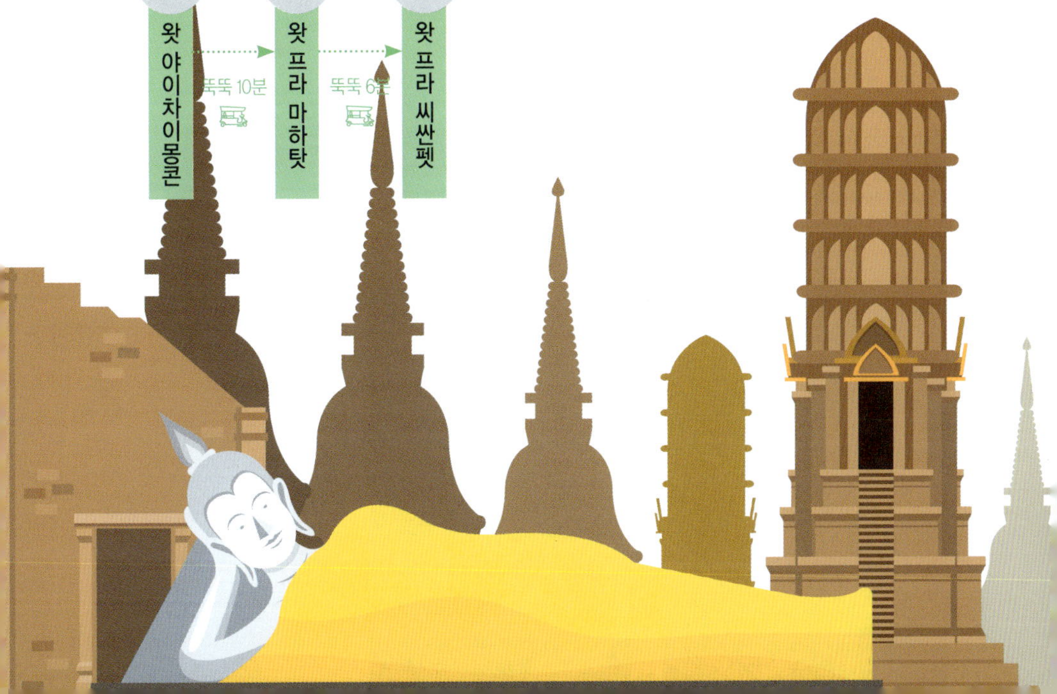

아유타야에서 꼭 봐야 할 것
MUST SEE in Ayutthaya

1. 왓 프라 씨싼펫
Wat Phra Si Sanphet

방콕 왕궁 내 에메랄드 사원과 비교될 만큼 중요한 사원이다. 아유타야 왕궁 내에 자리하며 아유타야에서 가장 큰 사원이었다고 한다. 입구에 들어서면서 3개의 높다란 쩨디가 눈에 들어온다. 이곳이 왓 프라 씨싼펫이 있던 자리로 과거 170kg의 금을 입힌 16m 높이의 입불상이 있던 곳이다. 입불상은 1767년 버마인들이 불을 질러 녹아 없어졌다. 왓 프라 씨싼펫이 있던 왕궁은 아유타야의 첫 번째 왕부터 약 100년간 왕실의 거주 공간으로 사용됐다. 이후 1448년 보롬뜨라이록까낫 왕이 새로운 왕의 거주 공간을 만들면서 승려가 살지 않는 왕실 사원 역할을 하게 됐다.

VOL.2 INFO p.356
MAP p.352F

- 찾아가기 아유타야 유적지 내
- 주소 Wat Phra Si Sanphet
- 시간 08:00~18:00
- 휴무 연중무휴
- 가격 50B
- 홈페이지 www.ayutthaya.go.th

2. 왓 프라 마하탓
Wat Phra Maha That

14세기경에 세운 사원으로, 왓 프라 씨싼펫과 더불어 중요하게 여겨진다. 머리가 잘려나간 불상, 머리만 남은 불상 등이 사원 여기저기에 나뒹굴어 참혹한 과거를 말해준다. 특히 잘려나간 머리가 나무뿌리에 감긴 불상은 세월에 묻혀버린 과거를 대변하는 듯하다. 1956년 태국 정부가 아유타야의 파괴된 유적을 재건하기로 했을 때 예술부(Fine Arts Department)는 이곳에서 금불상 몇 점과 금, 루비, 크리스털로 만든 장식품이 들어 있는 상자를 발견했다. 이 유품들은 현재 방콕에 있는 국립박물관에 전시돼 있다.

VOL.2 INFO p.356
MAP p.353G

- 찾아가기 아유타야 유적지 내
- 주소 Wat Phra Maha That
- 시간 08:00~18:30
- 휴무 연중무휴
- 가격 50B
- 홈페이지 www.ayutthaya.go.th

3 왓 랏차부라나
Wat Ratchaburana

1424년 보롬 랏차티라티(Borom Ratchathirat) 2세가 왕권 쟁탈 중 사망한 그의 두 형제를 위해 지은 사원이다. 버마와의 전쟁에서 상당 부분 파괴됐으나 탑의 조각은 여전히 살아 있는 듯 정교하다. 1957년에 일어난 도굴로 사원에 묻혀 있던 보물과 불상의 상당 부분을 잃었다. 회수된 보물은 짜오 쌈 프라야 국립박물관에 전시돼 있다.

VOL.2 INFO p.356
MAP p.353C

- **찾아가기** 아유타야 유적지 내
- **주소** Wat Ratchaburana
- **시간** 08:00~18:30 **휴무** 연중무휴
- **가격** 50B **홈페이지** www.ayutthaya.go.th

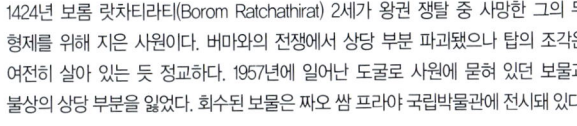

4 왓 차이왓타나람
Wat Chaiwatthanaram

VOL.2 INFO p.358
MAP p.352I

- **찾아가기** 짜오프라야 강 건너 3469번 도로 진입, 왓 프라 씨싼펫에서 4.1km, 뚝뚝으로 11분
- **주소** Wat Chaiwatthanaram
- **시간** 08:00~18:30
- **휴무** 연중무휴 **가격** 50B
- **홈페이지** www.ayutthaya.go.th

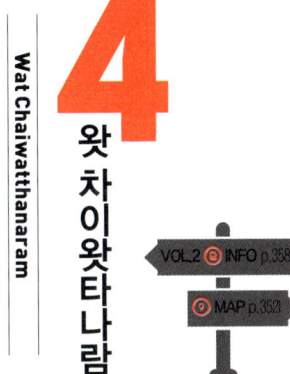

1630년에 쁘라쌋텅 왕이 그의 어머니를 위해 세운 사원으로, 앙코르 왓을 모델로 건축한 것이라고 한다. 사원 중앙에 35m 높이의 쁘랑이 자리하고, 사방에 8개의 작은 쁘랑이 있는 등 실제 모습이 앙코르 왓과 많이 닮았다. 작은 쁘랑 내부에는 벽화가 남아 있으며, 사원 내 거의 모든 불상의 머리가 잘려 있다.

5 왓 야이차이몽콘
Wat Yai Chai Mongkhon

VOL.2 INFO p.358
MAP p.353L

- **찾아가기** 방콕 방면 3477번 도로, 왓 프라 씨싼펫에서 5.9km, 뚝뚝으로 15분
- **주소** Wat Yai Chai Mongkhon
- **시간** 08:00~17:00
- **휴무** 연중무휴 **가격** 20B
- **홈페이지** www.ayutthaya.go.th

1357년 우텅 왕이 스리랑카에서 유학하고 돌아온 승려들의 명상을 위해 세운 사원. 나레쑤언 왕이 버마와의 전쟁에서 승리한 후 1593년에 건설한 종 모양의 쩨디와 사원 입구 왼쪽에 자리한 7m 와불상이 인상적이다. 역사 공원 외곽의 유적지 중에서는 방문자가 가장 많다.

6 왓 로까야쑤타람
Wat Lokayasutharam

VOL.2 INFO p.357
MAP p.352F

- **찾아가기** 아유타야 유적지 내
- **주소** Wat Lokayasutharam
- **시간** 08:00~16:30
- **휴무** 연중무휴 **가격** 무료입장
- **홈페이지** www.ayutthaya.go.th

왕궁 서쪽에 자리한 사원. 아유타야 후기에 건설한 여러 개의 쁘랑이 있다. 핵심 볼거리는 길이 42m, 높이 8m의 와불상인 프라부다 싸이얏. 남북으로 누워 있으며 얼굴은 서쪽을 향한다. 돌로 만든 와불상은 유적 보존을 위해 신도들이 금박을 탁발하는 것을 금지한다.

이곳도 놓치지 말자!

위한 프라 몽콘보핏
Vihara Phra Mongkhon Bophit

왓 프라 씨싼펫 옆에 자리한 사원. 프라 몽콘보핏을 모시고 있다. 1767년 버마 때문에 파괴되었는데, 1956년에 버마에서 기부금을 받아 원형대로 복구했다. 15세기에 만든 대형 청동 불상을 모시고 있는 곳으로 연인이 함께 사원에 들어가면 헤어진다는 속설이 있다.

쑤리요타이 쩨디
Phra Chedi Sri Suriyothai

아유타야 짜끄라빳 왕의 왕비 쑤리요타이는 태국에서 여자 영웅으로 칭송받는다. 1548년 버마가 침략했을 당시 왕을 보좌하기 위해 전쟁에 참여해 자신의 목숨을 버렸기 때문이다. 왕비가 죽은 이후 왕비를 위한 쩨디를 만들고 그녀의 유골을 안치했다고 한다.

왓 프라람
Wat Phra Ram

왕궁과 왓 프라 씨싼펫 인근의 호숫가에 자리한 사원. 습지 이름인 붕프라람에 연유해 왓 프라람이라고 불린다. 정확한 조성 연대와 이유는 알 수 없다. 라메쑤언 왕이 1369년에 건설을 명해 당시 혹은 그 이후에 세웠을 것으로 추정한다. 입장료 50B.

방빠인 별궁
Bang Pa-In Palace

17세기 중엽 아유타야 쁘라쌋텅 왕이 짜오프라야 강 위의 길이 400m, 폭 40m 섬에 세운 궁전. 여름 궁전이라고도 불린다. 입구에서 골프 카트를 대여하지만 도보로 돌아봐도 문제없다. 입장료 100B.

짜오 쌈 프라야 국립박물관
Chao Sam Phraya National Museum

TAT 맞은편 로짜나 로드(Rochana Road)에 자리했다. 2개의 전시관과 전통 태국 가옥으로 이뤄진 박물관에는 아유타야, 롭부리, 우텅, 쑤코타이, 드바라와티 양식의 불상과 목조 조각 등이 전시돼 있다. 왓 마하탓과 왓 프라람에서 발굴된 유물도 볼만하다. 입장료 150B.

MANUAL 05
근교 여행

근교로 떠나는 휴양 여행
파타야 vs 후아힌

> 방콕 근교 휴양지,
> 어디로 가면 좋을까?

파타야   VS   후아힌

휴양 ★★★★★
파타야 비치 혹은 리조트 즐기기

유흥 ★★★★★
과장 섞어 파타야 전체가 유흥가

휴양 ★★★★★
고즈넉한 후아힌 비치와 리조트

유흥 ★★★
푼쑥(Poon Suk) 골목에 고고 바 밀집

자연 ★★★★
남쪽의 좀티엔, 북쪽의 나끌르아 해변

관광 ★★★★★
크고 작은 볼거리가 가득

자연 ★★★★★
하얗게 빛나는 백사장과 하늘빛 머금은 바다

관광 ★★★
봐도 그만 안 봐도 그만인 볼거리들

편의 시설 ★★★★★
다수의 레스토랑과 쇼핑 매장

물가 ★★★★★
중심가의 물가는 방콕보다 높은 수준

편의 시설 ★★★★★
다수의 레스토랑과 쇼핑 매장

물가 ★★★★
방콕, 파타야보다 저렴한 수준

파타야 여행 미션 5

① 꼬 란의 맑은 바다 즐기기

② 워킹 스트리트에서 놀기

③ 루프톱 바에서 파타야 전망 즐기기

④ 해산물 레스토랑 즐기기

⑤ 농눗 파타야 가든 정원 구경

후아힌 여행 미션 5

① 리조트에서 빈둥대기

② 후아힌 야시장 먹거리 탐방

③ 해산물 레스토랑 즐기기

④ 씨케다 주말 야시장 구경

⑤ 평화로운 비치 즐기기

태국 동부 해안 최고의 휴양지
파타야 Pattaya

- 인기도 ★★★★★
- 접근성 ★★★★☆
- 볼거리 ★★★★☆
- 쇼핑 ★★★★☆
- 식도락 ★★★★☆
- 복잡함 ★★★★☆

파타야는 태국 동부 해안 최고의 휴양지로 수많은 외국 관광객이 찾는 세계적인 휴양지다. 여행자들은 남북으로 이어진 해변에서 한가로운 시간을 보내거나 파타야 인근의 섬을 찾아 여유를 만끽한다. 비치 리조트에서 온종일 빈둥거리는 것도 여유를 즐기는 방법이다. 해변과 가까운 도심은 생동감이 넘쳐 쇼핑과 미식, 나이트라이프를 즐기기에 그만이다. 파타야에서는 그야말로 '아무것도 하지 않을 자유'와 '무엇이든 할 수 있는 자유'가 주어진다.

파타야의 볼거리

맑은 물빛과 고운 백사장을 찾아서
꼬 란
Koh Larn

파타야 인근의 핵심 볼거리. 흔히 산호섬이라 불린다. 파타야 비치보다 물이 깨끗하며 해변의 모래가 곱다. 섬은 가로 약 2km, 세로 약 5km 규모로 따이야이, 텅랑, 따웬, 티안, 싸매, 누안 등 크고 작은 해변을 품었다. 가장 인기 높은 해변은 한국과 중국에서 온 1일 투어 여행자들이 즐겨 찾는 핫 따웬. 파타야 비치보다 혼잡하지만 물이 맑다. 따웬 해변에는 단체 관광객을 위한 식당과 의류, 액세서리, 기념품 등을 판매하는 가게가 늘어서 있으며, 각종 해양 스포츠 시설이 위치한다.

VOL.2 INFO p.366
MAP p.362C

찾아가기 파타야 발리하이 선착장에서 꼬 란 나반 선착장까지 페리를 운항한다. 발리하이-나반은 07:00~18:30, 나반-발리하이는 06:30~18:00에 1시간 30분~3시간 간격으로 출발한다. 승객이 차면 출발하는 등 운항 시간을 정확히 지키지는 않는다. 45분 소요, 편도 30B. 꼬 란 내에서 이동하는 요금이나 오가는 시간을 따지면 파타야 해변에서 출발하는 스피드 보트가 오히려 효율적이다. 15분 소요, 왕복 300B가량으로 흥정이 가능하다. 꼬 란 내 각 해변으로 이동할 때는 썽태우나 오토바이 택시를 이용하면 된다. 해변에 따라 썽태우는 20~40B, 오토바이 택시는 40~60B.

주소 Koh Larn

파타야에서 떠나는 세계 정원 여행

농눗 파타야 가든
Nong Nooch Pattaya Garden

파타야에서 남쪽으로 15km 떨어진 정원. 태국어로는 '쑤언 농눗'이라고 부른다. 프랑스 정원(French Garden), 이탈리아 정원(Italian Garden), 동물 왕국(Animals Kingdom), 나비 언덕(Butterfly Hill) 등 30여 가지 테마로 정원을 꾸몄다. 꼼꼼히 돌아보려면 한나절이 부족할 만큼 정원의 크기가 방대하고 볼거리가 풍성하다. 정원 외에도 태국 전통 민속 무용, 코끼리 공연 등이 펼쳐진다.

VOL.2 INFO p.367
MAP p.362F

찾아가기 파타야에서 가장 큰 도로인 쑤쿰윗 로드에서 싸따힙(Sattahip) 방면 썽태우를 탄다. 30분 정도 지나 농눗 빌리지 이정표가 나오면 벨을 누르고 하차. 이정표를 따라 2km를 걷거나 택시를 탄다. 썽태우 요금은 30B. 썽태우에 익숙하지 않다면 여행사 프로그램을 이용하는 것도 방법이다. 입장료와 왕복 교통편을 포함한 프로그램도 있다.
주소 34/1 Moo 7, Na Jomtien, Sattahip
시간 08:00~18:00 **휴무** 연중무휴 **가격** 가든 어른 600B·어린이 400B, 가든+셔틀 어른 700B·어린이 600B, 가든+쇼 어른 800B·어린이 650B, 가든+쇼+셔틀 1000B·어린이 750B
홈페이지 www.nongnoochtropicalgarden.com/ko

감탄을 부르는 목조 성전

진리의 성전
The Sanctuary of Truth

므엉 보란 설립자인 렉 위리야판(Lek Wiriyaphan)이 1981년부터 조성한 박물관이다. '우리는 누구이고, 어디에서 왔는가?' '어떻게 살아야 할 것인가?' '무로 돌아가는 삶의 끝' '세계에 남은 동양이 문명' '삶의 목적은 무엇인가?' '양면성을 지닌 사회' '사회의 근간이 되는 가족'이라는 7개의 진리를 바탕으로 거대한 목조 성전을 만들었다. 자체 가이드와 함께 동시 입장해야 하는데, 한국어 가이드도 있다. 짧은 바지와 치마 등의 복장 제한이 있다.

VOL.2 INFO p.366
MAP p.362B

찾아가기 택시 이용. 파타야 북쪽 나끌르아 로드 램 라차웻 해안
주소 206/2 Moo 5, Pattaya-Naklua Road
시간 08:00~18:00, 18:30~20:30
휴무 연중무휴
가격 낮 500B, 저녁 700B
홈페이지 sanctuaryoftruthmuseum.com

파타야의 해산물 레스토랑

좀티엔 최고 인기
뿌뻰
ปูเป็น

좀티엔 비치의 초대형 해산물 식당으로 바다가 바라보이는 야외와 에어컨을 갖춘 실내에 좌석이 있다. 파타야에서 30분 정도 떨어져 있지만 신선한 해산물을 합리적인 가격에 즐기려는 손님으로 늘 북적이다. 생선, 게, 새우, 오징어, 조개 등 다양한 재료와 레시피를 활용한 요리가 다양하다. 뿌팟퐁까리의 경우 게 종류에 따라 가격이 다르다. 간판이 태국어로만 돼 있으므로 커다란 블루 크랩 조형물을 이정표로 삼으면 좋다.

VOL.2 INFO p.369
MAP p.362D

찾아가기 택시 이용. "나 쫌티엔 비치 쏘이 2" 혹은 "쫌티엔 비치 뿌뻰"이라고 말하면 된다. 주소 62 Moo 1, Na Jomtien, Sattahip
시간 10:00~22:00 휴무 연중무휴 홈페이지 www.facebook.com/pupen24

현지 분위기를 가득 담아
룽싸와이
ลุงไสว

'핫 쫌티엔 1'이라고 쓰인 이정표 코너에 자리한 해산물 레스토랑이다. 파타야를 기준으로 한다면 쫌티엔 해변 끝 쪽이다. 야외 테이블에 지붕을 얹은 형태로, 바다 바로 옆 좌석의 분위기가 좋다. 일대 레스토랑에 비해 가격은 저렴한 편. 락 크랩, 블루 크랩 등 게 요리가 특히 저렴하고 맛있다. 국물 요리도 큰 사이즈와 작은 사이즈가 있어 선택하기 좋다.

VOL.2 INFO p.369
MAP p.362D

찾아가기 택시 이용. "나 쫌티엔 비치 로드, 룽싸와이"라고 말한다. 못 알아들을 경우 "쫌티엔 비치 뿌뻰"이라고 말하고 뿌뻰에서 150m 직진하면 된다. 주소 31/1 Moo 1, Na Jomtien, Sattahip 시간 10:00~22:00 휴무 연중무휴 홈페이지 lungsawaiseafood.com

---

분위기 좋은 비치프런트 레스토랑
글라스 하우스
The Glass House

쫌티엔 비치에서 방쌀레로 넘어가는 길에 자리한 비치프런트 레스토랑이다. 현지 해산물 레스토랑에 비해 매우 세련되고 중후한 분위기. 해산물 요리가 아니라도 음료 한잔 즐기며 쉬어 가고 싶은 분위기다. 백사장에 자리한 해변 테이블, 바다가 조망되는 정원의 나무 그늘 아래, 고풍스럽게 꾸민 건물 내부 등 좌석이 다양하다. 취향에 따라 선택해 맛과 분위기를 즐기자.

VOL.2 INFO p.369
MAP p.362D

찾아가기 택시 이용. 나 쫌티엔 쏘이 10 안쪽 바닷가
주소 5/22 Moo 2, Na Jomtien, Sattahip 시간 11:00~24:00 휴무 연중무휴 홈페이지 www.facebook.com/TheGlassHousePattaya

인기 만점 대형 해산물 식당
쁘리차
쁘리차 씨푸드

현지인의 사랑을 듬뿍 받는 해산물 전문점이다. 음식 양이 적은 대신 가격이 저렴한 편이며, 식당 앞으로 백사장이 펼쳐져 분위기가 좋다. 굳이 단점을 꼽으라면 먼 거리. 택시를 이용하는 여행자들은 배보다 배꼽이 커질 수 있음을 유념하자. 오토바이나 차량을 렌트한 경우라면 방문 1순위로 꼽아도 후회 없다. 주말에는 일부 해산물이 이른 시간에 동나기도 한다.

VOL.2 INFO p.369
MAP p.362F

- 찾아가기 택시 이용, 약 35분 소요
- 주소 200 Na Jomtien, Sattahip
- 시간 10:00~21:00
- 휴무 연중무휴

워킹 스트리트의 해산물 강자
낭누안
Nang Nual นางนวล

파타야에 숙소가 있고, 개별 차량이 없다면 낭누안에 주목하자. 좀티엔이나 방쌀레에 비해 조금 비싸지만 접근성은 최고다. 택시비로 쓸 돈을 보태 평소에는 엄두조차 못 낸던 비싼 해산물을 즐길 수 있다. 워킹 스트리트의 번잡함을 잠시 뒤로하고 파타야의 바다를 감상할 수 있다는 점도 좋다. 다만 해변 쪽의 좋은 자리를 차지하려면 식사 시간보다 조금 일찍 방문해야 한다.

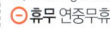

VOL.2 INFO p.367
MAP p.363C

- 찾아가기 파타야 워킹 스트리트 남쪽 끝, 파타야 쏘이 16 해변 방면
- 주소 214/10 Moo 10, Walking Street
- 시간 14:00~23:00
- 휴무 연중무휴

북파타야의 유명 해산물 식당
뭄 아러이
Mum Aroi มุมอร่อย

한국인 여행자에게 잘 알려진 대형 해산물 레스토랑. 전 세계 단체 관광객의 단골 식당이기도 해 늘 손님이 많다. 북파타야의 바다를 접하고 있는 분위기 좋은 야외 테이블과 단체 관광객을 위한 에어컨 룸을 갖췄다. 해산물은 신선하고 맛 또한 훌륭하다. 파타야 3 로드에도 지점이 있으나 바다 조망이 없다.

VOL.2 INFO p.368
MAP p.362B

- 찾아가기 택시 이용, 약 25분 소요
- 주소 Na Kluea Soi 4, Bang Lamung
- 시간 10:30~21:30
- 휴무 연중무휴

파타야의 쇼핑

파타야에서 가장 핫한 쇼핑센터
센트럴 파타야 비치
Central Pattaya Beach

파타야 비치 앞에 자리한 쇼핑센터다. G층부터 6층까지 7층 규모다. 세계 유명 브랜드와 로컬 브랜드 매장, 레스토랑, 서점, 영화관, 볼링장, 피트니스 센터 등이 자리한다. G층의 짐 톰슨 팩토리 아웃렛, 1층과 5층의 태국 스파 브랜드 매장 등이 눈에 띈다. MK, 후지, KFC, S&P 등 체인 음식점도 알차게 들어서 있다. 그밖에 G층에 대형 마트인 톱스 푸드홀과 비교적 저렴한 가격의 푸드코트인 푸드 파크가 자리한다.

- VOL.2 INFO p.372
- MAP p.362B, 363C
- 찾아가기 파타야 비치 로드 쏘이 9~10
- 주소 333/102 Moo 9, Pattaya Beach Road 시간 월~금요일 11:00~21:00, 토요일·공휴일 11:00~22:00
- 휴무 연중무휴
- 홈페이지 www.central.co.th

파타야의 브랜뉴 쇼핑몰
터미널 21
Terminal 21

터미널 21 방콕과 같은 브랜드의 쇼핑몰이다. 방콕과 마찬가지로 각 층을 도시 테마로 꾸몄는데, 각 도시를 대표하는 조형물의 스케일이 대단하다. 일례로 파리층인 G층의 에펠탑이 꼭대기 층까지 닿아 있다. G층 파리, M층 런던, 1층 이탈리아, 2층 도쿄, 3층 샌프란시스코 테마로 꾸며 세계 유명 도시에서 쇼핑하는 느낌을 준다. 가격대가 저렴한 푸드코트인 피어 21과 MK, 샤부시, 키친 라오 등의 체인 레스토랑이 자리한 3층이 인기다.

- VOL.2 INFO p.372
- MAP p.362B, 363A
- 찾아가기 돌고래 동상 인근
- 주소 456·777·777/1 Moo 6, Pattaya Neua Road
- 시간 월~금요일 11:00~22:00, 토~일요일 11:00~23:00 휴무 연중무휴
- 홈페이지 www.terminal21.co.th/pattaya

열기 가득한 야시장
텝쁘라씻 야시장
Thep Prasit Night Bazaar
ตลาดเทพประสิทธิ์

매일 저녁 텝쁘라씻 로드에서 열리는 야시장. 의류, 잡화, 액세서리 등 저렴한 야시장 물품을 판매한다. 음식 노점은 야시장 안쪽에 몰려 있다. 뷔페식으로 반찬을 즐기는 카우깽이 많은 편이며, 바비큐, 디저트, 과일 가게 등이 들어선다. 야시장 근처에 팩토리 아웃렛 몰(Factory Outlet Mall)과 대형 마트 로터스(Lotus's)가 자리해 더불어 쇼핑하기에 괜찮다.

- VOL.2 INFO p.372
- MAP p.363F
- 찾아가기 쑤쿰윗 로드에서 텝쁘라씻 로드로 400m, 아웃렛 몰 파타야 바로 옆
- 주소 Thep Prasit Road Soi 1~3
- 시간 17:00~22:30
- 휴무 연중무휴

파타야의 나이트라이프

파타야 최고의 루프톱 바
호라이즌
Horizon

힐튼 파타야 34층에 자리한 루프톱 바. 파타야에서 가장 핫한 곳이라 예약해야 전망 좋은 자리를 얻을 수 있다. 파타야 비치 가운데에 자리한 힐튼의 지리적 이점 덕분에 태국만의 수평선은 물론 파타야 시내 풍경이 한눈에 들어온다. 오후 4~7시는 해피 아워. 칵테일 하나를 주문하면 같은 종류의 칵테일 하나를 무료로 제공한다. 칵테일 중 마이타이, 피냐 콜라다, 블루 모히토, 모히토 시브리즈는 버진으로 즐길 수 있다. 드레스 코드는 스마트 캐주얼.

VOL.2 INFO p.370
MAP p.362B, 363A

- 찾아가기 파타야 비치 로드 쏘이 9~10, 힐튼 로비 층에서 엘리베이터를 갈아타고 34층 하차 주소 333/101 Moo 9, Nong Prue, Bang Lamung
- 시간 16:00~01:00 휴무 연중무휴
- 가격 칵테일 410B~
- 홈페이지 horizon.bar

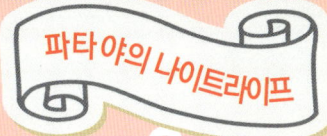

파타야의 밤을 꽃피우는 곳
워킹 스트리트
Walking Street

파타야 비치 로드 남쪽에서 발리하이 선착장 전까지 이어진 거리다. 저녁 6시부터 다음 날 새벽 2시까지 차량 통행을 금지해 거리는 이름처럼 워킹 스트리트로 변모한다. 거리를 따라 해산물 전문점, 맥주 바, 스포츠 바, 고고 바, 나이트클럽이 네온사인을 밝히고 파타야의 밤을 즐기려는 여행자를 유혹한다. 한산했던 거리는 밤이 깊어질수록 사람들로 넘쳐난다. 밤 10시경부터 새벽까지 워킹 스트리트는 절정의 시간을 맞는다.

VOL.2 INFO p.366
MAP p.363C

- 찾아가기 파타야 비치 로드 남쪽
- 주소 Walking Street, Beach Road
- 시간 18:00~02:00 휴무 연중무휴

웅장하기로 유명한 트랜스젠더 쇼
알카자
Alcazar

세계 3대 쇼 중 하나로 꼽힐 만큼 유명해진 트랜스젠더 카바레 쇼. 춤과 무용, 팬터마임 등으로 구성되는 공연은 때로는 진지하게 때로는 코믹하게 진행된다. 알카자 쇼는 태국의 트랜스젠더 쇼 가운데에서도 웅장한 무대를 선보이기로 유명하다. 한국 K-팝에서 중국, 베트남, 러시아의 무대까지 무대의상과 사운드, 조명으로 화려하게 치장한 무대는 한순간도 눈을 뗄 수 없게 한다. 공연이 끝나면 공연장 옆에서 무용수들과 사진을 찍을 수도 있다. 사진을 찍을 경우 팁을 줘야 한다.

VOL.2 INFO p.370
MAP p.363B

- 찾아가기 파타야 쏘이 5 맞은편. 건물이 웅장해 찾기 쉽다.
- 주소 78/14 Pattaya 2nd Road
- 시간 17:00·18:30·20:00·21:30(시기에 따라 다름) 휴무 연중무휴 가격 1800B
- 홈페이지 www.alcazarthailand.com

고즈넉한 해변의 일상을 즐기자
후아힌 Hua Hin

방콕에서 남서쪽으로 210km 떨어져 있는 후아힌은 1920년 말 라마 6세가 여름 궁전인 끌라이 깡원(Klai Kangwon)을 지으며 휴양지로 개발됐다. 태국의 왕실 휴양지답게 고즈넉하며, 요란한 해양 스포츠보다는 승마와 같은 한가로운 풍경이 어울린다. 해변 외에 후아힌 자체에 큰 볼거리는 없다. 남쪽으로 45km 거리에 카오 쌈 러이 엿 국립공원과 그 중간중간 사원과 동물 등이 있지만, 선택 사항이다. 후아힌 비치에는 명성 있는 리조트가 가득 들어서 있으며, 후아힌에서 방콕 방면으로 25km 떨어진 곳에 위치한 차암 비치에는 최고급 호텔부터 저렴한 해변 방갈로까지 다양한 숙소가 자리한다.

- 인기도 ★★★★★
- 접근성 ★★★★
- 볼거리 ★★★
- 쇼핑 ★★★★
- 식도락 ★★★★★
- 복잡함 ★★

후아힌의 볼거리

후아힌의 밤을 책임진다
후아힌 야시장
Hua Hin Night Market

오후 5시 이후에 데차누칫 거리(Soi Dechanuchit)에 형성되는 야시장이다. 야시장이 들어서는 데차누칫 거리는 펫까쎔 거리(Phet Kasem Road)에서 시작해 싸쏭 거리(Sa Song Road)를 지나 프라뽁끌라우 거리(Prapokklao Road)까지 300m가량 이어진다. 기념품, 잡화, 의류 노점 중 핵심은 뭐니 뭐니 해도 먹거리 노점. 과일, 로띠, 사떼, 케밥, 해산물 등 다양하다. 바닷가 해산물 레스토랑에 갈 여유가 없다면 싸쏭 거리를 지난 데차누칫 거리에는 모여 있는 해산물 전문점에 주목하자.

VOL.2 ⓘ INFO p.380
ⓜ MAP p.376E

◉ 찾아가기 후아힌 쏘이 72. 후아힌 최고 중심가라 찾기 쉽다.
◉ 주소 Soi Dechanuchit ◉ 시간 18:00~24:00 ◉ 휴무 연중무휴

TIP! 찻씰라 야시장 Chatsila Night Market
후아힌 야시장 속의 또 다른 야시장. 펫까쎔 거리에서 데차누칫 거리로 진입해 조금 걷다가 왼쪽 골목으로 들어가면 된다. 규모는 작지만 상인들이 직접 만들어 판매하는 핸드메이드 제품이 다양하다. 판매하는 품목이 씨케다 야시장과 비슷하다. 시간이나 교통편이 여의치 않아 씨케다 야시장에 들르지 못했다면 방문할 만하다.

생활과 예술의 만남
씨케다 야시장
Cicada Market

생활 속에서 예술을 실천하는 이들의 디자인 제품을 판매하는 주말 야시장이다. 의류, 장식품, 홈웨어, 핸드메이드 액세서리를 취급하는 아트 아라 모드(Art a la Mode)와 그림과 기념품 등을 판매하는 아트 인도어(Art Indoors), 공연을 보여주는 아트 오브 액트(Art of Act), 외식 공간 아트 오브 이팅(Art of Eating)으로 구분된다. 의류, 액세서리, 잡화 등 취급하는 품목은 일반 야시장과 다를 바 없지만 일반적인 태국의 야시장과는 완전히 다른 분위기. 티셔츠 하나도 공장에서 일괄적으로 찍어내는 제품이 아니라 직접 염색하거나 디자인한 제품이다.

VOL.2 INFO p.380
MAP p.377D

◎ 찾아가기 택시 이용, 후아힌 쏘이 87 하얏트 리젠시 후아힌(Hyatt Regency Hua Hin) 입구에 위치, 시계탑 교차로에서 따끼엡 방면으로 4.2km ◎ 주소 83/159 Nong Kae-Khao Takiap Road ◎ 시간 금~일요일 16:00~23:00 ◎ 휴무 연중무휴
◎ 홈페이지 www.cicadamarket.com

아무것도 할 게 없는 조용한 해변
후아힌 비치 · 차암 비치
Hua Hin Beach · Cha-Am Beach

후아힌 비치는 후아힌 일대에서 가장 번화하고 발달한 해변이다. 그렇다고 파타야의 파타야 비치 혹은 푸껫의 빠똥 비치처럼 활기찬 분위기는 아니다. 제트스키, 카이트보드 등의 해양 레포츠보다는 승마나 조깅, 일광욕과 같은 조용한 활동이 어울리는 편이다. 후아힌 비치를 따라 가득 들어선 리조트에 묵으며 평화로운 후아힌 비치를 즐기자.
후아힌 비치 북쪽의 차암 비치는 더욱 조용한 해변이다. 해변을 따라 자리한 리조트에서 온종일 뒹굴며 게으른 시간을 보내기에 적합하다. 해변 간이식당에서 바람과 햇살, 모래와 더불어 맥주를 즐기는 것도 추억이 된다.

VOL.2
MAP p.376F

◎ 찾아가기 방콕에서 차로 이동한다면 차암 비치, 후아힌 비치가 차례대로 나타난다.
◎ 주소 Hua Hin Beach, Cha-Am Beach ◎ 시간 24시간 ◎ 휴무 연중무휴 ◎ 가격 무료입장

후아힌의 해산물 레스토랑

매콤한 해산물 요리에 반하다
유옌 후아힌 발코니
YouYen Huahin Balcony อยู่เย็น หัวหิน บัลโคนี

후아힌 해변의 모래사장에 인접해 환상적인 조망을 자랑한다. 가격은 일대 해산물 식당에 비해 비싼 편. 그럼에도 현지인들의 발길이 끊이지 않는다. 인기 비결은 맛. 태국 본연의 매운맛을 잘 살려 묘하게 끌린다. 게살 튀김인 뿌짜 등 맵지 않은 요리를 적당히 섞어 주문하는 게 노하우다. 주문한 요리가 늦게 나오는 경우가 종종 있으므로 한 번에 서빙을 부탁하는 것도 방법이다.

VOL.2 INFO p.383
MAP p.376E

- 찾아가기 후아힌 시계탑에서 냅케핫 로드(Naebkehardt Road) 북쪽으로 1.1km. 후아힌 비치에서 해변을 따라 걸어도 된다.
- 주소 29 Naebkehardt Road
- 시간 11:00~22:00
- 휴무 연중무휴
- 홈페이지 www.facebook.com/youyenbalcony

새로 탈바꿈한 전통 맛집
쌩타이 시푸드
Saeng Thai Seafood แสงไทยซีฟู้ด

후아힌 일대에서 가장 오래되고 가장 인기 있는 해산물 전문점. 후아힌 비치에서 영업하다가 2017년 후아힌의 뉴 다운타운으로 각광받는 지금의 위치로 이전했다. 바다는 보이지 않지만 냉방이 되는 실내를 포함해 다양한 형태의 테이블을 선보인다. 메뉴는 아주 다양하다. 맛 또한 수준 이상이므로 취향대로 주문하자. 한국 음식이 그립다면 꿍깽쏨빼싸를 추천한다. 한국의 김치찌개 혹은 곰칫국 같다.

VOL.2 INFO p.383
MAP p.376E

- 찾아가기 택시 이용, 냅케핫 로드(Naebkehardt Road) 북쪽 해변에 위치, 시계탑 교차로에서 1.2km
- 주소 8/3 Naebkehardt Road
- 시간 10:00~22:00
- 휴무 연중무휴

분위기 좋은 해변 레스토랑
렛츠 시
Let's Sea

수상 가옥 형태의 해산물 식당
차우레
Chao Lay Seafood ชาวเล

렛츠 시 리조트 내 레스토랑이지만 리조트보다 먼저 오픈한 레스토랑이다. 세미 캐주얼한 분위기의 정갈한 실내, 소파, 평상, 테이블 형태의 야외 좌석으로 구분된다. 실내보다는 바다와 접한 야외 테이블의 분위기가 좋다. 메뉴는 간단한 태국식과 서양식으로 단출하다. 요리는 전반적으로 간이 세며, 먹을수록 맛이 좋다. 친근한 서비스도 나무랄 데 없다.

바다 위 수상 가옥 형태의 레스토랑이다. 주변에 비슷한 형태의 레스토랑 중에서도 이 집이 가장 인기다. 식사 공간은 2층. 가장자리 자리가 아니더라도 모든 좌석에서 바다가 보인다. 테이블과 의자는 허름하지만 천으로 감싸 분위기를 살렸다. 테이블보는 손님이 바뀔 때마다 교체한다. 요리는 무난하다. 메뉴의 추천 요리를 참고하면 도움이 된다. 서비스나 친절은 기대하지 않는 게 좋다.

VOL.2 Ⓑ INFO p.384
MAP p.377D

VOL.2 Ⓑ INFO p.382
MAP p.376E

- 찾아가기 택시 이용, 후아힌 쏘이 87 씨케다 야시장 안쪽에 위치, 시계탑 교차로에서 따끼앱 방면으로 5.1km
- 주소 83/155 Soi Huathanon 23, Khao Takiap-Hua Hin Road
- 시간 07:00~22:00 휴무 연중무휴
- 홈페이지 www.letussea.com/dining

- 찾아가기 후아힌 쏘이 57 해변에 위치, 시계탑 교차로에서 450m, 도보 6분
- 주소 15 Nares Damri Road
- 시간 10:00~21:30
- 휴무 연중무휴

목조 가옥을 개조한 해산물 전문점
반 이싸라
Baan Itsara บ้านอิสระ

이색적인 인테리어와 맛있는 요리
아러이 엣 후아힌
อร่อย @ หัวหิน

현지인과 여행자 모두에게 인기 있는 레스토랑. 백사장에 둑을 만들어 지은 태국식 목조 가옥을 개조했다. 실내에는 테이블이 거의 없고 바다와 접한 야외 테이블이 대다수다. 바다 바로 옆 테이블을 원한다면 식사 시간 전에 방문하는 게 좋다. 분위기와 서비스는 매우 좋은 편. 해산물이 싱싱하며, 태국식, 서양식 등 다양한 조리법의 요리를 선보인다.

주말여행을 즐기는 태국 현지인들에게 인기 높은 레스토랑이다. 실내는 도로와 접한 1층 야외 테이블과 에어컨을 가동하는 2층으로 구분된다. 천장이 높아 시원시원한 1층에는 대나무를 엮어 만든 거대한 조형물을 설치해 매우 이색적이다. 주메뉴는 해산물 요리. 신선하고 맛있다. 가격대가 비슷한 바닷가 레스토랑에 비해 서비스도 좋다.

VOL.2 INFO p.384
MAP p.366E

- **찾아가기** 택시 이용, 냅케핫 로드(Naebkehardt Road) 북쪽 해변에 위치, 시계탑 교차로에서 1.6km
- **주소** 7 Naebkehardt Road
- **시간** 11:00~21:00
- **휴무** 연중무휴

VOL.2 INFO p.384
MAP p.367H

- **찾아가기** 택시 이용, 후아힌 쏘이 112 입구 맞은편에 위치, 4번 국도를 따라 푸껫 방면으로 4.6km
- **주소** 129/18 Phet Kasem Road
- **시간** 월~목요일 11:00~21:30, 금요일 11:00~22:00, 토요일 10:30~22:00, 일요일 10:30~21:30 **휴무** 연중무휴
- **홈페이지** www.facebook.com/aroyathuahin

· 후아힌의 쇼핑 ·

후아힌 최초의 본격적인 쇼핑센터
블루포트
BlúPort

후아힌을 대표하는 쇼핑센터 중 하나. B층부터 3층까지 5층 규모다. B층 포트워크에는 푸드트럭과 라이프 스타일 숍, 합리적인 가격의 홈 스파 매장 등이 스트리트 숍 형태로 들어서 있다. G층에는 더 커피 클럽, 스타벅스 등의 커피숍과 MK, 후지 등 각종 프랜차이즈 레스토랑을 비롯해 슈퍼마켓 쇼핑에 좋은 고메 마켓이 있다. 3층의 이그조틱 타이도 빼놓지 말자. 디오나, 마운틴 사폴라 등 태국을 대표하는 스파 브랜드 몇 곳이 입점했다.

찾고 싶은 매장이 가득
마켓 빌리지
Market Village

후아힌 최초의 쇼핑센터이자 여전히 큰 인기를 누리고 있는 곳이다. 블루포트에 비해 서민적인 분위기이며 가성비가 좋은 매장이 많다. 먼저 로터스는 태국의 대표 대형 마트 중 하나로 저렴한 가격이 강점이다. 다음은 부담 없이 한 끼 즐길 수 있는 스트리트 푸드 마켓을 포함한 각종 프랜차이즈 레스토랑을 꼽을 수 있다. 왕립 프로젝트 숍 푸파(Phufa) 등 특색 있는 매장과 렛츠 릴렉스 스파 또한 마켓 빌리지를 찾는 이유 중 하나다.

VOL.2 INFO p.385
MAP p.367G
찾아가기 택시 이용 혹은 야시장 중앙의 싸쏭 로드(Sa Song Road)에서 썽태우 승차 후 블루포트 하차
주소 8/89 Soi Moo Baan Nongkae　**시간** 11:00~21:00
휴무 연중무휴　**홈페이지** www.bluporthuahin.com

VOL.2 INFO p.385
MAP p.366F
찾아가기 택시 이용 혹은 야시장 중앙의 싸쏭 로드(Sa Song Road)에서 썽태우 승차 후 마켓 빌리지 하차
주소 234/1 Phet Kasem Road　**시간** 10:30~21:00　**휴무** 연중무휴
홈페이지 www.marketvillagehuahin.co.th

방콕은 태국 전역의 음식을 맛볼 수 있는 태국 요리의 메카다. 단순해 보이는 요리 한 그릇에도 각 지방의 개성과 특징이 녹아들어 음식을 즐기기만 해도 그들의 문화를 엿볼 수 있다.

EATING

088	**MANUAL 06**	태국 요리
096	**MANUAL 07**	국수
105	**MANUAL 08**	로컬 맛집
110	**MANUAL 09**	컨템퍼러리 다이닝
114	**MANUAL 10**	해산물 레스토랑
118	**MANUAL 11**	강변 레스토랑
122	**MANUAL 12**	지방 요리
128	**MANUAL 13**	카페
132	**MANUAL 14**	디저트

EATING

INTRO

태국 요리의 맛

태국 요리는 매운맛을 강조하지만 그 외에도 짜고, 달고, 신맛이 난다. 한 가지 요리가 보통 3~4가지 맛을 낸다.

매운맛	짠맛	단맛	신맛
쥐똥고추, 칠리소스 (프릭깽, 프릭파오)	액젓, 소금	팜슈거, 설탕	타마린드, 라임

 태국의 술

펍이나 레스토랑에서는 술을 판매하는 시간이 따로 없지만 대형 마트, 슈퍼마켓, 편의점에서는 일정 시간(11:00~14:00, 17:00~24:00)에만 술을 판매한다. 다만 불교 기념일(방콕 여행 캘린더 p.18~19 참조)에는 펍이나 레스토랑에서도 술을 판매하지 않는다. 또 '완니완프라'라고 불리는 불교 사원에 가는 날이 한 달에 몇 번씩이나 있다. 이날은 소나 돼지, 닭 등 가축을 도살하지 않는다. 따라서 육류를 구매할 수는 있지만 당일 도축한 가축은 아니라고 보면 된다.

이름만 알아도 요리가 보인다!
태국 요리 용어 사전

여행자가 즐겨 찾는 레스토랑은 대부분 영어 메뉴를 갖추고 있고 영어 소통이 가능하지만 그렇지 않은 레스토랑도 더러 있다. 태국 요리는 이름만 알아도 요리 재료와 레시피가 보인다. 몇 가지 단어를 외워 원하는 요리를 주문하자.

메뉴 읽는 방법 요리 재료 + 요리법 or 요리법 + 요리 재료 = 요리 이름

요리 재료
해산물
생선 쁠라
새우 꿍
게 뿌
오징어 쁠라믁
조개 허이
굴 허이낭롬
홍합 허이말랭푸
해산물 탈레

육류
닭고기 까이
소고기 느어
돼지고기 무
내장 크릉나이

채소
고수 팍치
바질 끄라파오
공심채, 모닝글로리 팍붕
케일 카나
양배추 까람쁘리
배추 팍깟카우
쑥갓 큰차이

요리법
볶다 팟
굽다 양
불에 굽다 파우
튀기다 텃
찌다 능
끓이다 똠
무치다(섞다) 얌
찧다 땀
데치다 루악

양념과 조미료
마늘 끄라티암
고추 프릭
쥐똥고추 프릭키누
고춧가루 프릭뽄
기름이 없는 고추 양념 프릭깽
기름이 있는 고추 양념 프릭파오
액젓 남쁠라
쥐똥고추를 넣은 액젓 프릭남쁠라
식초 남쏨
타마린드 마캄
라임 마나우
고추를 넣은 식초 프릭남쏨
굴소스 남만허이
설탕 남딴
후추(블랙) 프릭타이(담)
카레 까리

기타 용어
아한 음식 **란아한** 식당
아한짠디여우 덮밥, 볶음밥 등 단품 메뉴
카우깽 태국식 반찬 가게.
보통 진열된 반찬을 골라 덮밥으로 먹는다. 밥과 반찬을 따로 먹는 건 '옉깝 카우'라고 한다.

태국 요리 사전 Thai Cuisine

태국까지 가서 카우팟(볶음밥)과 팟타이(볶음국수)만 먹고 오긴 억울하다. 그렇다고 향신료를 즐겨 쓰는 태국 요리에 본격적으로 도전하기도 겁이 난다. 태국 요리 사전을 참고해 한국인의 입맛에 맞는 다양한 태국 요리를 마음껏 즐기자.

샐러드 · 애피타이저

쏨땀

▶ **얌(무치다)+운쎈(당면, 녹말 국수)**
얌은 양파, 고추, 큰차이(태국 쑥갓) 등 채소와 타마린드 혹은 라임즙, 설탕, 액젓 등을 넣고 무친 요리다. 얌운쎈은 여기에 태국 당면을 넣은 샐러드. 새콤하면서도 매콤하게 입맛을 당겨 애피타이저로 좋다. 해산물 얌운쎈 탈레, 새우 얌운쎈 꿍, 오징어 얌운쎈 쁠라묵 등 첨가하는 재료에 따라 이름이 달라진다.

얌운쎈

▲ **쏨(시다)+땀(찧다)**
파파야 샐러드. 덜 익은 그린 파파야와 타마린드나 라임즙. 팜슈거나 설탕, 액젓, 고추, 마늘 등이 기본 재료다. 태국에서 '땀'은 '얌'과 더불어 무치는 방식의 조리법. 얌은 일반적인 무침이지만 땀은 절구로 찧는 방식이다. 그래서 쏨땀을 요리하는 것을 땀쏨이라고 한다. 가장 기본이 되는 것은 쏨땀타이다. 태국식 쏨땀이라는 뜻으로 토마토, 당근, 롱빈, 땅콩, 마른 새우를 넣는다. 액젓 외에 젓갈을 듬뿍 넣은 쏨땀 쁠라라. 생새우를 넣은 쏨땀 꿍쏫, 게를 넣은 쏨땀 뿌, 해산물을 넣은 쏨땀 탈레 등 다양하다. 쏨땀은 태국 전역에서 판매하지만 원래 이싼 요리다. 이싼 요리 전문점은 돼지고기 목살 구이를 넣은 쏨땀 커무양 등 더 다양한 메뉴를 갖추었다.

남프릭까삐

◀ **남프릭까삐(새우젓갈소스)**
남프릭까삐는 새우 페이스트에 고추, 라임주스, 설탕, 액젓 등을 넣은 소스. 태국인들이 사랑하는 젓갈 중 하나로 한국의 젓갈 맛과 유사하다. 한국에서 갈치속젓을 즐기는 입맛이라면 전혀 이질감 없는 맛. 보통 쁠라투라는 고등어류의 저렴한 생선과 가지, 당근, 오이, 호박 등의 채소를 곁들여 남프릭까삐에 찍어 먹는다.

미앙캄

▶ **미앙(태국 찻잎의 일종)+캄(입)**
식용 찻잎인 미앙에 양파, 고추, 라임, 건새우, 땅콩 등을 싸서 먹는 애피타이저. 미앙에 싸 한입에 먹는다고 해서 미앙캄이다. 입안을 개운하게 하고 소화를 촉진하는 데 도움이 된다. 입맛에 맞지 않는 재료는 빼고 먹어도 된다.

볶음밥 · 덮밥

▶ 카우(밥)+팟(볶다)

볶음밥. 기본적으로 양파 등 몇 가지 채소와 달걀을 넣는다. 향신료가 전혀 들어가지 않아 태국 요리에 익숙하지 않아도 무난하게 즐길 수 있다. 새우 볶음밥은 카우팟 꿍, 해산물 볶음밥은 카우팟 탈레, 돼지고기 볶음밥은 카우팟 무, 햄 볶음밥은 카우팟 햄 등으로 이름이 달라진다. 간이 심심하다면 액젓에 쥐똥고추를 넣어 만든 소스인 프릭남쁠라를 곁들이자.

카우팟

▼ 카우(밥)+만(기름)+까이(닭)

중국 이민자들에게서 유래한 요리. 삶은 닭고기를 밥 위에 얹은 덮밥이다. 카우만까이에 쓰는 밥에는 닭 기름을 넣는 게 특징. 기름을 넣지 않은 덮밥은 카우나까이라고 한다. 덮밥은 소스인 남찜과 함께 내는데, 카우만까이의 맛을 결정할 정도로 소스의 역할이 크다. 카우만까이는 일반 식당에서는 잘 판매하지 않고 전문점이 따로 있다.

카우만까이

◀ 카우(밥)+카무(족발)

역시 중국 이민자들에게서 유래한 요리. 간장과 약재를 넣어 고은 족발을 밥 위에 얹어 먹는 메뉴다. 보통 맵고 신 족발소스인 남찜카무를 곁들인다. 일반 식당에서는 판매하지 않고 전문점이 따로 있다.

카우카무

국물 요리

▶ 깽(국, 탕)+쏨(시다)

태국 남부 요리. 고추의 매운맛과 타마린드의 신맛이 어우러진 요리다. 원조 남부 요리는 맛이 강하지만 방콕의 깽쏨은 김치찌개에 가깝다. 튀긴 생선 깽쏨 빼싸, 새우 깽쏨 꿍, 차옴 전(부침개) 깽쏨 카이찌여우차옴 등으로 주재료에 따라 이름이 다르다. 튀긴 생선을 넣는 깽쏨 빼싸가 일반적이지만, 새우를 넣은 깽쏨 꿍이 태국 요리 초보자가 먹기에 무난하다.

깽쏨

똠얌꿍

▲ 똠(끓이다)+얌(섞다)+꿍(새우)

다양한 재료와 향신료를 넣고 매콤하고 새콤하게 끓이는 요리. 향과 맛은 향신료가 결정한다. 반드시 넣어야 하는 향신료는 갈랑갈, 카피르 라임 잎, 레몬그라스 세 가지. 이 재료만 넣으면 똠얌 피자 등 똠얌이라는 이름이 붙는 모든 음식을 만들 수 있다. 향신료 외에 기름을 넣은 고추 양념인 프릭파오는 매운맛을 낸다. 향신료와 새우, 버섯, 토마토, 고추 등을 넣고 끓이면 똠얌꿍 완성. 식당에서 똠얌꿍을 주문하면 대부분 코코넛 밀크를 넣지만 이 또한 선택이다. 코코넛 밀크를 넣으면 똠얌 남콘, 넣지 않으면 똠얌 남싸이다. 새우 대신 해산물을 넣으면 똠얌 탈레 등으로 이름이 달라진다.

깽마싸만

◀ 깽(국, 탕)+마싸만(무슬림 카레의 일종)

태국 카레 깽 중 한국인의 입맛에 가장 잘 맞는다. 고추, 마늘, 레몬그라스, 갈랑갈, 강황 등으로 카레 페이스트를 만든다. 고추를 많이 넣지만, 큰 고추를 사용해 맵지 않고 달콤한 맛이 강하다. 태국 요리 중 감자를 쓰는 거의 유일한 요리로, 닭고기를 넣은 깽마싸만 까이는 한국의 닭볶음탕과 유사하다. 소고기를 넣으면 깽마싸만 느어로, 주재료에 따라 이름이 달라진다.

▶ 깽(국, 탕)+쯧(심심하다)

맑은 국. 배추와 쪽파를 넣어 만들고 연두부, 김, 다진 돼지고기 등을 첨가한다. 별다른 향 없이 시원하게 즐길 수 있는 메뉴다.

깽쯧

볶음 요리

◀ 뿌(게)+팟(볶다)+퐁(가루)+까리(옐로 카레)

뿌팟퐁까리

옐로 카레를 넣은 게 볶음. 옐로 카레는 한국 카레와 거의 비슷해 한국인들이 먹기에 무난하다. 실제로 뿌팟퐁까리는 한국인들에게 가장 인기 높은 요리다. 집게발이 큰 머드 크랩인 뿌담을 사용하는 게 정석이지만 가격이 비싸다. 뿌팟퐁까리를 저렴하게 선보이는 곳에서는 블루 크랩인 뿌마, 소프트셸 크랩인 뿌님을 사용하기도 한다. 게살만 넣은 뿌팟퐁까리는 게살 통조림을 쓰는 게 일반적이다. 게 외의 재료를 널리 사용한다. 새우는 꿍팟퐁까리, 오징어는 쁠라믁팟퐁까리, 해산물은 탈레팟퐁까리 등으로 불린다.

팟(볶다)+팍붕(공심채)+파이(불)+댕(붉다)

태국어로 팍붕인 공심채, 모닝글로리(Morning Glory) 볶음. 팍붕에 태국 된장 따오찌여우와 마늘 등을 넣고 볶는다. 거슬리는 향이 전혀 없어 태국 요리 초보자도 부담 없는 메뉴. 이름에 파이댕이 붙은 이유는 센 불에 재빨리 볶아내기 때문이다. 보통 채소 볶음은 '팟+채소'로 이름 짓는다.

팟팍붕파이댕

◀ 팟(볶다)+팍(채소)+루엄밋(섞어서)

여러 가지 채소를 이용한 채소 볶음. 베이비콘, 양배추, 버섯, 당근, 카나 등 채소에 굴소스, 마늘 등을 넣어 볶는다. 특별한 향이 없고, 다양한 채소의 맛과 식감을 느낄 수 있다. 밥 위에 얹어 덮밥으로 먹기도 한다.

팟팍루엄밋

▼ 팟(볶다)+끄라파오(바질)+무쌉(다진 돼지고기)

팟끄라파오는 바질 잎에 고추, 마늘 등을 넣어 맵게하 볶아내는 요리. 다진 돼지고기인 무쌉을 넣은 팟끄라파오 무쌉이 가장 인기 있다. 무쌉 외에 돼지고기 팟끄라파오 무, 소고기 팟끄라파오 느어, 닭고기 팟끄라파오 까이, 해산물 팟끄라파오 탈레 등 재료에 따라 이름이 달라진다.

허이팟프릭파오

▲ 허이(조개)+팟(볶다)+프릭파오(칠리소스)

기름이 있는 고추 양념인 프릭파오를 넣어 볶은 조개 요리. 고추, 바질, 양파 등 가게마다 준비한 채소를 넣어 함께 볶는다. 프릭파오 외에 별다른 향신료를 쓰지 않으므로 누구나 무리 없이 즐길 수 있다.

팟끄라파오 무쌉

튀김 요리

카이찌여우

▲ 카이(달걀)+찌여우(기름으로 지지다)

태국식 오믈렛. 우리가 흔히 보는 일본식 오믈렛은 아니고 달걀전이라고 생각하면 쉽다. 달걀만 넣어 단순하게 부치거나 속에 재료를 넣어 풍성하게 즐긴다. 게는 카이찌여우 뿌, 다진 새우는 카이찌여우 꿍쌉, 다진 돼지고기는 카이찌여우 무쌉 이라 부른다.

기타 달걀 요리

달걀 프라이 : 카이다우
달걀찜 : 카이뚠
삶은 달걀 : 카이똠

어쑤언과 허이텃

▲ 허이(조개)+텃(튀기다)

어쑤언은 굴전, 허이텃은 홍합전이다. 어쑤언은 중국 이민자들에게서 유래한 음식. 반죽에 굴을 넣어 부드럽게 부친다. 허이텃은 어쑤언의 서민 버전이다. 굴보다 싼 홍합을 넣고 튀기듯이 부친 요리로, 노점 음식점에서도 흔히 볼 수 있다. 어쑤언이 부드러운 데 반해 허이텃은 바삭바삭하고 기름지다.

▶ 텃만(튀김)+꿍(새우)

새우를 다져 튀긴 요리. 생선을 다져 튀기면 텃만 쁠라가 된다. 어묵과 비슷하며, 향신료를 넣지 않아 태국 요리 초보자도 쉽게 즐길 수 있다.

텃만꿍

구이

꿍파우

▲ 꿍(새우)+파우(불에 굽다)

다른 양념 없이 숯불에 구운 새우. 태국 음식이 입맛에 맞지 않아도 전혀 무리가 없는 음식이다. 그냥 먹어도 되고, 태국 해산물소스인 남찜탈레에 찍어 먹어도 된다. 해산물 식당에서 킬로그램당 가격을 정해 파는 경우가 많다.

 ▼ 까이(닭)+양(굽다)

태국식 바비큐. 이싼 지방에서 유래한 대표 요리 중 하나다. 일반적으로 밑간 한 통닭을 줄줄이 꿰어 숯불에 천천히 오랜 시간 굽는다. 잘 구운 통닭은 통으로 혹은 먹기 좋은 크기로 잘라 판매한다.

까이양

절임 요리

꿍채남쁠라

▲ 꿍(새우)+채(담그다)+남쁠라(액젓)
액젓에 담근 새우 요리. 우리로 따지면 새우장에 해당된다. 남찜탈레라는 해산물소스와 마늘, 고추 등을 곁들여 먹는다. 전반적으로 새콤하고 매콤하다. 익히지 않고 생으로 먹는 요리이므로 새우의 신선도가 가장 중요하다.

▼ 뿌(게)+덩(절이다)
게 피클. 우리의 게장에 해당된다. 액젓과 설탕, 끓인 물을 넣어 게를 절인 후 라임 물, 팜슈거, 잘게 썬 고추와 마늘 등을 얹어 만든다. 짭조름하고 새콤하며, 마늘과 고추를 듬뿍 얹어 매콤하다. 보통 블루 크랩인 뿌마를 사용하는 뿌마덩이 많다.

뿌덩

생선 요리

쁠라능씨이우

▶ 쁠라(생선)+능(찌다)+씨이우(간장)
간장소스를 얹은 생선찜. 능성어 쁠라까오능은 쁠라까오능씨이우, 농어 쁠라까퐁은 쁠라까퐁능씨이우 등 생선 종류에 따라 이름이 다르다. 거부감 없는 맛으로 부드러운 생선살을 즐길 수 있다.

쁠라능마나우

◀ 쁠라(생선)+능(찌다)+마나우(라임)
라임소스에 쪄내는 생선 요리. 마늘, 고추 등을 곁들인다. 상큼한 맛이 지배적이지만 라임주스나 라임즙을 넣은 요리와는 확연히 다른 맛이다. 태국 요리의 향신료가 거북하다면 권하지 않는다. 생선 대신 오징어를 사용하면 쁠라믁능마나우 등으로 이름이 달라진다.

▶ 쁠라(생선)+텃(튀기다)
기름에 튀기듯이 구운 생선. 생선 껍질은 바삭바삭하고 속은 폭신하다. 생선 종류와 올리는 양념에 따라 이름이 달라진다. 농어 쁠라까퐁을 튀겨 마늘을 올리면 쁠라까퐁텃 끄라티얌, 액젓을 올리면 쁠라까퐁텃 랏남쁠라, 칠리소스를 올리면 쁠라까퐁텃 랏프릭이다. 입맛에 맞게 양념을 선택해 먹으면 된다.

쁠라텃

태국 과일 사전 Tropical Fruits

태국은 연중 열대 과일을 즐길 수 있는 과일 천국이다. 때마다 나는 다양한 과일을 맛보는 것도 하나의 재미. 여행 시기에 맞춰 제철 과일을 찾아보자. 대형 마트, 시장, 노점 등 태국 과일은 어디서든 만날 수 있다.

망고 Mango

태국어 : 마무앙 **시즌** : 4~6월

종류와 색깔이 다양하다. 망고만 4~5 종류를 판매하는 큰 과일 가게에 가지 않는 이상, 길거리나 슈퍼마켓에서는 색깔을 떠나 달콤한 망고를 판매한다. 망고 찹쌀밥 카우니여우 마무앙에는 크고 노랗고 달콤한 마무앙 옥렁 혹은 마무앙 남덕마이를 사용한다.

두리안 Durian

태국어 : 투리안 **시즌** : 4~8월

과일의 왕이라 불린다. 울퉁불퉁 가시가 돋은 껍질 속에 부드럽고 달콤한 속살을 품었다. 현지인들은 '천국의 맛'이라고 표현하지만 호불호가 갈린다. '지옥의 향기'라고 할 정도로 냄새가 고약하다. 반입 금지 호텔이 있을 정도. 성질이 뜨거워 술과 함께 먹는 것은 위험하다.

망고스틴 Mangosteen

태국어 : 망쿳 **시즌** : 5~9월

과일의 여왕이라 불린다. 짙은 자주색 껍질을 눌러 벗기면 마늘처럼 몽실몽실 붙어 있는 하얀 열매가 드러난다. 열매는 즙이 많고 매우 달다. 돌처럼 단단한 것은 신선하지 않은 것이므로 먹을 때 주의해야 한다.

파파야 Papaya

태국어 : 말라꺼 **시즌** : 연중

크고 길쭉한 호박처럼 생겼다. 잘 익은 파파야는 과육이 짙은 오렌지색을 띠며, 씨를 빼고 생으로 먹는다. 덜 익은 녹색 파파야는 쏨땀 재료로 사용한다.

람부탄 Rambutan

태국어 : 응어 **시즌** : 5~9월

성게 모양의 빨간 껍질 속에 탱글탱글한 흰색 과육이 꽉 차 있다. 과육의 반 이상은 씨. 통째로 입에 넣어 씨를 발라 먹으면 된다. 즙이 많고 새콤달콤하다.

포멜로 Pomelo

태국어 : 쏨오 **시즌** : 8~11월

사람 얼굴만큼 큰 귤. 첫맛은 오렌지처럼 향긋하고 끝 맛은 자몽처럼 떫으면서 상큼하다. 껍질을 손으로 벗기기 힘들기 때문에 과육만 손질해 포장 판매하는 제품을 사는 것이 좋다. 샐러드로도 즐겨 먹는데, 얌쏨오라고 한다.

로즈 애플 Rose Apple

태국어 : 촘푸 **시즌** : 연중

왁스 애플이라고도 한다. 서양배처럼 생겼지만 녹색과 분홍색을 띠며 껍질이 반들반들하다. 보통 껍질은 그냥 먹는다. 아삭아삭 씹는 맛이 일품이며 즙이 아주 많다.

바나나 Banana

태국어 : 끌루어이 **시즌** : 연중

종류가 다양하다. 길쭉한 끌루어이홈, 몽키 바나나 끌루어이남와를 주로 먹는다. 그냥도 먹지만 튀기거나 구워 먹기도 한다. 바나나 잎은 찜이나 구이의 재료를 감싸는 데 사용하며, 줄기는 러이끄라통 축제 때 끄라통 재료로 쓴다.

파인애플 Pineapple

태국어 : 쌉빠롯 **시즌** : 4~6월, 12~1월

길거리 과일 장수의 단골 메뉴. 흔하지만 달콤하고 맛있다. 카우팟 쌉빠롯이라는 볶음밥으로도 선보이는데, 파인애플 껍질을 볶음밥 담는 용기로 사용한다.

수박 Watermelon

태국어 : 땡모 **시즌** : 연중

한국의 수박 맛과 다를 게 없다. 파파야, 파인애플과 더불어 뷔페 디저트 과일로 주로 나오며, 수박주스인 땡모빤을 즐겨 먹는다.

귤 Tangerine

태국어 : 쏨키여우완 **시즌** : 9~2월

한국의 귤과는 또 다르게 묵직한 달콤함이 느껴진다. 길거리에서 착즙해 판매하는 100% 주스로 즐겨 먹는다.

코코넛 Coconut

태국어 : 마프라오 **시즌** : 연중

야자 열매. 생으로 즙을 마시지 않더라도 다양한 태국 요리에 사용하는 코코넛 밀크의 재료인 까닭에 한 번 이상은 반드시 먹게 된다. 코코넛 아이스크림, 말린 코코넛 형태로도 판매한다.

석가 Custard Apple

태국어 : 너이나 **시즌** : 6~9월

부처의 머리와 닮았다고 해 석가라고 한다. 껍질이 물컹거려 반으로 잘라 숟가락으로 떠먹으면 좋다. 과육은 하얗고 씨가 많은 편. 코코넛처럼 고소하고 코코넛보다 달다.

구아바 Guava

태국어 : 파랑 **시즌** : 연중

길거리 과일 가게의 단골 메뉴. 오래되어 말랑한 것보다 단단한 구아바가 시지만 맛있다. 단맛이 거의 없어 소금과 설탕을 섞은 양념에 찍어 먹는다.

롱꽁 Longkong

태국어 : 렁껑 **시즌** : 7~10월

동그랗고 끝이 길쭉한 황토색 열매가 포도송이처럼 달려 있다. 손으로 껍질을 벗기면 반투명한 젤리 상태의 과육이 나온다. 언뜻 람부탄이나 용안과 비슷해 보이지만 과육이 마늘처럼 나뉘어 있다. 씨는 그리 크지 않으며, 달콤하고 즙이 많다.

용안 Longan

태국어 : 람아이 **시즌** : 6~8월

과육 안에 검은 씨가 있어 용안이라고 한다. 포도송이처럼 생긴 황토색 과일로 손으로 껍질을 벗기면 반투명한 젤리 상태의 과육이 나온다. 단맛이 아주 강한 열대 과일의 정석이다.

잭프루트 Jackfruit

태국어 : 카눈 **시즌** : 연중

두리안과 비슷하게 생겼지만 껍질의 돌기가 확연히 다르다. 과육은 노란색으로 쫄깃쫄깃하다. 거대한 크기가 특징으로 30kg이 넘는 것도 있다고 한다. 과육만 발라놓은 제품을 구매하는 게 현명하다.

드래건 프루트 Dragon Fruit

태국어 : 깨우망껀 **시즌** : 연중

선인장 열매로, 용과라고도 한다. 짙은 분홍색의 화려한 껍질과 희고 검은 씨가 박혀 있는 과육이 특징이다. 식감은 키위와 비슷하지만 새콤달콤한 맛은 키위에 미치지 못한다. 시원하게 해서 먹으면 소화 촉진제 역할을 한다.

MANUAL 06
태국 요리

중독성 강한 태국 요리의 세계
태국 대표 요리 BEST 5

똠얌꿍, 뿌팟퐁까리, 팟타이, 꾸어이띠여우, 쏨땀은 한 번쯤은 경험해봐야 할 태국 대표 요리다. 전문점에서 판매하는 꾸어이띠여우를 제외하고는 보통 태국 레스토랑에서 선보이지만, 각 메뉴를 특히 잘하는 레스토랑은 따로 있다. 야무진 미식 여행을 위해 태국 대표 요리와 추천 레스토랑을 소개한다.

대표 요리 1 **똠얌꿍**

태국식 새우 수프로, 세계 3대 요리로 꼽힐 만큼 태국을 대표하는 요리

1 똠얌꿍
Tom Yam Goong
490B +17%

2 똠얌꿍
Tom Yam Koong Bowl
230B +10%

3 똠얌꿍
Tomyam Kung
150·200B

1 나라
Nara Thai Cuisine

한입 뜨는 순간 감탄사가 절로 나오게 하는 추천 메뉴. 크고 신선한 새우를 사용하며, 신선한 코코넛 밀크 덕분인지 맛이 매우 깊다. 조금 짜다는 느낌이 마이너스 요소. 가격대는 높은 편이다.

VOL.2 ⓑ INFO p.228 ⓜ MAP p.226C

2 반 쿤매
Ban Khun Mae
บ้านคุณแม่

오랜 세월 동안 정통 태국 요리로 사랑받아 온 레스토랑답다. 모든 요리가 기본 이상의 맛을 자랑하며, 똠얌꿍도 그렇다. 2명 이하라면 그릇(Bowl), 그 이상은 냄비(Pot)로 주문하면 된다.

VOL.2 ⓑ INFO p.216 ⓜ MAP p.208F

3 맴 똠얌꿍
Mam Tom Yum Kung

새우살이 듬뿍 들어간 시원 개운한 똠얌꿍. 술을 마시지 않아도 해장이 되는 느낌이다. 똠얌꿍 하나 시켜 둘이 먹기 충분할 정도로 양도 많다. 다만 천막 노점이라 한여름에는 더워도 너무 덥다.

VOL.2 ⓑ INFO p.300 ⓜ MAP p.295G

대표 요리 2 뿌팟퐁까리

카레를 넣어 볶은 게 요리

게 커리
Fried Curry Crab
450B

뿌팟퐁까리
Crab with Curry powder 450B

뿌팟퐁까리
Fried Curry Crab
S 720B +7%

1 쪽 포차나 Jok Phochana

머드 크랩 대신 블루 크랩을 사용해 게살이 풍성한 편은 아니나 양념 맛은 아주 좋다. 밥에 비벼 한 끼를 즐기기에 손색이 없다. 한국어 메뉴판까지 갖추고 한국인에게 호의적인 것도 장점이다.

VOL.2 INFO p.316 MAP p.314F

2 쑤다 포차나 Suda Restaurant

게살 통조림을 이용해 뿌팟퐁까리를 선보인다. 통조림의 단점은 어마어마한 양과 합리적인 가격이 커버한다. 밥과 함께 뿌팟퐁까리와 간단한 채소볶음 정도만 주문해도 풍성하게 한 끼 식사를 할 수 있다.

VOL.2 INFO p.241 MAP p.236F

3 쏨분 시푸드 Somboon Seafood

뿌팟퐁까리에 있어서는 부연 설명이 필요 없는 해산물 전문점. 신선한 머드 크랩을 사용해 합리적인 가격으로 뿌팟퐁까리를 선보인다. 싸얌 스퀘어 원과 센트럴 앰버시 지점은 접근성 면에서도 훌륭하다.

VOL.2 INFO p.212 MAP p.209K

뿌팟퐁까리
Stir Fried Crab with Curry Powder **S 450B**

뿌팟퐁까리
Stir Fried Curry Crab
250B/100g +10%

느어뿌팟퐁까리
Stir Fried Crab Meat with Curry Powder
530B

---

4 T & K 시푸드
T & K Seafood
ต้อย & คิด ซีฟู้ด

가격 대비 최상의 뿌팟퐁까리를 즐길 수 있는 해산물 전문점 중 하나다. 긴 대기 시간과 좁은 테이블 등이 아쉽지만, 신선한 재료로 만든 요리의 맛과 가격은 일품이다.

VOL.2 INFO p.325 MAP p.321G

5 사보이 시푸드
Savoey เสวย

머드 크랩 한 마리를 통째로 넣은 뿌팟퐁까리를 선보인다. 단아한 인테리어와 테이블 세팅도 돋보인다. 가격대는 조금 높은 편. 소란스럽지 않게 식사에 집중하며 맛을 즐기고 싶다면 후회 없는 선택이다.

VOL.2 INFO p.228 MAP p.226D

6 크루아압쏜
Krua Apsorn ครัวอัปษร

직접 게살을 발라 뿌팟퐁까리를 요리하는 곳으로, 재료 본연의 맛과 편리함을 동시에 누릴 수 있다. 간은 그리 세지 않고 심심한 편. 매운 소스를 넣어 볶은 조개, 해산물 요리와 함께하면 균형이 잘 맞는다.

VOL.2 INFO p.309 MAP p.304F

대표 요리 3 꾸어이띠여우

태국 국수. 육수와 면에 따라 이름이 달라진다.

1 꾸어이띠여우 똠얌 행
Tom Yum without Soup 60B

2 꾸어이띠여우 렉행
ก๋วยเตี๋ยว เล็กแห้ง 50B

3 꾸어이짭
ก๋วยจั๊บ 70B

---

1 룽르앙 รุ่งเรือง 榮泰

뒤돌아서면 생각나는 중독성 있는 똠얌 국수. 입안에서 신맛과 매운맛, 단맛의 향연이 펼쳐진다. 각종 돼지고기 고명도 아주 신선하다. 국물이 있는 똠얌 남, 국물이 없는 똠얌 행 모두 추천 메뉴다.

VOL.2 INFO p.243 MAP p.237L

2 쏨쏨 포차나 สมทรงโภชนา

쑤코타이에 가지 않고도 쑤코타이 국수를 맛볼 수 있다는 사실 자체가 얼마나 행운인지. 국수 마니아라면 꼭 방문해보길 추천한다. 기본적으로 음식을 잘하는 집으로, 입구에 진열해놓고 판매하는 반찬도 아주 맛있다.

VOL.2 INFO p.316 MAP p.314E

3 란 꾸어이짭 나이엑 ร้านก๋วยจั๊บนายเอ็ก

술 마신 후 해장으로 생각나는 돼지고기 국수. 후추를 넣은 국물이 매콤하고 시원하다. 카오산에 자리한 쿤댕 꾸어이짭유안을 사랑한다면 꼭 가볼 일이다. 꾸어이짭의 진수가 무엇인지 보여준다.

VOL.2 INFO p.326 MAP p.321G

4
꾸어이띠여우 옌따포 바땡남
Noodle with Yentafo Sauce **S 70B**

카우쏘이 까이
Khaosoi with Chicken **109B**

꾸어이띠여우 느어쁘어이
Braised Beef Soup **100B**

---

4 나이우언
Naiuan

양념 돼지고기 '바땡'이 들어간 꾸어이띠여우 옌따포 바땡이 시그너처 메뉴다. 매콤한 옌따포 소스와 바땡, 어묵, 오징어, 선지 등의 고명이 어우러져 깔끔한 옌따포의 진수를 보여준다.

VOL.2 INFO p.311 MAP p.304I

5 나이쏘이 นายโซอิ

한국인들이 워낙 많이 찾는 집이라 호불호에 대한 의견이 팽팽하다. 개인적으로는 양도, 가격도 적당하다고 여겨진다. 지나치게 짠 국물은 아쉽다. 그런데 남은 국물에 밥을 말아 먹고 있는 자신을 발견하곤 한다.

VOL.2 INFO p.299 MAP p.294B

6 엉떵 카우쏘이
Ong Tang Khao Soi

북부 요리 전문점 엉떵 카우쏘이의 대표 메뉴이자 할머니의 레시피를 따른 카우쏘이. 닭과 소고기 고명이 있으며, 국물이 없는 카우쏘이 행도 있다. 카우쏘이가 처음이어도 무리 없이 즐길 만한 맛이다.

VOL.2 INFO p.220 MAP p.219A

대표 요리 4 **팟타이**

가장 유명한 볶음국수. 새콤, 달콤, 매콤, 짭짤한 맛이 어우러져 균형을 이룬다.

1. 팟타이 쎈짠 만꿍 싸이카이
Basic Padthai 90B +10%

팟타이 꿍
Pad Thai with Shrimp 70B

2. 팟타이 꿍쏫
Fried Noodles with Prawns and Bean Sprouts
피쎗 150B

---

1 팁싸마이
Thipsamai
ทิพย์สมัย

말이 필요 없다. 팟타이의 정석을 보여주는 팟타이 전국구 맛집이다. 기름과 설탕에 절어 있는 팟타이와는 급과 격이 다른 팟타이를 맛보고 싶다면 반드시 들르자. 오렌지 주스도 인기다.

VOL.2 INFO p.310 MAP p.304J

2 헹 허이텃 차우레
Heng Hoitod Chawlae
เฮงหอยทอดชาวเล

큼지막한 새우튀김을 올린 팟타이 꿍쏫. 볶음면도 그렇지만 튀김 요리에 담긴 진심이 느껴진다. 가끔 '이 가격 실화?'를 외치게 하는 팟타이 전문 레스토랑에 비하면 가격 또한 합리적이다.

VOL.2 INFO p.258 MAP p.250B

3 나와 팟타이
Nava Pad Thai
นาวาผัดไทย

지나던 동네 아주머니가 '팟타이 아러이(팟타이 맛있어)'라며 추천해준 곳이다. 팟타이의 단맛이 강한 편인데 이는 '마이싸이 남딴(설탕 빼주세요)'으로 해결하면 된다. 볶음 요리가 맛있고 가격도 저렴하다.

VOL.2 INFO p.316 MAP p.314F

대표 요리 5 쏨땀

파파야 샐러드. 이싼 지방에서 시작해 지금은 태국 전역에서 즐기는 국민 요리다.

1. 땀타이
Original Styled Thai Spicy Papaya Salad 80B +17%

2. 쏨땀타이 깡꿍매남양
Papaya Salad with Grilled White Tiger Prawn 260B +17%

3. 땀뿌쁠라라
Fermented Fish and Salted Crab Papaya Salad 95B +10%

---

1 쏨땀 더 Somtum Der
쏨땀의 오리지널 타이 버전인 땀타이. 가장 무난하게 즐길 수 있는 쏨땀이다. 튀김·구이 메뉴와 더불어 카우니여우(찹쌀밥) 혹은 카놈찐(쌀 소면)을 곁들이면 밥상이 풍성하다.

VOL.2 INFO p.266 MAP p.263H

2 더 덱 The Deck
쏨땀타이에 구운 민물새우를 올린 메뉴. 쏨땀 치고는 가격이 꽤 비싼 편이지만, 깔끔한 맛과 비주얼 모두 합격점을 받을 만하다. 왓 아룬 조망 식당인 더 덱은 모든 요리가 아주 맛있다.

VOL.2 INFO p.289 MAP p.280J

3 반 쏨땀 Baan Somtum
쏨땀 종류만 무려 30여 가지에 이르는 반 쏨땀에서 주문한 땀뿌쁠라라. 젓갈이 듬뿍 들어간 쏨땀이다. 이싼 요리 전문점이라면 반드시 선보이는 메뉴로 젓갈을 즐긴다면 도전해보자.

VOL.2 INFO p.272 MAP p.262J

MANUAL 07
국수

'면 덕후' 모여라!
매력 만점 태국 국수 열전

태국 어디에서나 쉽게 먹을 수 있는 국민 음식. 다양한 육수와 고명이 어우러져 무궁무진한 국수의 세계가 펼쳐진다. 무작정 '누들'이나 '팟타이'만 외치면 만나지 못할 국수의 세계로 떠나보자.

볶음

가장 유명한 볶음국수. 보통 굵기의 면을 불려 센 불에 볶는다. 타마린드의 신맛, 고춧가루의 매운맛, 팜슈거의 단맛, 액젓의 짠맛이 어우러져 맛의 균형을 이룬다. 땅콩으로 고소한 맛을 더하며 달걀은 넣어 먹어도 되고 빼도 된다. 팟타이 전문점, 노점, 태국 요리 레스토랑에서 판매한다.

팟타이

랏나

그레이비소스를 넣어 되직하게 볶은 국수. 돼지고기, 닭고기, 소고기, 해산물 등을 고명으로 올리며, 주로 쎈야이를 사용한다.

쎈야이(넓은 면)를 사용하며 간장과 달걀을 넣어 볶는다. 전반적으로 팟타이와 비슷하지만 숙주 대신 카나라는 채소를 사용하며, 땅콩을 넣지 않는다.

팟씨이우

고추와 생후추를 듬뿍 넣어 볶아 맵다. 현지인들은 해장용으로 즐긴다.

팟키마우

소면

카놈찐

소면처럼 생긴 쌀국수. 레스토랑에서는 일반적으로 카레와 함께 국수를 내는 '카놈찐 남야'를 선보인다. 쏨땀 전문점에서도 카놈찐을 판매하는데, 쏨땀에 카놈찐을 넣어 비벼 먹는다. 애초에 카놈찐을 넣어 만든 쏨땀은 '땀쑤어'라 한다.

국물 & 비빔

꾸어이띠여우 남싸이

남싸이는 '맑은 물'이라는 뜻으로 맑은 육수에 말아내는 국수다. 돼지고기, 닭고기, 소 뼈 등으로 육수를 우려내며 소금, 후추, 설탕, 마늘 등을 첨가한다. 육류, 어묵 등 집집마다 다양한 고명을 선보인다. 돼지고기는 '꾸어이띠여우 무남싸이', 소고기는 '꾸어이띠여우 느어남싸이' 등으로 이름이 바뀐다. 국수 초보자들도 부담 없이 즐길 수 있는 메뉴다.

옌따포

옌따포는 발효 두부장, 마늘 피클, 케첩 등을 재료로 만든 소스. 옌따포소스를 넣으면 국물이 달콤해지고 분홍빛이 돈다. 맛은 달콤, 새콤, 짭짤하다. 어묵, 중국식 만두인 끼여우 튀김, 모닝글로리 등을 고명으로 올린다.

육수에 돼지고기 혹은 소고기의 피를 넣은 국수. '꾸어이띠여우 남똑 무'는 돼지고기, '꾸어이띠여우 남똑 느어'는 소고기 국수다. '꾸어이띠여우 르아' 전문점에서 무조건 먹을 수 있다. 르아는 '배'라는 의미로 영어로 '보트 누들(Boat Noodle)'이라고 한다. 옛날 국수 장수들이 배를 타고 수로에서 판매하던 국수에서 유래했다. 국수 그릇이 매우 작고, 양도 적어 몇 그릇은 기본으로 먹어야 한다.

꾸어이띠여우 남똑

꾸어이띠여우 똠얌

꾸어이띠여우 남싸이 육수에 똠얌 양념을 한다. 기름이 있는 고추 양념인 남프릭파오와 타마린드 혹은 라임, 액젓 등을 넣는다. 돼지고기와 돼지 내장, 어묵, 해산물 등을 고명으로 올린다. 국물 없는 비빔면은 '꾸어이띠여우 똠얌 행'이라고 한다.

고기를 넣어 끓인 간장 육수. 소고기는 '꾸어이띠여우 느어뚠', 돼지고기는 '꾸어이띠여우 무뚠' 등으로 이름이 달라진다.

카우쏘이

태국 북부를 대표하는 국수. 바미 면 혹은 쌀로 만든 면을 칼국수처럼 잘라 카레 국물에 말아 먹는다. 고명으로 소고기나 닭고기를 올린다.

꾸어이띠여우 (고기)뚠

꾸어이짭

진한 돼지고기 육수 국수. 후추를 듬뿍 넣어 매콤하다. 전문점에서 판매하며 일반 면 대신 꾸어이짭 혹은 끼엠이 면을 사용한다. 꾸어이짭은 넓적하고, 끼엠이는 파스타 면 펜네처럼 생겼다. 고명으로 돼지고기, 돼지고기 볼 등을 올린다. 차이나타운에 꾸어이짭 전문점이 많다.

태국 국수 주문하는 방법

1. **국수 종류를 선택한다.** 한 가지 국수만 판매하는 전문점이라면 이 과정은 생략한다.
2. **면을 선택한다.** 일반적인 쌀국수 면 외에 꾸어이짭 전문점에서는 꾸어이짭 혹은 끼엠이 면을 사용한다. 바미 면만 사용하는 중화 국수 전문점에서는 중국식 만두인 끼여우를 선택할 수 있다. 면 없이 국물에 밥을 말아 먹으려면 '까우라우'라고 말하자.
3. **국물 유무를 선택한다.** 국물이 있는 국수는 '꾸어이띠여우 남', 국물이 없는 국수는 '꾸어이띠여우 행'이라고 한다.
4. **국수가 나오면 입맛에 맞게 양념해 먹는다.** 일반적으로 고춧가루, 설탕, 액젓, 고추를 넣은 식초로 구성된 양념 세트가 테이블마다 놓여 있다.

고명 종류

국수 종류에 따라 다른 고명을 사용하며, 같은 종류의 국수라 하더라도 집집마다 다른 고명을 올리기도 한다. 채소는 마지막에 올리며 숙주와 고수를 주로 사용한다. 특별히 원하지 않는 고명이 있다면 '마이싸이(+고명 이름)'이라고 말하자.

돼지고기 무, 돼지고기 볶은 룩친무
소고기 느어, 소고기 볶은 룩친느어
닭고기 까이
오리고기 뻿
내장 크릉나이(일반적으로 돼지 내장을 사용한다)
어묵 룩친쁠라
고수 팍치

면 종류

쎈야이, 쎈렉, 쎈미, 바미가 가장 많이 쓰인다. 어떤 면이 좋다고 평가하기 어려우므로 취향에 따라 선택하자. 국숫집에 따라 다양한 면을 갖춰놓기도 하고, 한 가지 면만 취급하기도 한다.

쎈야이 넓은 면. 쌀국수.
쎈렉 보통 면. 쌀국수.
쎈미 가는 면. 쌀국수.
바미 중화 면. 밀가루와 달걀로 만든다.
끼여우 중국식 만두.
운쎈 당면. 국수로도 즐기지만 샐러드에 주로 쓰인다.
끼엠이 펜네처럼 생긴 짧은 롤 모양의 쌀 면. 꾸어이짭에 즐겨 쓰인다.
카놈찐 쌀가루로 만든 소면.

 토크SAY 태국 국수는 모두 쌀국수?
쌀국수가 대세지만 다는 아니다. 밀가루에 달걀을 넣어 빚어 노란빛을 띠는 바미 면은 국숫집에서 일반적으로 선택할 수 있는 면. 오리 국수 전문점에는 쌀국수는 준비하지 않고 바미 면만 취급하는 경우도 많다. 이런 집에서 선택할 수 있는 국수는 바미 면과 끼여우. 끼여우는 돼지고기나 새우를 소로 넣은 작은 중국식 만두. 취향에 따라 바미 면, 바미 면+끼여우, 끼여우를 선택하면 된다.

 알아두면 좋은 국수 주문 용어
보통 : 탐마다
곱빼기 : 피쎗

추천 꾸어이띠여우 똠얌, 꾸어이띠여우 똠얌 행

입맛 사로잡는 똠얌 국수
룽르앙 รุ่งเรือง 榮泰

VOL.2
INFO p.243
MAP p.237L

주문 순서
- ✓ **국수 종류 선택** 꾸어이띠여우 똠얌 남 · 똠얌 행 · 무남싸이
- ✓ **면 선택** 쎈야이, 쎈렉, 쎈미, 바미, 운쎈, 끼엠이
- ✓ **사이즈 선택**

돼지고기와 돼지고기 내장, 어묵을 넣어 국수를 만든다. 국수 종류는 크게 레몬과 매운 소스를 넣은 **똠얌**과 맑은 국물의 **남싸이**. 맑은 국물도 좋지만 매운맛과 감칠맛이 어우러진 **똠 얌**이 아주 괜찮다. **똠얌**은 국물이 있는 **똠얌(남)**과 국물이 없는 **똠 얌 행**으로 주문할 수 있다. 양이 그리 많지 않아 두 종류를 모두 즐기는 이들이 많다. 돼지고기와 부속 재료를 사용한 토핑은 신선하고 풍부하다.

⊙ **찾아가기** BTS 프롬퐁 역 4번 출구에서 뒤돌아 200m. 쑤쿰윗 쏘이 26으로 우회전해 130m 지나 오른쪽 모퉁이에 위치한다. 간판에 태국어와 '榮泰'이라는 한자가 적혀 있다.
⊙ **시간** 08:00~17:00
⊝ **휴무** 연중무휴

꾸어이띠여우 무남싸이

꾸어이띠여우 똠얌 행

꾸어이띠여우 똠얌

추천 꾸어이띠여우 쑤코타이

방콕에서 맛보는 쑤코타이 국수
쏨쏭 포차나 สมทรงโภชนา

VOL.2
INFO p.316
MAP p.314E

주문 순서
- ✓ **국수 종류 선택** 꾸어이띠여우 행 · 똠쯧 · 남똠얌
- ✓ **면 선택** 쎈야이, 쎈렉, 쎈미, 바미, 운쎈
- ✓ **사이즈 선택**

쌈쎈 골목 한편에 자리한 현지 식당. 쑤코타이 스타일의 국수와 덮밥 또는 반찬으로 즐길 수 있는 요리를 판매한다. 대표 메뉴인 쑤코타이 국수는 비빔국수 꾸어이띠여우 행, 국물이 맑은 꾸어이띠여우 똠쯧, 똠얌 수프 꾸어이띠여우 남똠얌이 있다. 메뉴에는 렉행, 렉똠쯧, 렉남똠얌이 적혀 있는데, 보통 면인 쎈렉을 사용한다는 뜻이다. 면은 여러 종류 중 선택 가능하다. 고명으로는 돼지고기, 롱빈 등을 올린다.

⊙ **찾아가기** 쌈쎈 다리 건너 110m 지나 쌈쎈 쏘이 1(Samsen Soi 1)로 좌회전. 280m 지나 쏘이 람푸(Soi Lamphu)로 좌회전. 식당 밖에 간판이 없지만 태국어와 'Sukhothai Rice Noodles'라고 쓴 입간판이 있다.
⊙ **시간** 10:00~15:30 ⊝ **휴무** 연중무휴

꾸어이띠여우 남똠얌

꾸어이띠여우 행

VOL.2
INFO p.324
MAP p.321H

추천 꾸어이띠여우 똠얌

똠얌 국수의 숨은 강자
꾸어이띠여우 뜨럭롱무
Trokrongmoo Noodle
ก๋วยเตี๋ยวตรอกโรงหมู

주문 순서
- ✓ 국수 종류 선택 똠얌 국물 쌀국수 등 한국어 메뉴 참조
- ✓ 면 선택 바미, 쎈렉, 쎈미, 쎈야이, 마마, 운쎈, 까우라우
- ✓ 사이즈 선택

똠얌 국수를 사랑한다면 반드시 찾아야 할 맛집이다. 돼지고기와 돼지고기 내장, 만두, 튀긴 두부 등 충실한 고명의 꾸어이띠여우 똠얌을 맛볼 수 있다. 국수 외에 끼여우와 랭쌥 등의 메뉴도 선보인다. 만두 끼여우는 돼지고기 살코기를 다져 가게에서 직접 빚는다. 메뉴판에 한국어 설명이 있어 주문에 도움이 된다.

- 찾아가기 MRT 후알람퐁 역 1번 출구에서 300m
- 시간 08:30~20:00
- 휴무 연중무휴

꾸어이띠여우 똠얌

VOL.2
INFO p.298
MAP p.295G

추천 오리지널, 옌따포

카오산의 유명 어묵 국수집
찌라 옌따포 จิระเย็นตาโฟ

주문 순서
- ✓ 면 선택 쎈야이, 쎈렉, 쎈미, 바미
- ✓ 국물 선택 오리지널, 옌따포, 똠얌, 갈릭&오일
- ✓ 사이즈 선택

방람푸에 자리한 어묵 국수 가게. 늘 손님이 많다. 옌따포를 비롯해 국물이 맑은 오리지널, 똠얌 등 다양한 국물을 선보인다. 국물은 간이 조금 센 편. 고명으로는 어묵, 끼여우 튀김, 모닝글로리를 올린다. 주문은 어렵지 않다. 한국어 메뉴판의 순서대로 면, 국물, 사이즈를 선택하면 된다. 고명의 양이 부족하다면 수제 생선살 어묵을 주문하자.

- 찾아가기 차나 쏭크람 경찰서에서 짝끄라퐁 로드로 170m. 큰길 왼쪽 안경점을 바라보고 왼쪽 집. 간판은 태국어로만 돼 있다.
- 시간 목~월요일 08:00~15:00
- 휴무 화~수요일

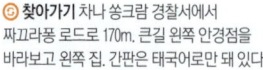

오리지널

수제 생선살 어묵

옌따포

추천 꾸어이짭

VOL.2
INFO p.326
MAP p.321G

매콤하고 걸쭉한 돼지고기 국수
란 꾸어이짭 나이엑 ร้านก๋วยจั๊บนายเอ็ก

주문 순서
- ✓ 국수 종류 선택 꾸어이짭
- ✓ 사이즈 선택

돼지고기와 돼지고기 내장을 넣어 끓인 꾸어이짭 국수와 돼지고기 튀김 무끄럽 등 돼지고기 요리를 판매한다. 꾸어이짭에 올린 돼지고기 튀김, 내장 등 각종 고명은 각각의 특징을 살렸으며, 후추를 넣은 국물은 매콤하고 시원하다. 국수 면은 둥근 롤 형태의 끼엠이로 숟가락으로 먹으면 된다. 간판이 태국어로만 돼 있지만 늘 손님이 많은 집이라 어렵지 않게 찾을 수 있다.

꾸어이짭

카무타또

찾아가기 MRT 왓 망꼰 역 1번 출구에서 220m, 도보 3분
시간 08:00~24:00
휴무 연중무휴

추천 꾸어이짭유안

VOL.2
INFO p.298
MAP p.294F

매콤하고 걸쭉한 돼지고기 국수
쿤댕 꾸어이짭유안 คุณแดงก๋วยจั๊บญวน

주문 순서
- ✓ 국수 종류 선택 꾸어이짭유안
- ✓ 달걀 추가 선택
- ✓ 사이즈 선택

외국인과 현지인 모두에게 인기인 카오산의 꾸어이짭 국수 전문점. 단일 메뉴인 꾸어이짭유안은 돼지고기 육수에 돼지고기, 돼지고기 볼, 후추를 첨가한 소시지, 메추리알, 버섯, 양파 고명을 올린 국수다. 육수는 기본적으로 매운 편이며, 차이나타운의 꾸어이짭 전문점에 비해 돼지고기 향이 적고 버섯 향이 진하다. 쌀로 만든 면은 쫀득쫀득하다 못해 찐득찐득한 느낌. 간판이 태국어로만 돼 있지만 화사한 연두색으로 꾸민 외관 덕분에 찾기에 어렵지는 않다.

꾸어이짭유안

꾸어이짭유안 +달걀

찾아가기 프라아팃 선착장에서 나와 프라아팃 로드로 우회전해 140m 왼쪽
시간 09:30~20:30
휴무 연중무휴

추천 끼여우미 쩨포
전통의 바미 국수 전문점
쁘라짝 ประจักษ์ 新記

주문 순서
- ✓ 메뉴 선택
- ✓ 국물 선택 남, 행
- ✓ 사이즈 선택

1894년에 문을 연 전통 깊은 식당. 바미 국수와 기타 요리를 판매한다. 국수는 바미 면과 돼지고기 끼여우, 새우 끼여우 중에서 선택할 수 있다. 고명은 오리고기 뻿양, 돼지고기 무댕과 무끄럽, 게살 뿌가 준비된다. 모든 종류의 고기 고명을 원한다면 끼여우미 쩨포(바미 면+돼지고기 끼여우+고기) 또는 끼여우미꿍 쩨포(바미 면+새우 끼여우+고기)를 시키면 된다. 고명으로 올리는 오리고기와 돼지고기는 따로 주문할 수도 있다. 영어와 사진 메뉴가 있어 주문하기 어렵지 않다.

◉ **찾아가기** BTS 싸판딱신 역 3번 출구 이용, 짜런끄룽 로드가 나오면 길 건너 좌회전해 250m, 도보 3분 | **시간** 08:30~20:30
◉ **휴무** 연중무휴

끼여우미 뻿
오리고기 뻿양
바미 뿌

추천 꾸어이띠여우 남
고명이 풍부한 소고기 국수
와타나파닛 วัฒนาพานิช 郭炎松

주문 순서
- ✓ 메뉴 선택 꾸어이띠여우 느어아
- ✓ 면 선택 쎈아이, 쎈렉, 쎈미
- ✓ 국물 선택 남, 행

에까마이에 자리한 중국 음식점. 다양한 메뉴 중에서도 소고기와 내장을 넣고 끓인 느어뚠이 일품이다. 입구에 커다란 솥을 놓고 엄청난 양의 소고기와 내장을 끓인다. 소고기와 내장, 미트볼 등 모든 고명을 올리는 국수인 꾸어이띠여우는 반드시 먹어봐야 할 메뉴. 면 대신 밥이 따로 나오는 까오라오도 인기다. 볶음국수로는 팟씨이우와 랏나가 있으며, 고명으로 소고기, 돼지고기, 닭고기, 새우를 선택할 수 있다. 1층은 야외에 개방된 형태이며, 2층은 에어컨을 가동한다.

◉ **찾아가기** BTS 에까마이 역 1번 출구 이용. 버스 승차 후 에까마이 쏘이 13 하차, 횡단보도 건너면 바로
◉ **시간** 10:00~19:00 | **휴무** 부정기 휴무

패뚠
꾸어이띠여우 남
팟씨이우

추천 꾸어이띠여우 느어

카오산의 유명 갈비 국수
나이쏘이 นายโส่ย

주문 순서
- ✓ 면 선택 쎈야이, 쎈렉, 쎈미
- ✓ 고명 선택
- ✓ 국물 선택 남, 행
- ✓ 사이즈 선택

카오산의 이름난 소고기 국숫집. 갈비 국숫집이라고도 불린다. 간판에 태국어보다 크게 '나이쏘이'라는 한국어를 적어놓아 눈에 잘 띈다. 소고기를 푹 끓여낸 육수는 진한 편. 국수를 다 먹은 후 밥을 말아 먹어도 좋다. 고명은 소고기, 소고기 내장, 미트볼 등이 있으며, 고명 종류에 따라 메뉴가 다르다. 소고기 국수라 가격이 아주 저렴하진 않지만 국수 양이 많고 고명이 풍부하다. 주문 순서대로 잘 정리된 메뉴가 있어 어렵지 않게 주문할 수 있다.

꾸어이띠여우 루엄밋

◉ **찾아가기** 프라아팃 선착장에서 프라아팃 로드로 우회전해 30m 왼쪽, 프라아팃 로드 타라 하우스 옆
🕐 **시간** 월~목요일 07:00~21:00, 금~일요일 07:00~21:30
⊖ **휴무** 둘째·넷째 주 화요일

꾸어이띠여우 느어쁘어이

추천 팟타이

방콕을 대표하는 팟타이
팁싸마이 Thipsamai ทิพย์สมัย

주문 순서
- ✓ 메뉴 선택
- ✓ 재료 추가 면, 새우, 달걀, 라임 등

방콕 최고의 팟타이 집으로 소문난 곳이다. 1966년에 지금의 자리에 문을 열어 현재까지 이어오고 있다. 메뉴는 팟타이가 전부지만 종류는 다양하다. 기본 메뉴부터 새우를 넣어 달걀로 감싼 팟타이 등 사진과 영어 설명을 곁들인 메뉴를 보고 고르면 된다. 어느 시간에 가든 줄을 서야 하지만, 일단 자리에 앉고 나면 여유롭게 식사를 즐길 수 있다. 싸얌 파라곤과 아이콘 싸얌에도 매장이 있다.

◉ **찾아가기** 민주기념탑에서 시내 방향으로 가다가 라마 3세 공원이 보이면 우회전, 650m, 도보 8분
🕐 **시간** 10:00~21:00
⊖ **휴무** 연중무휴

남쏨칸쏙

팟타이 쎈짠 탐마다 싸이카이

추천 팟타이

신선한 해산물 팟타이
헹허이텃차우레 Heng Hoitod Chawlae เฮงหอยทอดชาวเล

VOL.2
INFO p.258
MAP p.250E

주문 순서
- ✓ 메뉴 선택
- ✓ 사이즈 선택

촌부리에서 매일 공수하는 신선한 재료를 사용해 차원이 다른 허이텃과 팟타이를 만든다. 시그니처 메뉴는 바삭한 전 위에 부드러운 굴을 올린 어루어. 굴 대신 홍합, 농어, 게살을 올려도 된다. 바삭하게 튀긴 새우를 올린 팟타이 꿍쏫도 추천 메뉴다. 볶음 외에 돼지 족발 카무 등의 메뉴도 있으며, 에까마이 외에 방콕에 몇 군데 지점이 자리했다.

📍 찾아가기 BTS 에까마이 역 1번 출구 이용. 에까마이 로드를 따라 도보 20분
🕐 시간 10:00~01:00
🚫 휴무 연중무휴

팟타이 꿍쏫

어루어

추천 쿠어까이, 업까이

인절미 맛의 구운 국수
앤 꾸어이띠여우 쿠어까이
Ann Guay Tiew Kua Gai แอนก๋วยเตี๋ยวคั่วไก่

VOL.2
INFO p.328
MAP p.321C

주문 순서
- ✓ 메뉴 선택
- ✓ 면 선택 쎈렉, 쎈야이, 쎈미, 바미

꾸어이띠여우 쿠어까이는 치킨이 들어간 구운 쌀국수다. 볶음국수와는 또 다른 맛의 신세계로 겉은 바삭하고 속은 촉촉해 구운 인절미 같은 익숙한 맛을 낸다. 중국의 죽에서 유래해 국수로 변형된 이 요리는 차이나타운 인근에서 주로 맛볼 수 있다. 차이나타운에서도 플랍플라차이(Phlapphla Chai)에 전문점이 많으며 그 가운데에서도 이 집이 유명하다. 함께 들어가는 달걀의 익힘 정도에 따라 쿠어까이와 업까이로 구분하며, 들어가는 재료에 따라 쿠어무(돼지고기), 쿠어쁠라믁(오징어) 등으로 이름이 달라진다.

업까이

남까이

📍 찾아가기 MRT 왓 망꼰 역에서 야오와랏 로드 반대쪽으로 650m, 도보 8분
🕐 시간 14:00~23:00　🚫 휴무 연중무휴

낭까이텃

MANUAL 08
로컬 맛집

현지인들이 찾는 보물 맛집
THAI FOOD

먹는 즐거움을 아는 사람에게 한 끼는 매우 소중하다. 일상에서도 그러한데 여행에서는 말할 것도 없다. 한 끼를 망치는 건 여행의 일부를 망치는 것이다. 반대로 맛있게 먹은 한 끼는 기쁨이다. 맛있게 먹은 한 끼가 저렴하기까지 하다면 기쁨은 배가되어 추억으로 남는다. 맛있는 김치찌개를 찾아 도심 골목을 누비는 것처럼 방콕의 골목을 탐험하자. 이미 입소문이 나 외국인이 즐겨 찾는 식당도 있고, 아직은 현지인들만 찾는 곳도 있다.

세계 6대 요리 중 하나로 손꼽히는 태국 요리

태국 요리는 다양한 향신료를 첨가해 독특한 향미를 낸다. 대체로 고소하고 맵고 신맛이 나는 편이며 더위를 이기고 힘을 얻을 수 있는 음식으로 발전했다. 타이 음식은 최근 몇 년간 각광받는 요리로 떠오르고 있는데, 그 이유는 먹음직스러운 맛뿐만 아니라 채소, 고기, 과일을 썰고 잘라 예술로 승화해 눈과 코, 미각을 모두 만족시키기 때문이다.

특징 1
자극적인 맛과 열량 높은 음식

태국은 1년 내내 무더운 나라로 계절의 차이가 거의 없다. 그래서 태국 음식은 자극적인 맛과 열량을 많이 내는 쪽으로 줄곧 발달했다. 더위에 지친 민족일수록 싱겁고 순한 음식은 별 맛을 못 느끼기 때문이다. 맵고 짜고 시고 단 자극적인 맛이 모여 조화를 이루는 게 태국 음식의 가장 큰 특징이다.

특징 2
소스나 자극적인 향신료가 발달

음식이 상하기 쉬운 탓에 소스나 자극적인 향신료가 발달한 것도 특징이다. 태국 음식은 무슨 음식이든 재료를 넣고 팬에 볶은 다음 소스와 향신료를 넣고 비비는 요리법을 활용하기 때문에 까다로운 요리법이 없다. 조리법이 이렇게 간단하다 보니 음식의 서로 다른 맛을 내기 위해서는 수백 가지에 이르는 소스와 향신료에 의존한다.

특징 3
포장 음식의 발달

더운 기후와 맞벌이가 많은 가정, 사 먹는 음식 값이 집에서 조리하는 비용과 비슷하다는 이유로 태국의 가정에서는 음식을 거의 조리해 먹지 않는다. 끼니마다 밥과 반찬 한두 가지를 음식점에서 포장해 와 집에서 먹는 것이 보편적이기 때문에 포장 음식 문화가 발달했다. 이를 태국어로 '싸이퉁'이라고 하는데, '싸이'는 담다, '퉁'은 봉지라는 뜻이다.

1 언럭윤 On Lok Yun ออน ล็อก หยุ่น
브랙퍼스트 백년 가게

왕부라파(Wang Burapha) 지역은 쇼핑센터와 극장 등이 있던 과거의 번화가였다. 90년대 들어 싸얌으로 쇼핑 지형이 이동하며 옛 명성을 잃었는데, 찰름끄룽 극장과 같은 역사적인 흔적은 여전히 남았다. 언럭윤도 그런 곳이다. 1933년 서양식 조식 식당으로 선보인 이곳은 소위 잘나가는 인사와 배우의 단골 식당이었다. 나이를 먹어 낡고 요즘의 맛을 따르지 못하지만, 중장년 단골은 물론 MZ세대의 발길을 이끌고 있다.

 인기 ★★★★★  VOL.2 INFO p.328 MAP p.320A 가격 ★★★ 혼잡도 ★★★★★ 접근성 ★★★★★

- 찾아가기 MRT 쌈얌 역 3번 출구에서 90m
- 시간 06:00~14:30
- 휴무 연중무휴

2 쌍완씨 สงวนศรี
태국 가정식이 궁금하다면

BTS 프런찟 역 인근 오쿠라 호텔 옆에 자리한 현지 식당이다. 족히 100년은 된 낡은 건물의 낡은 부엌에서 오랜 손맛을 자랑하는 할머니들이 완벽한 태국 가정식을 선보인다. 여행자들에게는 알려지지 않은 식당이지만 꽤 넓은 좌석은 점심시간이 되기 무섭게 가득 찬다. 줄을 서서 기다리기 싫다면 점심시간 전후에 방문하자. 오후 3시까지만 영업하며, 일요일에는 문을 닫는다. 태국어 메뉴를 사용하며, 영어 메뉴도 갖추고 있다.

인기 ★★★★★ VOL.2 INFO p.231 MAP p.226D 가격 ★★★ 혼잡도 ★★★★★ 접근성 ★★★★★

- 찾아가기 BTS 프런찟 역 8번 출구에서 150m 직진해 왼쪽. 간판이 태국어로만 돼 있다. 시간 월~토요일 09:00~15:00 휴무 일요일

3 꼬앙 카우만까이 쁘라뚜남
Go-Ang Kaomunkai Pratunam
줄 서서 먹는 카우만까이

60여 년 역사를 자랑하는 닭고기덮밥 카우만까이 전문점이다. 현지인들은 물론 여행자들의 발길이 이어지는 덕분에 식사 시간이 아닌 때에도 대기가 있기 일쑤다. 여러 차례 미쉐린 가이드 빕 구르망에 선정되기도 했다. 향기롭게 지은 밥과 부드러운 닭고기가 어우러지는 카우만까이가 대표 메뉴인데 고기를 양껏 먹고 싶다면 느아까이를 주문하면 된다. 돼지고기 장조림 격인 무옵끄로아껫도 부드럽다. 접근성을 고려한다면 싸얌 파라곤 지점도 괜찮다.

👍 인기 ★★★★★ | VOL.2 INFO p.233 MAP p.226A | 가격 ★★ | 혼잡도 ★★★★★ | 접근성 ★★★

📍 **찾아가기** BTS 칫롬 역이 가장 가깝다. 센트럴 월드를 지나 이어지는 R 워크(R Walk)를 끝까지 걸어 내려온 후 길을 건너면 보인다.
🕐 **시간** 06:00~14:00, 15:00~22:00 **휴무** 연중무휴

4 쪽 프린스
Jok Prince โจ๊กปรินซ์ บางรัก
돼지가 죽에 빠진 날

중국 이민자가 많은 방락 지역의 인기 죽집. 돼지고기를 넣은 광둥식 죽을 60여 년에 걸쳐 선보이고 있다. 가장 기본인 쪽무는 부드러운 흰쌀 죽과 돼지고기 등심으로 빚은 포크볼로 구성된다. 죽에서 향긋한 냄새가 나는 까닭은 숯을 사용해 죽을 끓여서라고 한다. 포크볼 외에 내장, 계란, 피단 등의 고명을 선택할 수 있다. 가게 앞에서 파는 빠텅꼬(중국에서 '여우티아오'라 불리는 밀가루 튀김)를 곁들여도 좋다.

👍 인기 ★★★★★ | VOL.2 INFO p.274 MAP p.262I | 가격 ★★ | 혼잡도 ★★★★★ | 접근성 ★★★

📍 **찾아가기** BTS 싸판딱신 역 3번 출구 이용. 짜런끄룽 로드로 진입해 250m 🕐 **시간** 06:00~13:00, 15:00~23:00 **휴무** 연중무휴

5 쪽 포차나
Jok Phochana โจ๊ก โภชนา
한국어 메뉴를 갖춘 현지 식당

쌈쎈 쏘이 2에 자리한 현지 식당. 카오산 로드에 머무는 여행자들이 즐겨 찾는 곳으로 입구에 한국어로 적어놓아 어렵지 않게 찾을 수 있다. 진열대에는 식재료를 가득 전시해놓고 주문이 들어오면 바로 요리해준다. 대표 요리는 옐로 카레에 볶은 게 요리인 뿌팟퐁까리. 한국어 메뉴에는 '게 커리'라 적혀 있다. 머드 크랩 대신 블루 크랩을 사용하지만 맛은 괜찮다. 한국인이 즐겨 찾는 몇 가지 메뉴를 적은 한국어 메뉴판을 갖추었다.

| 👍 인기 ★★★ | VOL.2 📖 INFO p.316 📍 MAP p.314F | 🍴 가격 ★★★ | 👥 혼잡도 ★★★ | 🗺 접근성 ★★ |

📍 **찾아가기** 카오산 쏭크람 경찰서에서 쌈쎈 방면으로 가다가 방람푸 운하를 건너 오른쪽 첫 번째 골목인 쌈쎈 쏘이 2에서 우회전한 후 왼쪽 첫 번째 골목으로 좌회전, 600m, 도보 8분 ⏰ **시간** 월~목요일 16:30~23:00, 금요일 16:30~22:30, 토요일 16:30~17:00 🚫 **휴무** 일요일

6 뻐 포차야
Por Pochaya ป. โภชยา
단골손님을 부르는 맛

'여기에 식당이 있었나?' 싶은데 손님들로 바글바글하다. 알고 보니 인근 관공서 고위 관료들의 입맛까지 사로잡은 맛집이라고 한다. 한 번 가면 단골이 되고 만다는 이 집의 인기 비결은 맛과 합리적인 가격. 비싼 생선 요리도 200B을 넘지 않는 덕분에 여러 요리를 주문해도 부담이 없다. 테이블을 돌아다니며 알뜰하게 손님을 챙기는 친근한 친절도 좋다. 영업시간이 짧은 편이므로 방문 전에 확인할 필요가 있다.

| 👍 인기 ★★★★★ | VOL.2 📖 INFO p.310 📍 MAP p.305C | 🍴 가격 ★★★ | 👥 혼잡도 ★★★★ | 🗺 접근성 ★★ |

📍 **찾아가기** 짜오프라야 익스프레스 프라람9(까우) 선착장에서 가장 가까운데 도보로 20분가량 걸린다. 카오산 로드, 민주기념탑, 쌈쎈 인근에서 찾기 좋다. ⏰ **시간** 월~금요일 09:00~13:00 🚫 **휴무** 토~일요일

7 노스이스트 Northeast
해산물 요리를 잘하는 이싼 식당

태국의 '노스이스트' 지방인 이싼 요리 전문점이다. 이싼 요리 중에서도 샐러드의 일종인 쏨땀과 랍 메뉴가 다양하고 맛있다. 이싼 요리 외에 뿌님팟퐁까리, 어쑤언 등 해산물 요리도 잘한다. 실내는 매우 깔끔하고 위생적이며, 시원하다. 식사 시간이면 근처 회사원들이 몰려들어 테이블이 꽉 찬다.

인기	VOL.2 INFO p.268 MAP p.263H	가격	혼잡도	접근성
★★★★		★★★	★★★★	★★

- 찾아가기 MRT 룸피니 역 2번 출구 이용, 라이프 센터(Life Center) 앞에서 횡단보도 건너 직진, 350m, 도보 5분
- 시간 월~토요일 11:00~21:00 휴무 일요일

8 짜런쌩 씨롬 เจริญแสง สีลม
우리 입맛에 잘 맞는 장조림

시로코가 있는 르부아 스테이트 빌딩 맞은편 골목에 자리한 현지 식당. 여행자들과 현지인 모두에게 아주 유명하다. 메뉴는 족발 카무. 족발을 통으로 먹으려면 카무 야이(족발 큰 것), 카무 렉(족발 작은 것)으로 주문하면 된다. 이보다는 접시로 시켜 먹는 게 부담이 없는데 이를 '카무 짠라'라고 한다. 접시로 시키는 카무는 한국의 장조림과 아주 유사하다.

인기	VOL.2 INFO p.274 MAP p.262E	가격	혼잡도	접근성
★★★★★		★★	★★★★★	★★

- 찾아가기 BTS 싸판딱신 역 3번 출구 이용, 짜런끄룽 로드가 나오면 길 건너 좌회전해 400m, 르부아 엣 스테이트 타워(Lebua at State Tower) 정문을 등지고 횡단보도 건너 우회전한 후 왼쪽 첫 번째 골목 안, 총 500m, 도보 6분 시간 07:00~13:00 휴무 연중무휴

MANUAL 09
컨템퍼러리 다이닝

110

맛과 분위기
모두 잡은 다이닝

합리적인 가격으로 질 높은 메뉴와 아늑한 분위기를 즐길 수 있는
태국 요리 전문 레스토랑.

Contemporary Dining

요리에 담은 태국의 전통
더 로컬
The Local

가성비 ★★★☆ 분위기 ★★★★★ 혼잡도 ★★★☆☆

VOL.2
INFO p.241
MAP p.236B

태국 전통 요리를 선보이는 레스토랑. 유명 레스토랑 중 하나인 엄팅에서 운영한다. 레스토랑의 이름 그대로 북부, 남부 등 태국 각지의 특성을 살린 요리를 전통 조리법으로 선보이는 게 특징이다. 레스토랑의 철학을 한 그릇에 담은 요리로는 지방 요리 다섯 종류를 소담하게 담아낸 애피타이저 세트, 컹왕루엄롯이 대표적이다. 목조 가옥에 자리한 레스토랑의 분위기도 매우 좋다. 태국의 역사와 문화를 벽화로 표현한 비바룸은 일반적으로 식사를 즐기는 공간. 소파 형태로 자리한 야외 테이블과 주제에 맞게 꾸민 개별 룸 등이 다양하다.

무슬림 음식인 카레

깽마사만
Massaman Curry
380B

태국 전역에서 즐기는 똠얌꿍

똠얌꿍 Tom Yum Goong : Thai Hot & Sour Soup
180B

팍피엥 팟카이
Stir Fried Southern Local Vegetables with Eggs
250B

남부의 향기가 가득

세금 17% 별도

다섯 종류의 지방 요리를 한 접시에 담았다

컹왕루엄롯
Appetizer Set 290B

분위기와 맛에 사로잡히다
딸링쁠링 쑤쿰윗 쏘이 34
Taling Pling

가성비 ★★★★★ 분위기 ★★★★★ 혼잡도 ★★★☆☆

VOL.2
INFO p.255
MAP p.250B

1992년에 등장한 태국 요리 전문 레스토랑. 정원 위에 자리한 쑤쿰윗 쏘이 34 지점은 도심 속의 해방구 역할을 한다. 인테리어도 특이하다. 자칫 무거워 보일 수 있는 나무 테이블에 딸링쁠링 특유의 비비드한 색감으로 발랄함을 더했다. 팟타이, 덮밥 등 단품 요리도 괜찮지만 2~3명이 찾는다면 여러 요리를 주문해 나눠 먹는 것을 추천한다. 신선한 재료와 조리의 특성을 담은 요리 하나하나가 맛있으며 가격 또한 합리적이다. 여행자들이 찾기 쉬운 지점으로는 싸얌 파라곤 지점이 있다.

짓갈을 즐긴다면 강추

남프릭까삐
Spicy Shrimp Paste Dip with Fried Mackerel, Acacia Omelette and Seasonal Vegetable Crudites
250B

포멜로로 만든 쏨땀

얌쏨오꿍씨엡
Pomelo "Somtum" Salad with Crispy Shrimp
220B

카레와 로띠를 함께

마사만 무로띠
Massaman Pork Curry Served with Roti
225B

세금 17% 별도

정성 돋보이는 왕실 요리
탄잉
Thanying

가성비 ★★★☆ 분위기 ★★★★★ 혼잡도 ★★★☆☆

VOL.2
INFO p.272
MAP p.262©

동부 요리의 매력 속으로
씨 뜨랏
Sri Trat

가성비 ★★★★★ 분위기 ★★★★★ 혼잡도 ★★★☆☆

VOL.2
INFO p.243
MAP p.237©

왕실 요리라고 해서 일반 요리와 크게 다른 것은 아니다. 신선한 재료를 사용해 정성스럽게 선보이면 되는 것. 생선 가시를 미리 제거해 먹기 좋게 내놓는 식이다. 탄잉은 술바 공주의 아들이 왕실의 레시피와 마인드로 운영하는 레스토랑이다. 씨롬의 오래된 주택에 자리해 외관은 조금 허름하지만 인테리어와 테이블 세팅은 매우 고급스럽다. 서비스에도 격이 있지만, 봉사료는 없다. 탄잉의 경영 철학이 잘 드러나는 부분으로, 합리적인 가격에도 이러한 점이 잘 녹아 있다.

태국 동부 해안 지방인 뜨랏 출신 주인장이 어머니의 레시피에 바탕한 태국 동부 요리를 선보인다. 태국 동부 요리는 강렬하지도 그렇다고 밋밋하지도 않은, 남부 요리와 중부 요리의 중간 맛을 내는 게 특징이다. 다수의 시그니처 메뉴에 해안 지방의 특성을 담아 해산물을 사용하는데, 특히 바닷물 풍미를 담은 남프릭 소스의 종류가 다양하고, 깊은 맛을 자랑한다. 나무로 마감하고 앤티크 소품으로 장식한 내부는 깔끔하고 중후하다. 예약하지 않으면 자리가 없는 경우가 종종 있다.

뿔라까퐁텃끄라티얌
SEA BASS, Deep Fried, Topped with Crispy Garlic and Pepper **400B**

작은 사이즈는 2명이 함께 먹기에 적당하다.

남프릭뿔락까이 **250B**

게살과 알로 만든 남프릭 소스

팟팍붕
MORNING GLORY, stir Fried with Soy Bean Sauce **220B**

만만하고 입에 잘 맞는 모닝글로리

해산물 소스를 사용한 동부 스타일 볶음밥

카우크룩남프릭꿀르아 **220B**

입맛에 잘 맞는 마싸만 카레

깽마싸만 느어
Sweet Massaman Beef Curry **450B**

뿔라헷콘텃게민 **290B**

강황에 볶은 마늘 향이 은은하게 밴 생선 살 튀김

세금 7% 별도

세금 17% 별도

반세기를 이어 온 다이닝의 품격
메타왈라이 썬댕
Methavalai Sorndaeng

가성비 ★★★★☆ 분위기 ★★★★☆ 혼잡도 ★★★★☆

VOL.2
INFO p.309
MAP p.304F

민주기념탑이 바라보이는, 말할 수 없이 좋은 위치에 자리한 레스토랑이다. 1957년부터 이어 온 레스토랑의 역사가 위치의 비결과 동시에 이곳의 품격을 대변하는 듯하다. 군제복을 연상케 하는 서빙 복장에서부터 격식이 느껴지며, 마치 50년대 때부터 그 자리에 있었던 것 같은 가수들이 정통가요를 라이브로 들려준다. 자극적이지 않은 음식에도 품격이 숨 쉰다.

왕실이 사랑한 소박한 레스토랑
크루아압쏜
Krua Apsorn ครัวอัปษร

가성비 ★★★★★ 분위기 ★★☆☆☆ 혼잡도 ★★★★★

VOL.2
INFO p.309
MAP p.304F

태국 왕실에서 찾던 레스토랑으로 소문난 소박한 분위기의 레스토랑이다. 별다른 인테리어가 없으나 편안한 분위기이며, 플레이팅이 화려하지 않으나 내용물이 충실한 음식을 내어놓는다. 수준 높은 요리를 부담 없는 가격에 맛볼 수 있으니 늘 손님들이 많다. 게살 통조림을 사용하지 않고 게를 직접 발라 사용하는 느어뿌팟퐁까리가 맛있다.

고급스러운 쏨땀의 정석
쏨땀타이싸이꿍 Spicy Papaya Salad with Shrimps 250B

빠지면 섭섭한 사이드 메뉴 쏨땀

쏨땀타이 Papaya Salad 80B

2~3명이 나눠 먹기 충분한 양

똠얌꿍 Tom-yum with Shrimps 360B

게살을 직접 발라 사용하는 뿌팟퐁까리, 크루아압쏜의 인기 메뉴!

팍붕팟까삐 Stir-fried Morning Glory with Shrimp Paste Sauce 160B
입맛 돋우는 모닝글로리
세금 17% 별도

느어뿌팟퐁까리 Stir-fried Crab in Curry Powder 530B

MANUAL 10
해산물 레스토랑

해산물 요리의
진수를 맛보다

Seafood
RESTAURANT

안다만과 타이만에 접한 태국은 해산물이 풍부한 나라다. 일상적으로 먹는 볶음밥 카우팟과 볶음면 팟타이에도 새우와 게를 흔히 쓰는 것처럼 해산물을 재료로 한 요리는 어렵지 않게 접할 수 있다. 하지만 해산물 요리는 해산물 레스토랑이 그야말로 전문. 신선한 해산물을 다양한 조리법으로 선보이는 방콕의 레스토랑을 소개한다.

해산물 요리 사전

주재료와 조리법, 양념을 혼합하면 태국 요리 주문이 쉽다.
한국인의 입맛에도 딱 맞는 태국 해산물 요리를 알아보자.

주재료 +	조리법 +	양념	= 요리 이름
생선 쁠라	볶음: 팟 구이: 양, 파우 튀김: 텃 찜: 능, 뚠 끓임: 똠 무침: 얌	① 간장: 씨이우	① 쁠라능씨이우: 간장 양념으로 찐 생선 *쁠라텃: 생선 튀김
새우 꿍		① 카레 가루: 퐁까리	① 꿍팟퐁까리: 카레를 넣어 볶은 새우 *꿍파우: 새우 구이 *똠얌꿍: 새우 수프
게 뿌		① 카레 가루: 퐁까리 ② 후추(블랙): 프릭타이(담) ③ 기름이 있는 고추 양념(칠리소스): 프릭파오	① 뿌팟퐁까리: 카레를 넣어 볶은 게 ② 뿌팟프릭타이담: 후추를 넣어 볶은 게 ③ 뿌팟프릭파오: 칠리소스를 넣어 볶은 게
오징어 쁠라묵		① 달걀과 소금: 카이켐 ② 마늘: 끄라티얌	① 쁠라묵팟카이켐: 달걀과 소금을 넣어 볶은 오징어 ② 쁠라묵팟끄라티얌: 마늘을 넣어 볶은 오징어 *쁠라묵양: 오징어 구이
조개 허이		① 바질: 끄라파오 ② 기름이 있는 고추 양념(칠리소스): 프릭파오	① 허이팟끄라파오: 바질을 넣어 볶은 조개 ② 허이팟프릭파오: 칠리소스로 볶은 조개

*탈레: 해산물 모두 섞어서

영혼의 뿌팟퐁까리를 찾아서
쏨분 시푸드 Somboon Seafood
สมบูรณ์โภชนา

VOL.2
INFO p.212
MAP p.209K

차이나타운의 저렴한 해산물 식당
T & K 시푸드 T & K Seafood
ต้อย & คิด ซีฟู้ด

VOL.2
INFO p.325
MAP p.321G

방콕을 대표하는 해산물 전문점. 반탓통, 쑤라웡, 랏차다, 우돔쑥, 쌈얀, 센트럴 엠버시, 싸얌 스퀘어 원, 센트럴 월드에 지점이 있다. 원래 여행자들은 쑤라웡 지점을 즐겨 찾았지만 지금은 센트럴 엠버시와 싸얌 스퀘어 원, 센트럴 월드의 쇼핑센터에 지점이 생겨 편리해졌다.
대표 메뉴는 카레로 볶은 게 요리인 뿌팟퐁까리. 1969년부터 역사를 이어오며 번성한 이유를 알게 해주는 요리다. 나머지 해산물 요리는 일반적이다.

차이나타운에서 가장 유명한 해산물 식당이다. 식당 입구에서 게, 새우, 생선 등 해산물을 펼쳐놓고 조리하고, 길거리에 야외 테이블을 배치해 저녁 내내 분주하다. 워낙 인기라 문을 열자마자 손님들이 차기 시작해 곧 앉을 자리가 없어진다. 기다리기 싫고, 에어컨을 가동하는 실내를 원한다면 문 여는 시간에 맞춰 서두르자. 인기 비결은 맛과 가격. 신선한 머드 크랩을 사용하는 뿌팟퐁까리가 450B으로 저렴하다.

뿌팟퐁까리 Fried Curry Crab
S 720B, M 1180B, L 1680B

> 카레를 넣어 볶은 게 요리

뿌팟퐁까리 Stir Fried Crab with Yellow Curry
S 450B · L 850B

> 튀긴 바질을 얹은 생선 튀김

> 새우구이

쁠라까오 끄라파오끄럽
Deep Fried Grouper with Crispy Basil 480B

꿍파우 Grilled Prawns
350B/6pcs

세금 17% 별도

신선한 식재료와 합리적인 가격
꽝 시푸드 Kuang Seafood
กวง ทะเลเผา

VOL.2
- INFO p.246
- MAP p.246A

약간 불편한 교통 외에 흠잡을 데 없는 해산물 레스토랑이다. 1~4층에 에어컨 실내석이 자리하며, 5층은 야외석이다. 중화풍 해산물 레스토랑이어서인지 종종 쎈텅(쏜통) 포차나와 비교되곤 하지만 식재료의 질, 분위기, 가격적인 모든 면을 고려하면 비교 대상이 안 된다. 한국인이 사랑하는 뿌팟퐁까리의 경우 머드 크랩과 블루 크랩으로 선보인다. 킬로그램당 가격은 머드 크랩이 비싸지만 작은 사이즈를 주문할 수 있어 1~2명이 즐긴다면 머드 크랩이 더 낫다.

뿌팟퐁까리
Stir Fried Crab with Curry
S 550B · M 1150B · L 1800B

뿌마덩
Spicy Blue Crab in Fish Sauce with Thai Salad
250~300B

> 태국식 게장

미친 게살 요리
히어하이 Here Hai
เฮียให้

VOL.2
- INFO p.257
- MAP p.250D

'미친 게살 볶음밥(Insane Crab Fried Rice)'. 스스로 미쳤다고 칭하는 게살 볶음밥이 이 집의 시그니처 메뉴다. 쑤랏타니 지역에서 생산되는 뿌마의 집게발을 살만 골라 듬뿍 넣은 게살 볶음밥은 눈을 먼저 만족시키고, 입안 가득 풍미를 채운다. 고슬고슬하게 볶은 밥맛도 좋다. 뿌마의 집게발 살을 듬뿍 올린 게살 오믈렛도 특별하다. 스몰 사이즈가 1인분이라는데, 가격도 가격이지만 양이 만만찮다. 게살 요리 외에 갯가재 깡을 이용한 요리도 인기다. 식사 시간이 아니라도 1~2층이 모두 차기 일쑤고, 대기가 일반적이다.

> 볶음밥

카우팟 콧깐치앙뿌
Insane Lump Crab Meat Fried Rice
S 380B · M 480 · L 950 · XL 1200

> 오믈렛

카우카이콘 콧깐치앙뿌마
Omelet Crab
S 380B · M 480 · L 950

MANUAL 11
강변 레스토랑

짜오프라야
낭만 다이닝

방콕을 가로질러 흐르는 짜오프라야 강은 치열한 삶의 현장이다. 화물을 운반하는 바지선과 사람들을 실어 나르는 수상 보트가 어지러이 움직이며 잔잔한 강에 물결을 일으킨다. 그렇지만 이렇게 치열한 삶의 현장인 짜오프라야 강도 조금 거리를 두면 낭만이 된다. 우리만의 이야기를 나누며 특별한 추억을 쌓을 수 있는, 짜오프라야 강변의 분위기 좋은 레스토랑을 소개한다.

VOL.2
- INFO p.289
- MAP p.280J

왓 아룬을 조망하는 최고의 레스토랑
더 덱 The Deck

👍 인기 ★★★★★   ♡ 분위기 ★★★★★   🏠 서비스 ★★★★★

왓 아룬 바로 맞은편 강 건너에 자리해 짜오프라야 강과 왓 아룬의 완벽한 조화를 감상할 수 있는 곳이다. 주변에 왓 아룬을 조망하는 다양한 레스토랑 중에서도 원조 격으로 실내외에 자리가 마련돼 있어 취향에 따라 즐기기에 좋다. 조명 주위로 날벌레가 날아드는 저녁 무렵에는 실내 테이블이 특히 유용하다. 음식 맛은 가히 최고다. 음식이 입맛에 맞는지 테이블을 일일이 체크하는 서비스도 좋다.

🚶 **찾아가기** 타 띠엔 선착장에서 100m 직진 후 마하랏 로드에서 우회전해 200m, 'The Deck' 이정표를 보고 우회전 후 80m, 총 380m, 도보 5분
🕐 **시간** 11:00~22:00   **휴무** 연중무휴

왓 아룬 조망

🔍 베스트 뷰를 찾아라!
왓 아룬과 짜오프라야 강, 맛있는 음식의 완벽한 조화! 시간에 관계없이 훌륭한 조망을 선사한다. 실내 창가 좌석은 예약 필수.

쏨땀도 특별하게! 커다란 새우를 올린 쏨땀.

쌀라 랏따나꼬씬
Sala Rattanakosin

왓 아룬이 보이는 고급 레스토랑

VOL.2
INFO p.288
MAP p.280J

👍 인기 ★★★★★   ♡ 분위기 ★★★★★   ☆ 서비스 ★★★★★

왓 아룬을 조망하는 레스토랑 중 더 덱과 더불어 인기를 얻고 있다. 강변 덱 테이블을 허물고 지금은 건물 1~2층 내부에 레스토랑을 운영한다. 통유리 너머로 바라보이는 왓 아룬의 전망은 더할 나위 없이 좋다. 모든 자리에서 바깥 풍경을 조망할 수 있지만 전망이 오롯이 펼쳐지는 창가 좌석은 몇 되지 않는다. 창가 좌석이 탐난다면 예약을 서두르자. 아침, 점심, 저녁 메뉴가 조금씩 다르다.

📍 찾아가기 타 띠엔 선착장에서 나오자마자 오른쪽 좁은 골목으로 진입해 약 100m ⏰ 시간 아침 07:00~10:30, 점심 11:00~16:30, 저녁 17:30~22:00(마지막 주문) 🚫 휴무 연중무휴

🔍 베스트 뷰를 찾아라!

강변을 향한 의자에 앉아 왓 아룬을 바라보며 망중한을 즐길 수 있다. 시간에 관계없이 전망이 아름답다. 창가 좌석은 일주일 전에 예약할 것.

왓 아룬 조망

채소의 다양한 식감을 즐길 수 있는 모둠 채소 볶음, 팟팍루엄

VOL.2
INFO p.289
MAP p.280J

미쉐린 가이드 왓 아룬 뷰 레스토랑
쑤파니까 이팅 룸
Supanniga Eating Room

인기 ★★★☆☆ 분위기 ★★★★★ 서비스 ★★★☆☆

미쉐린 가이드에 여러 해에 걸쳐 선정된 레스토랑이다. 텅러와 싸톤에 이어 선보인 타 띠엔 지점은 왓 아룬을 조망하는 활기찬 분위기이며, 여러 지점 중에서도 특히 인기다. 레스토랑에서는 오너의 고향인 뜨랏 등지의 태국 전통 가정식 레시피를 사용해 깊이 있는 요리를 선보인다.

◎ **찾아가기** 타 띠엔 선착장에서 나와 마하랏 로드로 우회전한 다음 270m. 리바 아룬 이정표가 있는 골목 끝
◎ **시간** 월~금요일 11:00~22:00, 토~일요일 10:00~22:00
◎ **휴무** 연중무휴

왓 아룬 조망

🔍 베스트 뷰를 찾아라!

왓 아룬에 조명이 켜지는 저녁 시간의 루프톱이 좋다.
루프톱 리버사이드 테이블은 예약 필수이며, 최소 소비 금액이 있다.

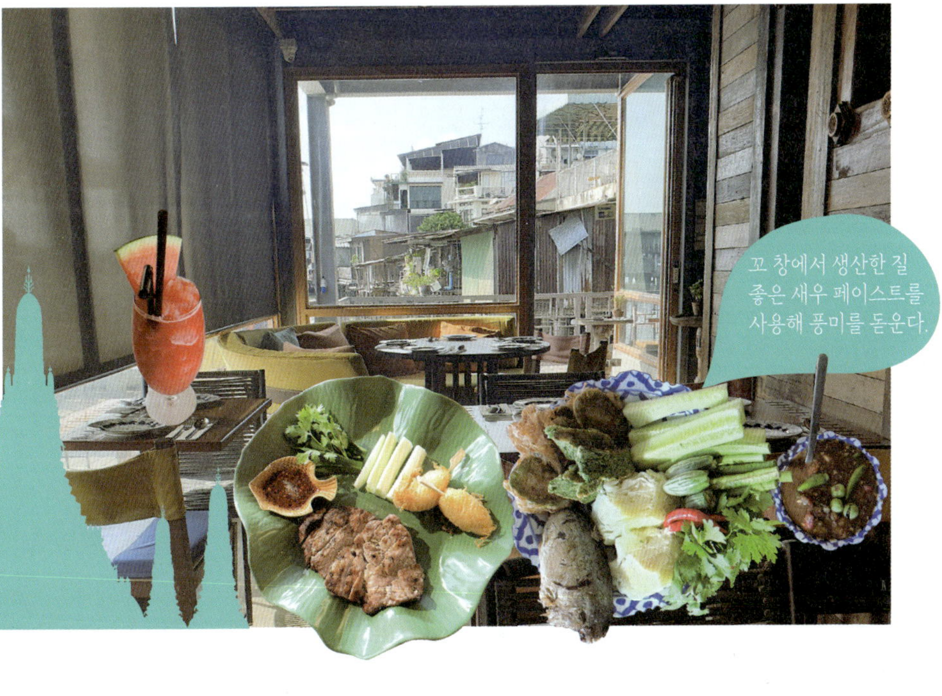

꼬 창에서 생산한 질 좋은 새우 페이스트를 사용해 풍미를 돋운다.

MANUAL 12
지방 요리

태국 지방 요리의 특징과 대표 메뉴

태국 요리는 지방마다 특징이 분명하다. 남북으로 길게 뻗은 지형 때문에 지방마다 산물이 다르고, 요리 재료에도 차이가 생긴 것. 미얀마, 라오스, 말레이시아 등 태국과 국경을 접한 다른 나라의 음식 문화도 영향을 미쳤다. 태국의 수도 방콕은 개성 강한 지방 요리를 모두 경험할 수 있는 도시. 태국의 '전라도 음식'이라 불리는 이싼 요리 전문점은 특히 많다.

매운맛을 강조하지만 태국 요리는 맵고, 짜고, 달고, 신맛이 모두 담겨 있다. 한 가지 요리가 3~4가지 맛을 내는 것이 보통. 레몬그라스, 타마린드, 갈랑갈, 카피르 라임 잎 등 신선한 허브를 즐겨 사용하며, 액젓도 자주 사용한다.

중부

대표 도시 방콕

허브와 설탕을 즐겨 사용하는 일반적인 맛. 코코넛 밀크를 넣은 요리는 대부분 중부 요리라고 보면 된다.

- **깽키여우완~** : 그린 카레. 닭은 깽키여우완까이, 새우는 깽키여우완꿍.
- **똠얌~** : 맵고 신 국물 요리. 코코넛 밀크를 넣는다. 새우는 똠얌꿍, 해산물은 똠얌탈레.
- **똠카~** : 코코넛 밀크 수프. 닭은 똠카까이, 새우는 똠카꿍.

북부

대표 도시 치앙마이

란나 요리라고도 한다. 미얀마와 중국의 영향을 받았으며, 맵지 않고 단조로운 게 특징이다.

- **카우쏘이** : 바미 면 혹은 쌀로 만든 면을 칼국수처럼 잘라 카레 국물에 말아 먹는다.
- **싸이우어** : 레몬그라스, 카피르 라임 잎, 갈랑갈이 들어가는 북부식 소시지. 향신료에 약하다면 먹기 힘들다.
- **남프릭엉** : 오이, 가지, 롱빈, 양배추, 캡무(돼지 껍질 튀김) 등을 돼지고기와 토마토를 섞어 만든 소스에 찍어 먹는다. 애피타이저로 좋다.

이싼

대표 도시 나컨 랏차씨마

고추, 소금, 액젓, 허브 등을 사용해 맵고 강한 요리를 선보인다. 태국 전역에서 즐겨 먹는 쏨땀 역시 이싼 요리. 랍, 똠쌥 등 라오스의 영향을 받은 요리도 많다. 요리는 찹쌀밥과 함께 즐긴다.

- **카우니여우** : 찹쌀밥.
- **쏨땀** : 파파야 샐러드. 액젓, 타마린드소스, 팜슈거를 넣어 짜고 시고 달다. 젓갈을 듬뿍 넣은 쏨땀뿔라라, 저장 게를 넣은 쏨땀뿌 등 재료에 따라 종류가 다양하다.
- **랍~** : 고기 샐러드. 돼지고기는 랍무, 닭고기는 랍까이.
- **~양** : 구운 닭은 까이양, 구운 돼지고기는 무양.
- **~텃** : 튀긴 닭은 까이텃, 튀긴 생선은 쁠라텃.
- **똠쌥** : '쌥'은 이싼 사투리로 '맛있다'는 의미. 굳이 해석하면 '맛있는 국' 정도다. 내장을 넣으면 똠쌥크릉나이, 닭을 넣으면 똠쌥까이.

대표 도시 푸껫

남부 지방 주요 작물인 코코넛 밀크를 즐겨 사용하며, 남부 지방에서 거주 비율이 높은 태국 무슬림의 영향을 받았다. 카레 요리가 많으며, 사떼, 로띠, 마따바 등도 남부 요리다.

- **카놈찐** : 쌀로 만든 하얀 소면이다. 꾸어이띠여우의 쌀 면과는 조금 다른 형태로 카레와 함께 즐기는 카놈찐 남야는 남부 지방에서 즐겨 먹는다.
- **쿠어끌링** : 돼지고기, 소고기, 닭고기 등에 레몬그라스, 마늘, 샬롯, 생강 등을 넣어 볶은 드라이 카레.
- **깽쏨쁠라** : 생선을 넣은 시큼한 카레. 방콕에서는 깽르엉이라고 부른다.
- **깽따이쁠라** : 생선 내장, 발효 새우 소스, 호박 등을 넣은 국물 요리.
- **싸떠팟까삐꿍쏫** : 콩의 한 종류인 싸떠를 새우와 함께 볶아내는 요리. 싸떠를 넣은 카레 요리인 깽싸떠도 남부 요리다.

이싼 요리
까이양 & 쏨땀

까이(닭)+양(굽다)은 구운 닭이다.
쏨땀은 파파야 샐러드.
카우니여우(찹쌀밥)나
카놈찐(쌀 소면)을 곁들이면 좋다.

- 지극히 태국적인 단짠맵신의 감칠맛 소스
- 고소하고 짭조름한 구운 닭
- 맥주를 부르는 맛!
- 쫀득쫀득 찹쌀밥
- 새콤 달콤 매콤! 김치 대신 쏨땀!
- 파파야+롱빈+토마토+라임+당근+땅콩+건새우

VOL.2 INFO p.257 MAP p.250D

싸바이짜이 Sabaijai สบายใจ

서민적인 분위기의 이싼 음식점

맛, 친절, 저렴한 가격의 삼박자를 두루 갖춘 현지 식당. 구운 닭인 까이양이 대표 메뉴로, 고소하면서도 깔끔한 맛이 일품이다. 까이양과 궁합이 잘 맞는 쏨땀 또한 다양하게 갖췄으며, 그 밖에 태국 요리도 잘한다. 야외 자리보다는 에어컨이 나오는 실내가 쾌적하다.

○ **찾아가기** BTS 에까마이 역 1번 출구에서 횡단보도를 건넌 후 오른쪽 버스 정류장에서 23·72·545번 버스 승차 후, 에까마이 쏘이 10(헬스랜드)에서 내려 다음 골목인 쏘이 3으로 좌회전
○ **주소** 87 Ekkamai 3 ○ **시간** 10:30~22:00 ○ **휴무** 연중무휴

VOL.2 INFO p.272 MAP p.262J

반 쏨땀 Baan Somtum บ้านส้มตำ

인기 이싼 레스토랑

BTS 쑤라싹 역 인근에 자리한 이싼 요리 전문점. 오픈된 쏨땀 주방에서 주문이 들어가는 즉시 절구질을 시작한다. 생선구이 쁠라텃, 돼지고기 구이 커무양, 프라이드치킨 까이텃 등은 쏨땀과 잘 어울리는 메뉴. 찹쌀밥 카우니여우를 곁들여도 좋고, 쌀 소면 카놈찐을 주문해 쏨땀에 비벼 먹어도 맛있다.

○ **찾아가기** BTS 쑤라싹 역 1번 출구에서 뒤돌아 직진, 150m 간 다음 나오는 첫 번째 골목인 쑤라싹 로드로 우회전한 후 200m, 쏘이 씨위양(Soi Si Wiang)에서 우회전해 100m, 총 450m, 도보 5분 ○ **주소** 9/1 Soi Si Wiang, Pramuan Road ○ **시간** 11:00~22:00 ○ **휴무** 연중무휴

이싼 요리
뽈라텃 & 커무양

뽈라(생선)+텃(튀기다)은 튀긴 생선.
생선 종류와 양념에 따라 이름이 달라진다.
커(목)+무(돼지고기)+양(굽다)은
돼지고기 목살 구이다.

우리 생선구이 처럼 짭짤!

기름에 튀긴 생선. 껍질은 바삭하고 속은 폭신하다.

숯불 향 가득한 돼지고기 목살 구이

익숙한 숯불 구이의 참맛!

VOL.2 · INFO p.266 · MAP p.263H

쏨땀 더 Somtum Der ส้มตำ เด้อ

작지만 알찬 이싼 레스토랑

BTS 쌀라댕 역 인근에 자리한 이싼 요리 전문점. 실내는 1~2층으로 이뤄지며 1층에는 자그마한 쏨땀 주방이 자리한다. 땀뿌뽈라 등 젓갈을 듬뿍 넣은 이싼 스타일의 쏨땀을 포함해 다양한 쏨땀을 선보인다. 까이텃, 무댓디여우 등은 식감이 바삭바삭하다. 요리는 찹쌀밥 카우니여우를 곁들여 먹자. 코코넛 물로 지은 일반 밥은 디저트 느낌이 들어 별로다.

- 찾아가기 BTS 쌀라댕 역 4번 씨롬 콤플렉스 출구에서 오른쪽, 첫 번째로 거리인 쌀라댕 로드에서 길 건너 우회전해 150m, 총 250m, 도보 3분 주소 5/5 Saladaeng Road, Silom 시간 11:00~23:00
- 휴무 연중무휴

VOL.2 · INFO p.213 · MAP p.209K

쏨땀 누아 Somtam นัว

전 세계 여행자가 찾는 이싼 음식점

싸얌 스퀘어의 인기 레스토랑. 간판에 쏨땀은 영어, 누아는 태국어로 적혀 있다. 에어컨이 나오는 실내에 여러 개의 작은 테이블을 놓았으며, 홀 가운데 오픈 주방에서 쏨땀을 만든다. 프라이드치킨 까이텃, 생선구이 뽈라텃, 이싼 소시지 싸이끄럭이싼 등 쏨땀과 잘 어울리는 메뉴가 다양하다.

- 찾아가기 BTS 싸얌 역 4번 출구 쏘이 5 끝자락에 위치, 100m, 도보 1분
- 주소 Siam Square Soi 5
- 시간 11:00~21:30
- 휴무 연중무휴

남부 요리
깽쏨 & 쿠어끌링

일반적인 카레 요리와는 달리 카레 페이스트를 재료에 직접 넣어 볶는다.

엄청 맵고 카피르 라임잎을 넣어 독특한 향이 난다!

깽쏨과 쿠어끌링은 남부식 카레. 깽(국)+쏨(시다)은 강황을 넣어 노랗게 만들기 때문에 깽르엉(노란 깽)으로도 불린다. 쿠어끌링은 드라이 카레다.

김치찌개같은 매콤새콤함!

코코넛 밀크를 넣지 않아 담백하고 타마린드를 첨가해 새콤하다.

VOL.2 ⓖ INFO p.253 ⓜ MAP p.250C

반 아이스 Baan Ice บ้านไอซ์

손맛을 담아
아이스 씨가 가족에게 전수받은 비법으로 남부 가정식 요리를 선보이는 레스토랑이다. 나컨씨탐마랏의 카놈찐 장인에게 배운 카놈찐, 전통 남부식으로 간장에 조린 고등어, 할머니의 비법을 담아 부드럽게 찐 달걀찜 등 요리 하나하나에 사연이 담겨 있다. 든든하게 먹이고 싶은 가족의 마음을 담아 모든 요리의 양이 많다.

- ⓖ **찾아가기** BTS 텅러 역 3번 출구 계단을 내려와 뒤돌아 첫 번째 도로인 쑤쿰윗 쏘이 55를 따라 600m, 도보 8분, 혹은 세븐일레븐 앞에서 빨간 버스 승차 후 톱스 마켓이 보이면 하차. 서머셋 쑤쿰윗(Somerset Sukhumvit) 입구
- ⓐ **주소** 115 Sukhumvit Soi 55 ⓣ **시간** 11:00~22:00 ⓡ **휴무** 연중무휴

VOL.2 ⓖ INFO p.253 ⓜ MAP p.250C

쿠어 끌링 팍 쏫 Khua Kling Pak Sod คั่วกลิ้งผักสด

방콕에서 즐기는 춤폰 요리
태국 남부 춤폰 출신의 가족 경영 레스토랑. 집에서 만든 음식을 나눈다는 마음으로 가정식 요리를 선보인다. 드라이 카레 쿠어끌링, 콩류인 싸떠와 새우를 함께 볶은 싸떠팟까삐꿍, 바이리앙 잎과 달걀을 볶은 바이리앙 팟카이 등 일반적인 레스토랑에서는 쉽게 볼 수 없는 남부식 메뉴가 다양하다.

- ⓖ **찾아가기** BTS 텅러 역 3번 출구 이용, 쑤쿰윗 쏘이 55를 따라 600m 지나 텅러 쏘이 5로 좌회전
- ⓐ **주소** 98/1 Sukhumvit Soi 55
- ⓣ **시간** 09:00~21:00 ⓡ **휴무** 연중무휴

북부 요리
카우쏘이 &
남프릭눔 · 남프릭엉

카우쏘이는 칼국수 스타일의 국수.
남프릭은 소스로 태국 북부는 남프릭눔과
남프릭엉이 유명하다.

- 숨어 있는 닭고기 혹은 소고기
- 무난한 카레맛. 절임 채소를 곁들이면 아삭 상큼
- 진한 카레 국물
- 바미 면 또는 쌀 면을 사용한다.
- 불에 구운 파란 고추와 샬롯, 마늘을 찧어 매콤
- 각종 채소와 돼지껍질 튀김 캡무를 곁들인다.
- 다진돼지고기와 토마토를 섞어 고소

VOL.2 ⓑ INFO p.243 ⓜ MAP p.237G

껫타와 Gedhawa เก็ดถะหวา

태국 북부 가정집으로의 초대

쑤쿰윗 골목에 조용히 자리한 태국 레스토랑. 작은 집을 개조한 아담한 레스토랑의 실내는 란나 스타일의 목제 가구와 화사한 패브릭으로 태국 북부의 분위기를 물씬 풍긴다. 카우쏘이, 카놈찐 남니여우 등 북부 요리는 물론 태국 전역의 음식을 짜지 않고 단조로운 북부식으로 선보인다. 휴식 시간과 휴무일이 있으므로 방문 전에 확인하는 게 좋다.

- 찾아가기 BTS 프롬퐁 역 5번 출구 계단을 내려와 뒤돌아 첫 번째 골목인 쑤쿰윗 쏘이 35를 따라 400m, 도보 5분
- 주소 24 Sukhumvit Soi 33
- 시간 월~토요일 11:00~14:00, 17:00~21:30
- 휴무 일요일

VOL.2 ⓑ INFO p.257 ⓜ MAP p.250F

험두언 Hom Duan หอมด่วน

제대로 즐기는 북부 요리

에까마이 쏘이 2에 자리한 모던한 분위기의 북부 요리 전문점이다. 카우쏘이, 카놈찐 남니여우, 깽항레, 남프릭눔, 남프릭엉 등 북부 대표 요리를 비롯해 몇 가지 요리를 선보인다. 가게 입구에 진열돼 있는 음식은 주문이 들어오는 즉시 작은 그릇에 소담하고 깔끔하게 담아 내어온다. 방콕에서 북부 요리를 즐기기에 매우 유용한 장소이다.

- 찾아가기 BTS 에까마이 역 2번 출구 이용. 에까마이 로드를 따라가다가 오른쪽 쏘이 2로 우회전
- 주소 1/7 Ekkamai Soi 2
- 시간 월~토요일 09:00~20:00
- 휴무 일요일

MANUAL 13
카페

Coffee
방콕 여정에 쉼표가 되다

카페에 들러 고생한 다리에 휴식을 주며 여행의 숨을 고른다.
방콕 트렌드세터의 일상을
잠시나마 함께하는 행운은 기대하지 않았던 깜짝 선물.
이방인에게도 전혀 낯설지 않은
방콕 최고의 트렌디 카페를 찾아가보자.

| Café 1 | 로스트 Roast | 텅러, 엠쿼티어 | VOL.2 INFO p.255 MAP p.250B |

방콕 트렌드세터가 사랑하는 카페

샐러드, 수프, 토스트, 햄버거, 파스타, 리소토, 스테이크 등 퓨전 서양 요리와 더불어 커피, 디저트, 음료 등을 선보이는 카페이자 레스토랑이다. 넓은 매장과 편안한 분위기, 정성이 깃든 음식으로 큰 인기를 얻고 있다. 아메리카노는 세 가지 원두 중 선택 가능하며, 아이스 에스프레소 라테에 넣는 얼음은 에스프레소를 직접 얼려 우유를 계속 첨가해 변함없는 맛을 유지한다. 요리 메뉴는 심플하지만 신선한 재료로 고유의 맛을 살렸다. 엠쿼티어와 센트럴 월드에도 매장이 있다.

세금 17% 별도

아이스 에스프레소 라테
Iced Espresso Latte
120B

아이스 아메리카노
Iced Americano
100B

베이컨 & 갈릭 스파게티
Bacon And Garlic
280B

| Café 2 | 홍씨엥꽁 Hong Sieng Kong | 딸랏 너이 | VOL.2 INFO p.329 MAP p.321L |

딸랏 너이의 머스트 비짓 카페

딸랏 너이의 짜오프라야 강변에 위치한 감각적인 카페다. 200년 된 건물 1채와 150년 된 건물 5채를 리노베이션 해 전통과 현대의 감각이 어우러져 있다. 홍씨엥꽁은 현재 카페와 갤러리로 영업 중인데, 카페는 에어컨이 나오는 실내 좌석과 짜오프라야 강변의 야외 좌석으로 나뉜다. 주문 후 입장할 수 있으며, 카페 고객은 갤러리와 건물 곳곳을 구경하거나 사진 찍을 수 있다. 과거와 현재가 공존하는 홍씨엥꽁은 딸랏 너이의 여러 카페 중에서도 가장 힙한 곳으로 소문났다.

스파게티 아라비아타
Spaghetti Shrimp Arrabbiata 240B

카우씨크롱 Stewed Pork
Ribs with Rice 200B

Café 3　　　비터맨 Bitterman　　　룸피니

VOL.2
INFO p.268
MAP p.263H

세금 17% 별도

초록의 향연 속으로

열대식물로 장식한 실내와 외관 덕분에 눈이 시원해지는 레스토랑. 가장 눈에 띄는 공간은 창가 좌석. 통유리 너머로 야외 정원이 보이고, 천장은 온실처럼 유리로 꾸몄다. 천장에 매달아놓은 식물과 곳곳에 놓인 화분으로 초록의 향연이 이어진다. 1~2층으로 이루어진 기타 실내 공간은 나무 테이블과 의자, 거친 마감으로 무겁지도 가볍지도 않게 장식했다. 스파게티, 덮밥 등 서양식과 퓨전 태국식 요리를 합리적인 가격에 선보인다. 간단히 차를 마시며 눈과 다리에 휴식을 주는 것도 괜찮다.

레모네이드
Lemonade
120B

아메리카노
Americano
100B

Café 4　　　페더스톤 Featherstone　　　에까마이

VOL.2
INFO p.258
MAP p.250E

세금 17% 별도

에까마이의 작은 골목에 숨은 보석 같은 카페

에까마이 쏘이 12에서도 한참 들어가야 하는 위치적 단점에도 불구하고 찾을 만한 가치가 충분한 곳이다. 인스타그래머가 환영할 만한 예쁜 인테리어와 플레이팅, 정중하면서도 따뜻한 친절함이 매우 좋다. 추천 메뉴는 시그너처 메뉴인 스파클링 어파써케리(Sparkling Apothecary). 유리잔에 가득 담긴 꽃 얼음을 보는 것만으로 기분이 좋아진다. 카페 메뉴 외에 샐러드, 파스타, 피자 등 간단한 서양 요리도 있다.

와일드 가드니아
Wild Gardenia
160B

콜드 브루 아이스 큐브 라테
Cold Brew Ice Cube Latte
160B

Café 5 | 팩토리 커피 Factory | 파야타이

VOL.2
INFO p.219
MAP p.218B

방콕에서 가장 유명한 커피 전문점

방콕에서 가장 유명한 커피 전문점이라고 해도 과언이 아닌 곳. 태국 바리스타 챔피언과 월드 에스프레소 챔피언에 수상 경력이 있다. 에스프레소, 필터, 시그너처 드링크의 커피를 선보이며, 메뉴에 적어 놓은 플레이버를 참고해 주문하면 된다. 크루아상, 케이크 등 커피와 함께 즐길 수 있는 디저트류도 다양하게 갖췄다. 커피 애호가라면 놓치지 말아야 할 핫플레이스 중 하나다.

하우스 블렌드
House Blend
90·100B

Café 6 | 라이즈 커피 Rise Coffee | 프런찟

VOL.2
INFO p.232
MAP p.226D

라이즈 예감!

오피스 빌딩 가득한 도심 한가운데에 우주선처럼 덩그러니 자리한 카페. 화이트에 오렌지로 포인트를 준 인테리어가 상큼하다. 에스프레소의 경우, 직접 로스팅한 세 종류의 원두 중 선택할 수 있다. 향미를 친절히 알려주며, 가격 또한 매우 합리적이다. 라이즈 커피는 몇 년 사이 방콕에 정착한 커피 문화를 몸소 보여주고 있는 듯한 느낌의 카페다. 맛, 분위기, 가격 모두 지나치지 않아 좋다.

아메리카노
Americano
95B

피콜로
Piccolo
100B

Sweet Shop DESSERT

'카농완' 혹은 '컹완'이라고 하는 태국 디저트는 식사 후에 먹는 후식으로도, 길거리 간식으로도 사랑받는다. 전통 디저트는 코코넛 밀크와 설탕을 듬뿍 넣어 부드럽고 달콤하게 만드는 것이 특징. 우리에게 가장 익숙한 디저트는 망고 찹쌀밥, 카우니여우 마무앙(Mango Sticky Rice)이다. 디저트 문화가 핫한 요즘의 방콕에는 사이드 메뉴를 뛰어넘어 디저트를 전문적으로 제공하는 매장이 늘고 있다.

우리 입맛에도 잘 맞는 태국 디저트 베스트

01 카우니여우 마무앙
코코넛 설탕 물에 지은 찹쌀밥을 망고와 함께 먹는다.
판매 길거리, 식당 등

02 로띠
무슬림 팬케이크. 연유, 초콜릿, 꿀 등 다양한 시럽을 뿌려 먹는다. 달걀, 바나나, 치즈 등을 넣어 먹기도 한다.
판매 노점의 인기 메뉴. 방람푸에 있는 '까림 로띠 마따바'가 유명하다.

03 아이띰까티
코코넛 아이스크림.
판매 길거리, 아이스크림 가게 등

04 룩춥
녹두와 설탕, 코코넛 밀크를 끓여 걸쭉하게 만든 다음 체리, 배, 수박, 당근 등 미니어처 과일과 채소 모양으로 만든다.
판매 오또꼬 시장

05 카놈빵완
모닝롤 같은 번에 달콤한 커스터드 잼을 듬뿍 넣어 먹는다. 잼의 종류와 색상이 다양하다.
판매 길거리, 차이나타운의 '야오와랏 토스트'가 유명하다.

06 카놈브앙
타이 크레이프. 쌀 전병을 바삭하게 구워 머랭, 퍼이텅 등을 얹어 먹는다. 퍼이텅은 달걀노른자와 설탕을 끓여 머리카락처럼 가늘게 만든 것.
판매 길거리, 백화점 지하 푸드 매장 등

07 카놈크록
쌀가루와 코코넛을 이용해 철판 틀에 구워낸다. 양파, 콘 등을 올려 먹기도 한다. 모양은 풀빵과 유사하다.
판매 노점의 인기 메뉴

08 빠텅꼬
태국식 도넛. 밀가루 반죽을 발효시켜 기름에 튀긴 음식으로 중국의 여우티아오와 같다.
판매 차이나타운, 방람푸의 '빠텅꼬'가 유명하다.

09 끌루어이삥
구운 몽키 바나나. 달콤한 시럽을 넣어 끓인 바나나는 끌루어이추암, 튀긴 바나나는 끌루어이캑이라고 한다.
판매 노점의 흔한 메뉴

TYPE 1.
태국은 망고! 망고! 망고!

망고 찹쌀밥의 진미를 찾아서

카우니여우문 매와리
Maevaree ข้าวเหนียวมูนแม่วารี

역사와 전통의 찹쌀밥

꼬파닛
Kor Panit's ข้าวเหนียว ก.พานิช

텅러 입구에 1987년 창업한 노포. 애초에 과일 가게로 창업했는데, 지금은 카우니여우문 가게로 입지를 굳혔다. 할머니의 레시피를 따른 카우니여우문은 달콤하고 쫀득하다. 매와리에서는 맛있는 카우니여우문을 만들기 위해 치앙라이의 찹쌀, 쑤랏타니의 코코넛을 사용한다. 정성 들여 가장 맛있는 카우니여우문은 찹쌀이 제철인 12~6월에 맛볼 수 있다. 찹쌀밥에 망고를 곁들이는 카우니여우 마무앙은 찹쌀과 망고가 제철인 4~6월이 제격이고, 가격 또한 합리적이다. 매와리에서는 차층싸오 방클라 지역의 망고 농장에서 직송한 남덕마이 망고를 주로 사용한다.

방콕 왕궁 인근에서 1932년부터 영업한 노포다. 코코넛 찹쌀밥 카우니여우문이 유명한데, 창업 때부터의 레시피를 따르고 있다고 한다. 여행자들은 흔히 카우니여우문에 망고를 곁들인 카우니여우 마무앙을 즐긴다. 이 집 카우니여우문의 맛의 비결은 최상의 재료와 귀찮은 과정을 마다하지 않는 정성이다. 치앙라이 매짠의 찹쌀, 춤폰의 코코넛, 깐짜나부리의 설탕, 싸뭇사콘의 소금을 완벽한 계량을 통해 섞어 쫀득쫀득하고 기분 좋게 달콤한 카우니여우문을 완성한다. 테이블이 많지 않아 대기가 종종 생긴다.

VOL.2 INFO p.253
MAP p.250E

찾아가기 BTS 텅러 역 3번 출구에서 뒤돌아 직진, 쑤쿰윗 쏘이 55(텅러)가 나오면 좌회전해 10m
시간 06:00~22:00 휴무 연중무휴

VOL.2 INFO p.311
MAP p.304I

찾아가기 민주기념탑에서 850m, 도보 12분
시간 월~토요일 07:00~18:00 휴무 일요일

카우니여우 마무앙
시가

카우니여우 마무앙
130B

TYPE 2.
태국식 빵! 빵! 빵!

태국 스타일의 카야 토스트

몬놈쏫
Mont Nomsod มนต์นมสด

일대를 마비시키는 인기 길거리 토스트

카놈빵 짜우아러이뎃 야오와랏
ขนมปังเจ้าอร่อยเด็ดเยาวราช

1964년에 문을 연 전통 깊은 가게. 빵과 우유가 대표 메뉴다. 빵은 카놈빵과 카놈빵뼁 중 선택 가능하다. 카놈빵은 따뜻하게 데운 빵을 디핑소스에 찍어 먹는 메뉴다. 디핑소스는 바이떠이(Coconut Custard)와 카이(Coconut Egg Custard) 중 선택하면 된다. 카놈빵뼁은 토핑 시럽을 얹은 토스트다. 아홉 종류의 잼이 준비되는데, 너이쌍카야 카이(Toast with Coconut Egg Custard)가 원조 메뉴다. 태국어로 놈쏫인 우유는 설탕을 넣거나 뺄 수 있으며, 차게 혹은 뜨겁게 즐길 수 있다.

일명 '야오와랏 토스트'라고 불린다. 차이나타운의 핵심 거리인 야오와랏에서 가장 핫한 노점으로 저녁이면 번개처럼 나타나 일대를 마비시킨다. 줄을 서서 기다리는 이들이 워낙 많은 탓에 경찰까지 동원돼 주변 인파를 정리한다. 노점에서 판매하는 메뉴는 카놈빵. 번에 버터를 발라 구워 커스터드, 파인애플, 초콜릿 등 각종 잼을 바른다. 주문은 간단하다. 가게 앞에 놓인 주문서를 적으면 끝. 순서가 돼 번호를 부르면 토스트를 받고 계산하면 된다. 토스트는 전반적으로 달콤하다.

VOL.2 INFO p.310
MAP p.304E

찾아가기 랏차담넌 로드 민주기념탑에서 방콕 시청 방면으로 260m, 도보 3분
시간 13:00~22:00 휴무 연중무휴

VOL.2 INFO p.325
MAP p.321G

찾아가기 야오와랏 로드와 파둥다오 로드가 만나는 사거리 근처, 분홍 간판의 GSB 은행 앞
시간 화~토요일 18:00~23:00, 일요일 18:00~22:00 휴무 월요일

카놈빵뼁
Toasted Bread
25B~

놈쏫
Milk
45B~

카놈빵
30B

EXPERIE

본고장의 타이 마사지를 경험하고 내 손으로 직접 만든 태국 요리를 즐기자. 태국 문화가 고스란히 담긴 각종 공연과 파이팅 넘치는 무에타이 경기장을 찾아도 좋다. 라이브 공연과 함께 허투루 보내기 싫은 밤 시간까지 오밀조밀하게 채우면 방콕 여정은 더욱 풍성해진다.

138	**MANUAL 15** 마사지 & 스파
142	**MANUAL 16** 나이트 라이프
150	**MANUAL 17** 1일 투어

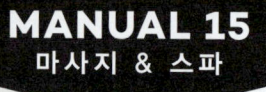

MANUAL 15
마사지 & 스파

천국으로의 초대

태국은 마사지의 천국이다. 진부한 표현이지만 태국을 방문하면 자연스레,
그리고 몸소 느끼게 되는 사실이다.
지금 바로 이 순간, 우리들이 할 일은 천국을 마음껏 누리는 일뿐이다.

TIP !
알고 받으면 더욱 즐거운 마사지 꿀팁

1. 아무리 유명한 업소라도 **마사지사마다 솜씨가 다르다.** 같은 업소를 방문했다 해도 개인마다 만족도가 다를 수밖에 없는 이유. 내게 꼭 맞는 솜씨 좋은 마사지사를 만났다면 마사지사의 이름을 기억해두었다가 다시 찾는 것도 방법이다.

2. 고급 마사지 숍은 마사지 기술보다는 업소의 시설이나 서비스로 평가된다. 다시 말하지만 마사지사의 솜씨는 같은 업소에서도 천차만별이다. 비싸다고 무조건 좋고 싸다고 무조건 나쁜 곳이 아니므로 **자신의 예산과 상황에 맞게 마사지 업소를 선택하자.**

3. 즐거운 마사지를 위해 마사지 중간중간 **자신의 상태를 어필하는 게 좋다.** 고급 마사지 업소에서는 마사지 전에 선호도를 조사하지만, 그렇지 않은 경우가 대다수. 부드러운 마사지를 원한다면 "누앗 바오바오", 강한 마사지를 원한다면 "누앗 낙낙"이라고 말하자. 미리 말하지 않았더라도 마사지사가 상태를 물을 때 혹은 불편함을 느낄 때마다 어필하는 것이 좋다.

4. **마사지를 받기에 불편한 부위가 있다면 마사지사에게 미리 얘기하자.** 고급 마사지 업소에서는 마사지 전에 따로 표기하게 하지만, 일반적인 마사지 업소는 그렇지 않다.

5. 저렴한 마사지 업소는 방이 따로 없고 커튼으로 공간을 분리하는 경우가 많다. 옷을 벗어야 하는 오일 마사지보다는 타이 마사지나 발 마사지를 권한다.

6. 마사지사에게 건네는 팁은 선택이지만 예의. **팁은 마사지 금액의 10~20% 정도가 적당하다.** 봉사료를 받는 고급 마사지 업소는 팁을 따로 주지 않아도 된다.

길거리 마사지에서 고급 스파까지 다 있는
타이 마사지 종류

타이 마사지 Thai Massage
2500년 역사를 자랑하는 태국 전통 마사지로, 지압과 스트레칭이 결합돼 있다. '누앗타이', '누앗팬타이', '누앗팬보란'이라는 태국어 표현보다는 '타이 마사지'로 즐겨 불린다. 편안한 옷을 입고 누운 채 지압 마사지를 받은 후 마사지가 끝날 무렵 스트레칭을 한다. 스트레칭은 누운 상태에서 다리를 접어 위에서 누른 후 앉은 자세로 머리에 깍지를 끼고 등과 허리를 양옆으로 돌리는 방식이다. 오일은 사용하지 않는다.

아로마세러피 Aromatherapy **& 오일 마사지** Oil Massage
레몬그라스, 로즈메리, 라벤더 등 꽃과 식물에서 추출한 다양한 오일을 스트레스 해소, 원기 회복 등 용법에 따라 사용한다. 고급 마사지 업소에서는 오일을 따뜻하게 데워 몸에 발라주기도 한다. 몸에 오일을 발라 뜨겁게 데운 돌로 문지르듯 마사지하는 핫 스톤 마사지(Hot Stone Massage)도 오일 마사지의 일종. 몸 전체에 오일을 발라야 하므로 옷을 모두 벗고 마사지한다. 대부분 일회용 속옷을 준비해준다.

발 마사지 Foot Massage
발을 집중 관리하는 타이 마사지의 일종이다. 발 마사지 전용 의자에서 받거나 매트에 누워서 받는다. 다리에 크림 혹은 허브 밤을 바른 후 발과 종아리를 손으로 누르고 문지르며, 봉을 사용하기도 한다.

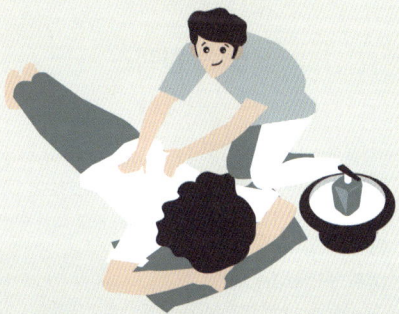

등과 어깨 마사지 Back and Shoulder Massage
등과 어깨를 집중 지압하는 마사지. 뭉친 어깨를 푸는 데 효과적이다. 보통 30분가량 진행하므로 타이 마사지나 오일 마사지와 겸하면 좋다.

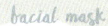

얼굴 마사지 Facial Massage
혈액순환을 돕기 위해 머리와 얼굴, 목을 부위에 따라 부드럽게 마사지한다. 얼굴 마사지의 핵심은 팩을 사용하는 트리트먼트. 화장품과 팩을 여러 단계로 사용해 미백과 주름 개선 등에 도움을 준다. 전신 마사지를 부담스러워하는 이들에게 강력 추천. 단순한 얼굴 관리인데 온몸에 생기가 돈다.

고즈넉한 분위기 속에서
디와나
Divana

방콕 시내에 디와나 센추아라(Divana Scentuara), 디와나 디바인(Divana Divine), 디와나 버추(Divana Virtue), 디와나 너처(Divana Nurture)의 디와나 스파가 개별 건물에 자리하며, 센트럴 앰버시 쇼핑센터 내에 디 메드 스파(Dii Med Spa)가 있다. 각 스파는 스파 룸과 로비가 넓고 고급스러우며, 잔잔한 음악이 흐르는 편안한 분위기를 연출한다. 예약 필수.

홈페이지 www.divanaspa.com

한국인이 사랑하는 스파
렛츠 릴랙스
Let's Relax

방콕을 비롯해 파타야, 후아힌 등 태국 주요 도시 곳곳에 자리한 스파다. 오랜 경험과 노하우를 바탕으로 기대할 만한 수준의 마사지 서비스를 제공하며, 시설 또한 편안하고 깨끗하다. 방콕에만 30여 곳의 지점이 자리해 선택의 폭이 넓으며, 주변 환경을 고려한 각 지점의 디자인 콘셉트가 눈에 띈다. 매장에서 판매하는 스파 제품 또한 추천할 만하다.

홈페이지 www.letsrelaxspa.com

동양적인 향취 가득
디오라
Diora

BTS 칫롬 역 인근의 디오라 랑쑤언이 호평을 얻자 아쏙, 룸피니, 쑤쿰윗에 디오라 럭스(Diora Luxe)를 선보였다. 36개의 개별 트리트먼트 룸을 갖춘 디오라 랑쑤언은 타이·발·오일 마사지 등을 합리적인 가격으로 선보인다. 디오라 럭스는 디오라 랑쑤언보다 조금 더 고급스러운 분위기이며 요금 또한 조금 비싸다. 스파 패키지 프로그램도 약간 다르다.

홈페이지 dioraworld.com

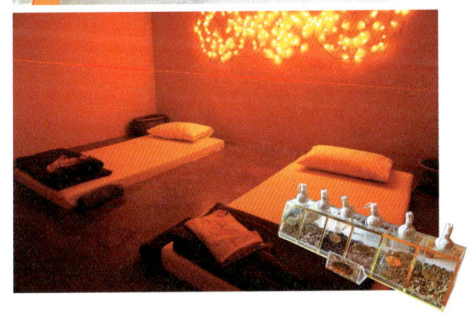

시설, 서비스, 가격의 삼박자를 갖춘
아시아 허브 어소시에이션
Asia Herb Association

고급스러운 분위기, 수준 높은 마사지 실력, 합리적인 요금의 삼박자를 고루 갖춘 곳이다. 방콕 시내에 벤짜씨리 파크 숍, 쑤쿰윗 24 프롬퐁 숍, 쑤쿰윗 4 나나 숍의 세 군데 지점이 자리했다. 타이 마사지와 같은 기본 마사지의 만족도가 높으며, 허벌 볼 등 허브 마사지 또한 유명하다. 허벌 볼 등의 재료가 되는 허브는 자체 농장에서 유기농으로 키워 사용한다.

ⓗ 홈페이지 asiaherb.asia

가격 대비 최상
헬스 랜드
Health Land

공연장 같은 초대형 건물을 단독으로 사용하며 고급스러운 로비와 개별 룸의 시설을 갖췄는데, 동네 마사지 가게 수준의 가격을 선보이는 가성비 만점의 마사지 숍이다. 다만 마사지사에 따라 기술 차이가 있는 편이라 마사지의 만족도를 장담할 수 없다. 방콕의 여러 지점 중에서는 아쏙, 에까마이, 싸톤, 쁜끄라오 지점이 찾기 편하다.

ⓗ 홈페이지 www.healthlandspa.com

진정한 마사지를 경험하자
왓 포 마사지
Wat Pho Massage

타이 마사지를 교육하는 왓 포에서 운영하는 곳으로 환자를 치료하듯 근육을 풀어주는 수련된 마사지사의 솜씨가 돋보인다. 매트리스가 쭉 놓인 시설만 따지면 비싼 편이지만 마사지 만족도는 높은 편. 왓 포 사원 내에 자리한 매장은 사원 입장료를 별도로 내고 들어가야 하며, 소음 등 마사지 환경이 떨어지는 편이다. 마사지만 받으려면 마하랏 로드 매장이 낫다.

ⓗ 홈페이지 www.watpomassage.com

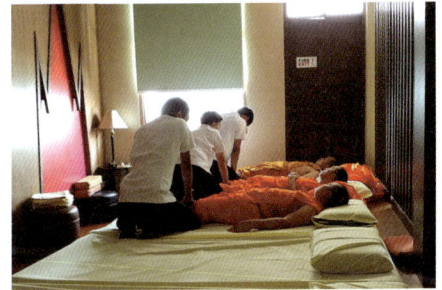

MANUAL 16
나이트 라이프

방콕의 밤은
낮 보 다
아름답다

화려하고 몽환적인 밤빛에 물든 방콕.
낮과는 또 다른 아름다움으로 빛난다.

ROOFTOP BAR

쉿! 비밀 **방콕 루프톱 바의 드레스 코드** 방콕의 루프톱 바는 대부분 고급 호텔에 자리해 드레스 코드가 있는 경우가 많다. 정장에 구두 혹은 이브닝드레스를 입으라는 뜻은 아니니 지레 겁먹을 필요는 없다. 운동화를 신어도 입장에는 전혀 문제가 없다. 드레스 코드가 스마트 캐주얼이라면 슬리퍼와 운동복은 피하자. 남성은 민소매 상의는 금지되며, 긴바지를 입는 게 좋다.

시로코 & 스카이 바 Sirocco & Sky Bar

방콕에서 가장 인기 있는 루프톱 바
드레스 코드 스마트 캐주얼

르부아 빌딩 63층에 자리한 루프톱 바. 다이닝 공간은 시로코이며, 조명을 밝힌 바가 자리한 곳이 스카이 바다. 스카이 바에서는 짜오프라야 강변을 따라 이어진 방콕의 풍경과 조명을 밝혀 환하게 빛나는 돔의 풍경을 동시에 감상할 수 있다. 오랜 시간 명성을 이어오고 있는 곳이라 사람들이 몰리는 시간에는 움직일 공간조차 없을 정도로 붐비는 게 흠. 전 세계 여행자들이 모여 만들어내는 시끌벅적한 분위기를 즐기고 싶다면 안성맞춤인 장소다.

VOL.2
INFO p.274
MAP p.262l

찾아가기 BTS 싸판딱신 역 3번 출구 짜런끄룽 로드에서 횡단보도 건너 450m, 도보 6분 **주소** 63rd Floor, Lebua, Silom Road **시간** 18:00~24:00 **휴무** 연중무휴

버티고 & 문 바 Vertigo & Moon Bar

방콕을 대표하는 루프톱 바
드레스 코드 스마트 캐주얼

반얀트리 61층에 자리한 루프톱 바. 59층까지 엘리베이터를 이용한 다음 계단을 따라 오르면 야외 다이닝 공간인 버티고가 나온다. 버티고의 가장자리와 연결된 바가 루프톱 바인 문 바. 바에 해당되는 공간은 그리 넓지 않다. 자리에 앉아 조금이라도 여유롭게 조망을 즐기려면 오픈 시간에 맞춰 찾는 게 좋다. 버티고와 같은 조망을 버티고보다 저렴하게 감상할 수 있어 늘 빈자리를 찾기 힘들다. 비가 오는 등 기상이 악화되면 영업을 중단하므로 날씨를 확인한 후 방문하자.

VOL.2
ⓘ **INFO** p.268
◎ **MAP** p.263H

ⓘ **찾아가기** MRT 룸피니 역 2번 출구에서 나와 사우스 싸톤(싸톤 따이) 로드를 따라 700m, 반얀트리 61층
ⓘ **주소** 61st Floor, Banyan Tree Bangkok, 21/100 South Sathon Road ⓘ **시간** 버티고 18:00~24:00, 문 바 17:00~01:00 ⓘ **휴무** 연중무휴

킹 파워 마하나콘 King Power MahaNakhon

떠오르는 핫 플레이스
드레스 코드 없음

씨롬·싸톤 지역의 마천루를 호령하는 랜드마크이자 태국에서 가장 높은 빌딩 중 하나. 건물 높이는 314m. 리츠 칼튼 레지던스, 킹 파워 면세점, 킹 파워 마하나콘이 78층 건물에 들어서 있다. 먼저 1층에서 접수 후 엘리베이터에 오르자. 74층까지 오르는 약 50초 동안 방콕 명소가 올레드 티브이 영상으로 펼쳐진다. 74층은 유리로 마감된 실내 전망대. 다시 엘리베이터를 타고 78층으로 향하면 장쾌한 조망을 선사하는 아웃도어 전망대와 310m 높이에 유리로 마감된 공중 시설인 글래스 트레이(Glass Tray)가 나온다. 아찔한 글래스 트레이를 경험하거나 시원한 바람을 맞으며 루프톱의 정취를 즐기자. 음료는 별도로 주문해야 한다.

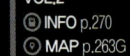

VOL.2
ⓘ **INFO** p.270
◎ **MAP** p.263G

ⓘ **찾아가기** BTS 총논씨 역과 연결 ⓘ **주소** 114 Naradhiwat Rajanagarindra Road
ⓘ **시간** 10:00~24:00, 마지막 입장 23:00 ⓘ **휴무** 연중무휴

옥타브 Octave

발아래 아찔하게 펼쳐지는 쑤쿰윗
드레스 코드 스마트 캐주얼

메리어트 텅러에 자리한 루프톱 바. 로비에서 엘리베이터를 타고 45층까지 간 다음 다시 엘리베이터를 이용해 48층으로 향한다. 48층 엘리베이터에서 내려 계단을 오르면 360도 파노라마 경관을 자랑하는 야외 바가 나온다. 야외 바 한가운데에는 조명을 켠 둥근 바가 아담하게 자리해 작은 시로코를 연상케 한다. 쑤쿰윗 일대를 발아래에 둔 공간 곳곳에는 소파, 바 체어 등을 놓은 테이블과 스탠딩 테이블이 있다. 오롯이 경관을 즐기는 게 목적이라면 스탠딩 테이블이 괜찮다.

VOL.2
- INFO p.252
- MAP p.250E

- **찾아가기** BTS 텅러 역 3번 출구 BTS 에까마이 역 방면으로 150m, 도보 2분
- **주소** 49th Floor, Bangkok Marriott Hotel Sukhumvit, 2 Sukhumvit Soi 57
- **시간** 17:00~02:00
- **휴무** 연중무휴

티추까 Tichuca

열대의 열정을 담아
드레스 코드 없음

텅러와 에까마이 일대에서 가장 높은 빌딩에 속하는 티원 빌딩 46층에 자리한 루프톱 바다. 맞은편 메리어트 텅러의 루프톱 바인 옥타브를 비롯해 일대를 한눈에 조망할 정도로 시야가 확 트였다. 루프톱 콘셉트는 남아프리카의 정글. 46층 바 상단에 흩날리는 나뭇가지를 표현해 장식했다. 색색의 조명으로 모습을 달리하는 나뭇가지는 티추까를 상징한다. 1층에서 주문 후 입장하는 방식으로 스탠딩석을 선택하면 대기 없이 입장할 수 있다. 46층의 바와 50층의 바는 계단과 엘리베이터로 연결된다.

VOL.2
- INFO p.252
- MAP p.250E

- **찾아가기** BTS 텅러 역 4번 출구 이용. 티원 빌딩 46층
- **주소** T-One, 8 Sukhumvit Soi 40
- **시간** 일~목요일 17:00~23:45, 금~토요일 17:00~01:30
- **휴무** 연중무휴

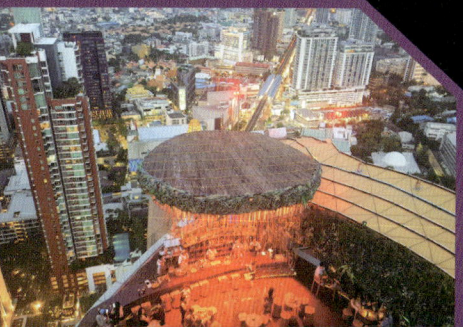

더 스피크이지 The Speakeasy

빌딩 숲 한가운데 은밀히 파묻히다
드레스 코드 '쪼리' 슬리퍼 금지

랑쑤언 로드의 뮤즈 호텔 24~25층에 자리한 루프톱 바. 주변 전망이 뛰어나진 않지만 눈앞에 빌딩의 향연이 펼쳐져 색다른 야경을 선사한다. 높은 건물 위에서 발아래 풍경을 광활하게 조망하는 일반 루프톱 바와는 확실히 다른 느낌. 빌딩 숲에 아늑하게 안긴 듯하다. 비교적 조용히 전망을 즐기기에 좋으며 음악 또한 잔잔하다. 은밀한 술집을 칭하는 '스피크이지'와 매우 부합하는 분위기의 루프톱 바다.

VOL.2
INFO p.228
MAP p.226F

◉ **찾아가기** BTS 칫롬 역 4번 출구 랑쑤언 로드로 450m, 도보 7분
◉ **주소** 24th & 25th Floor, Hotel Muse Bangkok Langsuan, 55/555 Lumpini Soi Langsuan
◉ **시간** 16:30~24:00 ◉ **휴무** 연중무휴

레드 스카이 Red Sky

광활하게 아찔하게
드레스 코드 스마트 캐주얼

센타라 그랜드 호텔 55층에 자리한 루프톱 바. 쁘라뚜남과 싸얌, 칫롬 등 시내 중심가의 마천루가 즐비하게 이어져 광활하고 아찔한 조망을 선사한다. 엘리베이터를 타고 '레드 스카이' 층에 내리면 식사 공간이 나오고, 계단을 따라 오르면 야외 바가 나온다. 둥근 형태로 이어진 바는 유리 벽 아래에 테이블이 놓인 형태. 테이블마다 다른 풍경을 감상할 수 있다. 찾는 이들이 많아 조금 어수선하지만 시내 중심가 전망이 장점이다.

VOL.2
INFO p.229
MAP p.226C

◉ **찾아가기** BTS 칫롬 역 센트럴 월드 출구, 센트럴 월드 7층 SFW 영화관 옆에서 주차장으로 이동해 센타라 그랜드 호텔로 진입 ◉ **주소** 55th Floor, Centara Grand at CentralWorld, 999/99 Rama 1 Road
◉ **시간** 17:00~01:00 ◉ **휴무** 연중무휴

이글 네스트 Eagle Nest

불 밝힌 왓 아룬을 조망하다
드레스 코드 없음

쌀라 아룬(Sala Arun) 5층에 자리한 루프톱 바. 게스트하우스에서 운영하는 자그마한 바지만 왓 아룬이 바라다보이는 놀라운 조망 덕분에 여행자들의 발길이 끊이지 않는다. 짜오프라야 강변 쪽으로는 조명을 밝힌 왓 아룬이 아름답게 빛나며 반대쪽 건물 너머로 왓 포가 보인다. 주변에 아룬 레지던스(Arun Residence)에서 운영하는 아모로사(Amorosa) 바와 쌀라 랏따나꼬씬(Sala Rattanakosin)에서 운영하는 더 루프(The Roof) 바도 분위기가 비슷하다.

ⓘ **찾아가기** 타 띠엔 선착장을 나와 첫 번째 시장 골목에서 우회전, 160m, 도보 2분
ⓘ **주소** 47-49 Soi Tha Tian ⓘ **시간** 월~금요일 16:00~23:00, 토~일요일 16:00~24:00
ⓘ **휴무** 연중무휴

VOL.2
ⓘ INFO p.288
ⓘ MAP p.280J

스리 식스티 Three Sixty

짜오프라야 강을 품다
드레스 코드 없음

밀레니엄 힐튼 방콕 32층에 자리한 루프톱 바. 짜오프라야 강줄기를 따라 이어진 건물들의 행렬이 한눈에 펼쳐진다. 시로코가 있는 르부아 빌딩은 물론 저 멀리 왕궁과 아시아티크까지 루프톱 바 앞뒤로 시원하게 조망된다. 바는 계단식 플로어에 소파와 바 테이블을 한 방향으로 놓은 형태. 앞뒤로 짜오프라야 강 남단과 북단을 바라보고 있다. 웅장한 전망은 아니지만 차분한 분위기와 짜오프라야가 감싸 안은 따뜻한 풍경이 좋다.

ⓘ **찾아가기** BTS 싸판딱신 역 2번 출구 싸톤 선착장에서 밀레니엄 힐튼 전용 보트 탑승, 혹은 쉐라톤 호텔 옆 씨 프라야 선착장에서 횡단 보트 이용 ⓘ **주소** 32nd Floor, Millennium Hilton Bangkok, 123 Charoen Nakon Road
ⓘ **시간** 17:00~01:00 ⓘ **휴무** 연중무휴

VOL.2
ⓘ INFO p.275
ⓘ MAP p.262E

LIVE MUSIC BAR

좀더 좁은 공간을 가득 채우는 음악
애드히어 서틴스 블루스 바
Adhere 13th Blues Bar

보헤미안의 소굴 같은 아주 작은 규모의 바. 매일 밤 10시면 연주자와 관객이 뒤섞인 작은 공간이 음악적인 감성으로 충만해진다. 수준 높은 블루스와 재즈 연주로 명성이 자자해 주말에는 자리를 잡지 못하는 경우가 허다하다. 길거리에 서서 연주를 감상하지 않으려면 서둘러 방문해 자리를 잡자.

이런 사람에게 추천!
재즈 & 블루스, 나만의 음악 세계에 빠지고 싶다면.

VOL.2 INFO p.317
MAP p.314F

- 찾아가기 카오산 로드 쑹크람 경찰서에서 쌈쎈 방면으로 500m, 도보 6분 주소 13 Samsen Road
- 시간 19:00~01:00 휴무 연중무휴
- 홈페이지 www.facebook.com/adhere13thbluesbar

전통의 강자
색소폰
Saxophone

전 세계 여행자들의 발길이 끊이지 않는 방콕 라이브 바 전통의 강자. 라이브 음악은 저녁 7시 30분부터 새벽 1시 30분까지 이어진다. 세 팀의 라이브 밴드가 1시간 30분씩 돌아가며 수준 높은 재즈와 블루스를 연주한다. 밤이 깊어져 열기가 더할수록 빈자리는 점점 줄어든다. 조금 늦은 시간에 찾는다면 1층 혹은 2층의 구석자리밖에 남지 않는다. 공연 일정은 홈페이지 확인하면 된다.

VOL.2 INFO p.219
MAP p.218A

- 찾아가기 BTS 빅토리 모뉴먼트 역 4번 출구에서 로터리까지 직진해 빅토리 포인트라는 작은 광장을 지난다. 광장 옆 작은 골목에서 약 10m 주소 3/8 Phayathai Road
- 시간 18:00~02:00 휴무 연중무휴
- 홈페이지 www.saxophonepub.com

이런 사람에게 추천!
재즈 & 블루스, 감상적이고도 열정적이고 싶다면.

연주자의 숨결까지

부다 & 팰스
Buddha & Pals

낮에는 카페였다가 저녁 7시 이후부터 바로 변신하는 곳이다. 핵심은 저녁 8시경부터 시작되는 라이브 재즈 연주. 연주자에 관한 정보는 페이스북에 공지한다. 라이브 연주를 제대로 즐기려면 무대 바로 앞의 2인 좌석을 추천한다. 연주자들의 숨결까지 들릴 정도로 무대와 밀착돼 있다. 맥주 등 주류값은 분위기만큼 비싸며 17%가 따로 붙는다.

- 찾아가기 민주기념탑에서 1.4km, 도보 20분
- 주소 712 Krung Kasem Road
- 시간 바 화~일요일 19:00~24:00 휴무 월요일
- 홈페이지 www.facebook.com/buddhaandpals

VOL.2 INFO p.311
MAP p.305D

이런 사람에게 추천!
재즈 & 블루스, 편안하고 대중적인 선곡.

현지인과 외국인이 어울리는 공간

브릭 바
Brick Bar

흥미로운 분위기의 라이브 펍. 외국인 여행자들과 현지인들이 함께 어울려 스카, 레게, 타이 인디, 팝을 라이브로 즐긴다. 저녁 8시, 10시에 30분간, 새벽 12시에 1시간 30분간 공연이 펼쳐진다. 분위기가 무르익으면 모두 자리에서 일어나 리듬에 몸을 맡기고 흥겹게 춤을 춘다. 정기적으로 이벤트를 개최해 유명 가수를 초대하기도 한다. 입장 시 여권 지참 필수.

VOL.2 INFO p.300
MAP p.295K

- 찾아가기 쏭크람 경찰서에서 카오산 로드로 진입해 거의 끝까지 내려오면 맥도날드가 있는 버디 로지가 보인다. 버디 로지 1층 안쪽.
- 주소 265 Khaosan Road
- 시간 18:30~02:00 휴무 연중무휴
- 홈페이지 www.brickbarkhaosan.com

이런 사람에게 추천!
팝, 모든 것을 잊고 한바탕 놀고 싶은 당신.

MANUAL 17
1일 투어

ONE DAY TRIP in BANG KOK

1일 투어로 떠나는 방콕 근교

대중교통으로 찾기 힘든 방콕 주변의 볼거리를 단시간에 섭렵하는 1일 투어는
짧은 여정을 부드럽게 소화하는 하나의 방법이다.
방콕에서 2~3일 머물며 방콕 근교 여행을 계획했다면 1일 투어를 적극 활용하자.
여기에서는 깐짜나부리와 담넌 싸두악 수상 시장, 암파와 수상 시장, 매끌렁 시장을 소개한다.

1일 투어란?

하루 혹은 한나절 일정으로 여행사에서 진행하는 투어 프로그램. 대부분 왕복 차량과 가이드, 점심 식사가 포함된다. 여행사마다 포함 사항이나 가격이 다르므로 꼼꼼히 비교한 후 선택하자.

이런 여행자에게 추천!

☑ 시간 여유가 없는 사람
☑ 짧은 시간 동안 여러 곳을 구경하고 싶은 사람
☑ 대중교통을 이용하기 귀찮은 사람

신청 방법은?

인터넷과 현지 신청 모두 가능하다. 현지에서 신청하는 경우, 최소 1일 전에 문의하는 게 좋다. 여행사는 호텔을 포함한 방콕 시내 곳곳과 카오산 로드 등지에서 어렵지 않게 찾을 수 있다. 대표적인 인터넷 예매처는 몽키트래블(thai.monkeytravel.com) 등이 있다.

출발 장소는?

프로그램마다 다르다. 호텔로 픽업을 오기도 하고, 특정 장소에서 만나기도 한다. 호텔 픽업 상품이라면 픽업 차량이 조금 늦더라도 여유를 갖고 기다리자. 나를 빼고 가는 일은 거의 없다.

TOUR 01 약 12시간

에라완 국립공원 + 콰이 강의 다리 투어

- **07:00** 투어 픽업 또는 집합
- **11:00** 에라완 폭포 도착 & 자유 시간
- **12:00** 점심 식사
- **15:00** 에라완 폭포에서 출발, 콰이 강의 다리로 이동
- **16:00** 콰이 강의 다리 도착, 콰이 강의 다리 옆 전쟁 박물관 입장료 별도 지불
- **16:30** 방콕으로 출발
- **19:00** 방콕 시내 도착

1일 투어 대표 강자
깐짜나부리
Kanchanaburi

VOL.2 INFO p.344
MAP p.340

깐짜나부리 1일 투어는 에라완 국립공원과 싸이욕 너이 폭포, 트레킹, 죽음의 철도, 제스 박물관, 콰이 강의 다리, 연합군 묘지, 헬파이어 패스 등지를 조합한 다양한 프로그램을 선보인다. 테마는 크게 '자연'과 '역사'다. 에메랄드빛 폭포와 소가 층층이 이어지는 에라완 국립공원과 남똑 역과 가까워 개별 여행자들도 즐겨 찾는 싸이욕 너이 폭포는 깐짜나부리를 대표하는 자연 풍경이다. 뗏목을 타고 콰이 강을 트레킹하는 것도 깐짜나부리의 자연을 즐기는 하나의 방법이다. 역사 여행은 죽음의 철도와 관련이 깊다. 제2차 세계대전에 참전한 일본군은 미얀마를 포함한 서부 아시아를 점령하기 위해 태국에서 미얀마를 잇는 철도를 건설했다. 철도 건설에는 6만 명 이상의 연합군 포로와 약 20만 명의 아시아 노동자가 투입됐다. 전세가 불리해 다급해진 일본은 난코스의 공사를 강행해 1만6000명의 연합군 포로와 10만 명의 노동자를 죽음으로 몰아넣었다. 그런 이유로 이 철로는 죽음의 철도라는 별칭을 얻었다. 죽음의 철도 중 한 구간인 콰이 강의 다리, 포로수용소를 재현해 사진을 전시하는 제스 박물관, 사망한 전쟁 포로를 안치한 연합군 묘지 등지는 깐짜나부리 시내와 가까운 역사 유적. 역사 여행에 관심이 깊다면, 시내에서 거리가 있지만, 헬파이어 패스가 포함된 1일 투어를 추천한다.

찾아가기 여행사에서 판매하는 1일 투어 이용

주소 Amphoe Mueang Kanchanaburi

TOUR 02 약 6시간

담넌 싸두악 수상 시장 + 매끌렁 시장

- **07:30** 투어 픽업 또는 집합
- **09:00** 담넌 싸두악 수상 시장 도착 & 보트 체험
- **11:00** 매끌렁 시장 도착
- **11:30** 기차 탑승
- **13:30** 방콕 시내 도착

방콕 근교 최대 수상 시장
담넌 싸두악 수상 시장
Damnoen Saduak Floating Market

VOL.2 ⓘ INFO p.337
ⓜ MAP p.335

방콕에서 서쪽으로 약 100km 떨어진 곳에 자리한 수상 시장이다. 담넌 싸두악 시장에서 가장 번성한 시장은 100년 이상 된 똔 켐 시장. 수로를 따라 연결된 가옥 사이를 헤치고 지나는 배들은 시장 기능을 대신한다. 수상 시장에서는 배를 타도, 수로를 따라 난 길을 걸어도 좋다. 과일과 국수 등 먹거리를 판매하는 배가 수로를 따라 움직이기도 하고, 정박해 있기도 한다. 수로를 따라 옷, 액세서리, 기념품 등을 판매하는 가게가 자리해 소소한 쇼핑을 즐기기에도 좋다. 수로가 보이는 다리에 올라 수상 시장의 풍경을 카메라에 담는 것도 잊지 말자. 이국적인 풍경 사진을 담을 수 있다. 담넌 싸두악 수상 시장에서는 오전에 활발하게 상거래가 이뤄진다. 가장 활기를 띠는 시간은 오전 9시경이지만 오후까지도 시장의 활기는 지속된다. 관광객이 너무 많이 찾아 정겨운 옛 모습을 상당 부분 잃은 건 사실이나 그래도 여전히 담넌 싸두악은 방콕 인근에서 가장 크고 볼만한 수상 시장이다. 담넌 싸두악 1일 투어는 매끌렁 시장 등의 볼거리와 묶어서 진행하는 경우가 많다. 참고로 약 15km 떨어진 곳에는 인기 수상 시장 중 하나인 암파와 수상 시장이 자리한다.

- **찾아가기** 여행사에서 판매하는 1일 투어 이용
- **주소** Damnoen Saduak, Amphoe Damnoen Saduak
- **시간** 08:00~16:00
- **휴무** 연중무휴

TOUR 03 약 8시간

암파와 수상 시장 + 매끌렁 시장 + 반딧불이 투어

- 13:00 투어 픽업 또는 집합
- 15:00 매끌렁 시장
- 15:40 암파와로 출발
- 16:00 암파와 도착, 자유 시간 (쇼핑 및 저녁 식사)
- 18:30 미팅 장소로 모여 보트 타고 반딧불이 구경(1시간)
- 19:30 방콕으로 출발
- 21:30 방콕 시내 도착

수상 시장과 반딧불이 투어
암파와 수상 시장
Amphawa Floating Market

VOL.2 INFO p.337
MAP p.334

방콕에서 남서쪽으로 약 80km 거리에 위치한 암파와에 있는 수상 시장이다. 수상 시장 풍경과 더불어 운하 마을의 정취를 맛보러 많은 태국인들이 시장이 문을 여는 주말에 이곳을 찾는다. 주말이면 수상 시장 일대에 정체 현상이 일어나고, 수로를 따라 걷기 힘들 정도로 많은 인파가 몰린다. 의지에 따라 발걸음을 떼기도 힘들 정도. 담넌 싸두악에 비해 소박한 모습을 간직한 곳이라지만, 이 정도면 제대로 된 모습을 발견하기는 힘들다.

암파와의 수로를 따라서는 과일이나 국수, 해산물 등 먹거리를 판매하는 나룻배들이 돌아다니거나 정박해 있다. 투어용 보트를 타고 수로를 다니거나 수로를 걸으며 구경에 나서자. 암파와에서는 시장 구경이 대충 끝나더라도 밤을 기다려야 한다. 어둠이 내릴 때쯤 시작되는 반딧불이 투어 때문이다. 반딧불이 투어는 이름 그대로 배를 타고 수로를 떠다니며 반딧불이를 감상하는 투어다. 운이 없다면 많은 반딧불이를 볼 수 없지만, 해 질 녘 풍경을 감상하는 것만으로도 추억이 된다. 암파와 수상 시장 1일 투어는 대개 오후에 출발해 반딧불이를 보고 돌아오는 프로그램으로 구성된다.

- 찾아가기 여행사에서 판매하는 1일 투어 이용
- 주소 Amphoe Amphawa
- 시간 금~일요일 16:00~21:00
- 휴무 월~목요일

TIP!
위험한 기차를 못 볼 수도 있다?!

매끌렁 시장에서의 기차 사정에 따라 기차가 운행하지 않거나, 기차 운행 시간이 사전 안내 없이 변경될 수도 있다. 또는 당일 교통 사정에 따라 기차가 운행되는 시간을 맞추지 못할 수도 있어 투어를 신청해도 기차가 지나가는 것을 보지 못하는 경우도 있다.

위험하지만 매력적인

매끌렁 시장
Maeklong Railway Market

VOL.2 ⓑ INFO p.336
◎ MAP p.334

방콕에서 남서쪽으로 약 80km, 담넌 싸두악 수상 시장에서 약 20km 떨어진 매끌렁에 자리한 시장이다. 현지인들을 위한 대규모 시장으로 여행자들 사이에서는 일명 '위험한 시장'으로 불린다. 이유는 다음과 같다. 매끌렁 시장 인근에는 매끌렁 기차역이 있다. 한데 이 기차역으로 들어오는 기차는 하루에 몇 대밖에 안 된다. 상인들은 좀 더 넓고 편리하게 공간을 쓰기 위해 선로 바로 옆까지 판매대와 그늘막을 놓았다. 기차가 들어오는 잠시 잠깐만 수고로우면 그만이기 때문이다. 상인들의 노하우가 쌓이며 물건을 넣고 빼는 일은 5분 안에 신속하게 이뤄진다. 서랍 형태의 판매대를 제작하거나 접었다 펴기 좋은 그늘막을 사용하는 상인들도 있다. 그들의 노하우와 시장을 관통해 천천히 움직이는 기차는 여행자들에게 신기한 볼거리로 다가온다. 기차가 지나가기 무섭게 다시 판매대와 그늘막을 펴는 모습도 이채롭다. 채소, 과일, 생선, 육류, 잡화 등을 판매하는 시장에서 여행자들이 탐낼 만한 아이템은 거의 없다. 그럼에도 위험한 시장은 확실히 매력적인 볼거리다. 1일 투어는 담넌 싸두악과 매끌렁 시장을 묶어 운영하는 경우가 많다. 이른 아침에 담넌 싸두악을 돌아보고 기차 시간에 맞춰 매끌렁 시장을 찾는다. 투어 프로그램에는 기차 탑승도 포함된다.

◎ **찾아가기** 여행사에서 판매하는 1일 투어 이용
◎ **주소** Tambon Mae Klong, Amphoe Mueang Samut Songkhram
◎ **시간** 매끌렁 도착 08:30 · 11:10 · 14:30 · 17:40, 매끌렁 출발 06:20 · 09:00 · 11:30 · 15:30
◎ **휴무** 연중무휴

천연 스파 제품, 태국 요리 식재료, 의류와 액세서리 등 어떤 아이템이라도 좋다. 나만의 위시 리스트를 만들어 방콕 여행을 떠나자. 쇼핑센터, 아시아티크, 짜뚜짝 주말 시장, 카오산 로드 길거리 노점 등 남녀노소, 전 세계인을 만족시키는 방콕의 쇼핑 스폿은 무궁무진하다.

160	**MANUAL 18** 쇼핑센터
168	**MANUAL 19** 스파 코즈메틱
174	**MANUAL 20** 시장

SHOPPING

INTRO

쇼핑 마니아라면 꼭 알아야 할
부가세 환급 VAT Refund

쑤완나품 공항 4층에 위치한 광장 D의 게이트 D1-D4, D5-D8에 2개의 부가세 환급 사무소가 있다. 2006년 9월 15일에 오픈한 사무소는 'VAT Refund' 사인이 있는 숍에서 구매한 물품을 세관검사필증(출국일 공항 체크인 전에 방문 필수)이 있는 부가세 환급 신청서와 함께 제시하면 부가세를 환급받을 수 있다.

환급 대상
▶ 태국 내 국제공항 출발 탑승객
▶ 'VAT Refund' 사인보드가 있는 숍에서 물건을 구입한 여행객
▶ 태국 출발 전 세관에 부가세 환급 신청서와 구매 영수증 원본 제출 여행객

절대 잊지 말아야 할 환급 조건!
▶ 부가세 환급은 물품 구입 후 60일 이내에 태국을 떠나는 여행객에 해당한다.
▶ 물품은 'VAT Refund' 사인이 있는 가게에서 구입해야 한다.
▶ 한곳에서 최소 2000B 이상 구매
▶ 하루 동안 한곳에서 구매한 영수증의 합계
▶ 환급 용지 받아두기

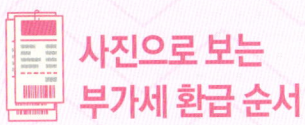

사진으로 보는 부가세 환급 순서

❶ 부가세 환급(VAT Refund) 해당 쇼핑센터인지 확인
❷ 영수증과 여권을 지참해 쇼핑센터 내 부가세 환급 업무 데스크 방문. 쇼핑 당일 2000B 이상 구매 시 부가세 환급 가능
❸ 노란색 환급 서류를 잘 보관한다.
❹ 출국일 공항 체크인 전에 부가세 환급 창구(VAT Refund for Tourist Information) 방문. 쑤완나품 공항 출국장 제일 끝 쪽인 U 카운터 옆에 자리한다. 노란색 환급 서류와 여권을 주면 도장을 찍어준다. 대상 물품을 확인하는 경우가 있으므로 반드시 짐을 부치기 전에 방문할 것
❺ 출국 체크인. 짐은 부쳐도 된다.
❻ 출국 심사 후 이정표를 따라 게이트와 가까운 쪽의 부가세 환급 창구(VAT Refund for Tourist) 방문. 현장에서 현금으로 환급해준다.

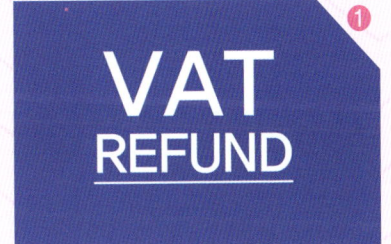

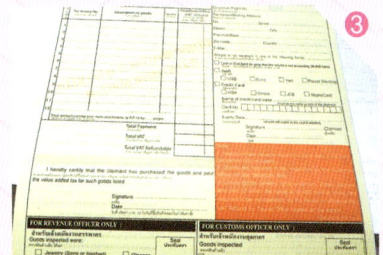

MANUAL 18
쇼핑센터

방콕 쇼핑을
한방에 해결한다!

에어컨 빵빵한 쇼핑센터는
방콕 쇼핑을 즐기는 현명한
방법 중 하나다.
태국 여행의 필수 쇼핑
아이템은 이곳에 모두 모여
있기 때문!
태국 대표 슈퍼마켓을 비롯해
잡화 브랜드, 드러그 스토어,
스파 코즈메틱 체인이
모두 입점해 있는
쇼핑센터를 파헤쳐 보자.

카오산 로드

왕궁

왓 포

왓 아룬

아이콘 싸얌

THON BURI

BTS
싸판딱신

아시아티크

CHOM THONG

BANG KHO LAEM

MANUAL 18 | 쇼핑&뷰티

161

RATCHATHEWI

DIN DAENG

파라곤
BTS 싸얌 BTS 칫롬
센트럴월드

PATHUM AN DISTRICT

터미널 21
BTS 아쏙

엠쿼티어 & 엠포리움
BTS 프롬퐁

WAT THANA

KHLONG TOEI

<BTS 역으로 확인하는 방콕 쇼핑센터 리스트>

BTS 빅토리 모뉴먼트
킹 파워 콤플렉스

BTS 싸얌
싸얌 파라곤
싸얌 센터
싸얌 디스커버리
싸얌 스퀘어 원

BTS 칫롬
센트럴 월드
게이손
센트럴 칫롬
빅 시 슈퍼센터

BTS 프런찟
센트럴 앰버시

BTS 아쏙 • MRT 쑤쿰윗
터미널 21

BTS 프롬퐁
엠쿼티어·엠포리움·엠스피어

BTS 내셔널 스타디움
MBK

BTS 쌀라댕
씨롬 콤플렉스
원 방콕(MRT 룸피니)

BTS 짜런나콘
아이콘 싸얌

고메 마켓
Gourmet Market

주요 쇼핑센터에 입점해 있는 대형 마트. 가격대가 높은 편이지만 쇼핑 환경이 쾌적하고 만족도가 높다. 싸얌 파라곤과 엠쿼티어 매장은 규모가 아주 크다.

센트럴 푸드 홀
Central Food Hall

센트럴 월드 외에 센트럴 칫톰 센트럴 플라자 방나 등에도 매장을 운영한다. 통로가 매우 넓어 쾌적하게 쇼핑할 수 있다. 수입 식품을 다양하게 취급하며 가격대가 높은 편이다.

톱스
Tops

센트럴 백화점과 로빈슨 백화점에 다수 입점해 있는 슈퍼마켓이다. 개별 매장으로는 BTS 프롬퐁 역과 가까운 쑤쿰윗 41과 텅러 매장이 찾기 좋다. 수입 상품이 많은 편이다.

빅 시 슈퍼센터
Bic C Supercenter

방콕은 물론 태국 전역에 체인점을 운영 중인 대형 마트. 서민적인 분위기로 매우 저렴하다. 센트럴 월드 인근에 자리한 랏차담리 로드에 2~3층 규모의 큰 매장이 있다.

빌라 마켓
Villa Market

방콕 곳곳에 체인점을 둔, 그리 크지 않은 규모의 슈퍼마켓. BTS 프롬퐁 역 인근과 텅러 제이 애비뉴의 매장을 즐겨 찾게 된다. 프롬퐁 매장은 24시간 운영한다.

쇼핑센터 슈퍼마켓 득템 리스트

태국의 맛

13.5B

마마 똠얌꿍 라면
생각보다 똠얌꿍 향이 강하지 않아 실망스럽다. 똠얌꿍 초보자라면 도전해보자.

390g 38B, 980g 57B

남찜까이 쑤끼소스
태국식 쑤끼소스. 집에서도 태국 쑤끼 맛을 그대로 재현할 수 있다.

19B

각종 카레 페이스트
그린 카레, 옐로 카레, 레드 카레, 페낭 카레, 마싸만 카레 등 취향에 따라 선택하자. 같은 회사(Lobo)의 팟타이, 똠얌꿍 키트도 유명하다.

18.5B

팟까파오
곰손을 금손으로 바꿔주는 팟 끄라파오 가루. 한 숟가락만 넣어도 현지의 맛을 재현한다.

125B

블루 엘리펀트 똠얌꿍 세트
조금 비싸지만 똠얌꿍 재료를 구하기 어려운 한국의 현실을 생각하면 저절로 손이 간다.

300g 18B

티파롯 남쁠라
피시소스(액젓). 태국 음식점에서 가장 흔하게 볼 수 있는 제품이다. 쏨땀 등의 요리에 유용하게 쓰인다.

100g 106.5B

후추
태국은 후추 산지다. 화이트 페퍼, 블랙 페퍼 등 종류를 막론하고 저렴하고 맛있다.

1kg 26B

유기농 설탕
한국에 비해 어마어마하게 저렴함. 무게를 고려하지 않는다면 여러 개 사고 싶은 아이템.

14.5B

당면 운쎈
꼭 얌운쎈을 요리하지 않아도 유용하다. 불고기 등 한국 요리에 활용하자. 1분이면 익어 아주 편리하다.

285g 45B

시라차 칠리소스
태국 시라차 지방에서 시작한 태국 고유의 칠리소스. 100년 이상의 역사를 지닌 쌈푸카우에서 생산하는 제품이다.

생활용품

30B

비비 파우더
작은 사이즈가 30B인 가성비 으뜸 파우더. 브랜드와 종류가 다양하다.

50B~

콜게이트 치약
무난하고 효과 좋은 치약이라 어느 나라를 가더라도 찾게 된다.

중형 10개입 52B

쿨링 프레쉬 생리대
착용감이 시원한 신기한 생리대. 일반 생리대에 비해 비싼 대신 무더운 날씨에 유용하다. 규격이 다양하다.

50B

마담행 비누
고메 마켓에서 구매 가능. 소량 구매에 유용하다. 대량으로 구매한다면 마담행 전문 매장이 낫다.

165B

선실크 트리트먼트
손상된 머릿결도 마법처럼 되살린다는 제품. 용도별로 패키지 색상이 다르다. 손상 모발용 주황색이 가장 인기!

선물 아이템

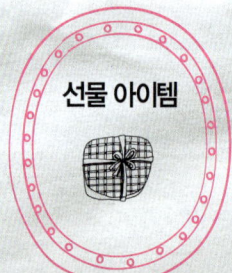
295B

도이뚱 마카다미아
품질 좋은 마카다미아.

130B

화이트 커피
말레이시아 페낭 특산 화이트 커피. 풍부한 크림 맛이 일품이다.

130B

태국 차
태국산 차. 녹차, 홍차 등 종류가 다양하다.

59~198B

쿤나 망고·코코넛·두리안 제품
한국인에게 인기인 열대 과일 과자. 건조, 동결 건조, 롤 등 다양한 형태로 선보인다. 개인적으로는 코코넛 초콜릿 컵(Crispy Coconut with Chocolate in Cup)이 가장 괜찮았다.

튜브형 38B

꿀
롱안, 리치, 아카시아, 야생화 등 다양한 종류의 꿀을 판매한다. 한국보다 저렴하고 품질이 뛰어나 선물용으로 그만이다.

67g 18B
360g 65B

밀크 캔디
옥수수, 수박, 딸기, 요구르트, 타로, 두리안, 밀크티 등 다양한 맛의 밀크 캔디. 쫀득쫀득하고 달콤하다.

술과 안주 & 과자

작은 병 139B
큰 병 279B

쌩쏨
소주 귀한 태국에서 친구가 되어주는 태국 국민 럼주. 씽 혹은 창 소다수를 타 먹으면 좋다.

32~36B

맥주
비야 씽(씽하), 비야 창(창), 비야 리오(리오) 등 태국산 맥주를 포함해 수입 맥주 또한 다양하다.

44g 20B, 69g 31B

레이즈 포테이토칩
태국에서도 인기인 감자 과자. 태국 전통 애피타이저인 미앙캄 맛 레이즈는 태국 한정이다.

42g 60B

빅시트 김 과자
가벼운 안주거리로 좋다. 일반 김 맛인 클래식과 매운맛의 스파이시가 있다. 개인적으로는 스파이시 추천!

10~28B

타로 피시 스낵
한국 마트에서도 판매하는 태국산 어포. 노란색, 주황색, 빨간색 등 색에 따라 맛이 조금씩 다르다. 한국인에게 인기인 벤또보다 조미료 향이 훨씬 적다.

39B, 67B

꼬깨 땅콩
영어로는 'Koh-Kae'라 적혀 있다. 각종 땅콩 브랜드 중 가장 맛이 좋다. 땅콩, 꿀 땅콩, 와사비 땅콩 등 종류가 다양해 입맛에 따라 골라 먹을 수 있다.

30B

가루비 새우깡
일본 제품. 오리지널 맛과 매운 맛이 대세지만 태국 한정 똠얌 맛도 찾아볼 수 있다.

12B

포키 초코 바나나·망고
한국에는 없는 초코 바나나 맛. 바나나 우유와 맛이 비슷하다. 태국 한정 망고 맛도 있다.

쇼핑센터 잡화 득템 리스트

나라야
Naraya

천으로 만든 다양한 잡화를 판매한다. 커다란 리본이 달린 패브릭 가방은 한때 기저귀 가방이라 불리며 한국에서도 선풍적인 인기를 누렸다. 가장 큰 장점은 저렴한 가격. 대량으로 구입해도 전혀 부담이 없다. 심플함을 강조한 나라(Nara), 보헤미안 스타일의 여성 의류와 액세서리 등을 판매하는 라라마(La La Ma)도 나라야의 브랜드다.

홈페이지 www.naraya.com

짐 톰슨
Jim Thompson

타이 실크의 대표 브랜드. 실크 제품의 특성상 가격대가 높은 편이며, 젊은층보다는 중·장년층에 어울릴 만한 제품이 많다. 싸얌 파라곤, 센트럴 월드, 아이콘 싸얌, 센트럴 앰버시 등에 매장이 입점해 있고, BTS 방짝 역과 가까운 쑤쿰윗 쏘이 93에는 짐 톰슨 팩토리 아웃렛 몰도 있다. 할인 품목이 일반 매장보다는 많지만 놀랍도록 저렴하진 않다.

홈페이지 www.jimthompson.com

- 280B — 노트북 파우치
- 45B — 손수건
- 120B — 여러 용도의 파우치
- 동전 지갑 800B / 550B
- 코끼리 인형

쇼핑센터 드러그 스토어 득템 리스트

부츠
Boots

방콕 전역에서 볼 수 있는 대표적 드러그 스토어 체인. 한국에서 구하기 힘든 자체 제작 상품도 있어 인기가 있다.

왓슨스
Watson's

마찬가지로 대표 드러그 스토어 체인. 뷰티 쪽이 조금 더 특화된 느낌이다. 관심 있는 제품이 있다면 가격 비교를 해보는 것이 좋다.

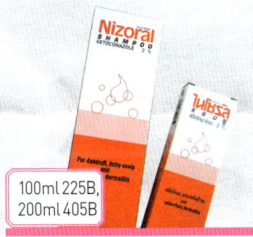

100ml 225B,
200ml 405B

니조랄
평소 니조랄을 사용한다면 눈독 들일 만한 아이템. 한국보다 훨씬 저렴하다.

32B

야명
'호랑이 연고'로 알려진 젤 타입 연고. 벌레 물린 데에 효과가 탁월하다.

25B

야돔
코에 대고 향을 맡으면 코가 뻥 뚫리는 듯한 허브 밤. 한번 맛들이면 헤어나지 못하는 중독성이 있다. 그래서 경계 또 경계해야 할 아이템. 솔직히 콧구멍에 야돔을 넣고 있는 모습이 썩 아름답진 않다.

75B

써펠(Soffell) 모기 퇴치 스프레이
향도 좋고 모기 퇴치 효과도 탁월한 잇 아이템. 모기에게 사랑받는 달달한 피의 소유자에게 강추한다.

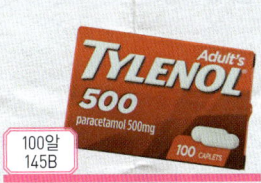

100알 145B

타이레놀 500
가격이 한국에 비해 5분의 1 수준이다. 상비약으로 준비하자.

40B

따깝하또와 기침약
기침, 가래, 감기에 효과적인 제품. 알갱이 형태의 알약 2~4정을 섭취하면 건조한 목이 촉촉해진다. 숙취로 입이 마를 때에도 효과적이다. 지네 5마리(따깝하또와)에서 생산하는 제품.

MANUAL 19
스파 코즈메틱

고급 스파를 집 안으로 데려오는 방법

스파 제품 쇼핑은 태국 스파를 경험하는 가장 편리하고 저렴한 방법이다. 스파 제품의 뚜껑을 여는 것만으로 편안하고 고급스러운 태국의 스파를 집 안으로 데려올 수 있다. 가격대가 높은 편이지만 몸과 마음의 건강을 고려하면 그 이상의 가치를 느낄 수 있다. 후회하지 않을 만족감을 안겨줄 태국의 대표 스파 코즈메틱 브랜드를 소개한다.

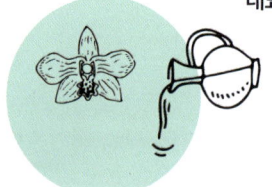
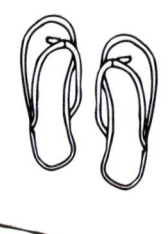

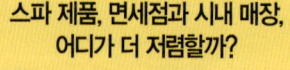

스파 제품, 면세점과 시내 매장, 어디가 더 저렴할까?

결론부터 말하자면 시내 쇼핑센터에서 구매하는 것을 추천한다. 공항의 면세 가격과 시내 매장의 가격이 크게 다르지 않기 때문이다. 오히려 시내 매장이 할인 행사를 자주 한다. 할인 행사가 없는 경우에도 여행자를 대상으로 백화점 할인 쿠폰을 정기적으로 발행한다. 2000B 이상 구매 시 고객센터에 방문해 부가세 환급 서류를 받는 것도 잊지 말자.

나에게 맞는 스파 코즈메틱 브랜드는?

강력한 보습력과 촉촉함

디와나
DIVANA

동양의 신비를 담은 향기

탄
THANN

우아함과 고급스러움

판퓨리
PANPURI

강렬하게 압축된 향기

카르마카멧
KARMAKAMET

여행자에게 인기폭발 천연 비누

마담 행
MADAME HENG

아주 칭찬해
디와나 DIVANA

엠스피어, 센트럴 월드

디와나 스파의 유명세에 비해 스파 제품 자체는 선호도를 따질 수 없을 정도로 알려지지 않았다. 인터넷에 그 흔한 후기 하나도 찾아보기 힘들지만, 디와나 제품에 한번 빠지면 헤어나오기 힘들 거라 장담한다. 강력한 보습력과 촉촉함을 갖춘 보디크림이나 핸드크림을 찾는다면 디와나에 주목하자. 만족을 넘어 칭송하는 자신을 발견하게 된다. 개별 매장 외에 디와나 스파의 각 지점에서 스파 제품을 구입할 수 있다.

엠스피어
- 찾아가기 BTS 프롬퐁 역 이용. 엠스피어 M층
- 시간 10:00~22:00 휴무 연중무휴
- 홈페이지 www.divanaglobal.com

VOL.2
MAP p.237G

추천 아이템

키스 미 립밤
Kiss Me Lip Balm
어떤 립밤도 건조함을 해결해주지 못했다면 도전해볼 것. 한번 바르면 오랜 시간 촉촉함이 유지된다. 그레이프 프루트와 망고 향이 있다.

350B

80g 850B
30g 350B

피타 진저 올리브 모이스처 엠파이어 오가닉 핸드크림
Pitta Ginger Olive Moisture Empire Organic Hand Cream
부드럽게 스며들어 촉촉하고 가볍게 남는다. 사용 후 끈적끈적하게 묻어나는 핸드크림과는 비교할 수 없이 좋다. 망고, 레몬그라스, 재스민, 오키드 등 종류가 다양하다.

1250B

피타 진저 올리브 모이스처 엠파이어 보디 버터
Pitta Ginger Olive Moisture Empire Body Butter
피타 진저 올리브 향에 매료돼 구매한 제품. 향은 좋으나 보습력은 보디 콜라겐 크림에 조금 못 미친다. 악건성이 아닌 이상은 무리 없는 제품.

2350B

포 클래시 밀리먼츠 룸 프레이그런스
The Four Classy Elements Room Fragrance
지구, 불, 물, 공기의 색과 향을 담은 디퓨저. 용량이 큰 디퓨저보다 여러 향을 경험할 수 있어 좋다. 박스에 들어 있는 리드를 사용하면 한 병에 두 달 정도 가는데, 향이 나는 듯 마는 듯해 아쉽다. 다른 스파 브랜드의 디퓨저에 비해 저렴한 편이다.

태국 대표 스파 브랜드는 나야 나!
탄 THANN

게이손, 싸얌 파라곤, 센트럴 월드, 원 방콕, 아이콘 싸얌

한국인의 선호도가 높은 태국 스파 브랜드. 2002년부터 영업을 시작해 우리나라를 포함한 전 세계 10여 개국에 지점을 운영한다. 추천 컬렉션은 라이스(Rice)와 시소(Shiso). 쌀겨에서 뽑아낸 오일을 함유한 라이스 컬렉션은 수분 공급에 효과적이다. 식물의 잎과 씨에서 뽑아낸 시소는 비타민 A와 비타민 C가 풍부해 안티에이징에 좋다. 다른 스파 브랜드에 비해 페이셜 제품이 알차고 인기가 많다.

게이손
- 찾아가기 BTS 칫롬 역 게이손 출구 이용, 게이손 3층
- 시간 10:00~20:00 휴무 연중무휴
- 홈페이지 thann.INFO

VOL.2
INFO p.230
MAP p.226C

추천 아이템

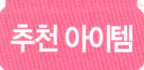
1200B

라이스 엑스트랙트 모이스처라이징 크림
Rice Extract Moisturizing Cream
쌀겨와 시어버터를 함유한 크림. 피부를 밝고 투명하며 촉촉하게 가꿔준다고 한다. 투명도는 확인할 수 없었지만 수분 공급 효과는 확실하다.

590B

로즈 워터 프레이그런스 미스트
Rose Water Fragrance Mist
보디 미스트. 장미, 레몬그라스, 크랜베리 등 다섯 가지 향이 있다. 겨울보다는 봄가을에 사용하기 좋다. 뿌릴 때 코끝이 찡할 정도로 향이 강해 약간 거부감이 드는 것이 단점.

900B

아트린전트 토너
Astringent Toner
기초 화장품. 은은한 향기가 특징이며 순하고 부드럽게 스며들어 만족스러운 제품.

990B

라이스 엑스트랙트 보디 밀크
Rice Extract Body Milk
고품질의 쌀겨가 다량 함유된 보디 밀크. 동양적인 향이 너무나 좋다. 공중목욕탕에서 발랐더니 할머니들이 몰려와 계피 향이 난다고 한다. 계피 성분은 전혀 들어 있지 않다.

고급 스파의 기억을 소환하다
판퓨리 PANPURI

◇◇◇◇◇◇◇◇◇

🏬 게이손, 싸얌 파라곤, 싸얌 센터, 센트럴 월드, 센트럴 칫롬, 센트럴 앰버시, EM 쇼핑몰, 원 방콕, 아이콘 싸얌

2003년 '밀크 배스 & 보디 마사지 오일' 제품을 선보이며 이름을 알리기 시작했다. 네 종류의 오일을 취급하며, 지금까지도 꾸준히 인기다. 판퓨리의 품질은 두말할 나위 없지만 높은 가격은 사실 조금 부담스럽다. 비교적 저렴한 가격대의 추천 제품은 싸야미즈 워터 컬렉션. 재스민, 일랑일랑, 석류를 주재료로 한 제품이다. 고급 스파의 기억을 소환하는 매력적인 향을 지녔다.

게이손
- 찾아가기 BTS 칫롬 역 게이손 출구 이용, 게이손 로비층
- 시간 10:00~21:00 휴무 연중무휴
- 홈페이지 www.panpuri.com

 VOL.2

- INFO p.230
- MAP p.226E

추천 아이템

580B

싸야미즈 워터 업리프팅 보디크림 워시
Siamese Water Uplifting Body Cream Wash

재스민, 장미, 쌀, 오이, 파파야, 파인애플 등 각종 성분을 함유한 보디 워시. 크리미한 연둣빛으로 오묘하고 은은한 향이 좋다. 부드러운 느낌도 일품이다.

이너 피스 허니 밀크 배스 & 보디 마사지 오일
Inner Peace Honey Milk Bath & Body Massage Oil

천연 오일. 샤워 후 약간 젖은 상태에서 바르면 투명한 오일이 우윳빛으로 바뀌고, 촉촉하게 스며든다. 보디로션이나 크림보다 오래 사용할 수 있는 가성비 갑 제품.

1750B

최고의 방향 제품은 여기에서!
카르마카멧 KARMAKAMET

🏪 짜뚜짝 주말 시장 섹션2, 프롬퐁, 씨롬, 센트럴 월드, 싸얌 스퀘어

짜뚜짝 시장에서 문을 연 스파 브랜드. 헤어, 보디 제품보다는 디퓨저, 룸 스프레이, 캔들 등 방향 제품이 강세다. 향은 크게 허브와 플로럴로 나뉜다. 허브 향은 개운하고, 플로럴은 달콤한 편. 향을 블렌딩해 만들기도 해 수십 가지 향이 탄생한다. 취향에 따라 선호하는 향이 다르므로 반드시 샘플을 맡아본 후 제품을 구매하는 게 좋다. 가장 인기인 향은 허브 계열의 화이트 티(White Tea)다.

씨롬
◎ 찾아가기 BTS 쌀라댕 역 3번 출구 이용, 바로 보이는 야다 빌딩 골목 쪽 1층
⏰ 시간 10:00~22:00
🚫 휴무 연중무휴
🌐 홈페이지 www.karmakamet.co.th

ⓘ INFO p.269
📍 MAP p.263C

저렴하지만 질 좋은 천연 비누
마담 행 MADAME HENG

🏪 싸얌 파라곤, 타니야 플라자

1949년부터 시작해 방콕에만 수십 군데의 매장을 운영하는 천연 비누 전문 브랜드다. 원조 비누는 장뇌 비누 혹은 인삼 비누로도 불리는 메리 벨 솝(Merry Bell Soap). 반투명한 흰색으로 은은하고 상쾌한 향이 특징이다. 마담 행의 비누는 거품이 많이 나 화학물질을 사용한다는 오해를 종종 받는다고 한다. 오해와는 달리 비누의 성분은 천연 허브다. 파우더를 섞지 않아 비누가 빨리 닳는 편이다.

타니야 플라자
◎ 찾아가기 BTS 쌀라댕 역과 연결된 타니야 플라자 2층
⏰ 시간 09:00~22:00
🚫 휴무 연중무휴
🌐 홈페이지 www.madameheng.com

ⓘ INFO p.269
📍 MAP p.263C

추천 아이템

Room Spray
750B

즉각적인 방향에 효과적이다. 두세 번 펌프해 뿌리면 향이 공간에 머무르는 것처럼 묵직한 느낌을 준다. 화이트 티(Whtie Tea) 향이 가장 인기인데 써보면 그 이유를 알게 된다.

추천 아이템

50B

Merry Bell Soap
마담 행의 오리지널 천연 비누. 마담 행의 다양한 비누 중 가장 저렴하고 가장 괜찮다. 가격 부담이 없어 단체 선물용으로도 그만. 한국에서는 몇 배 더 비싸게 판매한다.

방콕 시장 Big 3

인기	먹거리	쇼핑	유흥	복잡함
★★★★★	★★	★★★★★	★	★★★★★

VOL.2
◉ INFO p.211
◉ MAP p.211B

1

방콕에서 가장 큰 시장

짜뚜짝 주말 시장
Chatuchak Weekend Market

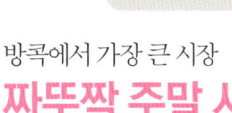

토요일과 일요일에 열리는 주말 시장. 27개 구역으로 구분된 약 132,000m²(4만 평) 규모의 시장에 1만5000여 개의 상점이 빼곡히 들어차 있다. 주로 거래되는 물건은 의류, 액세서리, 인테리어, 홈 스파용품, 동식물, 중고 서적, 골동품, 도자기 등을 판매하는 곳도 많다. 그저 구경하는 것을 목적으로 시장을 돌아다니면 체력과 시간만 낭비하게 되므로 어떤 물건을 구입할지 미리 생각한 후 방문하는 편이 낫다.

- **찾아가기** BTS 머칫 역 1번 출구에서 도보 5분 혹은 MRT 깜팽펫 역 2번 출구에서 바로
- **시간** 토~일요일 09:00~18:00(전체 시장)
- **휴무** 월~금요일   **홈페이지** www.chatuchakmarket.org

미로처럼 엮인 길을 하염없이 걷고 있다고 생각되면 배치도를 참고하자. 정확하게 구역을 나눠 동일 물품을 취급하지는 않지만 동일 업종끼리 번호로 표시한 지도를 보면 대충 감이 잡힌다.

1 책, 수집품
2 잡화, 장식품
3 4 화초, 화훼용품
5 6 10 12 14 16 18 20 의류, 액세서리
7 가정용품, 장식품
8 수공예품, 잡화
9 11 13 15 반려동물, 동물용 액세서리
17 19 가구   26 골동품

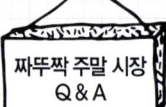

언제 갈까? 대부분의 매장이 문을 여는 오전 10시가 가장 좋다. 사람들이 그나마 적고, 가장 시원한 시간이다.

주목해야 할 구역은? 더위를 견디며 시장을 모두 돌아보는 건 무리. 체력을 아끼며 짜뚜짝 시장을 즐기려면 2구역(Section 2)에 주목하자. 홈 스파 제품과 의류, 액세서리의 디자인 제품이 몰려 있다. MRT 깜팽펫 역 2번 출구로 나오면 바로 2구역과 만난다.

흥정해야 하나? 재래시장이라고 해서 터무니없는 가격으로 흥정하려 한다면 큰코다치기 십상이다. 물건 값이 저렴한 곳인 만큼 할인 폭이 적다. 어떤 곳은 정가대로 팔거나 여러 개 사는 경우에만 할인해주기도 한다.

주의할 점은? 우선은 소매치기 조심. 사람들에게 밀려 다니는 일이 다반사라 소지품은 본인이 잘 챙겨야 한다. 다음은 더위 조심. 해가 쨍쨍한 날은 사우나를 연상할 정도로 찜통더위가 기승을 부린다. 5분이면 온 몸이 땀으로 흠뻑 젖을 정도. 지옥을 경험하기 싫다면 수분을 충분히 섭취해야 한다. 생수를 준비하고 중간중간 음료를 마시며 더위를 식히자. 아픈 발도 실 겸 냉방이 되는 마사지 가게에서 발 마사지를 받는 것도 방법이다.

제이제이 몰(JJ Mall)은 어떨까? 짜뚜짝 시장에서 걸어서 5분 거리에 자리한 몰이다. 짜뚜짝 시장의 에어컨 버전이라고 알려졌지만, 짜뚜짝 시장에 비해 매장 수는 물론 쇼핑 아이템이 아주 부족하다. 에어컨을 원한다면 차라리 싸얌 쪽에 있는 마분콩을 추천한다.

짜뚜짝 쇼핑 아이템

320B

가죽 지갑 100B짜리 가죽 지갑과는 비교할 수 없는 품질.

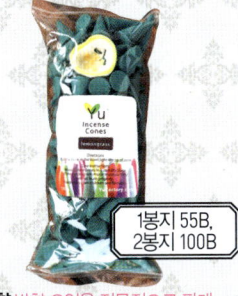

1봉지 55B, 2봉지 100B

향 방향 오일을 전문적으로 판매하는 유 팩토리(Yu Factory)의 향.

100B

여권 케이스 장식품 하나가 포함되며, 이름을 공짜로 새길 수 있다. 추가 장식품은 하나당 20B.

소 100B, 중 130B, 대 150B

감성 자극 레트로 쟁반 예쁘고 쓰임새도 좋다.

180B~

디퓨저 푸따완(Phutawa), 유 팩토리 등 아로마 방향 제품을 판매하는 브랜드가 다양하다.

150B **80B**

핸드크림, 립밤 저렴하고 성능 좋은 보디 제품.

4개 세트 100B

코끼리 손수건 4개 귀여운 코끼리가 가득한 손수건. 어린이용 선물로 안성맞춤!

2개 세트 120B

코끼리 티 코스터 나무로 만든 튼튼한 티 코스터. 장식용으로도 손색없다.

30B

코끼리 냅킨 홀더 코끼리 모양 냅킨 홀더. 작은 냅킨을 올려두는 용도지만 액세서리 등을 올려놓기도 좋다.

35B

꽃 모양 종지 그릇 꽃 모양, 물고기 모양 등 다양한 종지를 고를 수 있는 그릇 가게에서 득템!

 클로즈UP

짜뚜짝 시장 인근에 자리한 깔끔한 재래시장
오또꼬 시장 Or Tor Kor Market

짜뚜짝 시장과 인접한 상설 시장. 육류, 해산물, 채소, 과일 등의 식품을 주로 판매하는 재래시장이지만 다른 곳과 비교할 수 없이 깔끔하다. 여행자들에게 매력적인 품목은 후추 등 향신료와 태국 요리 페이스트, 신선한 과일, 말린 과일, 태국 전통 디저트 등이다. 로열 프로젝트 숍과 서포트 파운데이션도 놓치지 말아야 할 매장. 허기진 배는 푸드코트에서 달래면 된다. 볶음밥과 덮밥이 50~70B가량 한다. 의류, 신발, 액세서리 매장도 있지만 규모가 매우 작다.

찾아가기 MRT 깜팽펫 역 3번 출구에서 바로
시간 06:00~18:00 **휴무** 연중무휴
홈페이지 www.mof.or.th

방콕의 대세 야시장
2 디 원 랏차다
The One Ratchada

 인기 ★★★★★
 먹거리 ★★★★
 쇼핑 ★★★★
 유흥 ★★★
 복잡함 ★★★★★

VOL.2
INFO p.247
MAP p.246A

접근성이 떨어지는 롯파이 시장을 대체해 2015년 랏차다피섹 로드에 문을 열었다. 랏차다에 자리한 기차 야시장이라는 의미로 '랏차다 롯파이 야시장'이라 이름했다가 디 원 랏차다로 이름을 바꿨다. 시장 바깥쪽으로는 복고 분위기의 실내 매장이 자리하며, 시장 가운데에 각종 노점이 들어서진다. 길거리 음식, 의류, 신발, 네일 아트, 술집 등 품목은 다양하다. 아시아티크와 더불어 방콕키언의 대세 스폿이라 저녁 7~8시경부터는 걷기 어려울 정도로 많은 이들이 몰린다.

- 찾아가기 MRT 타일랜드 컬처럴 센터 역 3번 출구로 나오면 에스플라나드 쇼핑몰이 보인다. 쇼핑몰 뒤편. 정문을 통과해 후문으로 가면 시장이 보인다.
- 시간 17:00~24:00
- 휴무 연중무휴
- 홈페이지 www.facebook.com/TheOneRatchadaNightMarket

디 원 랏차다 쇼핑 아이템

195B

바미 국수 피쎗 툭양 노점에서 판매하는 바미 국수. 피쎗 툭양은 여러 가지 재료를 다 넣은 곱빼기 메뉴로 2~3인이 먹기에 충분하다.

100B

블라우스
해변에서 입기 좋은 블라우스

100B

코끼리 프린트 냉장고 바지 왠지 구매하고 싶은 1등 아이템. 다른 걸 떠나서 무척 시원하다.

클로즈 UP 요즘엔 여기가 대세! 인기 인디마켓
쩟때 Jodd Fair จ๊อดแฟร์

아기자기한 규모나 시내 접근성이 뛰어나 많은 이들이 몰린다. 살거리보다는 먹거리에 대한 만족도가 높은 야시장이다.

- 찾아가기 MRT 프라람까오 역 3번 출구 이용
- 시간 17:00~24:00
- 휴무 연중무휴
- 홈페이지 www.facebook.com/JoddFairs

클로즈 UP 외곽의 찾을만한 야시장
트레인 나이트 마켓 댄니라밋
Train Night Market Dan Neramit

시내 중심부에서 거리가 있는 편이지만 현대적인 태국 야시장의 면모가 제대로인 곳이다. 쇼핑과 미식의 두 구역으로 나뉘는데, 쇼핑 구역보다 미식 구역이 두 배가량 된다. 의류, 신발, 소품, 잡화, 반려용품점 등이 입점한 쇼핑 구역도 알찬 편이다. 호수와 잔디밭 등 휴식 공간을 아기자기하게 꾸며놓아 사진 찍기에도 좋다.

- 찾아가기 BTS 하액랏프라오 Ha Yaek Lat Phrao 역 4번 출구 이용. 450m, 도보 6분
- 시간 목~일요일 17:00~24:00
- 휴무 월~수요일
- 홈페이지 www.facebook.com/JoddFairs.DanNeramit

3 아시아티크
야시장 아이템 쇼핑도 오케이
Asiatique

인기	먹거리	쇼핑	유흥	복잡함
★★★★★	★★★★★	★★★★★	★★★★	★★★★

의류, 액세서리, 잡화 등 짜뚜짝 주말 시장이나 디 원 랏차다에서 취급하는 품목의 대부분을 볼 수 있다. 쇼핑과 더불어 짜오프라야 강변의 야경을 즐기기에 그만. 두 곳에 비해 아시아티크가 가격은 좀 더 비싸다.

찾아가기 BTS 싸판딱신 역 2번 출구로 나와 싸톤 선착장으로 이동, 아시아티크 전용 보트를 타고 아시아티크 하차
시간 11:00~24:00
휴무 연중무휴
홈페이지 www.asiatiquethailand.com

VOL.2
INFO p.276
MAP p.276A

아시아티크 쇼핑 아이템

85B

천연 과일 비누 망고, 망고스틴, 바나나, 프랜지파니, 파인애플, 코코넛 등 다양한 모양의 비누. 모양에 따라 향기가 다르다.

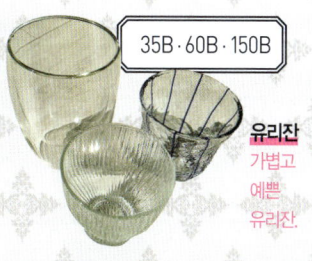

35B · 60B · 150B

유리잔 가볍고 예쁜 유리잔.

490B

슬리퍼 가볍고 실용적인 재질의 슬리퍼. 태국 전통 문양 제품 또한 다양하다.

10개 300B

젓가락 받침 5개들이 180B. 2개 세트를 300B에 흥정해 구매했다.

350B **50B**

70B

지갑 화려한 색감의 지갑. 파우치로도 사용 가능.

디퓨저, 디퓨저 리드 다양한 모양의 디퓨저 리드와 더불어 비누, 오일, 디퓨저 등을 판매하는 홈 스파 매장이 다양하다.

그 밖의 시장

팟퐁 야시장
Patpong Night Market

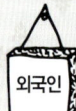외국인

 인기 ★★   먹거리 ★   쇼핑 ★★   유흥 ★★★★★   복잡함 ★★★★★

낮에는 평범한 도로가 저녁이 되면 야시장으로 변모한다. 야시장 양옆에 유흥업소가 줄지어 있는 형태라 아이들과 함께 찾기에는 적합하지 않다. 기념품이나 수공예품보다는 의류, 가방, 시계를 주로 판매한다. 명품 가방과 시계 등은 모두 이미테이션 제품. 다양하지만 권하지는 않는다. 태국 물가를 모르는 외국인을 상대로 바가지를 심하게 씌우므로 주의해야 한다. 다른 시장에 비해 상인들도 거친 편이라 마음을 가다듬고 흥정에 임해야 한다. 팟퐁의 유명세가 궁금해 찾는 경우를 제외하고는 크게 추천하지 않는다.

- 찾아가기 BTS 쌀라댕 역 1번 출구에서 팟퐁 1 로드로 진입
- 시간 월~토요일 18:00~01:00, 일요일 18:00~24:00
- 휴무 연중무휴

쌈펭 시장
Sampheng Market

외국인+현지인

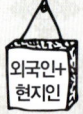 인기 ★★★★★   먹거리 ★★   쇼핑 ★★★★   유흥 ★   복잡함 ★★★★★

우리나라로 치면 남대문 시장 정도 된다. 쏘이 와닛 능(Soi Wanit 1)을 따라 액세서리·DIY용품·포장용품·코르사주·천·가방·신발·의류 가게가 다닥다닥 자리했다. 조금 허름해 보이는 B급 물건을 판매하는 시장은 어쩐지 정겹고 확실히 싸다. 골목은 좁고, 덥고, 사람으로 가득하다. 중간중간 쌈펭 플라자 마켓 등 에어컨이 나오는 작은 쇼핑몰이 있으므로 수많은 인파와 더위를 잠시 피하는 것도 좋다. 쏘이 와닛 능은 차이나타운이 형성되며 생긴 골목으로 차이나타운 중심가인 야오와랏 로드보다 100년 이상 앞선 역사를 간직하고 있다.

- 찾아가기 랏차웡(Ratchawong) 선착장에서 내려 랏차웡 로드를 따라 350m 간 후 우회전하면 쏘이 와닛 1
- 시간 08:00~18:00
- 휴무 연중무휴

왕랑 시장
Wang Lang Market

인기 ★★★★★   먹거리 ★★★★★   쇼핑 ★★   유흥 ★   복잡함 ★★★★★

톤부리 지역에 짜오프라야 강을 따라 자리한 시장으로 여행자보다는 현지인이 압도적으로 많다. 여행자들은 씨리랏 박물관과 더불어 찾을 만하다. 가장 많은 매장은 현지 분위기를 듬뿍 담은 음식점과 노점. 방콕 중심가에서 흔히 볼 수 없는 태국 전통 간식 노점을 집중 공략하자. 메뉴는 로띠, 카놈브앙, 카놈빵완, 끌루어이뻥, 꼬치 등 매우 다양하며 저렴하다. 현지인들에게는 어라타이(อาหารใต้)라는 저렴한 스시 매장이 아주 인기다. 기념품이나 의류를 쇼핑하기에는 그저 그렇다.

ⓖ 찾아가기 왕랑 선착장에서 나와 좌회전하면 바로
ⓣ 시간 09:00~18:00(가게마다 다름)
ⓗ 휴무 연중무휴

테웻 시장
Thewet Market

인기 ★★   먹거리 ★★   쇼핑 ★   유흥 ★   복잡함 ★★

카오산 로드나 쌈쎈 쪽에 머문다면 재미 삼아 들러보자. 생선, 육류, 채소, 과일, 현지 식품 등을 판매하는 순전히 현지인을 위한 시장으로 현지인의 일상을 엿볼 수 있다. 여행자가 구매할 만한 제품은 과일 정도. 슈퍼마켓에 비해 몇 배 저렴하다. 테웻 선착장 인근에는 테웻 시장과는 별도로 화훼 시장이 들어선다. 푸른 열대식물을 구경하거나 화훼용품과 꽃, 식물의 씨앗을 저렴하게 구입할 수 있다.

ⓖ 찾아가기 테웻 선착장에서 나와 400m 직진 후 다리가 보이면 좌회전
ⓣ 시간 05:00~19:00
ⓗ 휴무 연중무휴

빡클렁 시장
Bangkok Flower Market

인기 ★★★★★   먹거리 ★★   쇼핑 ★★   유흥 ★   복잡함 ★★★

방콕에서 가장 큰 꽃, 채소 도매시장. 가장 거래가 많은 품목이 꽃이라 꽃 시장으로 불린다. 19세기부터 형성된 시장으로 짜오프라야 강변의 짝펫 로드(Chakphet Road), 반모 로드(Banmo Road) 남단에 이르는 지역이 모두 시장이다. 여행자가 꽃을 살 일은 거의 없지만 향기 가득한 시장을 구경하며 사진을 찍는 것만으로 기분이 좋다. 시장을 찾았다면 꽃으로 가득한 인근 플로럴 카페 혹은 싸얌 박물관 등지와 연계해도 괜찮다.

ⓖ 찾아가기 싸판 풋(Memorial Bridge) 선착장에서 나와 좌회전, 260m, 도보 3분
ⓣ 시간 24시간
ⓗ 휴무 연중무휴

여행 계획 짜기 어려우세요?

여행 무작정 따라하기 시리즈만 믿고 따라오세요!

TRAVEL 무작정 따라하기

누적 판매 부수 **50만!**

블로그나 인스타그램을 뒤지지 않아도 **최신 핫플은 물론, 꼭 가봐야 할 맛집, 놓치지 말아야 할 쇼핑리스트**까지 무따기 한 권이면 충분합니다.

여행 무작정 따라하기 시리즈 이런 분께 추천합니다!

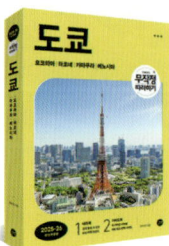

- 해외 여행이 처음이거나 그 지역에 처음 가는 **초보여행자**
- 여행 정보 찾는건 너무 어렵고 귀찮아! **책 한권으로 해결하고 싶어**
- 여행에 진심! 코스별로 딱딱 여행 계획 짜는거 좋아하는 **J형 인간**

여행자의 1초를 아껴주는 무작정 따라하기 시리즈

도쿄 | 오사카·교토·고베·나라 | 후쿠오카 | 홋카이도 | 홍콩 | 타이베이 | 방콕 | 싱가포르
스페인·포르투갈 | 이탈리아 | 파리 | 괌 | 하와이

TRAVEL
무작정
따라하기

방콕

깐짜나부리 | 아유타야 | 파타야 | 후아힌

VOL 2

| 가이드북 |

꼭 가야할 지역별
대표 명소 완벽 가이드

이진경 · 김경현 지음

길벗

무작정 따라하기

1 단계

STEP ❶❷❸❹

방콕 이렇게 간다

방콕 입국하기

출입국 신고서는 따로 없다. 입국 심사를 하려면 여권과 탑승권이 필요한데, 모바일 탑승권은 따로 캡처해 두는 편이 편하다. 비행기에서 내린 후에는 이정표를 따르자. 비행기에서 내려 입국 심사대까지 가는 거리가 꽤 멀고, 착륙이 몰리는 시간에는 입국 심사를 받기까지 30분 이상 줄을 서서 기다리기도 한다.

1 공항 도착 후 입국 심사대 찾아가기

공항 안내판에 파란색으로 쓰여 있는 Immigration과 Baggage Claim 표지판을 따라가자.

2 입국 심사 받기

여권과 탑승권을 준비해 Foreign Passport 위치에서 입국 심사를 받는다. 종이 탑승권은 버리지 말고 챙기자. 모바일 탑승권은 휴대폰에 미리 캡처해 두면 도움이 된다.

3 수화물 찾기

전광판에서 수화물 찾는 위치 확인하고 해당 Baggage Claim에서 짐을 찾으면 된다. 짐에 붙은 태그와 본인이 가지고 있는 태그를 꼭 확인해볼 것.

4 세관 통과

짐을 찾고 Exit 표시를 찾아 나가면 세관 검사대 Customs를 통과한다. 따로 신고할 물품이 없으면 Nothing To Declare 창고를 지나가면 된다.

쑤완나품 공항(BKK) Suvarnabhumi Airport

한국에서 출발하는 거의 모든 비행기는 쑤완나품 공항에 도착한다. 인천 공항에서 쑤완나품 공항까지는 약 6시간(인천으로 돌아올 때는 30분 정도 덜 걸린다) 이 소요된다.

인천 ↔ 방콕 직항	부산 ↔ 방콕 직항
대한항공(KE)	대한항공(KE)
아시아나(OZ)	아시아나(OZ)
타이항공(TG)	에어부산(BX)
이스타항공(ZE)	진에어(LJ)
에어부산(BX)	제주항공(7C)
진에어(LJ)	
제주항공(7C)	
티웨이(TW)	

입국장

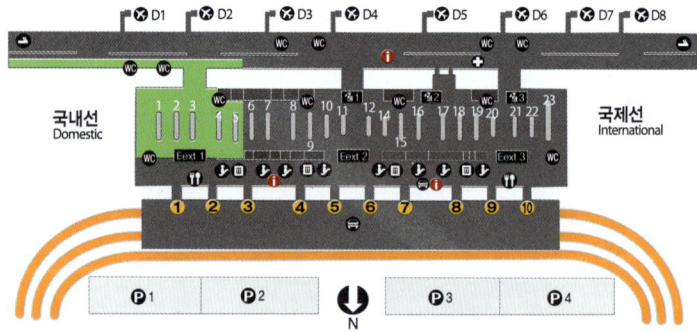

출국장

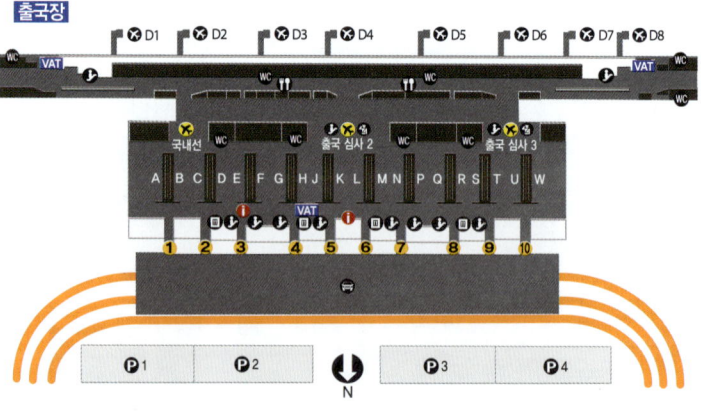

쑤완나품 공항 층별 주요 시설

B층 공항철도

1층 공항버스, 택시 승차장, 푸드코트(공항 내 가장 저렴한 식당)

2층 입국장, 관광 안내소, 유심 판매소(AIS, Dtac, True), 환전소, 렌터카, 짐 보관 서비스(1일 100·150·200B, 24시간 이후 12시간마다 각 50·75·100B 추가)

3층 레스토랑

4층 출국장, 항공사 카운터, VAT 리펀드 (10번 게이트 인근), 면세점, 짐 보관 서비스

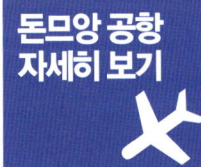

돈므앙 공항(DMK) Don Mueang International Airport

티웨이항공에서 인천–돈므앙 직항 노선을 운항한다. 약 6시간 소요. 돈므앙 공항을 이용하는 항공사는 타이에어아시아, 녹에어, 타이라이온에어 등. 태국 전역을 잇는 국내선은 물론 중국과 인근 동남아시아로 향하는 국제선을 활발하게 운항하는 곳이다. 도착층은 1층, 출발층은 2층이다.

⊕ PLUS TIP
세관 통과 후 가장 먼저 공항에서 할 일! 심카드 구매

심카드는 AIS, Dtac, True 등 세 통신사에서 구매할 수 있다. AIS는 2층 7번 게이트 인근, Dtac와 True는 4번 게이트 인근에 자리했다. 시내 혹은 홈페이지를 통해 더 저렴하게 구매할 수도 있지만 태국어 소통이 원활하지 않고, 짧은 여정이라면 공항 부스가 편리하다. 가격은 세 통신사 모두 비슷하다. 데이터의 경우, 상품마다 정해진 일정량의 초고속 데이터를 소진한 후에는 저속 인터넷으로 전환된다. 초고속 인터넷 데이터는 시내의 통신사 매장에서 충전할 수 있다.
한국의 전화번호를 유지해야 하거나 일행이 많은 경우에는 포켓 와이파이도 괜찮다. 필요한 경우 인터넷을 통해 미리 신청하자. 인터넷 검색 창에 '태국 포켓 와이파이'를 검색하면 된다.

⊘ 이용 방법 통신사 부스 방문 → 상품 선택 → 직원에게 여권과 휴대폰 전달 → 여권, 휴대폰, 한국 심카드 돌려받기 → 휴대폰 사용, 한국 심카드 보관 → 한국 도착 → 한국 심카드로 교체

무작정 따라하기

2단계 공항에서 방콕 시내 들어가기

STEP ① ② ③ ④

공항철도, 택시, 버스 등의 방법이 있다. 싸얌, 쑤쿰윗, 씨롬 등지는 공항철도와 택시, 카오산 로드 인근 지역은 택시와 버스가 편리하다. 공항에 새벽에 도착한다면 고민할 것 없이 택시에 오르자.

쑤완나품 공항에서 시내 가기

공항철도 Airport Rail Link

쑤완나품 공항 B층에 탑승장이 있다. 시티 라인 트레인(City Line Train) 이정표를 따라간 후 자동 매표기 혹은 창구에서 목적지까지 가는 티켓을 구매하면 된다. 공항철도는 총 8개 역에 정차한다. 막까싼 역은 MRT 펫부리 역, 파야타이 역은 BTS 파야타이 역과 연결된다. BTS나 MRT로 환승할 경우 따로 티켓을 끊어야 한다.

- **노선** 쑤완나품 공항(Suvarnabhumi) ↔ 랏끄라방(Lat Krabang) ↔ 반탑창(Ban Thap Chang) ↔ 후어막(Hua Mak) ↔ 람캄행(Ramkhamhaeng) ↔ 막까싼(Makkasan) ↔ 랏차쁘라롭(Ratchaprarop) ↔ 파야타이(Phaya Thai)
- **요금** 15~45B, 막까싼 35B, 파야타이 45B · **운영 시간** 월~금요일 05:54~24:00, 토~일요일 · 공휴일 05:58~24:00 · **소요 시간** 막까싼 22분, 파야타이 26분 · **전화** 1690 · **홈페이지** www.srtet.co.th

택시 Taxi

퍼블릭 택시(Public Taxi) 이정표를 따라가면 쑤완나품 공항 1층에 자리한 공식 택시 탑승장이 나온다. 먼저 키오스크의 화면(Press Here)을 눌러 탑승권을 뽑자. 1번에서 50번까지 레인 번호와 택시 기사의 정보가 담긴 종이가 나온다. 해당 번호의 레인으로 가면 배정된 택시가 기다리고 있다. 공항 택시는 50B

의 수수료가 포함되며, 고가도로 이용 시 톨비는 승객이 지불해야 한다. 택시 기사가 미터로 가지 않고 흥정하려 하면 조금 귀찮더라도 탑승권을 다시 뽑아 다른 택시를 이용하자. 수수료와 톨비를 제외하고 싸얌과 쑤쿰윗은 200~300B, 카오산 로드는 300B 정도 나온다.
공항 택시 이용료 50B를 아끼기 위해 4층 출국장에 도착하는 택시를 잡는 방법은 추천하지 않는다. 미터로 가지 않고 흥정하려는 기사가 대부분이라 시간 낭비가 심하다.

공항버스
Airport Bus

카오산 로드와 왕궁 근처로 가는 S1 버스가 유용하다. 공항 1층 7번 게이트 인근에서 탈 수 있다. 리모버스(Limobus)는 7·14번 게이트 인근에서 탈 수 있다. BTS 파야타이 역을 거쳐 카오산으로 가는 노선과 BTS와 MRT 환승역인 씨롬 역을 거쳐 싸얌으로 가는 두 노선을 운행한다.

쑤완나품 공항에서 근교 가기

버스, 렌터카, 택시 등의 방법이 있다. 파타야와 후아힌은 도착 층 게이트에서 바로 버스에 탑승할 수 있어 편리하다. 공항 셔틀버스를 타고 퍼블릭 트랜스포트 센터(Public Transport Center)로 이동하면 꼬 창, 람차방, 뜨랏, 촌부리 등지로 향하는 버스를 이용할 수도 있다.

공항버스
Airport Bus

1층 8번 게이트 앞에 파타야와 후아힌으로 가는 버스가 선다. 티켓은 게이트 안쪽 부스에서 구매하면 된다.

파타야
- 요금 143B
- 운행 시간 07:00~21:00, 1시간 간격
- 소요 시간 2시간

후아힌
- 요금 325B
- 운행 시간 07:30~18:30, 1~2시간 간격
- 소요 시간 3시간

렌터카
Rent-a-Car

공항에서 방콕 근교로 바로 떠난다면 렌터카도 괜찮다. 목적지까지 이동하기에도, 현지에서 돌아다니기에도 편리하다. 렌터카를 빌리기로 마음먹었다면 예약이 필수다. 렌터카 가격 비교 사이트 혹은 렌터카 사이트에서 직접 예약하자. 쑤완나품 공항 2층 8번 게이트 인근에 에이비스(Avis), 버

짓(Budget), 비즈카(Bizcar), 허츠(Hertz), 내셔널(National), 식스트(Sixt), 시크(Chic), 에이에스에이피(ASAP), 유럽카(Europcar), 타이렌터카(Thai Rent A Car) 부스가 옹기종기 모여 있다. 렌터카를 받을 때는 국제 운전면허증, 여권, 신용카드가 필요하다. 태국은 한국과 운전석이 반대이므로 늘 주의해 운전해야 한다.

돈므앙 공항에서 시내 가기

공항버스, 택시, 일반 버스 등의 방법이 있다. 가장 유용하고 저렴한 교통수단은 공항버스. 빅토리 모뉴먼트, 후알람퐁, 머칫, 싸남 루앙, 씨롬 등지로 가는 일반 버스도 있지만 느리다.

A1 버스가 머칫 역으로 간다. BTS와 MRT를 모두 이용할 수 있어 싸얌, 쑤쿰윗 등지로 향할 때 유용하다. A2는 빅토리 모뉴먼트, A3는 룸피니 공원, A4는 카오산 로드 방면이므로 목적지에 따라 버스에 탑승하면 된다.

공항버스 Airport Bus

A1
- 노선 터미널1 6번 게이트 · 터미널2 12번 게이트 → BTS 머칫(BTS Mo Chit)
- 요금 30B ⓒ 운행 시간 07:00~23:00, 12분 간격

A2
- 노선 터미널1 6번 게이트 · 터미널2 12번 게이트 → BTS 싸판 콰이(BTS Saphan Kwai) → BTS 아리(BTS Ari) → BTS 싸남 빠오(BTS Sanam Pao)
- 요금 30B ⓒ 운행 시간 07:00~23:00, 30분 간격

A3
- 노선 터미널1 6번 게이트 · 터미널2 12번 게이트 → 빅 시 랏차담리 칫롬(Big C Ratchadamri) → BTS 랏차담리(BTS Ratchadamri) → 룸피니 공원(Lumphini Park)
- 요금 50B ⓒ 운행 시간 07:00~23:00(07:00~19:00, 30분 간격 · 19:00~23:00, 1시간 간격)

A4
- 노선 터미널1 6번 게이트 · 터미널2 12번 게이트 → 왓 랏차낫다람(Wat Ratcha Natdaram) → 왓 보원니웻(Wat Bovonivet) → 카오산 로드(Khaosan Road) → 싸남 루앙(Sanam Luang)
- 요금 50B ⓒ 운행 시간 07:00~23:00(07:00~19:00, 30분 간격 · 19:00~23:00, 1시간 간격)

SRT 레드 라인 SRT Red Line

SRT 돈므앙 역이 돈므앙 공항과 연결돼 있다. 시내로 이동하려면 방쓰(끄룽텝 아피왓) 역에서 내려 MRT로 갈아타면 된다. BTS를 타려면 MRT 쑤언 짜뚜짝 역에서 BTS 머칫 역으로 이동하거나 MRT 쑤쿰윗 역에서 BTS 아쏙 역으로 이동하면 된다. SRT와 MRT 방쓰 역 간 이동 거리가 꽤 되므로 짐이 많은 경우에는 불편할 수 있다.

- 요금 돈므앙 ↔ 방쓰(끄룽텝 아피왓) 33B ⓒ 운행 시간 05:37~00:07, 20분 간격(출퇴근 시간대 12분 간격)

택시 Taxi

시내 중심부와 카오산 로드 등지까지 200~250B의 요금이 나온다. 공항 택시 이용료 50B과 고속도로 톨비는 별도다.

> ➕ **PLUS TIP**
> **돈므앙 공항-쑤완나품 공항 무료 셔틀버스**
> 환승 고객을 위해 돈므앙 공항과 쑤완나품 공항 구간 무료 셔틀버스를 운행한다. 돈므앙 공항 1층 6번 게이트 앞에서 승차하면 된다.
> - 노선 돈므앙 공항 ↔ 쑤완나품 공항 요금 무료, 보딩패스 지참 ⓒ 운행 시간 05:00~24:00(05:00~08:00 · 11:30~16:00 · 19:30~24:00 30분 간격, 08:00~11:00 · 16:00~19:00 12분 간격)

무작정 따라하기

3단계 방콕 시내 교통 한눈에 보기

STEP ①②❸④

BTS, MRT, 택시, 수상 보트, 뚝뚝, 버스 등 다양한 대중교통 수단을 이용할 수 있다. 상황에 맞게 각 교통수단을 적절히 이용하면 시내를 다니는 데 전혀 문제가 없다.

BTS

싸얌, 쑤쿰윗, 씨롬 등 시내 중심가를 관통하는 방콕의 핵심 대중교통 수단이다. 쑤쿰윗 라인(Sukhumvit Line)과 씨롬 라인(Silom Line)이 있으며, 두 노선은 싸얌 역에서 환승 가능하다. 에스컬레이터와 엘리베이터 등 편의 시설이 열악한 편이며, 역사 내에 공중화장실이 없으므로 참고하자. 개찰구 안쪽에 경비원이 상주하며 불특정인을 상대로 가방 검사를 한다.
- **요금** 17B~ **운행 시간** 약 06:00~24:00

BTS 티켓 종류

일회용 티켓 Single Journey Ticket
정해진 구간을 탑승할 수 있는 일회용 티켓. 자동 매표기를 통해서만 구매 가능하다. 매표 창구에서는 자동 매표기에 사용할 수 있도록 동전 교환만 해준다.
- **요금** 17~62B

1일 패스 One-Day Pass
등록 당일 BTS를 무제한 탑승할 수 있는 마그네틱 티켓. 매표 창구에서 구매, 등록할 수 있다. 등록하기 전에 비닐을 벗기지 않도록 주의해야 한다.
- **요금** 150B

래빗 카드 Rabbit Card
충전식 교통카드. 최초 발급 시 100B의 보증금과 최소 충전 금액 100B 등 총 200B이 필요하다. 카드는 5년간 사용할 수 있으며, 보증금은 반환되지 않는다. 구간에 따라 1~2B 정도 요금 할인이 적용되나 할인보다는 매번 티켓을 사야 하는 번거로움을 줄이는 데 의의가 있다. MRT, 버스 등에서는 사용할 수 없다. 구매와 충전은 매표 창구에서 하면 된다.

자동 매표기 구입 방법
1. 요금표(Fare Information)를 보고 목적지까지 요금 확인
2. 자동 매표기에 해당 요금 누르기
3. 돈 넣기
4. 티켓 받기
5. 거스름돈 받기

*동전(1·5·10B)만 사용 가능한 기계가 대다수다. 동전은 매표 창구에서 바꿀 수 있다.

BTS 이용 방법
1. 일회용 티켓은 화살표 방향을 맞춰 구멍으로 넣기. 래빗 카드는 위쪽 센서에 터치
2. 진행 방향 확인 후 BTS 탑승
3. 목적지 하차
4. 구멍으로 마그네틱 티켓을 넣고 나간다. 래빗 카드는 위쪽 센서에 터치

MRT

MRT 티켓 종류

블루 라인(Blue Line)과 퍼플 라인(Purple Line)이 있다. 여행자들이 주로 이용하게 되는 노선은 블루 라인. BTS 아쏙 역과 가까운 MRT 쑤쿰윗 역, BTS 쌀라댕 역과 가까운 MRT 씨롬 역이 특히 유용하다. 짜뚜짝 주말 시장과 연결되는 MRT 깜팽펫 역, 후알람퐁 기차역과 가까운 MRT 후알람퐁 역도 즐겨 찾게 된다. 역사 내에는 에어컨이 나오며, 에스컬레이터, 화장실 등 편의 시설을 잘 갖췄다. 역사 내로 진입할 때는 보안 검색대를 통과해야 한다.

ⓑ 요금 17B~　ⓒ 운행 시간 약 06:00~24:00

일회용 티켓 Single Journey Ticket
블루 라인 전용 토큰. 검고 동그랗다. 자동 매표기와 매표 창구에서 구매할 수 있다.

ⓑ 요금 17~70B

기간 패스 Period Pass
1일·3일·30일 패스가 있다. 해당 기간 동안 MRT 무제한 탑승 가능.

ⓑ 요금 1일 120B, 3일 230B, 30일 1400B

충전식 카드 Stored Value Card
MRT 전용 충전식 교통카드. 블루 라인과 퍼플 라인에서 사용 가능하다. 최초 발급 시 보증금 50B, 발급 비용 30B, 최소 충전 금액 100B 등 180B이 필요하다. 마지막 사용일로부터 2년 이내에 카드에 남은 금액을 환불받을 수 있다.

자동 매표기 구입 방법
❶ 스크린 터치
❷ 오른쪽 상단의 영어(English) 선택
❸ 왼쪽 MRT 노선도에서 목적지 선택
❹ 요금이 뜨면 돈 넣기 *동전(1·5·10B)과 지폐(20·50·100B) 사용 가능
❺ 토큰과 거스름돈 받기

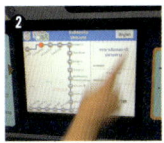
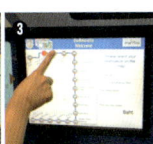

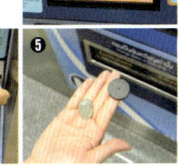

MRT 이용 방법
❶ 토큰 혹은 충전식 카드를 센서에 터치
❷ 진행 방향 확인 후 MRT 탑승
❸ 목적지 하차
❹ 토큰은 구멍에 넣는다. 충전식 카드는 센서에 터치

택시 Taxi

'미터 택시(Taxi Meter)'라고 표시돼 있다. 기본요금이 40B으로 2~10km 구간에는 6.5B씩 요금이 올라간다. 거리가 늘어날수록 부과되는 요금 또한 7~10.5B으로 커진다. 가까운 거리를 이동할 때에는 50B 이내, 카오산 로드에서 싸얌까지는 100B 정도의 요금이 나온다. 차가 막히지 않을 경우인데, 방콕의 도로는 늘 심각한 정체에 시달리므로 2~3배의 요금을 고려해야 한다. 차가 막히면 기사들이 고가도로인 탕두언을 탈 것을 권유한다. 고가도로 이용료는 승객 부담이다. 미터로 가지 않고 흥정하려는 경우에는 응하지 않는 게 좋다. 서 있는 택시는 100% 흥정을 하므로 움직이는 택시를 잡자. 거스름돈을 준비해두지 않는 경우가 종종 있으므로, 택시를 타기 전에 소액권을 준비하는 센스도 필요하다.

수상 보트 Boat

짜오프라야 강은 물론 쌘쌥 운하의 정해진 노선을 따라 보트를 운행한다. 버스처럼 선착장에서 탑승해 요금을 내고 원하는 곳에서 내리면 된다.

짜오프라야 익스프레스 (르아 두언) Chaophraya Express

짜오프라야 강을 정해진 노선으로 움직이는 보트. 왓 프라깨우(왕궁), 카오산 로드 등지를 오갈 때 유용하다. 보트는 배 후미에 달린 깃발에 따라 구분된다. 깃발이 없는 로컬 라인은 모든 선착장에 정박하므로 가장 느리다. 여행자에게는 오렌지 깃발을 단 보트가 가장 유용하다. 타 창 (왓 프라깨우), 타 프라아팃(카오산 로드) 등 주요 선착장에 모두 선다. 그 밖에 그린과 옐로 깃발의 보트가 있다. 깃발에 따라 정박하는 선착장이 다르므로 노선도를 확인한 후 탑승하자. 티켓은 선착장 매표소 혹은 보트 탑승 후 차장에게 구매하면 된다. 요금은 보트 종류와 거리에 따라 차등 적용된다. 오렌지 깃발의 보트는 16B. 저녁에는 보트를 운행하지 않는다.

ⓑ 요금 오렌지 깃발 16B ⓞ 운항 시간 오렌지 깃발 06:00~19:00

짜오프라야 익스프레스 주요 선착장

선착장	인근 주요 지점
타 프라아팃 Tha Phra Athit	카오산 로드
타 롯파이 Tha Rot Fai	씨리랏 의학 박물관, 씨리랏 피묵쓰탄 박물관
타 창 Tha Chang	왓 프라깨우, 왕궁
타 왓 아룬 Tha Wat Arun	왓 포, 왓 아룬
타 씨 프라야 Tha Si Phraya	리버 시티
타 싸톤 Tha Sathon	BTS 싸판딱씬

크로스 리버 페리(르아 캄팍) Cross River Ferry

수상 보트가 정차하는 선착장에서 강 반대편으로 운항하는 보트. 선착장의 이름은 같지만 르아 캄팍을 타는 곳과 짜오프라야 익스프레스 보트를 타는 곳은 다르다. 멀리 떨어져 있는 건 아니고 선착장 입구가 좌우로 구분된 정도다. 요금은 5B. 여행자들은 타 왓 아룬과 띠엔을 오가는 르아 캄팍을 주로 이용한다.

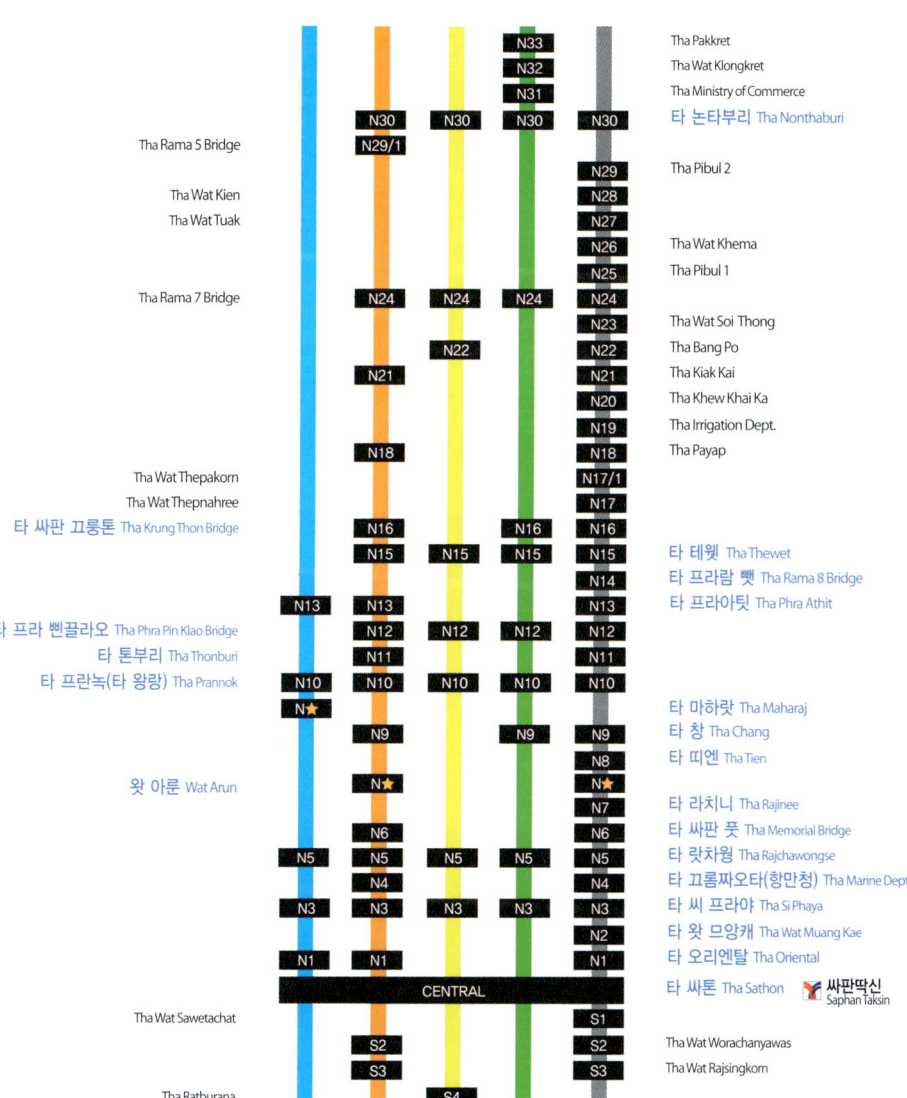

투어리스트 보트
Tourist Boat

블루 깃발을 단 보트로 여행자들이 즐겨 찾는 10곳의 핵심 선착장에만 정차한다. 150B의 1일 탑승권을 구매하면 하루 동안 무제한으로 보트 탑승이 가능하다. 1회 탑승권은 30B. 타 싸톤 선착장을 기준해 09:00~19:15에 약 30분 간격으로 운행한다. 타 싸톤, 타 창, 타 프라아팃 등 일부 구간만 이용할 계획이라면 그리 유용하지 않다.

쌘쌥 운하 보트
Khlong Saen Saep Boat

방콕의 좁은 운하(클렁, Khlong)를 따라 보트가 정기적으로 다닌다. 판파→왓 씨분르엉 노선이 운행되며, 민주기념탑 인근의 판파 선착장에서 싸얌, 쑤쿰윗 등 방콕 도심으로 이동할 때 유용하다. 쁘라뚜남 선착장을 경계로 다른 보트를 운항하므로 쁘라뚜남을 경계로 동서로 이동한다면 환승을 해야 한다. 환승 무료. 출퇴근 시간에는 발 디딜 틈 없이 붐비므로 타고 내릴 때 주의

또 주의할 것. 요금은 거리에 따라 다르며 탑승 후 차장에게 내면 된다.
ⓑ 요금 10~20B　⏱ 운항 시간 월~금요일 05:30~20:30, 토~일요일·공휴일 05:30~19:00

쌘쌥 운하 보트 주요 선착장

선착장	인근 주요 지점
판파 리랏 Panfa Leelard	민주기념탑, 카오산 로드
싸판 후아창 Sapan Hua Chang	짐 톰슨 하우스, BACC, BTS 내셔널 스타디움, BTS 랏차테위
쁘라뚜남 Pratunam	보트 환승, 센트럴 월드, 빅 시
아쏙 Asok	MRT 펫차부리

긴 꼬리 배 (르아 항 야오)
Long Tail Boat

가늘고 길게 생긴 보트로 수상 택시라고 보면 된다. 짜오프라야 강과 연결된 좁은 운하를 둘러볼 때 주로 이용한다. 요금은 흥정이 필요하다.

뚝뚝
Tuk Tuk

오토바이를 개조한 삼륜차. 교통수단이라기보다는 태국의 독특한 문화를 담은 관광 상품에 가깝다. 택시보다 비싸지만 추억 삼아 가까운 거리를 이동할 때 이용하는 것도 나쁘지 않다. 탑승 전 흥정이 필수이며, 가까운 거리라도 40B 이상은 예상해야 한다. 관광지에 서 있는 뚝뚝은 호객행위를 하는 경우도 많다. 바로 앞이

목적지인데도 멀다는 둥, 방콕 관광을 시켜주겠다는 둥 친근한 영어로 접근한다. 기념품 가게와 보석 가게를 돌아다니며 커미션을 챙기는 기사도 있으므로 주의가 필요하다.

오토바이 Motorcycle

BTS 역에서 내려 남북으로 뻗은 쏘이(골목)를 오갈 때 유용한 교통수단. 차가 다니는 길이라면 골목 입구에 반드시 오토바이 정류장이 있다. 타는 방법은 간단하다. 주황색 조끼를 입은 오토바이 기사에게 목적지를 말하고 뒷좌석에 오르면 끝. 웬만한 거리는 20B이며, 골목이 길면 목적지마다 요금이 정해져 있다. 적절한 예로 한국인에게 매우 인기인 '썬텅(쏜통)포차나'가 있다. BTS와 MRT 역에서 모두 멀고, 택시 기사도 잘 모르는 이 식당으로 가는 가장 효과적인 방법은 오토바이다. 지도를 보면 썬텅포차나는 쑤쿰윗 쏘이 24와 가깝다. 쑤쿰윗 쏘이 24는 BTS 프롬퐁 역과 연결된다. 그렇다면 BTS 프롬퐁 역에서 내려 쑤쿰윗 쏘이 24 입구로 가 오토바이를 타면 된다. 다만 쑤쿰윗 쏘이 24는 매우 긴 골목인 데다 썬텅포차나는 골목의 끝에 자리하므로 요금이 따로 정해져 있다. 목적지는 쑤쿰윗 쏘이 24 끝에 위치한 BMW(미니). 여기에서 썬텅포차나까지는 걸어서 1분 거리다. 다른 골목에서도 이 같은 방법을 적용하면 된다.

버스 Bus

방콕 구석구석을 연결하지만 방콕에 살지 않는 태국인들도 어려움을 토로할 정도로 이용하기 쉽지 않은 게 현실이다.

빨간 버스

'텅러'로 불리는 쑤쿰윗 쏘이 55를 오가는 버스. 텅러에서는 오토바이보다 유용하다. BTS 텅러 역 3번 출구로 나와 쑤쿰윗 쏘이 55로 진입하면 세븐일레븐 앞에 빨간 버스 정류장이 있다. 버스는 수시로 운행하며, 승객이 차거나 버스 기사의 마음이 동하면 출발한다. 승차하는 위치 외에 정류장은 따로 없다. 좋게 말하면 쑤쿰윗 쏘이 55의 모든 길이 정류장이다. 그러므로 자신이 내릴 위치를 정확히 알아야 한다. 전혀 위치가 파악되지 않는 길치라면 제대로 내리지 못할 수 있으므로 오토바이나 택시를 선택하자. 대신 텅러에서 BTS 텅러 역으로 오는 경우라면 길치도 부담 없이 탈 수 있다. 텅러 역 방면 길에 서서 지나가는 빨간 버스를 손을 들어 세운 다음 버스에 승차해 BTS 텅러 역에 하차하면 끝이다. 요금은 8B으로 차장에게 내면 된다.

도보 Walking

대체로 보행자를 위한 인도가 좁고 인도를 노점이 점유해 걷기에 좋은 환경은 아니다. 횡단보도는 거의 없고, 보행자를 위한 신호등은 아주 드물다. 그나마 있는 신호도 운전자들이 무시하는 경우가 많으므로 길을 건널 때는 반드시 좌우를 잘 살펴야 한다. 우리나라와 좌우가 반대라는 점을 잊지 말자.

무작정 따라하기

4단계 방콕 여행 코스 무작정 따라하기

STEP ① ② ③ ❹

❶ 방콕 여행 정석 3박 5일 코스

첫째 날 새벽 방콕 도착, 마지막 날 자정 무렵 한국 출발 기준. 호텔 3박, 기내 1박에 해당된다. 1일 투어는 취향에 맞게 선택하고, 2~3일 차 저녁에는 숙소 위치를 고려해 나이트라이프를 즐기자. 레스토랑과 카페는 동선에 맞춰 자유롭게 선택해보자.

Day 1 방콕 도착

Day 2 🚶 도보 / 🚗 르아 캄팍
- 왓 프라깨우와 왕궁 P.286
- 왓 포 P.288
- 왓 아룬 P.288

🚢 짜오프라야 익스프레스 +아시아티크 전용 보트

Day 3
- 아시아티크 P.276

Day 4 🚌 투어 버스
- 카오산 로드 P.292
- 1일 투어(깐짜나부리, 아유타야, 담넌 싸두악, 암파와, 매끌렁 등) P.150

선택1 
- 짐 톰슨 하우스 P.216  → 방콕 아트 앤드 컬처 센터(BACC) P.216  → 싸얌 파라곤 P.215 → 마사지 P.138

선택2
- 짜뚜짝 주말 시장 P.221 → 터미널 21 P.242 → 마사지 P.138

➕ **PLUS TIP**
마사지를 받은 후 숙소에 짐을 찾으러 갈 때 택시 절대 금지. 무조건 막힌다. 골목 안에 있는 숙소는 오토바이를 적극 활용할 것.

공항

Day 5 한국 도착

❷ 오로지 방콕 3박 5일 코스

1일 투어나 근교 여행을 하지 않고 오로지 방콕만 즐기는 3박 5일 코스. 왓 프라깨우 등 방콕 핵심 볼거리와 아시아티크, 짜뚜짝 주말 시장은 물론 싸얌과 쑤쿰윗의 쇼핑센터를 여유롭게 즐길 수 있다.

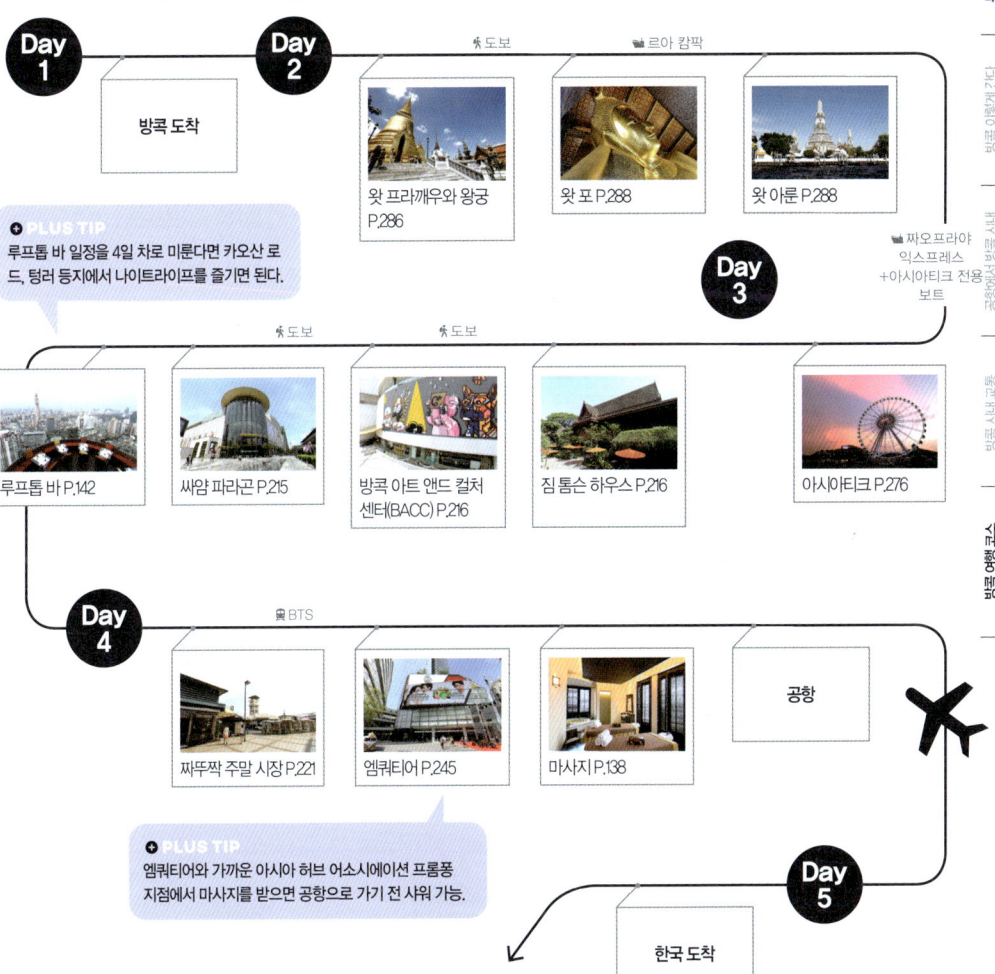

❸ 방콕+파타야 3박 5일 코스

방콕에서 하루를 보내고 셋째 날 파타야로 출발하는 코스. 둘째 날 방콕에서의 나이트라이프는 숙소의 위치를 고려해 즐기자. 파타야로 이동할 때는 쑤완나품 공항에서 차량을 렌트해 이동하는 것도 좋은 방법이다. 공항에서 파타야까지 길이 좋으며, 파타야 내에서의 이동도 편리하다.

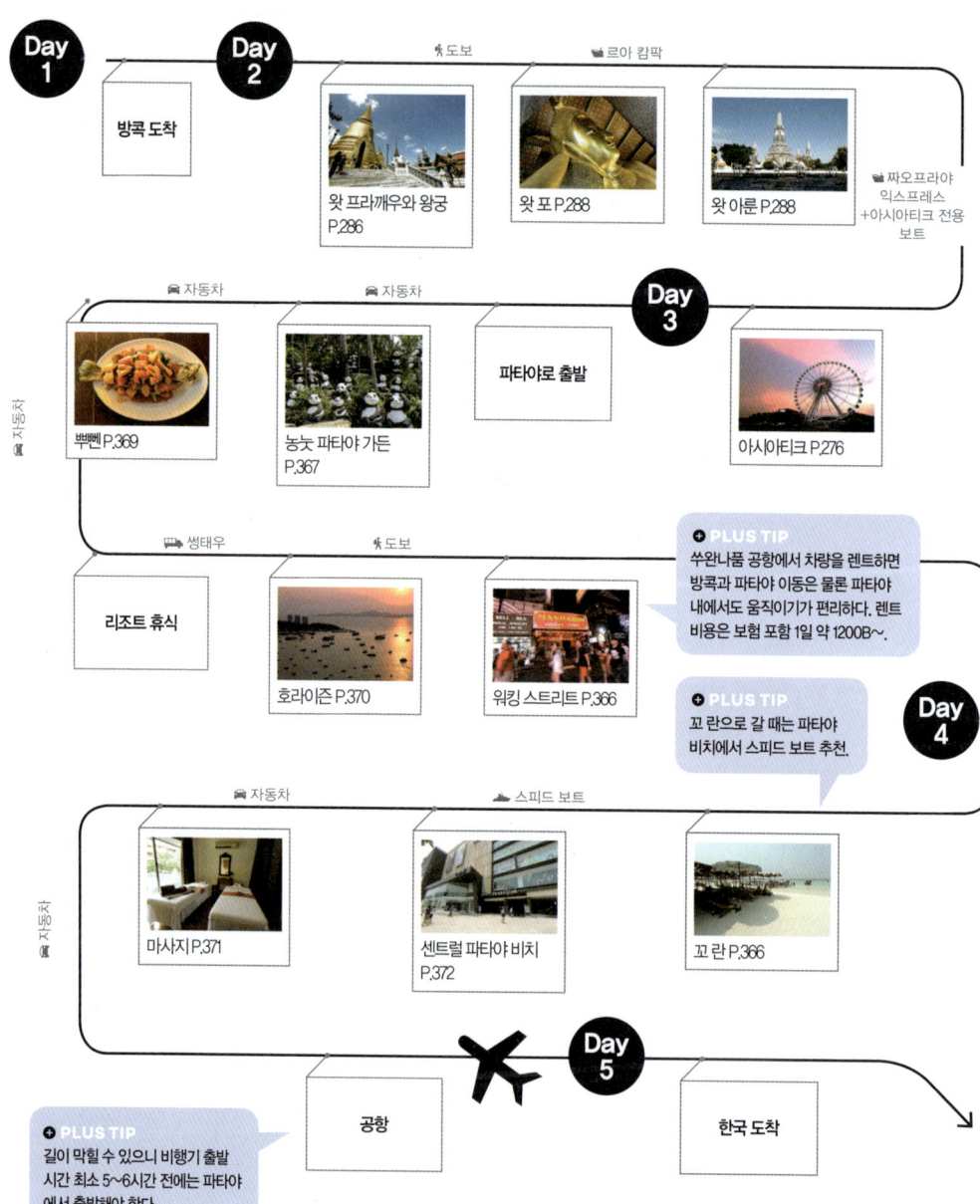

PLUS TIP 쑤완나품 공항에서 차량을 렌트하면 방콕과 파타야 이동은 물론 파타야 내에서도 움직이기가 편리하다. 렌트 비용은 보험 포함 1일 약 1200B~.

PLUS TIP 꼬 란으로 갈 때는 파타야 비치에서 스피드 보트 추천.

PLUS TIP 길이 막힐 수 있으니 비행기 출발 시간 최소 5~6시간 전에는 파타야에서 출발해야 한다.

❹ 방콕+후아힌 3박 5일 코스

방콕에서 하루를 온전히 즐기고 셋째 날 후아힌으로 출발하는 코스. 후아힌의 리조트를 충분히 즐기는 여정이라 후아힌에서의 일정은 거의 없다. 넷째 날 버스를 타고 후아힌에서 쑤완나품 공항으로 바로 가면 된다.

❻ 항공 일정을 맞춰 꽉 채운 방콕+근교 4박 5일 코스

한국-방콕 구간은 오전 비행기, 방콕-한국 구간은 새벽 비행기를 이용해 4박 5일 일정을 촘촘하게 꽉 채우는 알짜배기 코스. 대한항공, 아시아나항공, 타이항공에서 1일 1회 오전에 출발하는 항공편을 운항한다.

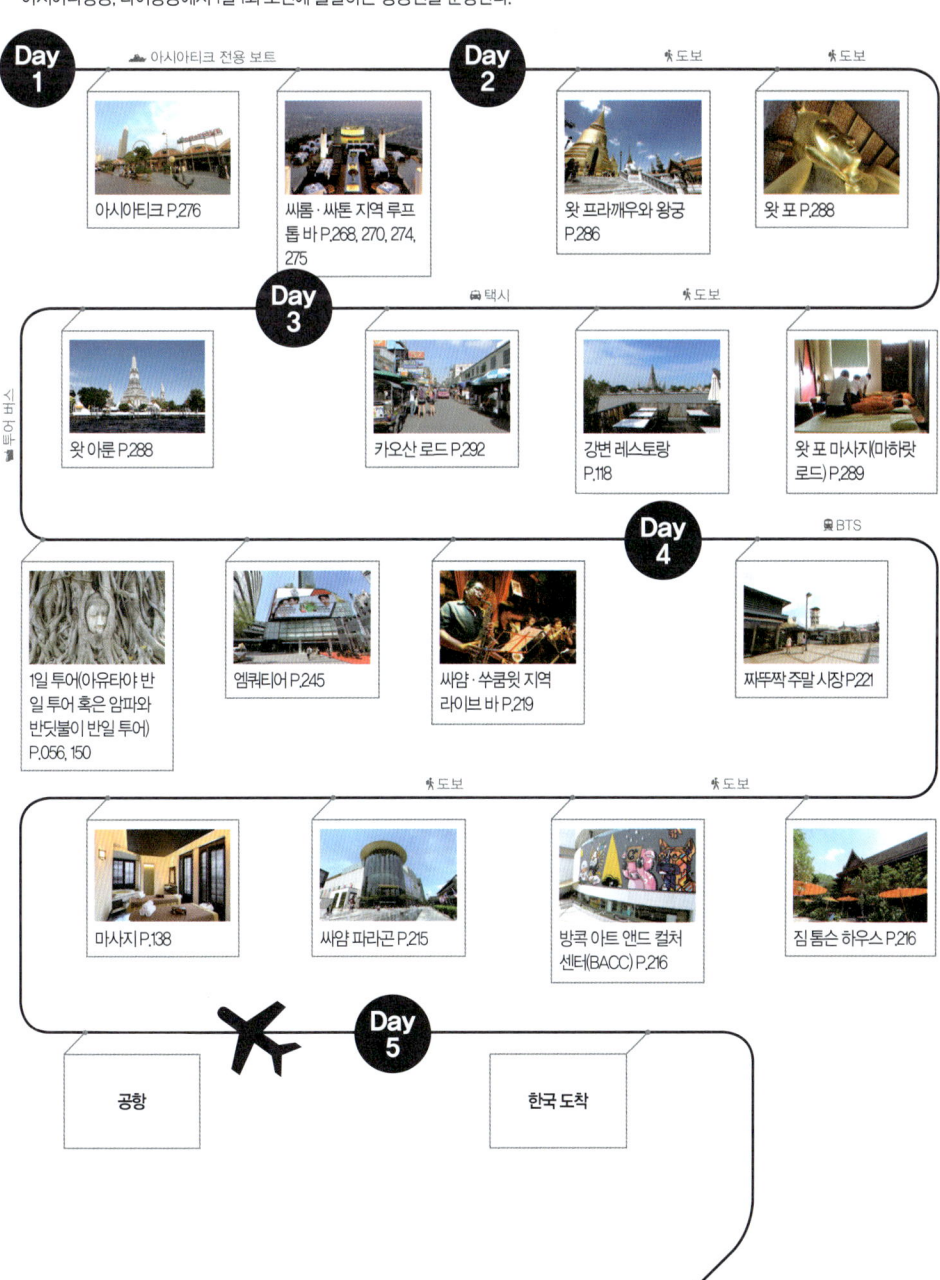

BANG KOK

AREA 01 SIAM
[สยาม 싸얌]

방콕의 다운타운 일번지

David NP/Shutterstock.com

방콕의 모든 길은 싸얌으로 통한다. 과장됐지만 틀린 말은 아니다. BTS 쑤쿰윗 라인과 씨롬 라인의 환승역인 BTS 싸얌 역 일대는 방콕에서 유동 인구가 가장 많은 곳이다. 쇼핑과 미식을 위해 싸얌으로 모여드는 이들과 더불어 싸얌을 기점으로 곳곳으로 흩어지는 이들이 만나 방콕 제일의 다운타운을 형성한다.

인기
★★★★★

관광지
★★

쇼핑
★★★★★

식도락
★★★★★

나이트라이프
★★

혼잡도
★★★★★

싸얌 일대는 스카이 워크(구름다리)로 연결돼 있어 함께 돌아보기에 편리하다.

짐 톰슨 하우스가 핵심. 시 라이프 방콕 오션 월드, 마담 투소 같은 소소한 볼거리가 있다.

싸얌 파라곤은 방콕을 대표하는 쇼핑센터. 그 밖에도 개성 만점 쇼핑 공간이 가득하다.

방콕 대표 레스토랑의 지점이 쇼핑센터 내에 빼곡히 자리한다.

쇼핑센터와 마사지 숍은 밤늦게까지 문을 연다. 호텔 바 외에 술집은 많지 않다.

핵심 다운타운답게 사람들이 많지만 BTS 역을 기준으로 돌아보면 크게 헤맬 염려는 없다.

207

싸얌 교통편

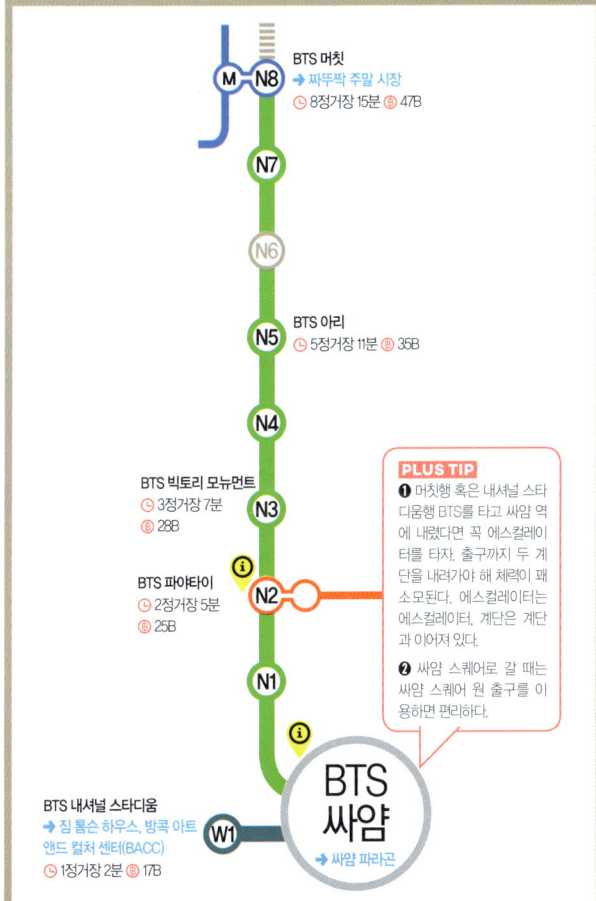

BTS 머칫
→ 짜뚜짝 주말 시장
⏱ 8정거장 15분 💰 47B

BTS 아리
⏱ 5정거장 11분 💰 35B

BTS 빅토리 모뉴먼트
⏱ 3정거장 7분 💰 28B

BTS 파야타이
⏱ 2정거장 5분 💰 25B

BTS 내셔널 스타디움
→ 짐 톰슨 하우스, 방콕 아트 앤드 컬처 센터(BACC)
⏱ 1정거장 2분 💰 17B

BTS 싸얌
→ 싸얌 파라곤

PLUS TIP
❶ 머칫행 혹은 내셔널 스타디움행 BTS를 타고 싸얌 역에 내렸다면 꼭 에스컬레이터를 타자. 출구까지 두 계단을 내려가야 해 체력이 패소모된다. 에스컬레이터는 에스컬레이터, 계단은 계단과 이어져 있다.
❷ 싸얌 스퀘어로 갈 때는 싸얌 스퀘어 원 출구를 이용하면 편리하다.

싸얌으로 가는 방법

 BTS
싸얌 파라곤 등 쇼핑센터는 BTS 싸얌 역 하차. 짐 톰슨 하우스와 방콕 아트 앤드 컬처 센터(BACC)는 BTS 내셔널 스타디움 역 하차.

 택시
방콕 시내 어디에서나 가장 만만하게 이용할 수 있는 교통수단. 'BTS 싸얌 스테이션', '싸얌 파라곤' 등 목적지를 말하고 탑승.

 운하 보트
민주기념탑(카오산) 인근에서 갈 때 편리한 교통수단. 후어창 선착장(타르아 싸판 후어창)은 싸얌 파라곤에서 도보 13분, 짐 톰슨 하우스에서 도보 3분 거리.

 공항철도
쑤완나품 공항에서 공항철도를 타고 파야타이 역 하차. 30분 소요. 파야타이 역에서 BTS 환승.

싸얌 지역 다니는 방법

 도보
싸얌 지역 내에서는 도보로 이동하는 것이 가장 좋다. 내셔널 스타디움 역부터 싸얌 역까지 스카이 워크를 따라 걸을 수 있다.

택시
싸얌 주위의 쑤쿰윗 로드는 상습 정체 구역이다. BTS 몇 분 거리가 택시를 타면 몇 배로 늘어난다. 하지만 시간에 쫓기는 것이 아니라면 택시는 이동과 휴식을 겸하는 괜찮은 선택이 될 수 있다.

MUST SEE
이것만은 꼭 보자!

No.1 짐 톰슨 하우스
Jim Thompson House
태국 고유의 아름다움을 담은 가옥과 유물.

No.2 방콕 아트 앤드 컬처 센터
BACC
예술의 향취 가득.

MUST EAT
이것만은 꼭 먹자!

No.1 쏨분 시푸드
Somboon Seafood
여러 지점 중 접근성이 가장 좋다.

No.2 팩토리 커피
Factory
방콕에서 가장 유명한 커피 전문점.

MUST BUY
이것만은 꼭 사자!

No.1 싸얌 파라곤
Siam Paragon
방콕을 대표하는 쇼핑센터.

MUST DO
이것만은 꼭 해보자!

No.1 색소폰
Saxophone
이 밤의 끝을 잡고.

싸얌 핵심 스폿 한나절 코스

COURSE 1

싸얌의 핵심 볼거리와 쇼핑센터, 레스토랑, 마사지 숍을 모두 들르는 코스. 방콕이 처음인 여행자에게 강력 추천하는 코스다. 나머지 스폿은 취향에 따라 넣고 빼면 된다.

S BTS 내셔널 스타디움 역
BTS National Stadium

1번 출구로 나와 깜쌩싼 쏘이 2가 나오면 우회전해 골목 끝 → 짐 톰슨 하우스 도착

1 짐 톰슨 하우스
Jim Thompson House

⏱ 시간 10:00~17:00 💰 가격 200B

→ 왔던 길을 되돌아 BTS 내셔널 스타디움 쪽으로 가서 역으로 올라가지 말고 아랫길로 걷기 → 방콕 아트 앤드 컬처 센터 도착

2 방콕 아트 앤드 컬처 센터
BACC

⏱ 시간 화~일요일 10:00~20:00 휴무 월요일

→ 3층 BTS와 연결된 통로로 나와 스카이 워크(구름다리)를 따라 싸얌 방면으로 걷기 → 싸얌 파라곤 도착

3 싸얌 파라곤
Siam Paragon

⏱ 시간 10:00~22:00

→ BTS 싸얌 역과 연결된 싸얌 파라곤 M층에서 간 다음 싸얌 스퀘어 원 출구 이용, 싸얌 스퀘어 원 4층 → 쏨분 시푸드 도착

4 쏨분 시푸드
Somboon Seafood

⏱ 시간 11:00~21:00

→ 같은 건물 6층 → 렛츠 릴랙스

5 렛츠 릴랙스
Let's Relax

⏱ 시간 10:00~22:00

→ 1층으로 내려와 싸얌 스퀘어 쏘이 3으로 나간다. → 망고 탱고 도착

코스 무작정 따라하기
START

S. BTS 내셔널 스타디움 역 1번 출구
350m, 도보 3분
1. 짐 톰슨 하우스
500m, 도보 5분
2. 방콕 아트 앤드 컬처 센터(BACC)
750m, 도보 10분
3. 싸얌 파라곤
200m, 도보 2분
4. 쏨분 시푸드
같은 건물, 도보 1분
5. 렛츠 릴랙스
200m, 도보 2분
6. 망고 탱고
Finish

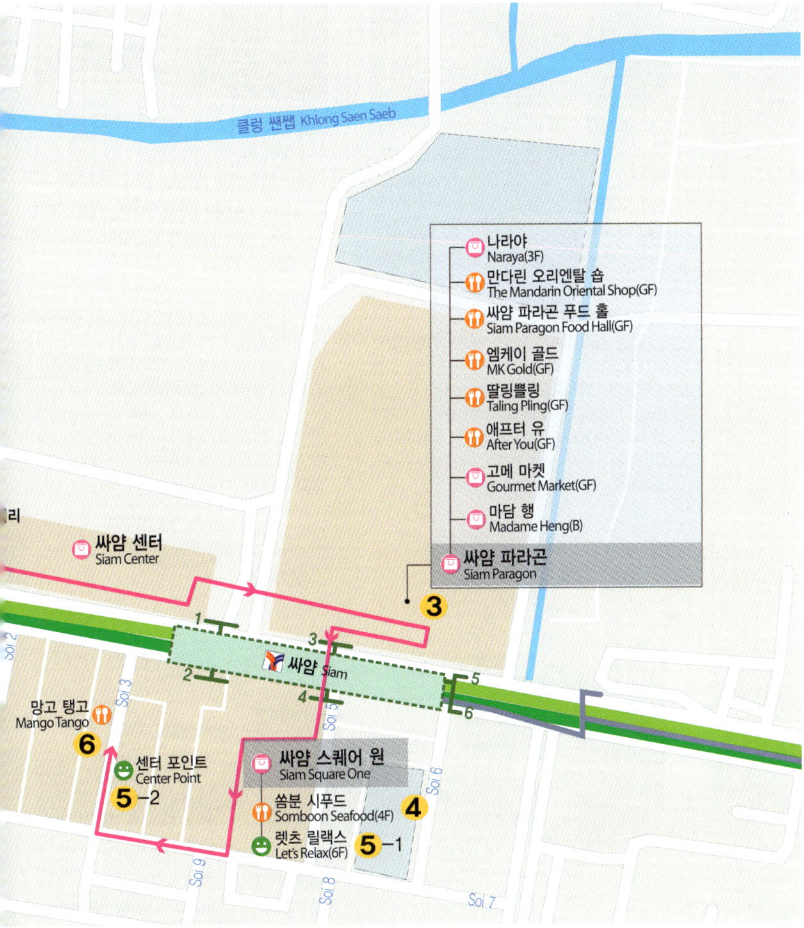
클렁 쌘쌥 Khlong Saen Saeb
나라야
Naraya(3F)
만다린 오리엔탈 숍
The Mandarin Oriental Shop(GF)
싸얌 파라곤 푸드 홀
Siam Paragon Food Hall(GF)
엠케이 골드
MK Gold(GF)
딸링쁠링
Taling Pling(GF)
애프터 유
After You(GF)
고메 마켓
Gourmet Market(GF)
마담 행
Madame Heng(B)
싸얌 파라곤
Siam Paragon
3
싸얌 센터
Siam Center
싸얌 Siam
1
2
3
4
5
6
Soi 2
Soi 3
Soi 5
Soi 6
Soi 7
Soi 8
Soi 9
망고 탱고
Mango Tango
6
센터 포인트
Center Point
5–2
싸얌 스퀘어 원
Siam Square One
쏨분 시푸드
Somboon Seafood(4F)
4
렛츠 릴랙스
Let's Relax(6F)
5–1

6 망고 탱고
Mango Tango

시간 11:30~22:00

MangoTango

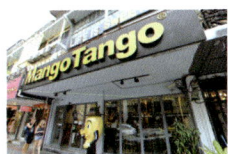

ZOOM IN
BTS 싸얌 역

BTS 쑤쿰윗 라인과 씨롬 라인의 환승역이자 방콕 최고의 시내 중심부라 늘 붐빈다.

1 시 라이프 방콕 오션 월드
Sea Life Bangkok Ocean World
★★ 도보 1분

싸얌 파라곤 지하 1~2층에 자리한 아쿠아리움. 태국에서 가장 큰 규모로 모두 돌아보는 데 1시간 30분가량 소요된다. 아쿠아리움의 하이라이트인 오션 터널을 비롯해 흥미로운 수중 세계가 펼쳐진다. 홈페이지를 통해 예약하거나 마담 투소 콤보 티켓을 끊으면 저렴하게 이용할 수 있다.

◎ MAP P.209G

구글 지도 GPS 13.746752, 100.535018 ◎ 찾아가기 BTS 싸얌 역 싸얌 파라곤 출구 이용, 싸얌 파라곤 B1층 ◎ 주소 B1-B2 Floor, Siam Paragon, Rama 1 Road ◎ 전화 02-842-2000 ◎ 시간 10:00~20:00(마지막 입장 19:00) ◎ 휴무 연중무휴 ◎ 가격 어른 1190B, 어린이(3~11세) 990B ◎ 홈페이지 www.sealifebangkok.com

2 마담 투소 방콕
Madame Tussauds Bangkok
★★ 도보 5분

유명 인사, 스타와 똑 닮은 밀랍 인형을 전시하는 마담 투소의 방콕 전시관이다. 유명 정치인과 스포츠 스타, 팝 스타, TV 스타 등의 밀랍 인형을 전시해 사진을 찍으며 시간을 보내기에 좋다. 홈페이지를 통해 예약하면 할인 혜택을 받을 수 있다.

◎ MAP P.208F

구글 지도 GPS 13.746392, 100.531665 ◎ 찾아가기 BTS 싸얌 역 1번 출구를 이용해 싸얌 센터를 통과하거나 BTS 내셔널 스타디움 역 3번 출구 이용. 싸얌 디스커버리 6층 ◎ 주소 6th Floor, Siam Discovery, Rama 1 Road ◎ 전화 02-658-0060 ◎ 시간 10:00~20:00(마지막 입장 19:00) ◎ 휴무 연중무휴 ◎ 가격 어른 990B, 어린이(3~11세) 790B ◎ 홈페이지 www.madametussauds.com

3 화이트 플라워
White Flower
ครัวดอกไม้ขาว
★★ 도보 1분

쏨땀라우쑷쑷 165B

마하 짜끄리 씨린턴 공주에게 수여받은 '하얀 꽃'이라는 이름의 레스토랑. 베이커리와 디저트, 퓨전 요리, 태국 요리를 광범위하게 선보인다. 분위기와 서비스, 음식의 질에 비해 가격이 매우 합리적이다.

◎ MAP P.209K

구글 지도 GPS 13.745383, 100.533749 ◎ 찾아가기 BTS 싸얌 역 싸얌 스퀘어 원(Siam Square One) 출구 이용, 싸얌 스퀘어 원 4층 ◎ 주소 4th Floor, Siam Square One, Rama 1 Road ◎ 전화 099-002-0897 ◎ 시간 10:30~22:00 ◎ 휴무 연중무휴 ◎ 가격 쏨땀라우쑷쑷(Northeastern Style Spicy Papaya Salad) 165B, 카이찌여우뿌(Crab Omelette) 145B, 빨라믁팟카이켐(Stir Fried Squid with Salted Eggs) 225B +10% ◎ 홈페이지 whiteflowerfactory.com

4 쏨분 시푸드
Somboon Seafood
สมบูรณ์โภชนา
★★ 도보 1분

뿌팟퐁까리 S 720B

방콕을 대표하는 해산물 전문점인 쏨분 시푸드의 싸얌 스퀘어 원 지점. BTS 싸얌 역과 가까운 편리한 위치 덕분에 여행자들이 즐겨 찾는다. 사람들이 많을 때는 에어컨을 가동하지 않는 실외에서 기다려야 해 조금 불편하다. 대표 메뉴는 카레로 볶은 게 요리인 뿌팟퐁까리.

◎ INFO P.090, 116   ◎ MAP P.209K

구글 지도 GPS 13.744931, 100.533854 ◎ 찾아가기 BTS 싸얌 역 4번 싸얌 스퀘어 원(Siam Square One) 출구 이용, 싸얌 스퀘어 원 4층 ◎ 주소 4th Floor, Siam Square One, Rama 1 Road ◎ 전화 02-115-1401~2 ◎ 시간 11:00~21:00 ◎ 휴무 연중무휴 ◎ 가격 뿌팟퐁까리(Fried Curry Crab) S 720B · M 1180B · L 1680B +7% ◎ 홈페이지 www.somboonseafood.com

5 오까쭈
Ohkajhu โอ้กะจู๋
★★★ 도보 3분

치앙마이에서 출발한 팜투테이블 레스토랑 오까쭈의 방콕 1호점. 유기농 샐러드 식단과 스테이크, 스파게티 등의 메뉴를 갖췄으며, 1층 카운터와 2~3층의 테이블로 구성된다.

◎ MAP P.208J

구글 지도 GPS 13.744791, 100.531935 ◎ 찾아가기 BTS 싸얌 역 2번 출구 이용. 싸얌 스퀘어 쏘이 2와 쏘이 7이 만나는 지점 ◎ 주소 226 Siam Square Soi 2 ◎ 전화 062-309-4545 ◎ 시간 10:00~22:00 ◎ 휴무 연중무휴 ◎ 가격 오가닉 샐러드(Organic Salad) 105B~, 치킨 베이컨 랩(Chicken Bacon Ranch Club Salad Wrap) 255B +7% ◎ 홈페이지 www.facebook.com/ohkajhuorganic

6 쏨땀 누아
Somtam นัว
도보 1분

싸얌 스퀘어에서 오랫동안 영업하고 있는 이싼 요리 전문점. 쏨땀이나 랍, 돼지고기구이가 커무양, 프라이드치킨 까이텃, 생선구이 쁠라텃 등 이싼 요리를 합리적인 가격에 선보인다.

ⓘ INFO P.125 ⓜ MAP P.209K
구글 지도 GPS 13.744497, 100.534286 찾아가기 BTS 싸얌 역 4번 출구 이용, 쏘이 5 끝자락에 위치, 100m, 도보 1분 주소 Siam Square Soi 5 전화 02-251-4880 시간 11:00~21:30 휴무 연중무휴 가격 땀뿌(Somtam with Salted Crab) 90B, 까이텃(Fried Chicken) 140·180B, 카우니여우(Sticky Rice) 35B +17% 홈페이지 없음

7 인터
Inter อินเตอร์
도보 2분

싸얌 스퀘어에 자리한 현지 식당으로 인근 학생들과 직장인들에게 매우 인기다. 인기 비결은 저렴한 가격. 에어컨을 갖춘 쾌적한 실내에 있는데도 100B을 넘지 않는 메뉴가 수두룩하다. 부가세와 세금도 없다. 대신 현금 결제만 가능하다.

ⓜ MAP P.209K
구글 지도 GPS 13.744197, 100.533540 찾아가기 BTS 싸얌 역 싸얌 스퀘어 원 출구 이용, 싸얌 스퀘어 원을 통과해 횡단보도 건너 싸얌 스퀘어 쏘이 9에 위치, 총 130m, 도보 2분 주소 432/1-2 Siam Square Soi 9 전화 02-251-4689 시간 11:00~21:30 휴무 연중무휴 가격 카우무텃 끄라티얌 프릭타이(Stir Fried Pork with Garlic & Pepper on Rice) 70B, 쏨땀타이('Som-Tum' Spicy Papaya Salad) 58B 홈페이지 www.facebook.com/InterRestaurants1981

8 망고 탱고
Mango Tango
도보 2분

인기 망고 디저트 전문점. 망고 아이스크림, 망고 푸딩, 망고 주스, 생망고 등 망고 디저트를 다양하게 선보인다. 디저트로 사용하는 망고의 종류는 맛있기로 이름난 '남덕마이'다. 매장에서 먹으려면 한 사람당 메뉴 하나는 반드시 주문해야 하며, 계산 후 자리를 안내받는다.

ⓜ MAP P.209K
구글 지도 GPS 13.745306, 100.532787 찾아가기 BTS 싸얌 역 2번 출구 이용. 쏘이 3으로 진입하면 바로 보인다. 주소 258/11-12 Siam Square Soi 3 전화 064-461-5956 시간 11:30~22:00 휴무 연중무휴 가격 망고 탱고(Mango Tango) 230B, 망고 딜라이트(Mango Delight) 135B 홈페이지 없음

망고탱고 230B

9 애프터 유
After You
도보 1~2분

2007년 텅러 쏘이 13에 매장을 선보인 후 인기가 꾸준한 태국 브랜드 디저트 전문점. 시부야 허니 토스트, 초콜릿 라바, 카키고리 등 시그너처 메뉴를 비롯해 커피, 주스까지 디저트의 종류가 다양하고 충실하다.

ⓜ MAP P.209H
구글 지도 GPS 13.746682, 100.534747 찾아가기 BTS 싸얌 역 싸얌 파라곤 출구 이용. 싸얌 파라곤 G층 주소 G Floor, Siam Paragon, Rama 1 Road 전화 02-610-7659 시간 10:00~22:00 휴무 연중무휴 가격 홀릭스 카키고리(Horlicks Kakigori) 275B, 초콜릿 라바(Chocolate Lava) 195B 홈페이지 www.afteryoudessertcafe.com

홀릭스 카키고리 275B

10 푸드 플러스
Food Plus
도보 3분

싸얌 스퀘어 쏘이 5~6에 길게 형성된 노점 음식점. 국수, 덮밥, 볶음밥, 과일, 주스, 디저트 등 길거리 음식은 모두 판매한다. 노점 중에는 만들어놓은 반찬을 덮밥식으로 판매하는 카우깽이 가장 많다. 모든 메뉴가 30B가량으로 매우 저렴하다.

ⓜ MAP P.209L
구글 지도 GPS 13.745229, 100.534512 찾아가기 BTS 싸얌 역 싸얌 스퀘어 원 출구에서 왼쪽으로 나와 방콕 은행 옆 작은 골목인 쏘이 5로 진입 주소 Siam Square Soi 5, 6 전화 가게마다 다름 시간 가게마다 다름 휴무 연중무휴 가격 예산 50B~ 홈페이지 없음

11 엠케이 골드
MK Gold
도보 1분

MK는 태국 전역에 지점을 둔 태국을 대표하는 쑤끼 전문점이다. MK 골드는 신선한 재료와 업그레이드된 서비스를 선보이는 MK 쑤끼의 고급 버전. 싸얌 파라곤 지점은 접근성이 좋아 여행자들에도 즐겨 찾는다.

ⓜ MAP P.209H
구글 지도 GPS 13.745791, 100.534674 찾아가기 BTS 싸얌 역 싸얌 파라곤 출구 이용. 싸얌 파라곤 G층 주소 G Floor, Siam Paragon, Rama 1 Road 전화 083-099-6200 시간 10:00~22:00 휴무 연중무휴 가격 팍춧쑤카팝(Healthy Vegetable Set) S 260B·L 450B, 춋헷나찻(Mushrooms Set) 300B, MK Gold 쑤끼 쎗(MK Gold Suki Set) 650B, MK 시푸드 쎗(MK Seafood Set) 950B +17% 홈페이지 www.mk1642.com

12 딸링쁠링
Taling Pling
ตะลิงปลิง

태국 요리 전문 레스토랑 딸링쁠링의 싸얌 파라곤 지점. 싸얌 파라곤 G층 레스토랑 가운데 가격이 합리적인 편이다. 팟타이, 덮밥 등 단품 요리도 괜찮지만 2~3명이 찾는다면 여러 요리를 주문하는 것을 추천한다.

◎ MAP P.209H
ⓖ 구글 지도 GPS 13.747047, 100.534252 ⓒ 찾아가기 BTS 싸얌 역 싸얌 파라곤 출구 이용. 싸얌 파라곤 G층 ⓐ 주소 G Floor, Siam Paragon, Rama 1 Road ⓣ 전화 02-129-4354 ⓢ 시간 10:30~22:00 ⓗ 휴무 연중무휴 ⓟ 가격 마싸만 무 로띠(Massaman Pork Curry Served with Roti) 225B, 팟타이꿍(Phad Thai) 220B +17% ⓦ 홈페이지 talingpling.com

쎈짠 팟타이꿍쏫 220B

13 만다린 오리엔탈 숍
The Mandarin Oriental Shop

만다린 오리엔탈 방콕에서 선보이는 베이커리 카페. 싸얌 파라곤 매장은 가운데 자리한 대형 오픈 키친에서 빵과 디저트를 직접 보고 고르면 된다.

◎ MAP P.209H
ⓖ 구글 지도 GPS 13.746863, 100.534506 ⓒ 찾아가기 BTS 싸얌 역 싸얌 파라곤 출구 이용. 싸얌 파라곤 G층 ⓐ 주소 G Floor, Siam Paragon, Rama 1 Road ⓣ 전화 02-610-9845 ⓢ 시간 10:00~21:00 ⓗ 휴무 연중무휴 ⓟ 가격 도넛(Doughnut) 60B, 크렘 브륄레(Crème Brûlée) 80B, 마들렌(Madeleine) 225B, 소프트 블루베리 치즈 케이크(Soft Blueberry Cheese Cake) 145B +10% ⓦ 홈페이지 bangkok.mandarinorientalshop.com

레몬 바 140B

14 싸얌 파라곤 푸드 홀
Siam Paragon Food Hall

뭐 먹을지 고민된다면 싸얌 파라곤 푸드홀이 선택지 중 하나다. 국수, 덮밥, 쏨땀 등 다양한 태국 요리와 전 세계 요리가 한 곳에 모여 있다. 미쉐린 빕구르망에 선정된 레스토랑은 물론 명성 높은 방콕의 길거리 음식 역시 다양하다.

◎ MAP P.209H
ⓖ 구글 지도 GPS 13.746554, 100.535520 ⓒ 찾아가기 BTS 싸얌 역 싸얌 파라곤 출구 이용. 싸얌 파라곤 G층 ⓐ 주소 G Floor, Siam Paragon, Rama 1 Road ⓣ 전화 02-690-1000 ⓢ 시간 10:00~22:00 ⓗ 휴무 연중무휴 ⓟ 가격 예산 100B~ ⓦ 홈페이지 www.siamparagon.co.th

15 반잉
Baan Ying Café & Meal

가볍게 즐기기에 좋은 단품 메뉴가 많은 캐주얼한 분위기의 프랜차이즈 레스토랑이다. 1999년 싸얌 스퀘어의 작은 식당에서 출발해 현재의 모습으로 성장했다. 반잉 스타일 오믈렛인 카우카이콘은 기본 오믈렛에 여러 토핑을 입맛대로 추가하는 메뉴다.

◎ MAP P.209G
ⓖ 구글 지도 GPS 13.746296, 100.532481 ⓒ 찾아가기 BTS 싸얌 역 1번 출구 이용. 싸얌 센터 2층 ⓐ 주소 2nd Floor, Siam Center, Rama 1 Road ⓣ 전화 02-028-8878 ⓢ 시간 10:30~21:00 ⓗ 휴무 연중무휴 ⓟ 가격 카우카이콘(Baanying-style Omelette) 65B+토핑(20~240B) +10% ⓦ 홈페이지 baanyingfamily.com

카우카이콘 65B~

16 렛츠 릴랙스
Let's Relax

한국 여행자들 사이에서 유명한 마사지 업소다. 깨끗하고 편안한 시설과 친절한 서비스는 물론 합리적인 가격 모두 만족스럽다. 싸얌 일대에서는 싸얌 스퀘어 원 매장이 찾기 편리하다. 마사지 강도는 조금 약한 편이다.

◎ MAP P.209K
ⓖ 구글 지도 GPS 13.745203, 100.533784 ⓒ 찾아가기 BTS 싸얌 역 4번 출구 이용. 싸얌 스퀘어 원 6층 ⓐ 주소 6th Floor, Siam Square One, Rama 1 Road ⓣ 전화 02-252-2228 ⓢ 시간 10:00~23:00 ⓗ 휴무 연중무휴 ⓟ 가격 타이 마사지 2시간 1200B ⓦ 홈페이지 www.letsrelaxspa.com

17 센터 포인트
Center Point

호불호가 갈리지만 전반적으로 만족스러운 마사지 업소다. 실내는 공주풍 소품과 가구 등으로 아기자기한 느낌을 살렸다. 겉보기와는 달리 규모가 상당하다.

◎ MAP P.209K
ⓖ 구글 지도 GPS 13.744833, 100.533013 ⓒ 찾아가기 BTS 싸얌 역 2번 출구 이용, 쏘이 3으로 진입해 80m 왼쪽 ⓐ 주소 266/3 Siam Square 3, Rama 1 Road ⓣ 전화 02-658-4597~8 ⓢ 시간 10:00~24:00 ⓗ 휴무 연중무휴 ⓟ 가격 타이 마사지 1시간 500B, 1시간 30분 650B, 2시간 800B ⓦ 홈페이지 www.centerpointmassage.com

18 싸얌 파라곤
Siam Paragon
 도보 1분

2005년 12월 9일 개장한 이래 싸얌의 고급화를 주도했을 뿐 아니라 백화점과 다양한 문화 공간을 결합해 쇼핑을 일종의 문화로 바꾸는 등 싸얌의 쇼핑 지형을 변화시킨 곳이다. 세계적인 명품 브랜드, 중저가 브랜드, 레스토랑 등이 입점해 다양한 쇼핑 스펙트럼과 미식을 충족시킨다.

◎ MAP P.209H
⊙ 구글 지도 GPS 13.746844, 100.534921 ⊙ 찾아가기 BTS 싸얌 역 싸얌 파라곤 출구에서 바로 ⊙ 주소 Siam Paragon, Rama 1 Road ⊙ 전화 02-690-1000 ⊙ 시간 10:00~22:00 ⊙ 휴무 연중무휴 ⊙ 가격 매장마다 다름 ⊙ 홈페이지 www.siamparagon.co.th

19 싸얌 센터
Siam Center
 도보 2분

싸얌 파라곤, 싸얌 디스커버리와 함께 싸얌을 대표하는 쇼핑센터이다. 1973년 개장 당시 방콕에서 가장 큰 쇼핑몰로 주목받았으며, 지금은 태국 유명 디자이너 브랜드와 패스트 패션 브랜드가 다수 입점한 젊은 분위기의 쇼핑센터로 각광받는다. 개방적인 공간 구성과 디자인 또한 인상적이다.

◎ MAP P.209G
⊙ 구글 지도 GPS 13.746254, 100.532858 ⊙ 찾아가기 BTS 싸얌 역 1번 출구에서 바로 ⊙ 주소 Siam Center, Rama 1 Road ⊙ 전화 02-658-1000 ⊙ 시간 10:00~22:00 ⊙ 휴무 연중무휴 ⊙ 가격 가게마다 다름 ⊙ 홈페이지 www.siamcenter.co.th

20 싸얌 디스커버리
Siam Discovery
 도보 3분

2016년에 레노베이션을 거쳐 새롭게 선보였다. 매장과 매장이 오픈 된 형태로 G층부터 5층까지 각 층마다 6개 랩으로 구분된다. 2층 디지털 랩의 대형 문구점 로프트(Loft), 3층 크리에이티브 랩의 주방과 생활 관련 디자인 제품, 4층 플레이 랩의 기념품 매장이 괜찮다.

◎ MAP P.208F
⊙ 구글 지도 GPS 13.746398, 100.531548 ⊙ 찾아가기 BTS 싸얌 역 3번 출구를 이용해 싸얌 센터를 통과하거나 BTS 내셔널 스타디움 역 3번 출구 이용 ⊙ 주소 Siam Discovery, Rama 1 Road ⊙ 전화 02-658-1000 #3400 ⊙ 시간 10:00~22:00 ⊙ 휴무 연중무휴 ⊙ 가격 가게마다 다름 ⊙ 홈페이지 www.siamdiscovery.co.th

21 나라야
Naraya
 도보 1분

화사한 디자인이 눈에 띄는 가성비 만점의 패브릭 잡화 전문점. 심플함을 강조한 나라(Nara), 보헤미안 스타일의 여성 의류와 액세서리를 판매하는 라라마(La La Ma)도 나라야의 브랜드.

⊙ INFO P.166 ◎ MAP P.209H
⊙ 구글 지도 GPS 13.746820, 100.535295 ⊙ 찾아가기 BTS 싸얌 역 3·5번 싸얌 파라곤 출구 이용, 싸얌 파라곤 3층 ⊙ 주소 3rd Floor, Siam Paragon, Rama 1 Road ⊙ 전화 02-610-9418 ⊙ 시간 10:00~22:00 ⊙ 휴무 연중무휴 ⊙ 가격 제품마다 다름 ⊙ 홈페이지 www.naraya.com

22 싸얌 스퀘어 원
Siam Square One
 도보 1분

싸얌 역과 바로 연결되며 유명 레스토랑과 마사지 숍이 많아 유용한 쇼핑 단지다. 다만 야외로 개방된 구조라 더위에 취약하다. 입점 업체 중 쏨폰 시푸드는 특히 한국인에게 인기다. 마사지 숍으로는 렛츠 릴랙스가 있다.

◎ MAP P.209K
⊙ 구글 지도 GPS 13.744936, 100.533858 ⊙ 찾아가기 BTS 싸얌 역 4번 싸얌 스퀘어 원 출구에서 바로 ⊙ 주소 Siam Square One, Rama 1 Road ⊙ 전화 02-255-9999 ⊙ 시간 10:00~22:00 ⊙ 휴무 연중무휴 ⊙ 가격 가게마다 다름 ⊙ 홈페이지 없음

23 고메 마켓
Gourmet Market
 도보 1분

주요 쇼핑센터에 입점해 있는 대형 슈퍼마켓. 가격대가 높은 편이지만 쇼핑 환경이 쾌적하고 고객 만족도가 높다. 싸얌 파라곤 매장은 고메 마켓 중에서도 규모가 아주 큰 편. 반려동물과 함께 산다면 다양한 제품을 갖춘 펫 숍에도 들러보자.

⊙ INFO P.162 ◎ MAP P.209H
⊙ 구글 지도 GPS 13.746844, 100.534921 ⊙ 찾아가기 BTS 싸얌 역 3·5번 싸얌 파라곤 출구 이용, 싸얌 파라곤 G층 ⊙ 주소 G Floor, Siam Paragon, Rama 1 Road ⊙ 전화 02-690-1000 #1214, 1258 ⊙ 시간 10:00~22:00 ⊙ 휴무 연중무휴 ⊙ 가격 제품마다 다름 ⊙ 홈페이지 www.gourmetmarketthailand.com

24 마담 행
Madame Heng
도보 1분

천연비누 브랜드인 마담 행의 전문 매장이 싸얌 파라곤 내에 자리한다. 고메 마켓 등 슈퍼마켓에도 마담 행 비누를 판매하나, 대량 구매할 때는 할인 혜택과 증정품이 풍성한 전문 매장이 유리하다. 할인 가격은 고지가 없으므로 따로 문의하는 게 좋다.

📖 **INFO** P.173 📍 **MAP** P.209H
🔵 **구글 지도 GPS** 13.746372, 100.535249
🔵 **찾아가기** BTS 싸얌 역 3·5번 싸얌 파라곤 출구 이용. 싸얌 파라곤 B층 🔵 **주소** B Floor, Siam Paragon, Rama 1 Road 🔵 **전화** 065-520-0342 🔵 **시간** 10:00~21:00 🔵 **휴무** 연중무휴 🔵 **가격** 제품마다 다름 🔵 **홈페이지** 없음

🔍 ZOOM IN

BTS 내셔널 스타디움 역

BTS 씨롬 라인의 북쪽 끝 역. 짐 톰슨 하우스, 방콕 아트 앤드 컬처 센터 등 굵직한 볼거리가 자리한다.

➡

---

1 방콕 아트 앤드 컬처 센터(BACC)
Bangkok Art and Culture Centre
도보 1분

L~9층 건물 전체에서 각종 문화 공연과 예술 작품 전시를 진행한다. 핵심 층은 메인 갤러리가 자리한 7~9층으로 자세한 일정은 홈페이지에서 확인 가능하다. 메인 갤러리에 입장하려면 A4 사이즈 이상의 가방은 로커에 맡겨야 한다. 보증금 100B 혹은 신분증 필요.

📖 **INFO** P.053 📍 **MAP** P.208F
🔵 **구글 지도 GPS** 13.746662, 100.530294 🔵 **찾아가기** BTS 내셔널 스타디움 역 3번 출구에서 바로 🔵 **주소** Bangkok Art and Culture Centre, 939 Rama 1 Road 🔵 **전화** 02-214-6630~8 🔵 **시간** 화~일요일 10:00~20:00 🔵 **휴무** 월요일 🔵 **가격** 무료입장 🔵 **홈페이지** en.bacc.or.th

---

2 짐 톰슨 하우스
Jim Thompson House
도보 3분

태국 실크의 우수함을 전 세계에 알린 짐 톰슨의 집. 태국 고유의 아름다움이 묻어나는 200년 이상 된 여섯 채의 티크목 건물로 이뤄졌다. 집 내부에는 짐 톰슨이 수집한 골동품과 도자기, 회화, 불상 등이 가득하다. 집 내부는 영어 등의 언어로 진행하는 가이드 투어로 돌아볼 수 있다.

📖 **INFO** P.052 📍 **MAP** P.209A
🔵 **구글 지도 GPS** 13.749209, 100.528312 🔵 **찾아가기** BTS 내셔널 스타디움 역 1번 출구 이용. 까쎔싼 쏘이 2가 나오면 우회전해 골목 끝 🔵 **주소** 6 Kasemsan Soi 2, Rama 1 Road 🔵 **전화** 02-216-7368 🔵 **시간** 10:00~17:00 🔵 **휴무** 연중무휴 🔵 **가격** 200B 🔵 **홈페이지** www.jimthompsonhouse.com

---

3 반 쿤매
Ban Khun Mae
บ้านคุณแม่
도보 1분

싸얌 스퀘어에 1998년 문을 연 이래 정통 태국 요리로 명성을 쌓은 레스토랑. 싸얌 스퀘어에서 MBK로 이전하며 쾌적함을 더했다. '어머니의 집'이라는 이름처럼 정성 어린 음식과 업그레이드된 서비스로 여전히 현지인과 외국인에게 인기를 누리고 있다.

📖 **INFO** P.089 📍 **MAP** P.208F
🔵 **구글 지도 GPS** 13.745514, 100.530175 🔵 **찾아가기** BTS 내셔널 스타디움 역 마분콩 출구 이용. 마분콩 2층 🔵 **주소** 2nd Floor, MBK, Phayathai Road 🔵 **전화** 02-048-4593 🔵 **시간** 11:00~22:00 🔵 **휴무** 연중무휴 🔵 **가격** 카이여우뿌(Minced Crab Omelette) 160B, 팟팍루엄밋(Stir-Fried Mixed Vegetables) 120B, 똠얌꿍(Tom Yam Koong) 230·460B +10% 🔵 **홈페이지** www.bankhunmae.com

4 갤러리 드립 커피
Gallery Drip Coffee

BACC 1층에 자리한 방콕 최초의 드립 커피숍. 드립 커피의 맛을 좌우하는 진짜 손맛을 보기 위해 많은 이들이 기다림을 감수하며 바 테이블이 비기를 기다린다. 태국과 외국에서 생산한 커피콩을 연하게 볶아 사용해 커피가 부드럽다.

MAP P.208F
구글 지도 GPS 13.746627, 100.530569 **찾아가기** BTS 내셔널 스타디움 역 3번 출구, BACC 1층 **주소** 1st Floor, Bangkok Art and Culture Centre, Rama 1 Road **전화** 081-917-2131 **시간** 화~일요일 10:30~19:30 **휴무** 월요일 **가격** 드립 커피(Drip Coffee) 80B~ **홈페이지** www.facebook.com/GalleryDripCoffee

5 파라다이
PARADAi

태국에서 생산되는 카카오 열매로 수제 초콜릿을 만드는 곳이다. 밀크·다크 초콜릿은 기본, 과일, 치즈 등의 맛을 첨가한 초콜릿도 다양하다. 똠얌, 그린 커리와 같은 타이 컬렉션도 눈길을 끈다.

MAP P.208F
구글 지도 GPS 13.746864, 100.530478 **찾아가기** BTS 내셔널 스타디움 역 3번 출구 이용. BACC 3층 **주소** 3rd Floor, Bangkok Art and Culture Centre, Rama 1 Road **전화** 091-185-6254 **시간** 화~일요일 10:00~20:00 **휴무** 월요일 **가격** 시그너처 초콜릿 드링크(Signature Chocolate Drink) 130B, 피콜로 라테(Piccolo Latte) 80B **홈페이지** www.facebook.com/Paradai.Chocolate

6 침침
Chim Chim

예술적 영감이 가득한 소셜 다이닝 카페이자 레스토랑. 화려한 색감에 사로잡혀 자연스레 사진을 찍게 되는 곳으로 의자, 쿠션, 전등 등 모든 소품이 하나의 작품 같다. 피자, 파스타, 디저트, 커피, 음료 등을 제공하며, 피자는 화덕에 직접 굽는다.

MAP P.208E
구글 지도 GPS 13.747248, 100.526968 **찾아가기** BTS 내셔널 스타디움 역 1번 출구 이용, 싸얌 앳 싸얌 디자인 호텔 1층 **주소** 865 Rama 1 Road **전화** 02-217-3000 **시간** 07:00~23:00 **휴무** 연중무휴 **가격** 피자 14인치 400B~ +17% **홈페이지** www.chimchimbangkok.com

7 짐 톰슨
Jim Thompson

짐 톰슨 하우스 내에 자리한 짐 톰슨 타이 실크 매장. 스카프, 넥타이, 소품, 잡화 등을 판매하며, 실크 제품의 특성상 가격대가 높은 편이며, 젊은 층보다는 중·장년층에 어울릴 만한 제품이 많다.

INFO P.166 **MAP** P.208A
구글 지도 GPS 13.749209, 100.528312 **찾아가기** BTS 내셔널 스타디움 역 1번 출구 이용, 까쌤싼 쏘이 2가 나오면 우회전해 골목 끝 **주소** 6 Kasemsan Soi 2, Rama 1 Road **전화** 02-216-7368 **시간** 10:00~17:00 **휴무** 연중무휴 **가격** 제품마다 다름 **홈페이지** www.jimthompsonhouse.com

8 마분콩
MBK

야시장 분위기의 쇼핑센터다. 에어컨이 있는 7층 건물에 야시장 아이템을 저렴하게 판매하는 가게가 가득하다. 명품 브랜드 이미테이션 시계, 전자 제품, 카메라용품 매장도 많다. 다양한 프랜차이즈 레스토랑을 비롯해 6층 푸드 아일랜드 등 푸드코트도 여러 곳 자리한다.

MAP P.208F
구글 지도 GPS 13.744447, 100.529876 **찾아가기** BTS 내셔널 스타디움 역 4번 출구에서 바로 **주소** MBK, Phayathai Road **전화** 02-853-9000 **시간** 10:00~22:00 **휴무** 연중무휴 **가격** 가게마다 다름 **홈페이지** www.mbk-center.co.th

9 해프닝
Happening

컬처 매거진 〈해프닝〉을 발행하는 독립 출판사에서 운영하는 셀렉트 숍. 태국 전역의 예술가 개인이나 집단에서 만든 에코 백, 티셔츠, 스카프 등 잡화와 문구 디자인 제품을 판매한다. BTS와 연결된 BACC 3층에 자리해 접근성이 좋다.

MAP P.208F
구글 지도 GPS 13.746643, 100.530331 **찾아가기** BTS 내셔널 스타디움 역 3번 출구 이용. BACC 3층 **주소** 3rd Floor, Bangkok Art and Culture Centre, Rama 1 Road **전화** 02-214-3040 **시간** 화~일요일 10:00~20:00 **휴무** 월요일 **가격** 제품마다 다름 **홈페이지** happeningandfriends.com

🔍 ZOOM IN

BTS 파야타이·빅토리 모뉴먼트 역

파야타이 역은 공항철도와 BTS의 환승역이다. BTS 빅토리 모뉴먼트 역과는 한 정거장 차이로 여행자들은 팩토리 커피와 색소폰 펍으로 갈 때 주로 이용한다. 주변에 킹 파워 면세점 등 쇼핑센터가 있지만 큰 매력은 없다.

1 전승기념탑
Victory Monument 도보 4분

태국어로 아눗싸와리 차이라고 한다. 1940~1941년 프랑스령 인도차이나에서 발발한 프랑스와 태국 간의 전쟁에서 승리한 것을 기념해 만든 탑이다. 탑은 총검 모양으로 50m 높이다. 첨탑 중간에는 육해공군 동상을 세웠으며, 기단에는 전투에서 사망한 이들의 이름을 새겼다.

◎ MAP P.218A
🗺 구글 지도 GPS 13.764930, 100.538291 ⓘ 찾아가기 쁘라뚜남 북쪽의 파야타이 로드(Phayathai Road)와 랏차위티 로드(Ratchawithi Road)의 교차로. BTS 빅토리 모뉴먼트 역 3~4번 출구로 향하면 보인다. 기념탑 바로 앞까지는 300m, 도보 4분 ◎ 주소 417/6 Ratchawithi Road ☎ 전화 064-132-2421 ⏰ 시간 24시간 ● 휴무 연중무휴 💰 가격 무료입장 🌐 홈페이지 없음

2 반 꾸어이띠여우 르아텅
Baan Kuay Tiew Ruathong
บ้านก๋วยเตี๋ยวเรือทอง 도보 5분

'란 르아텅', '르아텅 누들'이라고도 한다. 과거 보트에서 팔던 꾸어이띠여우 르아를 판매한다. 양이 적은 대신 가격이 저렴하다.

◎ MAP P.218A
🗺 구글 지도 GPS 13.765748, 100.539500 ⓘ 찾아가기 BTS 빅토리 모뉴먼트 역 3~4번 출구에서 전승기념탑을 바라보며 오른쪽으로 직진, 패션 몰(Fashion Mall)을 지나자마자 계단으로 내려가 좌회전. 롯뚜 정류장과 시장 골목을 조금 지나면 작은 수로가 나오고, 다리를 건너면 보인다. ◎ 주소 1/7 Ratchawithi Road ☎ 전화 086-422-4932 ⏰ 시간 화~일요일 09:00~20:30 ● 휴무 월요일 💰 가격 18B 🌐 홈페이지 없음

꾸어이띠여우 남똑 18B

3 란 빠약
Payak Noodle Boat
ร้าน ป๋ายักษ์ 도보 5분

과거 보트에서 팔던 국수를 재현해 판매한다. 메뉴는 남똑, 똠얌, 옌따포 등 다양하다. 메뉴와 면 종류를 차례로 선택하면 되는데, 면 샘플이 있어 주문하기 편리하다. 국수는 양이 아주 적지만 가격이 저렴하다.

◎ MAP P.218A
🗺 구글 지도 GPS 13.765643, 100.539628 ⓘ 찾아가기 반 꾸어이띠여우 르아텅 옆집 ◎ 주소 23-24 Ratchawithi Soi 10 ☎ 전화 089-921-3378 ⏰ 시간 09:00~21:00 ● 휴무 연중무휴 💰 가격 18B 🌐 홈페이지 없음

꾸어이띠여우 르아 각 18B

4 팩토리 커피
Factory ★★★ 도보 1분

태국 바리스타 챔피언과 월드 에스프레소 챔피언에 수상 경력이 있는 바리스타 카페. 에스프레소, 필터, 시그니처 드링크의 커피를 선보인다. 플레이버를 꼼꼼히 적어 놓았으므로 참고해 주문하면 된다. 커피 애호가라면 놓치지 말아야 할 핫 플레이스 중 하나다.

ⓘ INFO P.131 ⓜ MAP P.218B
⊙ 구글 지도 GPS 13.756829, 100.534263
🚶 찾아가기 BTS 혹은 공항철도 파야타이 역 이용. 공항철도 파야타이 역 바로 아래 🏠 주소 49 Phayathai Road ☎ 전화 080-958-8050 🕐 시간 08:00~16:00 📅 휴무 연중무휴 💲 가격 하우스 블렌드(House Blend) 90·100B 🌐 홈페이지 factorybkk.com

5 색소폰
Saxophone ★★★ 도보 1분

전 세계 여행자들의 발길이 끊이지 않는 방콕 라이브 바 전통의 강자다. 라이브 음악은 19:30~01:30에 이어진다. 세 팀의 라이브 밴드가 1시간 30분씩 돌아가며 수준 높은 재즈와 블루스를 연주한다. 공연 일정은 홈페이지에서 확인하면 된다.

ⓘ INFO P.148 ⓜ MAP P.218A
⊙ 구글 지도 GPS 13.763659, 100.538102 🚶 찾아가기 BTS 빅토리 모뉴먼트 역 4번 출구에서 로터리까지 직진해 빅토리 포인트라는 작은 광장을 지난다. 광장 옆 작은 골목에서 약 10m
🏠 주소 3/8 Ratchawithi Soi 11 ☎ 전화 02-246-5472 🕐 시간 18:00~02:00 📅 휴무 연중무휴 💲 가격 하이네켄 150B 🌐 홈페이지 www.saxophonepub.com

6 킹 파워 콤플렉스
King Power Complex ★★★ 도보 4분

방콕 시내에 자리한 면세점. 1층 데스크에서 여권을 등록하면 종이 카드를 발급해준다. 이 카드를 소지하면 면세 쇼핑이 가능하다. 건물은 모두 3층으로 이뤄져 있다. 면세점이 자리한 곳은 1층과 2층. 쇼핑 아이템은 공항 면세점과 크게 다르지 않다. 3층은 레스토랑이다.

ⓜ MAP P.218B
⊙ 구글 지도 GPS 13.760353, 100.537951 🚶 찾아가기 BTS 빅토리 모뉴먼트 역 2번 출구에서 킹 파워 전용 뚝뚝 이용. 약 1분 소요 🏠 주소 8/1 Rangnam Road ☎ 전화 1631(콜센터), 02-677-8888 🕐 시간 10:00~21:00 📅 휴무 연중무휴 💲 가격 가게마다 다름 🌐 홈페이지 www.kingpower.com

ZOOM IN

BTS 아리 역

현지인들에게 특히 인기인 지역. 쏘이 아리라 불리는 쏘이 파혼요틴 7을 따라 늘어선 골목 곳곳에 젊은 층이 선호하는 생기 넘치는 카페와 레스토랑 등이 자리한다.

1 라우 라우
Lhao Lhao ★★★ 도보 2분

아리 인근에서 해산물을 먹는다면 괜찮은 선택지인 곳. 입구에 해산물을 비롯한 신선한 식재료를 진열해 놓고 주문 즉시 조리해 준다. 레스토랑 추천 메뉴만 50여 가지에 이를 정도로 메뉴가 광범위하며, 봉사료와 세금이 없는 합리적인 가격을 자랑한다.

🗺 MAP P.219A
📍 구글 지도 GPS 13.782125, 100.545347 🚶 찾아가기 BTS 아리 역 3번 출구에서 뒤돌아 180m 직진 🏠 주소 1271/7 Phahon Yothin Road ☎ 전화 02-271-2256 🕐 시간 15:00~03:00 📅 휴무 연중무휴 💰 가격 뿌카이탈레덩얌(Spicy Pickled Feminine Crab Salad) S 490B, 쁠라믁끄라파우(Stir Fried Squid with Basil Leaves) S 160B, 팍붕팟 남만하이(Stir Fried Morning Glory with Oyster Sauce) S 95B 🌐 홈페이지 www.facebook.com/lhaolhao1980

2 엉떵 카우쏘이
Ong Tong Khaosoi ★★★ 도보 1분

치앙마이에서 출발한 북부 음식 전문점이다. 대표 메뉴는 할머니의 레시피를 따른 카우쏘이. 닭과 소고기 고명이 있으며, 국물이 없는 카우쏘이 행도 있다. 1~2층 구조의 깔끔한 매장으로 냉방시설을 잘 갖췄다.

🔖 INFO P.093 🗺 MAP P.219A
📍 구글 지도 GPS 13.781239, 100.544369 🚶 찾아가기 BTS 아리 역 3번 출구에서 뒤돌아 걷다가 좌회전해 쏘이 아리로 진입. 70m 왼쪽 🏠 주소 31 Phahonyothin Soi 7 ☎ 전화 02-003-5254 🕐 시간 09:00~20:30 📅 휴무 연중무휴 💰 가격 카우쏘이 까이(Khaosoi with Chicken) 109B, 카놈찐 남니여우(Noodle with Northern Spicy Soup) 119B +7%

3 레 라오
Lay Lao ★★★ 도보 4분

후아힌 출신의 주인이 선보이는 이싼 요리 전문점. '레'는 태국어로 바다, '라오'는 라오스를 뜻한다. 일반 이싼 요리는 물론 바닷가에서 접할 수 있는 재료를 더한 독특한 이싼 요리를 선보인다. 음식의 양은 적은 편이다.

🗺 MAP P.219A
📍 구글 지도 GPS 13.781750, 100.543792 🚶 찾아가기 BTS 아리 역 3번 출구에서 뒤돌아 걷다가 좌회전해 쏘이 아리로 진입. 160m 왼쪽 🏠 주소 65 Soi Ari ☎ 전화 062-453-5588 🕐 시간 10:30~22:00 📅 휴무 연중무휴 💰 가격 땀타이(Traditional Thai Papaya Salad) 95B, 커무양(Charcoal Grilled Pork Shoulder) 175B +17% 🌐 홈페이지 없음

묵카이레라오 295B

4 나나 커피 로스터스 아리
Nana Coffee Roasters Ari ★★ 도보 6분

2018 월드 사이포니스트 챔피언을 비롯해 태국 내 바리스타 대회의 수상 경력이 있는 나나 커피 로스터스의 아리 지점이다. 젠 스타일 정원을 갖춘 2층 주택에 자리하며, 실내는 가정집처럼 편안하게 꾸몄다.

🗺 MAP P.219A
📍 구글 지도 GPS 13.782694, 100.541988 🚶 찾아가기 BTS 아리 역 3번 출구에서 뒤돌아 걷다가 쏘이 아리로 진입해 350m 간 후 쏘이 아리 4로 좌회전 🏠 주소 24/2 Soi Ari 4 ☎ 전화 083-908-2222 🕐 시간 월~금 07:00~18:00, 토~일 08:00~18:00 📅 휴무 연중무휴 💰 가격 아메리카노(Americano) 130B 🌐 홈페이지 nanacoffeeroasters.com

아메리카노 130B

5 쿠어 끌링 팍 쏫
Khua Kling Pak Sod ★★★ 도보 8분

태국 남부 춤폰 출신의 가족이 경영하는 레스토랑. 각종 카레 요리를 비롯해 남부식 메뉴가 다양하다. 깔끔한 테이블 세팅과 정중한 서비스도 좋다.

🔖 INFO P.126 🗺 MAP P.219B
📍 구글 지도 GPS 13.776890, 100.540815 🚶 찾아가기 BTS 아리 역 1번 출구에서 도보 600m. 역에서 내려 오토바이를 타면 편리하다. 🏠 주소 24 Soi Phahonyothin 5 ☎ 전화 02-617-2553 🕐 시간 09:00~21:00 📅 휴무 연중무휴 💰 가격 쿠어끌링 무쌉(Stir-fried Spicy Thai Southern Style Dry Khua Kling Curry with Minced Pork) 280B, 똠얌꿍(Spicy and Sour Soup with Prawns) 380B +7% 🌐 홈페이지 khuaklingpaksod.com

깽뿌바이차플루 780B

6 라 빌라
La Villa 도보 1분

BTS 아리 역과 연결된 쇼핑센터. 슈퍼마켓 체인인 빌라 마켓과 그레이하운드 카페, 후지, 깝카우깝쁠라, 스타벅스, 본촌 등이 자리한다. 아리 역 일대에서 머물거나 시간을 보낸다면 간단한 쇼핑과 미식을 즐길 수 있다.

🗺 MAP P.219B
📍 구글 지도 GPS 13.779774, 100.544921 🚶 찾아가기 BTS 아리 역 4번 출구와 연결 🏠 주소 356 La Villa, Phaholyothin Road ☎ 전화 091-818-4196 🕐 시간 가게마다 다름 📅 휴무 연중무휴 💰 가격 가게마다 다름 🌐 홈페이지 없음

ZOOM IN

BTS 머칫 역, MRT 깜팽펫 역

짜뚜짝 주말 시장이 열려 여행자들의 발길이 잦은 지역이다. BTS 머칫 역보다는 MRT 깜팽펫 역이 편리하다.

1 짜뚜짝 주말 시장
Chatuchak Weekend Market 도보 1분 ★★★

토요일과 일요일에 열리는 주말 시장. 27개 구역으로 구분된 약 13만2,231m²(4만 평) 규모의 시장에 1만5000여 개의 상점이 빼곡히 들어차 있다. 여행자들이 선호하는 의류, 액세서리, 스파용품 등은 MRT 깜팽펫 역 2번 출구 인근의 2구역(Section 2)에 몰려 있다.

 INFO P.175 MAP P.221B
 구글 지도 GPS 13.802444, 100.550200 찾아가기 BTS 머칫 역 1번 출구에서 도보 5분, 혹은 MRT 깜팽펫 역 2번 출구에서 바로 주소 Soi Vibhavadi Rangsit 11 전화 02-272-4440 시간 토~일요일 09:00~18:00(전체 시장) 휴무 월~금요일 가격 가게마다 다름 홈페이지 www.chatuchakmarket.org

2 오또꼬 시장
Or Tor Kor Market 도보 1분 ★★★

짜뚜짝 시장과 인접한 상설 시장. 육류, 해산물, 채소, 과일 등 식품을 주로 판매하는 전통 시장으로, 다른 곳과 비교할 수 없이 깔끔하다. 여행자들에게 매력적인 품목은 신선한 과일과 말린 과일, 태국 전통 디저트, 소스 등. 현지인들은 주로 태국식 반찬 가게인 카우깽을 이용한다.

 INFO P.177  MAP P.221B
 구글 지도 GPS 13.797113, 100.547388  찾아가기 MRT 깜팽펫 역 3번 출구에서 바로  주소 101 Kamphaeng Phet Road  전화 02-279-6215, 2080~9  시간 06:00~18:00  휴무 없음  가격 가게마다 다름  홈페이지 www.mof.or.th

3 로열 프로젝트 숍
Royal Project Shop 도보 1분 ★★

라마 9세가 직접 관리한 로열 프로젝트 숍으로, 오또꼬 시장 내에 있다. 기념품과 선물로 좋은 커피, 차, 과자, 잡화 등 로열 프로젝트 제품 외에 신선한 유기농 채소와 유제품 등을 함께 판매해 현지인들이 즐겨 찾는다.

 MAP P.221B
 구글 지도 GPS 13.797334, 100.549774 찾아가기 MRT 깜팽펫 역 3번 출구에서 오또꼬 시장으로 진입해 좌회전한 후 시장 끝까지 가야 한다. 주소 1 Kamphaeng Phet Road 전화 02-279-1551 시간 월~금요일 08:00~18:00, 토·일요일·공휴일 07:00~18:00 휴무 연중무휴 가격 제품마다 다름 홈페이지 없음

4 서포트 파운데이션
The Support Foundation of Her Majesty Queen Sirikit

도보 1분

씨리낏 여왕이 관리하는 로열 프로젝트 숍. 오또꼬 시장 내에 로열 프로젝트 숍 반대 방면에 자리한다. 로열 프로젝트 숍에 비해 취급하는 상품은 적지만 커피와 유기농 차, 꿀 등 저렴하고 알찬 상품이 많다. 천연 옷감과 비누 등 잡화도 품질이 좋다.

◎ MAP P.221B
ⓘ 구글 지도 GPS 13.797265, 100.545724 ⓘ 찾아가기 MRT 깜팽펫 역 3번 출구에서 오또꼬 시장으로 진입해 우회전. 꽃 가게가 몰려 있는 곳 근처에 위치 ⓘ 주소 101 Kamphaeng Phet Road ⓘ 전화 087-496-6085 ⓘ 시간 09:00~18:00 ⓘ 휴무 연중무휴 ⓘ 가격 제품마다 다름 ⓘ 홈페이지 없음

5 제이제이 몰 마켓
JJ Mall Market

도보 7분

일부 여행자들 사이에서 에어컨을 갖춘 짜뚜짝 시장이라고 알려진 곳. 시원한 건 확실하지만 품목은 짜뚜짝 시장에 미치지 못한다. 짜뚜짝 시장을 전체적으로 둘러볼 요량이라면 근처에 간 김에 에어컨 바람을 쐬어도 나쁘지 않다.

◎ MAP P.221A
ⓘ 구글 지도 GPS 13.802066, 100.549159 ⓘ 찾아가기 MRT 깜팽펫 역 2번 출구에서 짜뚜짝 시장 북쪽으로 이동하면 제이제이 몰과 이어진 길이 나온다. ⓘ 주소 588 Kamphaeng Phet 2 Road ⓘ 전화 02-265-9999 ⓘ 시간 월~금요일 10:00~19:00, 토~일요일 10:00~20:00 ⓘ 휴무 연중무휴 ⓘ 가격 제품마다 다름 ⓘ 홈페이지 www.jjmall.co.th

6 룸피니 스타디움
Lumpinee Stadium

택시 20~30분

1956년 태국 육군이 세운 무에타이 경기장. 쌍벽을 이루는 무에타이 경기장인 랏차담넌에 비해 대중적인 경기장으로 알려졌다. 평일 경기에도 수많은 태국인들이 찾아 열광하며 내기를 하고, 응원하는 모습을 볼 수 있다. 하루에 약 9경기의 무에타이 경기가 열린다.

◎ MAP P.221A
ⓘ 구글 지도 GPS 13.867158, 100.608651 ⓘ 찾아가기 BTS 머칫 역 혹은 MRT 파혼요틴 역에서 택시 이용, 정체 지역으로 택시로 약 30분 소요 ⓘ 주소 6 Ramintra Road ⓘ 전화 080-045-9541 ⓘ 시간 금요일 19:30~24:00, 토요일 10:00~12:00, 17:30~20:00, 일요일 18:00~21:00 ⓘ 휴무 월~목요일 ⓘ 가격 700~3500B ⓘ 홈페이지 ftmuaythaiticket.com

싸얌의 중심, 싸얌 파라곤.

AREA 02 CHIT LOM · PH
[ชิดลม · เพลินจิต 칫롬 · 프런찟]

방콕의 대표 쇼핑 스트리트

태국에서 가장 큰 쇼핑센터인 센트럴 월드를 비롯해 고급스러움으로 무장한 게이손과 센트럴 앰버시, 가장 저렴한 슈퍼마켓 쇼핑을 보장하는 빅 시 슈퍼센터 등 다양한 스펙트럼의 쇼핑 공간이 존재한다. 쇼핑센터 내 레스토랑은 쾌적한 환경을 제공하고, 각자의 개성을 뽐내며 단독 건물에 자리한 랑쑤언 로드의 레스토랑은 끼니를 때우는 일마저 고고하게 탈바꿈시킨다.

| 인기 ★★★★★ | 관광지 ★ | 쇼핑 ★★★★★ | 식도락 ★★★★★ | 나이트라이프 ★★★ | 혼잡도 ★★★★ |

- **인기**: 쇼핑센터와 호텔이 밀집해 있어 늘 인파로 붐빈다.
- **관광지**: 에라완 사당 등 랏차쁘라쏭 지역에 6개의 사당이 있지만, 일부러 찾을 필요는 없다.
- **쇼핑**: 센트럴 월드와 게이손, 센트럴 칫롬, 센트럴 앰버시 등 쇼핑센터 밀집 지역.
- **식도락**: 쇼핑센터 내 유명 레스토랑의 지점이 자리하며, 랑쑤언에는 맛과 분위기 좋은 집이 많다.
- **나이트라이프**: 루프톱 바 레드 스카이가 인기다. 랑쑤언 로드의 더 스피크이지도 추천 루프톱 바.
- **혼잡도**: 대형 건물이 많아 복잡해 보이지는 않는다. 싸얌과 칫롬 일대는 스카이 워크를 활용하면 다니기 쉽다.

OEN CHIT 225

칫롬 · 프런찟 교통편

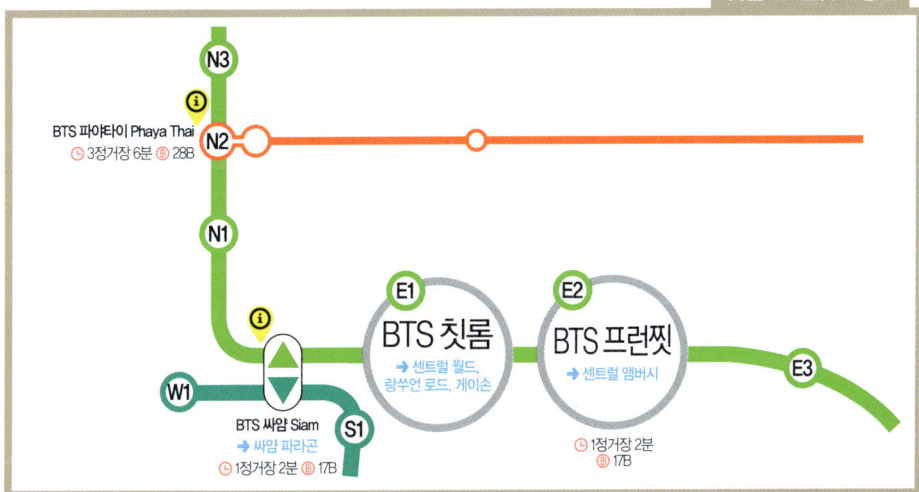

칫롬 · 프런찟으로 가는 방법

 BTS
BTS 칫롬 역 혹은 BTS 프런찟역 하차.

 택시
막히지만 않는다면 최고의 교통수단. 칫롬은 'BTS 칫롬 스테이션', '센탄 월드', 프런찟은 'BTS 프런찟 스테이션', '센탄 앰버시' 등 목적지를 말하면 된다.

 **운하 보트**
민주기념탑(카오산) 인근에서 갈 때 편리한 교통수단. 쁘라뚜남 선착장이 센트럴 월드, 빅 시 슈퍼센터와 도보 5분 거리.

공항철도
쑤완나품 공항에서 공항철도를 타고 파야타이 역 하차. 30분 소요. 파야타이 역에서 BTS 환승.

칫롬 · 프런찟 지역 다니는 방법

 BTS
BTS 칫롬 역에서 BTS 프런찟 역까지는 1정거장. 막히는 택시보다 빠르다.

 택시
시원한 차 안에서 잠시 쉬며 이동한다고 생각하면 괜찮은 선택.

도보
센트럴 칫롬에서 싸얌 지역의 BTS 내셔널 스타디움까지는 스카이 워크가 연결돼 편리하다. 센트럴 칫롬, 게이손, 센트럴 월드 등은 스카이 워크를 통해 갈 수 있다. BTS 칫롬 역에서 프런찟 역까지 걷는다면 차도 옆 인도를 이용해야 한다. 큰 빌딩이 많은 길이라 그나마 낫지만 그래도 불편한 점이 많다.

MUST EAT
이것만은 꼭 먹자!

No.1 레드 스카이
Red Sky
방콕의 광활함을 한눈에.

No.2 쏨분 시푸드
Somboon Seafood
쏨분 시푸드 지점 중 접근성, 분위기 으뜸.

No.3 쌍완씨
สงวนศรี
태국 가정식을 맛보자.

MUST BUY
이것만은 꼭 사자!

No.1 센트럴 월드
Central World
효율성 높은 쇼핑센터.

No.2 센트럴 앰버시
Central Embassy
럭셔리 쇼핑센터.

MUST DO
이것만은 꼭 해보자!

No.1 디 Dii
합리적인 가격으로 제시하는 고급 스파.

먹고 쇼핑하는 알짜배기 코스

소문난 맛집과 카페, 바를 방문하고 슈퍼마켓에서 쇼핑하는 코스. 슈퍼마켓을 왕창 털 계획이라면 빅 시 슈퍼센터를 일정의 마지막에 배치하자.

코스 무작정 따라하기 START
S. BTS 프런찟 역 8번 출구
250m, 도보 3분
1. 쌍완씨
400m, 도보 5분
2. 라이즈 커피
500m, 도보 7분
3. 딸랏 잇타이
1.2km, 도보 15분
4. 꼬앙 카우만까이 쁘라뚜남
400m, 도보 6분
5. 빅 시 슈퍼센터
400m, 도보 6분
6. 레드 스카이
Finish

S BTS 프런찟 역
BTS Phloen Chit

8번 출구에서 150m 직진 → 쌍완씨 도착

1 쌍완씨
Sanguan Sri

시간 월~토요일 09:00~15:00 휴무 일요일

오쿠라 호텔 지나 다음 골목 진입 → 라이즈 커피 도착

2 라이즈 커피
Rise Coffee

시간 08:00~17:00

스카이 워크 이용해 센트럴 앰버시 진입 → 딸랏 잇타이 도착

3 딸랏 잇타이
Talad Eathai

시간 10:00~21:30

스카이 워크 이용, R 워크 끝까지 내려온 후 길 건너기 → 꼬앙 카우만까이 쁘라뚜남 도착

4 꼬앙 카우만까이 쁘라뚜남
Go-Ang Kaomunkai Pratunam

시간 06:00~14:00, 15:00~22:00

왔던 길을 되돌아가 스카이 워크 이용 → 빅 시 슈퍼센터 도착

5 빅 시 슈퍼센터
Big C Supercenter

시간 09:00~02:00

맞은편 센타라 그랜드 호텔로 진입 → 레드 스카이 도착

6 레드 스카이
Red Sky

시간 17:00~01:00

ZOOM IN

BTS 칫롬 역

태국 최대 쇼핑센터인 센트럴 월드를 비롯해 명품 쇼핑센터 게이손과 대형 마트 빅 시 슈퍼센터 등이 자리해 다양한 쇼핑 욕구를 만족시킬 수 있는 지역이다.

1 에라완 사당
Erawan Shrine
도보 1분

1953년 그랜드 하얏트 에라완 호텔을 지으며 세운 힌두교 브라마 신을 위한 사당. 기도 효과가 좋기로 소문이 나 향과 초, 꽃을 들고 찾아오는 이들로 늘 붐빈다. 한쪽에 마련된 무대에서는 태국 전통 공연이 수시로 펼쳐진다. 큰 볼거리는 없지만 지나는 길이면 들러보자.

ⓘ INFO P.051 ⓜ MAP P.226C
ⓖ 구글 지도 GPS 13.744248, 100.540384 ⓡ 찾아가기 BTS 칫롬 역 8번 출구에서 도보 1분 ⓐ 주소 494 Ratchadamri Road ⓣ 전화 02-252-8750 ⓗ 시간 06:00~22:00 ⓒ 휴무 연중무휴 ⓟ 가격 무료입장 ⓦ 홈페이지 없음

2 사보이 시푸드
Savoey
เซวย
도보 1분

BTS 칫롬 역과 가까운 해산물 전문점. 추천 메뉴는 카레로 볶은 게 요리인 뿌팟퐁까리. 머드 크랩을 통째로 사용한다. 사보이의 현지 발음은 '써워이'다.

ⓘ INFO P.091 ⓜ MAP P.226D
ⓖ 구글 지도 GPS 13.743675, 100.544183 ⓡ 찾아가기 BTS 칫롬 역 더 머큐리 빌(The Mercury Ville) 출구 이용, 더 머큐리 빌 2층 ⓐ 주소 2nd Floor, The Mercury Ville(Tower) ⓣ 전화 02-055-6258 ⓗ 시간 10:00~21:00 ⓒ 휴무 연중무휴 ⓟ 가격 뿌팟퐁까리(Stir-fried Curry Crab) 250B/100g, 팟팍붕파이댕(Quick-Fried Water Morning Glory) 180B +10% ⓦ 홈페이지 www.savoey.co.th

뿌팟퐁까리 250B/100g

3 더 스피크이지
The Speakeasy
도보 7분

랑쑤언 로드의 뮤즈 호텔 24~25층에 자리한 루프톱 바. 높은 건물 위에서 발아래 풍경을 광활하게 조망하는 일반 루프톱 바와는 달리 빌딩의 향연이 눈앞에 펼쳐져 색다른 야경을 선사한다. 은밀한 술집을 칭하는 '스피크이지'라는 이름처럼 조용한 분위기다.

ⓘ INFO P.146 ⓜ MAP P.226F
ⓖ 구글 지도 GPS 13.740207, 100.543396 ⓡ 찾아가기 BTS 칫롬 역 4번 출구에서 랑쑤언 로드로 450m, 도보 7분 ⓐ 주소 24th & 25th Floor, Hotel Muse Bangkok, Soi Langsuan ⓣ 전화 02-630-4000 ⓗ 시간 16:30~24:00 ⓒ 휴무 연중무휴 ⓟ 가격 맥주 225B~, 칵테일 380B~ +17% ⓦ 홈페이지 hotelmusebangkok.com/bangkok-rooftop-bar

4 크루아나이반
ครัวในบ้าน
도보 14분

랑쑤언 로드에 자리한 저렴한 로컬 레스토랑. 다양한 태국 요리를 판매하는데, 덮밥 메뉴가 아주 저렴하고 빨리 나온다. 요리가 필요한 메뉴는 조금 비싸다.

ⓜ MAP P.226E
ⓖ 구글 지도 GPS 13.735289, 100.542293 ⓡ 찾아가기 BTS 칫롬 역에서 걸어가기에는 너무 멀다. 택시 이용, 랑쑤언 로드 쏘이 7 맞은편에 하차. ⓐ 주소 90/2 Langsuan Road ⓣ 전화 02-253-1888 ⓗ 시간 09:00~20:00 ⓒ 휴무 연중무휴 ⓟ 가격 무팟프릭깽팟카우(Stir Fried Pork with Curry on Rice) 80~100B, 얌운쎈(Glass Noodle Salad) 180~250B +7% ⓦ 홈페이지 www.khruanaibaan.com

어쑤언 180B

5 나라
Nara Thai Cuisine
도보 6분

정통 레시피를 현대적으로 해석해 태국 요리를 선보이는 레스토랑. 음식의 간이 센 편이지만 전반적으로 만족스러우며, 똠얌꿍은 특히 맛있다.

ⓘ INFO P.089 ⓜ MAP P.226C
ⓖ 구글 지도 GPS 13.741304, 100.563611 ⓡ 찾아가기 BTS 칫롬 역 센트럴 월드 출구 이용, 센트럴 월드 7층 ⓐ 주소 7th Floor, Central World ⓣ 전화 02-613-1658~9 ⓗ 시간 11:00~22:00 ⓒ 휴무 연중무휴 ⓟ 가격 똠얌꿍(River Prawns in Spicy Lemongrass and Lime Soup) 490B, 무 팟끄라파오(Stir-Fried Pork with Chili & Hot Basil) 260B +17% ⓦ 홈페이지 www.naracuisine.com

똠얌꿍 490B

6 램차런 시푸드
Laem Charoen Seafood ★★★ 도보 6분

센트럴 월드 지점은 방콕 지점 중에서도 분위기가 아주 좋다. 가격대가 높은 편이지만 추천 메뉴를 참고해 저렴한 요리 위주로 주문하면 부담 없이 즐길 수 있다.

◎ MAP P.226C
◎ 구글 지도 GPS 13.746890, 100.539848 ◎ 찾아가기 BTS 칫롬 역 센트럴 월드 출구 이용, 센트럴 월드 3층 ◎ 주소 3rd Floor, Central World ◎ 전화 081-234-2084 ◎ 시간 수~토요일 11:00~21:30, 일~화요일 11:00~21:00 ◎ 휴무 연중무휴 ◎ 가격 허이딸랍팟남프릭파오(Stir Fried Asiatic Hard Clams in Thai Chili Paste) 220B, 뿌마덩(Pickled Blue Crabs) 490B +10% ◎ 홈페이지 www.laemcharoenseafood.com

뿔락묵카이능마나우 395B

7 옌리 유어스
Yenly Yours ★★★ 도보 6분

망고 디저트 전문점이다. 농장에서 직접 생산한 망고를 사용해 아이스크림, 푸딩 등의 디저트를 만든다. 추천 메뉴는 망고 스무디.

◎ MAP P.226C
◎ 구글 지도 GPS 13.746443, 100.539855 ◎ 찾아가기 BTS 칫롬 역 센트럴 월드 출구 이용, 센트럴 월드 7층 ◎ 주소 7th Floor, Central World ◎ 전화 086-996-9797 ◎ 시간 11:00~22:00 ◎ 휴무 연중무휴 ◎ 가격 골든 망고 젤리(Golden Mango Jelly) 129 · 149B ◎ 홈페이지 www.facebook.com/yenlyyoursdessert

골든 망고 후레쉬 밀크 사고 129B

8 와꼬
Tonkatsu Wako 和幸 ★★★ 도보 6분

일본 내에서 250여 개 매장을 운영하는 돈가스 전문점 와꼬의 방콕 지점. 일본 본토의 맛을 즐기기 위해 현지인들이 줄을 서는 맛집이다. 돈가스와 새우튀김 등의 메인 요리를 주문하면 차와 샐러드 등을 무료로 제공한다.

◎ MAP P.226C
◎ 구글 지도 GPS 13.747751, 100.538774 ◎ 찾아가기 BTS 칫롬 역 센트럴 월드 출구 이용, 센트럴 월드 6층 ◎ 주소 6th Floor, Central World ◎ 전화 02-255-9828 ◎ 시간 11:00~21:00 ◎ 휴무 연중무휴 ◎ 가격 페어(페아) 세트(Set for Two) 840B +17% ◎ 홈페이지 www.facebook.com/tonkatsuwakoth

페어 세트 840B

9 레드 스카이
Red Sky ★★★ 도보 8분

센타라 그랜드 호텔 55층에 자리한 루프톱 바. 찾는 이들이 많아 조금 어수선하지만 시내 중심가가 보이는 확실한 전망이 장점이다. 해피 아워에 저렴하게 이용 가능하다.

◎ INFO P.146 ◎ MAP P.226C
◎ 구글 지도 GPS 13.747751, 100.538774 ◎ 찾아가기 BTS 칫롬 역 센트럴 월드 출구 이용, 센트럴 월드 7층 SFW 영화관 옆에서 주차장으로 이동해 센타라 그랜드 호텔로 진입 ◎ 주소 55th Floor, Centara Grand at Central World ◎ 전화 02-100-6255 ◎ 시간 17:00~01:00 ◎ 휴무 연중무휴 ◎ 가격 맥주 250B~, 칵테일 450B~ +17% ◎ 홈페이지 www.bangkokredsky.com

10 디오라 랑쑤언
Diora Langsuan 靜 ★★★ 도보 6분

랑쑤언 로드에 자리한 마사지 업소. 동양적인 요소를 결합해 모던하게 꾸민 로비와 마사지 룸이 눈에 띈다. 리셉션의 친절이 조금 떨어지는 느낌이지만 그 밖에는 나무랄 데가 없다. 직접 생산한 다양한 스파 제품을 매장 내에서 판매한다.

◎ MAP P.226E
◎ 구글 지도 GPS 13.741086, 100.543221 ◎ 찾아가기 BTS 칫롬 역 4번 출구에서 쏘이 랑쑤언으로 진입해 300m 오른쪽 ◎ 주소 36 Soi Langsuan ◎ 전화 02-092-4242 ◎ 시간 09:00~24:00 ◎ 휴무 연중무휴 ◎ 가격 타이 마사지 60분 700B, 90분 900B, 120분 1100B ◎ 홈페이지 dioraworld.com

11 판퓨리 웰니스
Panpuri Wellness ★★★ 도보 1분

각종 마사지에 필요한 트리트먼트 룸을 비롯해 온천 수영장과 프라이빗 온천 스위트룸을 보유하고 있다. 트리트먼트 전 마사지의 강도, 피부 컨디션, 건강 상태 등을 체크해 그에 맞는 적합한 서비스를 제공한다. 침대 시트, 타월 등은 유기농 제품을 사용한다.

◎ MAP P.226C
◎ 구글 지도 GPS 13.746004, 100.540886 ◎ 찾아가기 BTS 칫롬 역 9번 출구 이용, 게이손 12층 ◎ 주소 12th Floor, Gaysorn, Phloen Chit Road ◎ 전화 02-253-8899 ◎ 시간 10:00~22:00 ◎ 휴무 연중무휴 ◎ 가격 로열 타이 마사지 60분 2400B +17% ◎ 홈페이지 www.panpuri.com

12 센트럴 월드
Central World
도보 6분

칫롬, 쑤쿰윗 일대에서 단 한 군데의 쇼핑센터를 방문한다면 센트럴 월드를 추천한다. 500여 개의 매장과 100여 개의 레스토랑을 비롯해 이세탄 백화점과 젠 백화점이 입점한 초대형 쇼핑센터로, 브랜드 쇼핑과 미식 여정이 원스톱으로 해결되는 쇼핑과 미식의 천국이다.

ⓜ MAP P.226C
ⓢ 구글 지도 GPS 13.746851, 100.539013 ⓒ 찾아가기 BTS 칫롬 역 센트럴 월드 출구에서 바로 ⓐ 주소 Central World, Ratchadamri Road ⓣ 전화 02-640-7000 ⓛ 시간 10:00~22:00 ⓗ 휴무 연중무휴 ⓟ 가격 매장마다 다름 ⓦ 홈페이지 www.centralworld.co.th

13 센트럴 푸드 홀
Central Food Hall
도보 6분

센트럴 월드 7층에 자리한 대형 슈퍼마켓이다. 채소, 육류, 과일, 와인, 베이커리, 공산품 등 여러 품목을 판매한다. 태국 제품 외에 수입품을 다양하게 취급하며, 가격대가 높은 편이다. 쇼핑 환경은 매우 쾌적하다. 센트럴 칫롬, 센트럴 플라자 방나 등지에도 매장을 운영한다.

ⓘ INFO P.162 ⓜ MAP P.226C
ⓢ 구글 지도 GPS 13.746851, 100.539013 ⓒ 찾아가기 BTS 칫롬 역 센트럴 월드 출구 이용, 센트럴 월드 7층 ⓐ 주소 7th Floor, Central World, Ratchadamri Road ⓣ 전화 02-613-1629~36 #100, 101, 302 ⓛ 시간 10:00~22:00 ⓗ 휴무 연중무휴 ⓟ 가격 제품마다 다름 ⓦ 홈페이지 www.tops.co.th

14 나라야
Naraya
도보 6분

천으로 만든 가방, 파우치, 지갑, 손수건, 인형, 티슈 케이스, 슬리퍼, 액세서리 등을 판매하는 나라야의 센트럴 월드 매장. 시내 여기저기에 매장이 많지만 센트럴 월드를 찾았다면 한 방에 쇼핑을 끝내자. 시내 단독 매장에 비해 사람들이 많아 조금 혼잡하다.

ⓘ INFO P.166 ⓜ MAP P.226C
ⓢ 구글 지도 GPS 13.746871, 100.539032 ⓒ 찾아가기 BTS 칫롬 역 센트럴 월드 출구 이용, 센트럴 월드 1층 ⓐ 주소 1st Floor B106~B107, Central World, Ratchadamri Road ⓣ 전화 02-255-9522 ⓛ 시간 10:00~22:00 ⓗ 휴무 연중무휴 ⓟ 가격 제품마다 다름 ⓦ 홈페이지 www.naraya.com

15 게이손
Gaysorn
도보 1분

방콕 명품 쇼핑의 핵심 쇼핑센터로, 완벽하고 쾌적한 쇼핑을 보장한다. 쇼핑센터는 게이손 센터와 게이손 타워로 구분된다. 명품 브랜드 외에 주목해야 할 매장으로는 게이손 센터 3층의 탄, 게이손 타워 2층과 12층의 판퓨리를 꼽을 수 있다.

ⓜ MAP P.226C
ⓢ 구글 지도 GPS 13.745194, 100.540763 ⓒ 찾아가기 BTS 칫롬 역 9번 게이손 출구에서 바로 ⓐ 주소 Gaysorn, Phloen Chit Road ⓣ 전화 02-656-1149 ⓛ 시간 10:00~20:00 ⓗ 휴무 연중무휴 ⓟ 가격 가게마다 다름 ⓦ 홈페이지 www.gaysornvillage.com

16 탄
Thann
도보 2분

한국인의 선호도가 높은 태국 홈 스파 브랜드. 천연 추출물을 사용해 페이셜, 보디, 아로마 제품 등을 선보인다. 2002년부터 영업을 시작했으며, 우리나라를 포함한 전 세계 10여 개국에 지점을 운영한다. 탄 최초의 매장이 자리한 게이손은 매장의 규모가 크고 제품이 다양하다.

ⓘ INFO P.171 ⓜ MAP P.226C
ⓢ 구글 지도 GPS 13.745200, 100.540755 ⓒ 찾아가기 BTS 칫롬 역 게이손 출구 이용, 게이손 3층 ⓐ 주소 3rd Floor, Gaysorn, Phloen Chit Road ⓣ 전화 02-656-1399 ⓛ 시간 10:00~20:00 ⓗ 휴무 연중무휴 ⓟ 가격 제품마다 다름 ⓦ 홈페이지 thann.info

17 판퓨리
Panpuri
도보 2분

2003년 오일 제품을 선보이며 이름을 알리기 시작했다. 추천 제품은 재스민, 일랑일랑, 석류를 주재료로 한 싸야미즈 워터 컬렉션. 고급 스파의 기억을 소환하는 매력적인 향이 특징이며, 판퓨리의 여러 컬렉션 중 저렴한 편에 속한다. 게이손 매장은 규모가 크다.

ⓘ INFO P.172 ⓜ MAP P.226E
ⓢ 구글 지도 GPS 13.746088, 100.540826 ⓒ 찾아가기 BTS 칫롬 역 게이손 출구 이용, 게이손 타워 2층 ⓐ 주소 2nd Floor, Gaysorn, Phloen Chit Road ⓣ 전화 065-940-9888 ⓛ 시간 10:00~20:00 ⓗ 휴무 연중무휴 ⓟ 가격 제품마다 다름 ⓦ 홈페이지 www.panpuri.com

18 센트럴 칫롬
Central Chidlom

방콕에서 고급 백화점으로 손꼽히는 곳이다. 지하 1층에서 지상 7층까지 8층 규모이며 한국의 백화점 구조와 유사하다. 쇼핑센터 3층은 BTS 칫롬 역과 연결된다. 1층에 센트럴 푸드 홀 슈퍼마켓, 7층에 문구와 팬시용품을 파는 B2S와 대형 푸드코트인 푸드 로프트 등이 있다.

ⓜ **MAP** P.226D
ⓖ **구글 지도 GPS** 13,744238, 100,544416 ⓒ **찾아가기** BTS 칫롬 역 5번 출구와 연결 ⓐ **주소** Central Chidlom, Phloen Chit Road ⓣ **전화** 02-793-7777 ⓞ **시간** 10:00~22:00 ⓗ **휴무** 연중무휴 ⓟ **가격** 가게마다 다름 ⓦ **홈페이지** www.central.co.th

19 빅 시 슈퍼센터
Big C Supercenter

방콕은 물론 태국 전역에 체인점을 운영하는 대형 마트다. 센트럴 월드와 가까운 방콕 시내 중심부에 자리해 편리하게 이용할 수 있으며, 매장은 2~3층에 걸쳐 널찍하게 자리 잡았다. 쇼핑센터 슈퍼마켓에 비해 서민적인 분위기이며 매우 저렴하다.

ⓘ **INFO** P.162 ⓜ **MAP** P.226C
ⓖ **구글 지도 GPS** 13,747210, 100,541296 ⓒ **찾아가기** BTS 칫롬 역 7번 출구 이용, 사거리에서 랏차담리 로드로 우회전해 350m ⓐ **주소** 97/11 Ratchadamri Road ⓣ **전화** 02-250-4888 ⓞ **시간** 09:00~02:00 ⓗ **휴무** 연중무휴 ⓟ **가격** 제품마다 다름 ⓦ **홈페이지** corporate.bigc.co.th

20 레몬 팜
Lemon Farm

랑쑤언 로드에 자리한 유기농 슈퍼마켓이다. 랑쑤언 로드에서 식사를 하거나 마사지를 받는다면 이용할 만하다. 여행자들이 살 만한 아이템은 스파 제품, 잼, 차, 과일 등이 있다.

ⓜ **MAP** P.226D
ⓖ **구글 지도 GPS** 13,742160, 100,543685 ⓒ **찾아가기** BTS 칫롬 역 4번 출구에서 랑쑤언 로드로 진입해 200m ⓐ **주소** 1st Floor, The Portico, 31 Langsuan Road ⓣ **전화** 063-902-4305 ⓞ **시간** 08:30~19:30 ⓗ **휴무** 연중무휴 ⓟ **가격** 제품마다 다름 ⓦ **홈페이지** lemonfarm.com

Area 02 칫롬·프런찟

COURSE

ZOOM IN

ZOOM IN

BTS 프런찟 역

센트럴 앰버시의 등장으로 방콕키언의 고급스러운 라이프를 엿볼 수 있는 곳으로 급부상했다.

1 쌍완씨
สงวนศรี

족히 100년은 된 낡은 건물의 낡은 부엌에서 오랜 손맛을 자랑하는 할머니들이 완벽한 태국 가정식을 선보인다. 꽤 넓은 식당 좌석은 점심시간이 되기 무섭게 가득 찬다. 줄을 서서 기다리기 싫다면 점심시간 전후에 방문하자.

ⓘ **INFO** P.106 ⓜ **MAP** P.226D
ⓖ **구글 지도 GPS** 13,741855, 100,547517 ⓒ **찾아가기** BTS 프런찟 역 8번 출구에서 150m 직진, 간판이 태국어로만 되어 있다. ⓐ **주소** 59/1 Witthayu Road ⓣ **전화** 02-251-9435 ⓞ **시간** 월~토요일 09:00~15:00 ⓗ **휴무** 일요일 ⓟ **가격** 카이팔러(Egg in Brown Sauce) S 70B · L 140B, 카우채(여름 한정 메뉴) 250B ⓦ **홈페이지** 없음

카이팔러 S 70B

2 우아눗
Wuanood
ว้านู้ด

고기(소, 돼지, 닭)-수프(남, 행, 똠얌)-면·밥-토핑 순으로 메뉴를 선택하면 된다. 주변 직장인이 주 고객으로 맛보다는 깔끔함을 선호한다면 찾을 이유가 충분하다.

ⓜ **MAP** P.226D
ⓖ **구글 지도 GPS** 13,741805, 100,548547 ⓒ **찾아가기** BTS 프런찟 역 2·4번 출구 이용. 오쿠라 프레스티지 방콕과 연결된 2번 출구가 편리하다. ⓐ **주소** 888/51-52 Mahatun Plaza Building, Phloen Chit Road ⓣ **전화** 089-222-9180 ⓞ **시간** 월~금요일 11:00~20:30, 토요일 11:00~18:30 ⓟ **가격** 카우까우라우행 느어끄럽 프리미엄(Premium Crunchy Beef Over Rice) 199B ⓦ **홈페이지** 없음

꾸어이띠여우느어 타이 프렌치 톱 블레이드 219B

3 라이즈 커피
Rise Coffee 도보 3분

오피스 빌딩 가득한 도심 한가운데에 우주선처럼 덩그러니 자리한 카페. 에스프레소의 경우, 직접 로스팅한 세 종류의 원두 중 선택할 수 있다. 향미를 친절히 알려주며, 가격 또한 매우 합리적이다.

INFO P.131　MAP P.226D
구글 지도 GPS 13.741937, 100.548658 찾아가기 BTS 프런찟 역 2·4번 출구 이용. 오쿠라 프레스티지 방콕과 연결된 2번 출구가 편리하다. 주소 888 Mahatun Plaza Building, Phloen Chit Road 전화 083-535-3003 시간 08:00~17:00 휴무 연중무휴 가격 아메리카노(Americano) 95B, 라테·플랫화이트(Latte·Flat White) 100B 홈페이지 rise.coffee

피콜로 100B

4 쏨분 시푸드
Somboon Seafood
สมบูรณ์โภชนา   도보 4분

뿌팟퐁까리로 유명한 해산물 레스토랑이다. 센트럴 앰버시 지점은 싸얌 스퀘어 원과 더불어 접근성이 아주 좋다. 쏨분 시푸드의 다른 지점에 비해 인테리어도 매우 고급스럽다.

INFO P.116　MAP P.226D
구글 지도 GPS 13.743968, 100.546783 찾아가기 BTS 프런찟 역 센트럴 앰버시 출구 이용, 센트럴 앰버시 5층 주소 5th Floor, Central Embassy, Phloen Chit Road 전화 02-160-5965~6 시간 11:00~21:00 휴무 연중무휴 가격 뿌팟퐁까리(Fried Curry Crab) S 720B · M 1180B · L 1680B, 쁠라까오끄라파오끄랍(Deep Fried Grouper with Crispy Basil) 480B +7% 홈페이지 www.somboonseafood.com

뿌팟퐁까리 S 720B

5 잇타이
Eathai 도보 4분

센트럴 앰버시 LG층에 자리한 푸드코트. 방콕의 길거리 음식과 중부, 북부, 이싼, 남부 등 방콕 전역의 음식을 선보인다. 구역별로 각지 음식을 배치해 지방 요리의 종류와 특징이 한눈에 들어오게 했으며, 옛 소품과 디자인으로 과거의 분위기를 살렸다.

MAP P.226D
구글 지도 GPS 13.743766, 100.546668 찾아가기 BTS 프런찟 역과 연결된 센트럴 앰버시 입구 이용 주소 LG Floor, Central Embassy, Phloen Chit Road 전화 02-160-5995 시간 10:00~21:30 휴무 연중무휴 가격 예산 100B~ +5% 홈페이지 www.centralembassy.com/store/eathai

6 펩피나
Peppina 도보 4분

쑤쿰윗에 본점을 둔 이탈리안 레스토랑. 센트럴 앰버시 6층의 오픈 하우스(Open House)에 비교적 큰 공간을 차지하고 있다. 한두 명은 물론 소규모 단체를 수용할 수 있는 다양한 좌석을 갖췄다. 피자는 주문 즉시 화덕에서 구워 제공한다.

MAP P.226D
구글 지도 GPS 13.743916, 100.546951 찾아가기 BTS 프런찟 역과 연결된 센트럴 앰버시 입구 이용 주소 6th Floor, Central Embassy, Phloen Chit Road 전화 02-160-5677 시간 10:00~22:00 휴무 연중무휴 가격 피자 S 300~650B 홈페이지 www.peppinabkk.com

프로슈토 S 405B

7 디
Dii  도보 4분

태국 전통 마사지에 의학을 결합해 고급스럽게 선보이는 스파. 입구와 로비는 작은 편이지만 스파 룸에 들어서면 꽤 큰 규모와 바닷속을 연상시키는 인테리어에 놀라게 된다. 가격대가 높지만 후회는 없다.

MAP P.226D
구글 지도 GPS 13.743988, 100.546323 찾아가기 BTS 프런찟 역과 연결된 센트럴 앰버시 입구 이용 주소 4th Floor, Central Embassy, Phloen Chit Road 전화 02-160-5850~1 시간 10:00~22:00 휴무 연중무휴 가격 에너지 디스트레스 3500B, 아쿠아리우스 아로마틱 테라피 5500B +7% 홈페이지 www.dii-divana.com

8 센트럴 앰버시
Central Embassy 도보 4분

7층 규모의 현대적 디자인의 쇼핑센터. 다양한 패션 브랜드와 레스토랑이 입점해 있다. 쏨분 시푸드, 쏨땀 누아 등 같은 체인 레스토랑이라도 한층 고급스럽다. 책방과 레스토랑, 카페가 어우러진 6층 오픈 하우스는 특히 눈에 띄는 공간. 일대를 조망할 수 있는 야외 테라스도 있다.

MAP P.226D
구글 지도 GPS 13.743968, 100.546280 찾아가기 BTS 프런찟 역과 연결 주소 Central Embassy, Phloen Chit Road 전화 02-119-7777 시간 10:00~22:00 휴무 연중무휴 가격 가게마다 다름 홈페이지 www.centralembassy.com

233

9 원 방콕
One Bangkok
★★★ 셔틀버스 10분

쇼핑몰, 호텔, 오피스 타워, 문화 예술 공간, 광장과 녹지 공간으로 구성된 복합 단지다. 쇼핑몰에는 약 750개의 매장과 250개의 레스토랑이 입점했다. 시내 면세점 킹파워 시티 부티크(King Power City Boutique), 태국 전역의 특산품을 판매하는 싸라팟타이(Sarapad Thai) 등 눈여겨 볼만한 매장이 다양하다.

◎ MAP P.226F
⊙ 구글 지도 GPS 13.727084, 100.547254 ⊙ 찾아가기 MRT 룸피니 역 이용 혹은 BTS 프런찟 역에서 셔틀버스 이용 ⊙ 주소 One Bangkok, Wireless Road, Lumphini, Pathum Wan ⊙ 전화 02-483-5555 ⊙ 시간 10:00~22:00 ⊙ 휴무 연중무휴 ⊙ 가격 제품마다 다름 ⊙ 홈페이지 www.onebangkok.com

ZOOM IN

쁘라뚜남 선착장

쁘라뚜남 시장 일대는 공항철도 랏차쁘라롭 역과 가깝지만 첫롬의 센트럴 월드, 빅 시와 연계해 찾는 경우가 많다.

1 꼬앙 카우만까이 쁘라뚜남
Go-Ang Kaomunkai Pratunam
★★★ 도보 2분

1960년에 창업한 닭고기덮밥 카우만까이 맛집. 생강과 고추를 넣은 달콤하고 짭조름한 소스가 카우만까이의 맛을 한층 돋운다. 싸얌 파라곤을 비롯해 지점이 여럿 있다.

ⓘ INFO P.107 ◎ MAP P.226A
⊙ 구글 지도 GPS 13.749623, 100.542095 ⊙ 찾아가기 BTS 첫롬 역이 가장 가깝다. 센트럴 월드를 지나 이어지는 R 워크(R Walk)를 끝까지 걸어 내려온 후 길 건너기 ⊙ 주소 962 Phetchaburi Road ⊙ 전화 02-252-6325 ⊙ 시간 06:00~14:00, 15:00~22:00 ⊙ 휴무 연중무휴 ⊙ 가격 카우만까이(Hainanese Chicken Rice) 50·70B ⊙ 홈페이지 www.facebook.com/GoAngPratunamChickenRice

2 방콕 스카이
Bangkok Sky
★★ 도보 14분

바이욕 스카이 호텔의 76층과 78층에 자리한 뷔페 레스토랑. 최상의 뷔페라 할 수는 없지만 가격이나 분위기를 고려하면 나쁘지 않다. 뷔페 외에 81층에 자리한 루프톱 바인 방콕 발코니(Bangkok Balcony)도 괜찮다. 인터넷을 통해 예약하면 저렴하게 이용할 수 있다.

◎ MAP P.226A
⊙ 구글 지도 GPS 13.754554, 100.540318 ⊙ 찾아가기 공항철도 랏차쁘라롭 역에서 도보 5분, 공항철도 랏차쁘라롭 역, BTS 파야타이·랏차테위·싸얌 역에서 10:00~19:00에 1시간 간격으로 셔틀버스 운행 ⊙ 주소 222 Ratchaprarop Road ⊙ 전화 02-656-3939 ⊙ 시간 11:00~14:00, 17:30~22:00 ⊙ 휴무 연중무휴 ⊙ 가격 점심 800B, 저녁 960B ⊙ 홈페이지 baiyokebuffet.com

3 쁘라뚜남 시장
Pratunam Market
도보 5분

아마리 워터게이트 호텔부터 바이욕 스카이 호텔에 이르는 거리에 서는 시장. 의류, 가방, 속옷 등을 판매한다. 인도와 중동에서 온 보따리장수들이 즐겨 찾는 곳으로, 한국인들이 선호할 만한 디자인은 없다.

◎ MAP P.226A
⊙ 구글 지도 GPS 13.750543, 100.542373 ⊙ 찾아가기 BTS 첫롬 역 9번 출구에서 도보 20분 ⊙ 주소 869/15 Ratchaprarop Road ⊙ 전화 가게마다 다름 ⊙ 시간 09:00~24:00 ⊙ 휴무 연중무휴 ⊙ 가격 제품마다 다름 ⊙ 홈페이지 www.pratunam-market-bangkok.com

4 플래티넘 패션 몰
Platinum Fashion Mall
★★ 도보 5분

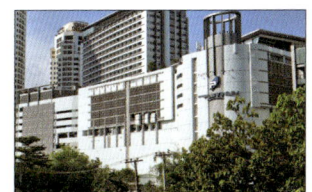

의류, 액세서리, 신발, 가방, 기념품 등 도매 쇼핑센터. 우리나라의 동대문과 유사한 구조로, 에어컨을 가동하는 짜뚜짝 시장이라고 보면 된다. 저렴한 아이템을 찾는 인도, 아랍인이 손님 중 대다수를 차지한다.

◎ MAP P.226A
⊙ 구글 지도 GPS 13.750212, 100.539451 ⊙ 찾아가기 BTS 첫롬 역 9번 출구에서 도보 20분 ⊙ 주소 The Platinum Fashion Mall, Phetchaburi Road ⊙ 전화 02-121-8000 ⊙ 시간 토~일요일·수요일 08:00~20:00, 월~화요일·목~금요일 09:00~20:00 ⊙ 휴무 연중무휴 ⊙ 가격 제품마다 다름 ⊙ 홈페이지 www.platinumfashionmall.com

SUKHUMVIT1 : NANA·
[สุขุมวิท 쑤쿰윗1: 나나·아쏙·프롬퐁]

방콕을 대표하는 유흥·상업 지역

방콕 시내 중심부에서 시작해 촌부리를 지나 캄보디아 접경 지역인 뜨랏까지 이어지는 긴 도로인 쑤쿰윗 지역의 일부. 쇼핑센터와 유흥 시설, 레스토랑, 호텔 등이 밀집돼 있다. 유흥 시설이 많고 인도인이 점령한 나나보다는 아쏙과 프롬퐁이 한국 여행자들 사이에서 인기다. 특히 프롬퐁 지역은 엠포리움과 엠쿼티어, 엠스피어가 타운을 이루며 관심 지역으로 급부상했다.

인기
★★★★★

관광지
★

쇼핑
★★★★★

식도락
★★★★★

나이트라이프
★★★★

혼잡도
★★★★★

유흥 지역 나나, 젊은 분위기의 아쏙, 고급스러운 프롬퐁 등 구역별 특색이 뚜렷하다.

태국 북부 란나 양식의 전통 가옥인 반 캄탱이 있지만 일부러 찾을 만한 볼거리는 아니다.

BTS 아쏙 역의 터미널 21, BTS 프롬퐁 역의 EM 쇼핑몰이 대표적이다.

쑤쿰윗 골목 구석구석에 오래된 명성을 자랑하는 맛집이 다양하다.

나나 일대에 '고고 바'로 불리는 조금은 퇴폐적인 업소가 많다.

방콕 대표 다운타운으로 늘 붐빈다. 보행자 도로가 좋지 않은 편이므로 늘 주의할 것.

ASOK · PHROM PHONG 235

나나·아쏙·프롬퐁 교통편

나나·아쏙·프롬퐁으로 가는 방법

BTS
터미널 21은 BTS 아쏙 역 하차. EM 쇼핑몰은 BTS 프롬퐁 역 하차.

MRT
MRT 쑤쿰윗 역이 BTS 아쏙 역과 연계.

택시
BTS가 연결되지 않는 카오산 인근에서 갈 때 유용하다. 다만 쑤쿰윗 지역(특히 아쏙)은 상습 정체 구역이라 시간이 많이 소요된다. 쑤쿰윗 내에서 이동할 경우, 1시간이 걸리더라도 100B이 넘지 않는 저렴한 요금이 위로 아닌 위로다. '나나, 아쏙, 프롬퐁 스테이션', '쑤쿰윗 쏘이 23(이씹쌈)' 등 목적지를 말하고 탑승하면 된다.

운하 보트
여행자보다는 현지인이 주로 이용하는 교통수단. 나나 느아, 아쏙 선착장이 쑤쿰윗 로드와 도보 10분 정도 거리다.

공항철도
쑤완나품 공항에서 공항철도를 타고 마까싼 역 하차. 펫차부리 역에서 MRT 환승.

나나·아쏙·프롬퐁 지역 다니는 방법

BTS
BTS 나나 역·아쏙 역·프롬퐁 역 등 각 역으로 이동할 때 편리하게 이용 가능.

오토바이
BTS 역은 동서로 뻗어 있는 형태이며 골목(쏘이)은 남북으로 다수 자리한다. 남북으로 뻗은 쏘이를 다니는 가장 좋은 방법은 오토바이 탑승. 쏘이 입구에 오토바이 정류장이 반드시 있다.

택시
쑤쿰윗 로드는 상습 정체 구역이다. BTS 몇 분 거리를 택시를 타면 몇 배로 늘어난다. 위안거리는 택시 안은 매우 시원하다는 점. 조급하게 마음먹지 않으면 이동과 휴식을 겸하는 괜찮은 선택이 될 수 있다.

도보
각 역 사이를 걸어서 다니기에는 조금 버겁다. 더운 날은 특히 그렇다. 하지만 골목(쏘이)에 자리한 목적지가 역에서 가깝다면 걷는 방법밖에 없다.

PLUS TIP
❶ 각 BTS 역에서 북쪽(1·3번 출구)은 쏘이+홀수이며, 남쪽(2·4번 출구)은 쏘이+짝수다. 쏘이+홀수에 해당하는 쑤쿰윗 쏘이 13은 BTS 나나 역의 북쪽에 해당하는 3번 출구로 나가면 되는 것.

❷ BTS 아쏙 역에서 MRT 쑤쿰윗 역으로 가려면 3번 출구를 이용한다. 출퇴근 시간에는 아쏙 역으로 올라가는 에스컬레이터만 운행하므로 계단을 이용해야 한다.

❸ MRT 쑤쿰윗 역을 지나 자리한 목적지는 MRT 역을 통과해서 이동하면 좋다. MRT 역사 내에 에어컨을 갖춰 쾌적하며, 에스컬레이터가 잘되어 있어 이동이 편리하다.

MUST EAT
이것만은 꼭 먹자!

No.1 룽르앙 泰榮
뒤돌아서면 생각나는 똠얌 국수의 맛.

No.2 씨 뜨랏 Sri Trat
태국 동부 요리의 깊은 맛.

No.3 더 로컬 The Local by Oam Thong Thai Cuisine
맛과 서비스, 분위기 모두 고급스럽다.

MUST DO
이것만은 꼭 해보자!

No.1 아시아 허브 어소시에이션 Asia Herb Association
시설, 서비스, 실력을 갖춘 강추 마사지숍.

MUST BUY
이것만은 꼭 사자!

No.1 EM 디스트릭트 EM District
엠포리움, 엠쿼티어, 엠스피어에서 쇼핑과 미식을 한 번에.

No.2 터미널 21 Terminal 21
젊은 감각의 소규모 매장이 가득.

지도

- 디와나 너처 Divana Nurture P.240
- 어보브 일레븐 Above Eleven(33F) P.240
- Fraser Suites Sukhumvit
- Mid Town Asoke
- 인도 대사관
- 더 로컬 The Local P.241
- 주차장
- 가쓰이치 勝一 P.240
- Citadines Sukhumvit 11
- 오스카 비스트로 Oskar Bistro
- Aloft Bangkok Sukhumvit 11
- Mercure Sukhumvit 11
- 헬스 랜드 Health Land P.242
- Citadines Sukhumvit 23
- Sino-Thai Tower
- Admiral Premier
- Ambassador
- 터미널 21 Terminal 21 P.242
- 렛츠 릴랙스 Let's Relax(6F) P.242
- 피어 21 Pier 21(5F) P.241
- CPS 커피 CPS Coffee(M) P.241
- P.071 반 캄티엥 Ban Kamthieng Museum
- Pullman Bangkok Grande Sukhumvit
- 빌라 마켓
- 우체국
- 나나 Nana
- 크루아쿤뿍 Krua Khun Puk P.240
- Sofitel
- S15
- 로빈슨 백화점
- The Westin Grande
- 그랜드 센터 포인트
- 아쏙 Asok
- Interchange 21
- 아이야아러이 P.242
- The Landmark
- 추윗 가든 Chuvit Garden
- 쑤쿰윗 플라자
- 타임스퀘어
- 장원
- 가보래
- 쑤다 포차나 Suda Restaurant P.241
- Sheraton Grande
- Exchange Tower
- 아티스 Artis P.241
- Grand Sukhumvit Bangkok
- 캐비지&콘돔
- 싸이남풍 Sai Nam Phueng Noodle Shop P.241
- Centre Point
- P.키친 P.Kitchen P.242
- Column Tower
- Long Table(25F)
- 벤짜끼띳 공원 Benjakitti Park
- Somerset Lake Point

N 0 100m

군더더기 없이 즐기는 쑤쿰윗 알짜배기 코스

COURSE 1

단기 여행자를 위한 쑤쿰윗 여행 핵심 코스. 강추하는 현지 식당과 고급 레스토랑, 최고의 마사지 숍과 쇼핑센터를 모두 포함시켰다. 무작정 따라만 해도 후회하지 않을 쑤쿰윗 알짜배기라 할 만하다.

S BTS 프롬퐁 역
BTS Phrom Phong

4번 출구에서 뒤돌아 200m, 쑤쿰윗 쏘이 26으로 우회전해 130m, 오른쪽 모퉁이 → 룽르앙 도착

1 룽르앙
길라앙 泰榮

🕐 시간 08:00~17:00

큰길로 되돌아 나와 BTS 프롬퐁 역 방면으로 좌회전, 쑤쿰윗 쏘이 24로 진입해 550m 오른쪽 → 아시아 허브 어소시에이션 도착

2 아시아 허브 어소시에이션
Asia Herb Association

🕐 시간 09:00~22:00

→ BTS 프롬퐁 역 방면 큰길로 150m 정도 걸으면 엠포리움 백화점으로 들어가는 작은 입구가 보인다. → 엠쿼티어 도착

3 엠포리움
Emporium

🕐 시간 10:00~22:00

→ BTS 프롬퐁 역과 연결된 통로 이용 → 엠쿼티어 도착

4 엠쿼티어
Emquartier

🕐 시간 10:00~22:00

→ 택시 이용 → 더 로컬 도착

5 더 로컬
The Local by Oam Thong Thai Cuisine

🕐 시간 11:30~22:30

코스 무작정 따라하기
START

S. BTS 프롬퐁 역 4번 출구

330m, 도보 4분

1. 롱르앙

550m, 도보 7분

2. 아시아 허브 어소시에이션

150m, 도보 2분

3. 엠포리움

30m, 도보 1분

4. 엠쿼티어

1.5km, 택시 10분(도보 19분)

5. 더 로컬

Finish

Area 03 수쿰윗 1
COURSE
ZOOM IN

🔍 ZOOM IN

BTS 나나 역

고고 바라 불리는 유흥업소와 소규모 마사지 업소 밀집 지역. 인도 여행자들이 많다.

1 크루아쿤뿍
Krua Khun Puk 🍴 도보 2분

여러모로 만족도가 높은 여행자 식당. BTS 나나 역에서 가깝고, 아침부터 새벽까지 영업해 시간에 구애받지 않고 찾기 좋다. 국수, 덮밥, 볶음밥 등 간단히 즐길 수 있는 태국 요리가 많다. 맛은 기본, 가격 또한 합리적이다.

📍 MAP P.236E
구글 지도 GPS 13.739948, 100.556561 찾아가기 BTS 나나 역 3번 출구 이용 주소 155 Sukhumvit Soi 11/1 전화 097-115-6656 시간 08:00~04:00 휴무 연중무휴 가격 타이 브레이즈드 포크 누들 수프(Thai Braised Pork Noodle Soup) 50B, 카우팟프릭깽투와쁠라묵 카이다우(Stir Fried String Beans and Octopus with Rice and Fried Egg) 100B 홈페이지 없음

2 가쓰이치
勝一 🍴 도보 7분

방콕에 거주하는 일본인을 대상으로 영업하는 일식 레스토랑. 교자, 우동 등 다양한 요리 중에서도 히레가스, 새우튀김 등 튀김 요리를 잘한다. 밥과 미소국이 세트로 나오는 고향세트와 함께 주문하면 배부르게 한 끼 식사를 즐길 수 있다.

📍 MAP P.236A
구글 지도 GPS 13.744487, 100.556543 찾아가기 BTS 나나 역 3번 출구에서 쑤쿰윗 쏘이 11로 약 500m 왼쪽 주소 33/5 Sukhumvit Soi 11 전화 02-255-4565 시간 17:00~23:00 휴무 연중무휴 가격 구로부타조 히레가스(Kurobuta Jo Hirekatsu)・에비 프라이(Ebi Fry) 각 280B +17% 홈페이지 없음

구로부타조 히레가스 280B

3 어보브 일레븐
Above Eleven ★★ 도보 9분

쑤쿰윗 쏘이 11 깊숙이 자리한 루프톱 바. 전망은 좋지만 입구와 엘리베이터 등 주변 환경과 수준이 떨어진다. 서양 손님이 대부분으로, 예약하지 않으면 자리가 없는 경우가 있다. 예약은 홈페이지 예약 시스템으로 하면 된다.

📍 MAP P.236A
구글 지도 GPS 13.745624, 100.556403 찾아가기 BTS 나나 역 3번 출구에서 쑤쿰윗 쏘이 11로 약 700m, 550m 지점에 위치한 삼거리에서 좌회전해야 한다. 프레이저 스위트 쑤쿰윗 33층 주소 38/8 Sukhumvit Soi 11 전화 083-542-1111 시간 17:00~02:00 휴무 연중무휴 가격 칵테일 370B~ +17% 홈페이지 aboveeleven.com/bangkok

4 디와나 너처
Divana Nurture 😊 ★★★ 도보 9분

넓은 정원을 갖춘 독립된 건물에 자리한 스파. 넓고 고급스러운 로비와 스파 룸을 갖췄다. 연꽃을 테마로 꾸민 실내에는 잔잔한 음악이 흘러나오고, 아로마 향기가 가득해 기분을 좋게 한다. 나나 역을 오가는 전용 뚝뚝을 운행한다.

📍 MAP P.236A
구글 지도 GPS 13.746109, 100.557561 찾아가기 BTS 나나 역 3번 출구에서 첫 번째 골목인 쑤쿰윗 쏘이 11을 따라 700m, 도보 9분 주소 71 Sukhumvit Soi 11 전화 02-651-2916 시간 월~화요일 10:00~23:00, 수~일요일 11:00~23:00 휴무 연중무휴 가격 타이 보란 마사지(Thai Boran Massage) 90분 2150B 홈페이지 www.divanaspa.com

🔍 ZOOM IN

BTS 아쏙 역

BTS 아쏙 역과 MRT 쑤쿰윗 역이 만나는 쑤쿰윗의 핵심 지역. 방콕 전역으로 오가는 교통 요지다.

1 피어 21
Pier 21 ★★★ 도보 2분

터미널 21 5층에 자리한 대규모 푸드코트. 샌프란시스코 피셔맨스 워프를 본떠 만들었다. 젊은 층이 즐겨 찾는 쇼핑센터에 자리해 가격이 매우 저렴한 것이 특징이다. 국수, 볶음밥, 덮밥, 쏨땀 등 태국 요리는 물론 중국, 인도, 서양 요리 등을 30~50B에 즐길 수 있다.

ⓜ **MAP** P.236F
ⓖ **구글 지도 GPS** 13.738229, 100.560531 ⓒ **찾아가기** BTS 아쏙 역 1번 출구 혹은 MRT 쑤쿰윗 역 3번 출구 이용, 터미널 21 5층 ⓐ **주소** 5th Floor, Terminal 21, Sukhumvit Soi 19 ⓣ **전화** 02-108-0888 ⓘ **시간** 10:00~22:00 ⓧ **휴무** 연중무휴 ⓟ **가격** 예산 50B~ ⓗ **홈페이지** www.terminal21.co.th

꾸어이띠여우 40B

2 CPS 커피
CPS Coffee ★★★ 도보 2분

태국의 패션 브랜드 'CPS CHAPS'에서 만든 커피 브랜드다. 텅러의 플래그십 스토어를 비롯해 방콕에 몇 곳의 지점이 있는데 터미널 21 매장은 접근성, 텅러 매장은 감성이 좋다. 쇼핑, 미식과 더불어 커피 브레이크를 즐기자.

ⓜ **MAP** P.236F
ⓖ **구글 지도 GPS** 13.737305, 100.560564 ⓒ **찾아가기** BTS 아쏙 역과 연결된 터미널 21 M층. BTS 역과 터미널 21을 연결하는 통로에 위치 ⓐ **주소** M Floor, Terminal 21, Sukhumvit Soi 19 ⓣ **전화** 063-494-4036 ⓘ **시간** 06:30~22:00 ⓧ **휴무** 연중무휴 ⓟ **가격** 아메리카노(Americano) Hot 90B · Ice 100B, 피콜로 라테(Piccolo Latte) 100B ⓗ **홈페이지** www.facebook.com/cpscoffee

3 아티스
Artis ★★★ 도보 6분

방콕 도심 중심가인 쑤쿰윗 쏘이 18 모퉁이에 자리한 아담한 카페. 실내외에 좌석이 마련돼 있어 에어컨 혹은 도심 풍경을 바라보며 휴식하기 좋다. 태국 북부 골든트라이앵글과 해외에서 생산된 아라비카 원두를 직접 로스팅해 에스프레소와 필터 커피로 선보이다.

ⓜ **MAP** P.236F
ⓖ **구글 지도 GPS** 13.735230, 100.562615 ⓒ **찾아가기** BTS 아쏙 역 익스체인지 타워(Exchange Tower) 출구에서 프롬퐁 방면, 쑤쿰윗 쏘이 18 입구 ⓐ **주소** 390/20 Sukhumvit Soi 18 ⓣ **전화** 096-070-6763 ⓘ **시간** 07:00~22:00 ⓧ **휴무** 연중무휴 ⓟ **가격** 아이스 아메리카노(Iced Americano) 110 · 125 · 140B ⓗ **홈페이지** www.artis-coffee.com

피콜로 라테 100B

4 싸이남풍
Sai Nam Phueng Noodle Shop ★★★ 도보 8분
ก๋วยเตี๋ยวปีกไก่สายน้ำผึ้ง

닭 날개 국수 '꾸어이띠여우 삑까이' 전문점이다. 돼지고기 고명 유무와 면 종류, 국물 유무를 선택 후 주문하면 된다. 모든 국수에 닭 날개 부위와 먹기 좋게 찢은 닭고기가 고명으로 올라간다. 육수는 삼계탕 맛과 유사하다. 간판은 태국어로만 돼 있으며 한국어와 영어, 일본어로 쓴 메뉴가 있다.

ⓜ **MAP** P.236F
ⓖ **구글 지도 GPS** 13.734250, 100.563503 ⓒ **찾아가기** BTS 아쏙 역 익스체인지 타워(Exchange Tower) 출구로 나와 다음 골목 ⓐ **주소** 392/20 Sukhumvit Soi 18~20 ⓣ **전화** 082-799-3849 ⓘ **시간** 09:00~14:30 ⓧ **휴무** 연중무휴 ⓟ **가격** 탐마다 55B, 피쎗 65B ⓗ **홈페이지** 없음

꾸어이띠여우 삑까이 탐마다 55B

5 쑤다 포차나
Suda Restaurant ★★★ 도보 2분
สุดาโภชนา

BTS 아쏙 역 인근에 자리한 현지 레스토랑. 실내는 물론 길거리에 테이블을 놓고 영업한다. 외국 미디어에 자주 소개된 곳이라 손님들의 대부분이 외국인 여행자다. 한국인 여행자도 많은데, 호불호가 나뉘는 편이다.

ⓘ **INFO** P.090 ⓜ **MAP** P.236F
ⓖ **구글 지도 GPS** 13.736766, 100.560021 ⓒ **찾아가기** BTS 아쏙 역 4번 출구 이용, 쑤쿰윗 쏘이 14 오른쪽 첫 번째 골목 첫 번째 가게 ⓐ **주소** 6/1 Sukhumvit Soi 14 ⓣ **전화** 02-229-4664 ⓘ **시간** 월~토요일 11:00~22:00 ⓧ **휴무** 일요일 ⓟ **가격** 뿌팟퐁까리(Stir Fried Crabmeat in Curry Powder) 450B, 쏨땀(Som Tum Green Papaya Salad) 90B ⓗ **홈페이지** 없음

뿌팟퐁까리 450B

6 더 로컬
The Local by Oam Thong Thai Cuisine ★★★ 도보 10분

북부, 남부 등 지방의 특성을 살린 요리를 전통 조리법으로 선보이는 레스토랑. 맛은 물론, 목조 가옥에 자리해 분위기도 매우 좋다.

ⓘ **INFO** P.111 ⓜ **MAP** P.236B
ⓖ **구글 지도 GPS** 13.740485, 100.563381 ⓒ **찾아가기** MRT 쑤쿰윗 역 1번 출구에서 240m 직진, 세븐일레븐 사거리에서 우회전한 후 쑤쿰윗 쏘이 23으로 좌회전해 30m ⓐ **주소** 32-32/1 Sukhumvit Soi 23 ⓣ **전화** 02-664-0664 ⓘ **시간** 11:30~22:30 ⓧ **휴무** 연중무휴 ⓟ **가격** 깽 마싸만 까이/느어(Massaman Curry with Chicken or Beef) 380B/620B, 팍미엥 팟카이(Stir Fried Southern Local Vegetables with Eggs) 250B +17% ⓗ **홈페이지** www.thelocalthaicuisine.com

컹왕루엄롯 290B

7 P. 키친
P. Kitchen
พี คิทเช่น
도보 8분

현지인보다는 외국인에게 인기인 식당. 테이블은 2층 테라스와 에어컨이 있는 실내에 자리하며, 계산은 현금으로만 가능하다.

📍 **MAP** P.236F
- 구글 지도 **GPS** 13.733080, 100.562931
- 찾아가기 BTS 아쏙 역 6번 익스체인지 타워(Exchange Tower) 출구에서 프롬퐁 역 방면으로 조금만 가면 쑤쿰윗 쏘이 18이 나온다. 우회전해서 240m
- 주소 11 Sukhumvit Soi 18
- 전화 02-663-4950
- 시간 화~일요일 11:00~21:30
- 휴무 월요일
- 가격 쏨땀타이(Papaya Salad Thai Style) 85B, 뿌팟퐁까리(Fried Crab Meat with Curry Powder) 220B
- 홈페이지 www.facebook.com/P.Kitchen1998

8 아이야아러이
ไอ้หยาอร่อย
도보 6분

모든 메뉴가 50~100B으로 저렴한 현지 식당. 소고기 국수 꾸어이띠여우 느어가 짜지 않고 괜찮다. 돼지고기 덮밥 카우무댕과 카우무끄럽도 아주 맛있다. 한국어 간판이 있다.

📍 **MAP** P.236F
- 구글 지도 **GPS** 13.736387, 100.562881
- 찾아가기 MRT 쑤쿰윗 역 3번 출구에서 우회전해서 30m, 쏘이 카우보이(Soi Cowboy)를 관통해 130m, 쑤쿰윗 쏘이 23이 나오면 길 건너 우회전 60m. 총 220m, 도보 2분
- 주소 4/9 Sukhumvit Soi 23
- 전화 02-258-3750
- 시간 07:30~16:00
- 휴무 연중무휴
- 가격 카우무댕·무끄럽 50B, 꾸어이띠여우 느어 50B, 피쎗 70·80·100B
- 홈페이지 없음

꾸어이띠여우 느어 70B

9 렛츠 릴랙스
Let's Relax
도보 2분

한국인이 가장 많이 찾는 렛츠 릴랙스 지점 중 하나. BTS 아쏙 역과 연결된 터미널 21 6층에 자리해 편리하다. 타이 마사지 일부 공간은 커튼으로 분리되지만 조용하게 잘 관리한다.

📍 **MAP** P.236F
- 구글 지도 **GPS** 13.737725, 100.560704
- 찾아가기 BTS 아쏙 역 1번 출구 혹은 MRT 쑤쿰윗 역 3번 출구 이용. 터미널 21 6층
- 주소 6th Floor, Terminal 21, Sukhumvit Soi 19
- 전화 02-108-0555
- 시간 10:00~24:00
- 휴무 연중무휴
- 가격 타이 마사지 2시간 1200B
- 홈페이지 www.letsrelaxspa.com

10 헬스 랜드
Health Land
도보 8분

시설 대비 저렴한 가격 덕분에 한국, 중국 등 외국인 관광객에게 인기 있는 헬스 랜드의 아쏙 지점. 개별 룸을 갖춘 깔끔한 시설인데도 가격은 동네 마사지 숍 수준이다. 단, 마사지사에 따라 기술 차이가 크다.

📍 **MAP** P.236B
- 구글 지도 **GPS** 13.740714, 100.560770
- 찾아가기 BTS 아쏙 역 1번 출구에서 쑤쿰윗 쏘이 19로 우회전해 350m 간 후 쑤쿰윗 21 쏘이 1로 우회전해 60m 왼쪽. MRT 쑤쿰윗 역은 1번 출구 이용
- 주소 55/5 Sukhumvit Soi 21
- 전화 02-261-1110
- 시간 09:00~23:00
- 휴무 연중무휴
- 가격 타이 마사지 2시간 650B
- 홈페이지 www.healthlandspa.com

11 터미널 21
Terminal 21
도보 1분

BTS 아쏙 역의 랜드마크 쇼핑센터. 브랜드 매장은 거의 없고, 마켓 스트리트처럼 소규모 매장이 가득하다. 우리나라로 따지면 두타나 밀리오레쯤 된다. 로컬 디자이너들이 직접 제작하는 저렴한 티셔츠, 의류, 액세서리와 아직 유명세를 타지 않은 스파 제품 등이 주를 이룬다.

📍 **MAP** P.236F
- 구글 지도 **GPS** 13.737664, 100.560389
- 찾아가기 BTS 아쏙 역 터미널 21 출구에서 바로
- 주소 Terminal 21, Sukhumvit Soi 19
- 전화 02-108-0888
- 시간 10:00~22:00
- 휴무 연중무휴
- 가격 매장마다 다름
- 홈페이지 www.terminal21.co.th/asok

🔍 ZOOM IN

BTS 프롬퐁 역

엠쿼티어, 엠포리움, 엠스피어가 EM 디스트릭트를 형성하고 있는 쇼핑과 미식의 천국.

1 로스트
Roast
도보 2분

엠쿼티어에서 가장 인기 있는 레스토랑이자 카페. 유리창 너머 풍경을 바라보며 퓨전 서양 요리와 커피, 디저트, 음료 등을 즐길 수 있다.

◎ INFO P.129 ◎ MAP P.237G
⊙ 구글 지도 GPS 13.731882, 100.569518 ⊙ 찾아가기 BTS 프롬퐁 역 엠쿼티어 출구 이용. 엠쿼티어 더 헬릭스(The Helix) 빌딩 1층 ⊙ 주소 1st Floor, The Helix, Emquartier, Sukhumvit Road ⊙ 전화 095-454-6978 ⊙ 시간 10:00～22:00 ⊙ 휴무 연중무휴 ⊙ 가격 아이스 아메리카노(Iced Americano) 100B, 아이스 에스프레소 라테(Iced Espresso Latte) 120B, 베이컨 & 갈릭 스파게티(Bacon and Garlic) 280B +17%
⊙ 홈페이지 www.roastbkk.com

베이컨 & 갈릭 스파게티 280B

2 씨 뜨랏
Sri Trat
도보 12분

태국 동부 요리 전문점. 다수의 시그니처 메뉴에 해안 지방의 특성을 담아 해산물을 사용하는데, 특히 바닷가 풍미를 담은 남프릭 소스의 종류가 다양하고, 깊은 맛을 낸다. 예약하지 않으면 자리가 없는 경우가 종종 있다.

◎ INFO P.112 ◎ MAP P.237C
⊙ 구글 지도 GPS 13.736814, 100.568081 ⊙ 찾아가기 BTS 프롬퐁 역 5번 출구 이용. 쑤쿰윗 쏘이 33으로 진입해 500m ⊙ 주소 90 Sukhumvit Soi 33 ⊙ 전화 02-088-0968 ⊙ 시간 11:00～22:00 ⊙ 휴무 연중무휴 ⊙ 가격 남프릭뿌 카이(Spicy & Sour Relish made with Crab Roe & Crab Meat) 250B ⊙ 홈페이지 www.facebook.com/sritrat

3 엠포리움 푸드 홀
Emporium Food Hall
도보 2분

엠포리움 백화점 5층 식당가에 자리한 푸드 코트. 깔끔하며, 창가 테이블에서 시내가 바라다보인다. 푸드코트의 가장 큰 매력은 저렴한 가격. 고급 백화점 중 하나인 엠포리움에서는 저렴한 가격이 더욱 실감된다. 국수, 볶음밥, 덮밥 등 메뉴는 단출하다.

◎ MAP P.237G
⊙ 구글 지도 GPS 13.730693, 100.568854 ⊙ 찾아가기 BTS 프롬퐁 역 엠포리움 출구 이용. 엠포리움 5층 ⊙ 주소 5th Floor, Emporium, Sukhumvit Road ⊙ 전화 02-269-1000 ⊙ 시간 10:00～22:00 ⊙ 휴무 연중무휴 ⊙ 가격 예산 100B～ ⊙ 홈페이지 www.emporium.co.th

4 껫타와
Gedhawa
เก็ดตะหวา
도보 7분

카레 국수 카우쏘이, 선지 국수 카놈찐 남니여우 등 북부 요리는 물론 태국 전역의 음식을 짜지 않고 단조로운 북부식으로 선보인다. 방문 전 휴식 시간과 휴무일을 확인하는 게 좋다.

◎ INFO P.127 ◎ MAP P.237G
⊙ 구글 지도 GPS 13.734685, 100.569991 ⊙ 찾아가기 BTS 프롬퐁 역 5번 출구 계단을 내려가 뒤돌아 첫 번째 골목인 쑤쿰윗 쏘이 35를 따라 400m, 도보 5분 ⊙ 주소 24 Sukhumvit Soi 33 ⊙ 전화 02-662-0501 ⊙ 시간 월～토요일 11:00～14:00, 17:00～21:30 ⊙ 휴무 일요일 ⊙ 가격 카우쏘이 까이(Egg Noodle, Red Curry, Northern Style) 120B, 얌쏨오(Pomelo Salad) 150B +10% ⊙ 홈페이지 없음

니영카나 160B

5 룽르앙
榮泰
รุ่งเรือง
도보 2분

돼지고기와 돼지고기 내장, 어묵을 넣은 국수를 선보인다. 맑은 국물의 남싸이도 좋지만 매운맛과 감칠맛이 어우러진 똠얌이 아주 맛있다. 똠얌은 국물이 있는 똠얌(남)과 국물이 없는 똠얌행으로 주문할 수 있다.

◎ INFO P.092, 099 ◎ MAP P.237L
⊙ 구글 지도 GPS 13.728429, 100.570455 ⊙ 찾아가기 BTS 프롬퐁 역 4번 출구에서 뒤돌아 200m, 쑤쿰윗 쏘이 26으로 우회전해 130m 지나 오른쪽 모퉁이에 위치한다. 간판에 태국어와 '榮泰'이라는 한자가 적혀 있다. ⊙ 주소 10/13 Sukhumvit Soi 26 ⊙ 전화 084-527-1640 ⊙ 시간 08:00～17:00 ⊙ 휴무 연중무휴 ⊙ 가격 꾸어이띠여우 똠얌(Tom Yum with Soup) · 꾸어이띠여우 똠얌행(Tom Yum without Soup) · 꾸어이띠여우 무남싸이(Clear Soup) 각 60 · 70 · 80B ⊙ 홈페이지 www.facebook.com/RungRueangtung26

6 카르마카멧 다이너
Karmakamet Diner
도보 4분

스파 브랜드 카르마카멧에서 운영하는 카페 겸 레스토랑. 열대식물로 장식한 야외 좌석과 카르마카멧의 갈색 방향제 병, 육중한 나무로 엄숙하게 꾸민 실내 좌석을 갖추었다. 레스토랑 한편에는 아로마 숍이 있다.

◎ MAP P.237K
⊙ 구글 지도 GPS 13.729204, 100.567879 ⊙ 찾아가기 BTS 프롬퐁 역 6번 출구 이용. 엠포리움 백화점 주차장 길을 따라가다 보면 엠포리움 스위트 방콕 정문이 나온다. 호텔을 지나 왼쪽 두 번째 골목 안쪽, 290m, 도보 4분 ⊙ 주소 30/1 Soi Metheenivet ⊙ 전화 02-262-0700~1 ⊙ 시간 10:00～20:00 ⊙ 휴무 연중무휴 ⊙ 가격 스트로베리 인 더 클라우드(Strawberry in the Cloud) 490B, 아이스커피(Iced Coffee) 110B +17% ⊙ 홈페이지 www.karmakamet.co.th

7 썬텅(쏜통) 포차나
Sornthong Pochana
ศรทองโภชนา

한국인에게 잘 알려진 중화풍의 허름한 현지 식당. 한국인들 사이에서는 뿌팟퐁까리가 인기다. 과거와 달리 지금은 친절도와 맛, 시설 등 여러 면에서 아쉽다.

MAP P.237L **구글 지도 GPS** 13.719206, 100.566813 **찾아가기** BTS 프롬퐁 역 4번 출구에서 쑤쿰윗 쏘이 24 입구에 있는 오토바이 택시 이용, BMW(MINI) 앞에서 하차. 왼쪽으로 보이는 주유소 방면으로 도보 150m **주소** 2829-31 Rama 4 Road **전화** 02-258-0118 **시간** 12:00~22:00 **휴무** 연중무휴 **가격** 팍붕파이댕 100·150B, 게 요리 1kg당 S 1200B·M 1500B·L 1800B **홈페이지** www.somthong.com

공 능 꼬라티암 S 400B

8 아시아 허브 어소시에이션
Asia Herb Association

합리적인 가격으로 고급스러운 시설을 선보이는 마사지 숍. 잘 교육받은 직원들의 상향 평준화된 마사지 실력도 인상적이다. 자체 농장에서 유기농으로 키워 사용하는 허벌 볼(Herbal Ball) 마사지가 유명하다. 처음 방문하더라도 멤버로 등록하면 5% 할인받을 수 있다.

시간 09:00~22:00 **휴무** 연중무휴 **가격** 타이 마사지 60분 700B, 90분 1000B, 120분 1300B, 150분 1600B, 180분 1900B **홈페이지** asiaherbassociation.com

쑤쿰윗 24 프롬퐁
MAP P.237K **구글 지도 GPS** 13.725994, 100.567684 **찾아가기** BTS 프롬퐁 역 2번 혹은 4번 출구 이용, 쑤쿰윗 쏘이 24로 진입해 약 550m 오른쪽 **주소** 50/6 Sukhumvit Soi 24 **전화** 02-261-7401

벤짜씨리 파크
MAP P.237G **구글 지도 GPS** 13.731890, 100.567254 **찾아가기** BTS 프롬퐁 역 6번 출구 이용. 벤짜씨리 공원 옆 **주소** 598-600 Sukhumvit Road **전화** 02-204-2111

9 엣 이즈
At Ease

프롬퐁 역 인근에 터줏대감으로 자리 잡은 마사지 숍이다. 마사지 전에 마사지 강도, 임신 여부, 기저 질환 등을 살피며, 마사지 전후에 다른 종류의 허브차를 제공하는 등 서비스가 세심하다. 마사지 내용은 체계적인 편. 쑤쿰윗 쏘이 39에도 숍이 있다.

MAP P.237G **구글 지도 GPS** 13.732237, 100.568235 **찾아가기** BTS 프롬퐁 역 5번 출구 계단을 내려서 첫 번째 골목인 쑤쿰윗 쏘이 33/1로 우회전 **주소** 593/16 Sukhumvit Soi 33 **전화** 061-682-2878 **시간** 09:00~23:00 **휴무** 연중무휴 **가격** 타이 마사지 1시간 500B, 1시간 30분 680B, 2시간 850B **홈페이지** atease-massage.com

10 포 타이 마사지 39
Po Thai Massage 39

일본어로 '왓 포 마사지'라 적어놓고, 왓 포 마사지의 쑤쿰윗 지점이라 소문났지만 왓 포 마사지와는 전혀 관련이 없는 곳이다. 왠지 속은 느낌이지만 저렴한 가격 대비 전반적으로 만족스럽다. 마사지사마다 실력 차이가 있다.

MAP P.237H **구글 지도 GPS** 13.731055, 100.570421 **찾아가기** BTS 프롬퐁 역 3번 출구에서 쑤쿰윗 쏘이 37로 진입, 80m 전방에 보이는 노란색 건물 **주소** Sukhumvit Soi 37 **전화** 02-261-0567 **시간** 월~목요일 09:00~21:00, 금~일요일·공휴일 09:00~21:30 **휴무** 연중무휴 **가격** 발 마사지 60분+타이 마사지 60분 550B **홈페이지** www.watpo-school.com

11 엠포리움
Emporium

방콕을 대표하는 고급 쇼핑센터. 명품 매장 위주로 입점해 있다. 여행자들에게 유용한 매장은 태국 스파 매장과 4층의 고메 마켓, 엠포리움 푸드 홀 등이다.

MAP P.237G **구글 지도 GPS** 13.730687, 100.568909 **찾아가기** BTS 프롬퐁 역과 연결된 엠포리움 출구 이용 **주소** Emporium, Sukhumvit Road **전화** 02-269-1000 **시간** 10:00~22:00 **휴무** 연중무휴 **가격** 매장마다 다름 **홈페이지** www.emporium.co.th

12 엠쿼티어
Emquartier ★★★ 도보 1분

2015년에 선보인 고급 쇼핑센터. 명품 매장, 태국 디자이너 브랜드 매장, 유명 레스토랑과 카페 등이 다양하게 입점해 있다. G층의 대형 고메 마켓, 태국 디자이너 브랜드를 모아놓은 2층의 큐레이터, 6~9층의 식당가 등이 눈에 띄는 매장이다.

◎ MAP P.237G

구글 지도 GPS 13.731268, 100.570133 찾아가기 BTS 프롬퐁 역과 연결된 엠쿼티어 출구 주소 Emquartier, Sukhumvit Road 전화 02-269-1000 시간 10:00~22:00 휴무 연중무휴 가격 매장마다 다름 홈페이지 www.emquartier.co.th

13 엠스피어
Emsphere ★★★ 도보 6분

다이닝, 패션, 엔터테인먼트를 아우르며 엠포리움, 엠쿼티어와 더불어 EM 지구의 한 축을 이룬 쇼핑몰이다. 방콕의 유명 레스토랑과 카페, 고메 마켓의 다이닝을 비롯해 비치 클럽, 디너 클럽 등 다양한 펍과 바가 입점했다. UOB 라이브 공연장, 이케아 매장 등지도 눈여겨볼만하다.

◎ MAP P.237G

구글 지도 GPS 13.732233, 100.566293 찾아가기 BTS 프롬퐁 역 2·6번 출구 이용 주소 628 Sukhumvit Road 전화 02-269-1000 시간 10:00~22:00 휴무 연중무휴 가격 매장마다 다름 홈페이지 emsphere.co.th

14 카르마카멧
Karmakamet ★★★ 도보 4분

짜뚜짝 시장에서 시작한 스파 브랜드. 프롬퐁 역 인근에 카르마카멧 다이너와 함께 숍을 운영하고 있다. 다른 곳에 비해 숍 규모가 큰 편이라 쇼핑을 위해 일부러 찾을 만하다. 헤어, 보디 제품보다는 디퓨저, 룸 스프레이, 캔들 등 방향 제품을 추천한다.

◎ INFO P.173 ◎ MAP P.237K

구글 지도 GPS 13.729204, 100.567879 찾아가기 BTS 프롬퐁 역 6번 출구에서 엠포리움 백화점 주차장 길을 따라가다 보면 엠포리움 스위트 방콕 정문이 나온다. 호텔을 지나 두 번째 왼쪽 골목 안쪽. 290m, 도보 4분 주소 30/1 Soi Metheenivet 전화 02-262-0700~1 시간 10:00~20:00 휴무 연중무휴 가격 제품마다 다름 홈페이지 www.karmakamet.co.th, www.everydaykmkm.com

15 고메 마켓
Gourmet Market ★★★ 도보 2분

주요 쇼핑센터에 입점한 대형 마트. 엠포리움 4층과 엠쿼티어·엠스피어 G층에 있다. 엠쿼티어의 고메 마켓은 싸얌 파라곤과 더불어 규모가 아주 크다. 가격대가 높은 편이지만 쇼핑 환경이 쾌적하고 만족도가 높다.

전화 02-269-1000 시간 10:00~22:00 휴무 연중무휴 가격 제품마다 다름 홈페이지 www.gourmetmarketthailand.com

엠포리움
◎ INFO P.162 ◎ MAP P.237G
구글 지도 GPS 13.730687, 100.568909 찾아가기 BTS 프롬퐁 역과 연결된 엠포리움 4층 주소 4th Floor, Emporium, Sukhumvit Road

엠쿼티어
◎ INFO P.162 ◎ MAP P.237G
구글 지도 GPS 13.731268, 100.570133 찾아가기 BTS 프롬퐁 역과 연결된 엠쿼티어 G층 주소 G Floor, Emquartier, Sukhumvit Road

엠스피어
◎ INFO P.162 ◎ MAP P.237G
구글 지도 GPS 13.732381, 100.566504 찾아가기 BTS 프롬퐁 역 2·6번 출구 이용, 엠스피어 G층 주소 G Floor, Emsphere, Sukhumvit Road

ZOOM IN

MRT 타일랜드 컬처럴 센터 & 프라람까오 역

인기 인디마켓인 쩟째와 디 원 랏차다가 자리한 곳. RCA는 MRT 펫차부리 역과 가깝지만, 펫차부리 역에서도 택시를 타고 이동해야 하므로 이곳에서 함께 소개한다.

1 쌥완 랏차다
Zabb One
แซ่บวัน รัชดา

★★ 도보 3분

서민적인 분위기의 이싼 레스토랑. 쏨땀, 랍, 까이양, 까이텃, 무양, 똠쌥 등 메뉴가 다양하며, 생선 구이 쁠라파우가 200B 정도로 저렴하다. 이싼 요리 외에 해산물 요리도 있다. 디 원 랏차다가 멀지 않아 더불어 찾기 좋다.

⊙ MAP P.246A
ⓖ 구글 지도 GPS 13.768925, 100.572601 ⓖ 찾아가기 MRT 타일랜드 컬처럴 센터 역 1번 출구에서 직진 220m, 도보 3분 ⓖ 주소 Ratchadaphisek Road ⓖ 전화 081-751-3181 ⓖ 시간 10:00~22:45 ⓖ 휴무 연중무휴 ⓖ 가격 땀타이(Papaya Salad) 60B, 커무양(Grilled Neck Pork) 90B, 뿌팟퐁까리(Fried Crab in Yellow Curry) 320B ⓖ 홈페이지 www.facebook.com/ZaapOne

커무양 90B

2 꽝 시푸드
Kuang Seafood
กวง ทะเลเผา

★★★ 도보 9분

중화풍 해산물 레스토랑. 약간 불편한 교통 외에 식재료의 질, 식당 분위기, 가격 등은 흠잡을 데 없다. 뿌팟퐁까리에 사용하는 게는 블루 크랩보다는 머드 크랩을 추천한다.

ⓘ INFO P.117 ⓖ MAP P.246A
ⓖ 구글 지도 GPS 13.772699, 100.573552 ⓖ 찾아가기 MRT 타일랜드 컬처럴 센터 역 1번 출구에서 직진 650m, 도보 9분 ⓖ 주소 166/1-5 Soi Ratchadaphisek 10 ⓖ 전화 02-645-3939 ⓖ 시간 11:00~01:30 ⓖ 휴무 연중무휴 ⓖ 가격 뿌팟퐁까리(Stir Fried Crab with Curry) S 550B · M 1150B · L 1800B, 팍붕파이댕(Fried Morning Glory) S 80B · L 150B ⓖ 홈페이지 www.facebook.com/kuangseafood2

뿌팟퐁까리 S 550B

3 알시에이
RCA

★★★ 택시 15분

로열 시티 애비뉴(Royal City Avenue)라는 클럽 밀집 지역이다. 낮에는 조용한 골목이지만 저녁이 되면 차량이 통제되면서 나이트클럽이 불을 밝히기 시작한다. 나이트클럽의 영토임을 알리는 작은 바리케이드가 도로 위에 설치되고, 밤 10시를 전후해 현지 젊은이들이 몰려들어 새벽 2시경까지 불야성을 이룬다. 입장 시 여권 필수, 슬리퍼 착용 금지. 나이트클럽이 문을 닫는 시간에는 한꺼번에 많은 이들이 몰려 미터 택시를 흥정해서 타야 한다. 가장 유명한 업소는 오닉스(Onyx)와 루트 66(Route 66)이다.

오닉스
⊙ MAP P.246B
ⓖ 구글 지도 GPS 13.751460, 100.575009 ⓖ 찾아가기 택시 이용. "빠이 알시에이 크랍(카)"이라고 말하면 된다. 주변에 와서 간판을 보고 내린다. ⓖ 주소 Rama 9 Road, Soi Soonvijai ⓖ 전화 02-645-1166 ⓖ 시간 21:00~04:00 ⓖ 휴무 연중무휴 ⓖ 가격 400B(입장료와 현금 쿠폰) ⓖ 홈페이지 www.facebook.com/onyxbangkok

루트 66
⊙ MAP P.246B
ⓖ 구글 지도 GPS 13.751563, 100.575242 ⓖ 찾아가기 택시 이용. "빠이 알시에이 크랍(카)"이라고 말하면 된다. 주변에 와서 간판을 보고 내린다. ⓖ 주소 29/33-48 Royal City Avenue Building, Soi Soonvijai ⓖ 전화 02-203-0407 ⓖ 시간 21:00~04:00 ⓖ 휴무 연중무휴 ⓖ 가격 300B(입장료와 현금 쿠폰) ⓖ 홈페이지 www.route66club.com

4 디 원 랏차다
The One Ratchada
★★ 도보 2분

2015년 랏차다피섹 로드에 랏차다 롯파이 야시장으로 선보였다가 디 원 랏차다로 이름을 바꿨다. 방콕 곳곳에 자리한 인디마켓의 원조격. 최근에 시장의 활기가 조금 사그라든 편이다.

◎ INFO P.178 ◎ MAP P.246A
◎ 구글 지도 GPS 13.767100, 100.568749 ◎ 찾아가기 MRT 타일랜드 컬처럴 센터 역 3번 출구로 나오면 에스플라나드 쇼핑몰이 보인다. 쇼핑몰 뒤편. 정문을 통과해 후문으로 가면 시장이 보인다.
◎ 주소 Ratchadaphisek Road ◎ 전화 02-006-6655 ◎ 시간 17:00~24:00 ◎ 휴무 연중무휴 ◎ 가격 가게마다 다름 ◎ 홈페이지 없음

5 쩟패
Jodd Fair
จ๊อดแฟร์
★★★ 도보 5분

방콕 야시장의 분위기를 가늠할 수 있는 아기자기한 야시장. 한국인에게 인기인 랭쌥(고수 뿌리와 레몬그라스로 양념한 돼지 등뼈 요리)을 비롯해 해산물, 꼬치 등을 판매하는 음식 노점이 대다수이며, 의류, 잡화 매장이 일부를 이룬다. 살거리보다는 먹거리에 대한 만족도가 높은 곳이다.

◎ INFO P.179 ◎ MAP P.246B
◎ 구글 지도 GPS 13.756971, 100.566720
◎ 찾아가기 MRT 프라람까오 역 3번 출구 이용
◎ 주소 Rama IX Road ◎ 전화 092-713-5599
◎ 시간 16:00~24:00 ◎ 휴무 연중무휴 ◎ 가격 매장·제품마다 다름 ◎ 홈페이지 www.facebook.com/JoddFairs

BTS 아쏙 역

AREA 04 SUKHUMVIT2 : THON

[สุขุมวิท 쑤쿰윗 2: 텅러·에까마이]

방콕키언의 취향을 엿보다

텅러와 에까마이는 방콕 쑤쿰윗의 동쪽에 해당된다. 텅러는 쑤쿰윗 쏘이 55, 에까마이는 쑤쿰윗 쏘이 63으로 남북으로 뻗은 넓은 쏘이를 기준으로 작은 골목골목이 거미줄처럼 얽혀 있다. 골목의 대저택에 거주하던 이들의 취향에 맞게 형성된 고급스러운 상권은 이제 골목을 넘어 방콕의 최신 트렌드를 이끄는 리더로 자리 잡았다.

인기
★★★★★
트렌드세터의 집결지.

관광지
☆
아예 없다.

쇼핑
★★
텅러에는 작은 슈퍼마켓 정도. BTS 에까마이 역에 게이트웨이 에까마이가 있다.

식도락
★★★★★
골목골목 맛집이 가득하다. 유명 프랜차이즈의 플래그십 스토어도 많다.

나이트라이프
★★★★
텅러, 에까마이 인근에 술집과 클럽이 많다.

혼잡도
★★★
작은 골목 구석구석에 자리해 크게 혼잡하진 않다.

LO · EKKAMAI 249

텅러 · 에까마이 교통편

텅러 · 에까마이로 가는 방법

BTS
텅러는 BTS 텅러 역 하차. 에까마이는 BTS 에까마이 역 하차.

택시
BTS가 연결되지 않는 카오산 인근에서 갈 때 유용하다. BTS 역 외에 랜드마크가 되는 건물이 많지 않으므로 '텅러 쏘이 13(씹쌈)' 등으로 도로 이름을 말하는 게 좋다.

텅러 · 에까마이 지역 다니는 방법

오토바이
BTS 역을 기준으로 남북으로 뻗은 쏘이를 다니는 유용한 방법 중 하나. 텅러에서 에까마이 지역으로 이동할 때도 좁은 골목을 가로지를 수 있어 편리하다.

빨간 버스
쑤쿰윗 쏘이 55를 오가는 버스. 텅러에서는 오토바이보다 유용하다. BTS 텅러 역 3번 출구에서 쑤쿰윗 쏘이 55로 진입하면 세븐일레븐 앞에 빨간 버스 정류장이 있다. 텅러에서 BTS 텅러 역으로 나오는 경우에는 지나가는 빨간 버스를 손을 들어 세워 승차하면 된다. **가격** 8B

택시
텅러와 에까마이의 골목에서 BTS 역으로 이동할 때 좋은 선택. 메인 쑤쿰윗 로드에 가지 않는 이상 크게 막히지 않는다.

도보
목적지가 BTS 역에서 가깝다면 무조건 걷자. 다만 보행자를 위한 인도가 좁고 노점이 점유해 걷기 좋은 환경은 아니다.

MUST EAT
이것만은 꼭 먹자!

No. 1
딸링쁠링 쑤쿰윗 쏘이 34 Taling Pling ตะลิงปลิง
맛과 분위기를 보장한다. 합리적인 가격은 덤.

No. 2
헹허이텃차우레 Heng Hoitod Chawlae
차원이 다른 허이텃과 팟타이를 맛보자.

No. 3
쿠어 끌링 팍 쏫 Khua Kling Pak Sod ตัวกลิ้ง ผักสด
제대로 선보이는 태국 남부 음식. 생선을 넣은 카레는 필식 메뉴.

No. 4
싸바이짜이 껩따완 Sabaijai สบายใจ เก็บตะวัน
한국인 입맛에도 잘 맞는 이싼 요리.

No. 5
페더스톤 Featherstone
에까마이의 감각적인 카페.

No. 6
로스트 Roast
방콕의 트렌드를 이끄는 대표 카페.

COURSE 1

텅러·에까마이 맛집 멋집 코스

텅러와 에까마이를 현지인의 일상적인 시선과 이방인의 호기심 어린 시선으로 동시에 즐기는 코스. 루프톱 바를 코스에 넣는다면 오후에 일정을 시작하는 게 좋다.

코스 무작정 따라하기 START
S. BTS 에까마이 역 1번 출구
1.6km, 도보 6분+버스 1분
1. 헹허이텃차우레
900m, 도보 12분
2. 페더스톤
1.7km, 택시 혹은 오토바이 6분
3. 디와나 디바인
120m, 도보 2분
4. 더 커먼스
1.6~1.7km, 택시 약 6~7분
5. 티추까 혹은 옥타브
Finish

S BTS 에까마이 역 1번 출구
BTS Ekkamai

버스 승차 후 에까마이 쏘이 9 하차 → 헹허이텃차우레 도착

1 헹허이텃차우레
Heng Hoitod Chawlae
เฮงหอยทอดชาวเล

⏱ 시간 10:00~01:00

→ 쏘이 에까마이 12로 진입해 750m → 페더스톤 도착

2 페더스톤
Featherstone

⏱ 시간 10:30~22:00

→ 택시 혹은 오토바이 이용 → 디와나 디바인 도착

3 디와나 디바인
Divana Divine

⏱ 시간 화~금요일 11:00~23:00, 토~월요일 10:00~23:00

→ 스파에서 나와 왼쪽으로 약 100m → 더 커먼스 도착

4 더 커먼스
The Commons

⏱ 시간 08:00~01:00(가게마다 다름)

→ 로스트(Roast) 혹은 루츠(Roots)에서 티타임을 즐긴 후 택시 이용 → 티추까 혹은 옥타브 도착

5 티추까 혹은 옥타브
Tichuca or Octave

⏱ 시간 티추까 일~목요일 17:00~23:45, 금~토요일 17:00~01:30, 옥타브 17:00~02:00

ZOOM IN
BTS 텅러 역

방콕의 고급 주택가였다가 트렌드세터의 성지로 자리 잡은 쑤쿰윗 쏘이 55 일대.

1 쌔우(쑤쿰윗 쏘이 49)
태국 ★★★ 도보 7분

돼지고기 국수 전문점. 고명으로 돼지고기, 다진 돼지고기, 어묵을 올린다. 비빔국수, 맑은 수프, 똠얌 수프 중 선택 가능하다. 메뉴가 태국어 위주라 국수 관련 단어를 어느 정도 알고 가야 주문에 어려움이 없다.

◎ MAP P.250C
⑤ 구글 지도 GPS 13.726880, 100.575481 ◎ 찾아가기 BTS 텅러 역 1번 출구로 나와 350m 직진. 쑤쿰윗 쏘이 49로 우회전해 40m 지나 왼쪽. 간판은 태국어로만 되어 있다. ⑥ 주소 Sukhumvit Soi 49 ⊙ 전화 02-258-7960 ⊙ 시간 월~토요일 08:30~15:30 ⊙ 휴무 일요일 ⑧ 가격 꾸어이띠여우 행·남·똠얌 70·80·90·100B
⊙ 홈페이지 없음

꾸어이띠여우 남 70B

2 쌔우(텅러)
태국 ★★★ 도보 4분

쑤쿰윗 쏘이 49에 자리한 쌔우의 업그레이드 버전. 사진과 영어로 된 메뉴가 있어 태국어를 모르는 이들도 주문하기 어렵지 않다. 쏘이 49 쌔우에 비해 깨끗하고 고기 고명보다는 어묵을 많이 올린다. 국수 양이 많은 편이다.

◎ MAP P.250E
⑤ 구글 지도 GPS 13.723478, 100.579810 ◎ 찾아가기 BTS 텅러 역 3번 출구로 나와 뒤돌아 직진, 횡단보도 건너 40m 왼쪽. 간판은 태국어로만 돼 있다. ⑥ 주소 1093 Sukhumvit Road ⊙ 전화 096-665-9353 ⊙ 시간 금~수요일 07:00~15:00 ⊙ 휴무 목요일 ⑧ 가격 쎈렉똠얌(Small Noodle Tomyum with Soup) 60B, 쎈쁠라남(Fish Noodle with Soup) 70B ⊙ 홈페이지 없음

쎈렉똠얌 60B

3 바미콘쌜리
บะหมี่ คนแซ่ลี้ ★★★ 도보 4분

바미 국수 전문점. 직접 만드는 바미 면을 사용한다. 바미 면과 더불어 끼여우를 선택할 수 있으며, 고명으로 돼지고기 무댕, 돼지고기 무끄럽, 오리고기 뺏양, 게살 중 고르면 된다.

◎ MAP P.250E
⑤ 구글 지도 GPS 13.723581, 100.579316 ◎ 찾아가기 BTS 텅러 역 3번 출구로 나와 뒤돌아 직진, 횡단보도 건너 20m 왼쪽 ⑥ 주소 1081 Sukhumvit Road ⊙ 전화 065-456-3625 ⊙ 시간 07:00~24:00 ⊙ 휴무 연중무휴 ⑧ 가격 바미끼여우 무댕(Egg Noodles+Prawns & Pork Wonton+Roasted Pork) 60B, 바미끼여우 무끄럽(Egg Noodles+Prawns & Pork Wonton+Crispy Roasted Pork) 70B ⊙ 홈페이지 www.facebook.com/bameekonsaelee

바미끼여우 무끄럽 70B

4 티추까
Tichuca ★★ 도보 5분

티원 빌딩 46층에 자리한 남아프리카 정글 콘셉트의 루프톱 바. 46층 바 상단에 색색의 조명을 밝히며 흩날리는 나뭇가지 장식이 상징적인 포인트다. 1층에서 주문 후 입장하는 방식으로 스탠딩석을 선택하면 대기 없이 입장할 수 있다. 46층의 바와 50층의 비는 계단과 엘리베이터로 연결된다.

◎ INFO P.145 ◎ MAP P.250E
⑤ 구글 지도 GPS 13.722237, 100.580710 ◎ 찾아가기 BTS 텅러 역 4번 출구에서 250m. 티원(T-One) 빌딩 46층 ⑥ 주소 T-One, 8 Sukhumvit Soi 40 ⊙ 전화 065-878-5562 ⊙ 시간 일~목요일 17:00~23:45, 금~토요일 17:00~01:30 ⊙ 휴무 연중무휴 ⑧ 가격 칵테일 400B~ +17% ⊙ 홈페이지 www.tichuca.co

5 옥타브
Octave ★★★ 도보 6분

메리어트 텅러에 자리한 루프톱 바. 48층 엘리베이터에서 내려 계단을 오르면 360도 경관을 자랑하는 야외 바가 나온다. 한가운데에는 조명을 켠 둥근 바가 아담하게 자리한다. 테이블과 스탠딩 좌석이 있는데, 경관을 즐기는 게 목적이라면 스탠딩 테이블이 낫다.

◎ INFO P.145 ◎ MAP P.250E
⑤ 구글 지도 GPS 13.723297, 100.580376 ◎ 찾아가기 BTS 텅러 역 3번 출구로 나와 뒤돌아 직진, 횡단보도 건너 약 100m ⑥ 주소 49th Floor, Bangkok Marriott Hotel Sukhumvit, 2 Sukhumvit Soi 57 ⊙ 전화 02-797-0000 ⊙ 시간 17:00~02:00, 해피 아워 17:00~20:00 ⊙ 휴무 연중무휴 ⑧ 가격 맥주 280B~, 칵테일 450B~, 주스 180B~ +17% ⊙ 홈페이지 www.facebook.com/OctaveMarriott

6 싯 앤드 원더
Sit and Wonder
★★★ 도보 8분

텅러 입구에 자리한 아담한 레스토랑. 단출한 메뉴의 태국 요리를 저렴한 가격에 선보인다. 현지인과 여행자 모두에게 인기다.

◎ MAP P.250C
ⓖ 구글 지도 GPS 13.725211, 100.580115 ⓒ 찾아가기 BTS 텅러 역 3번 출구로 나와 뒤돌아 직진. 횡단보도 건너 약 100m 지나 쑤쿰윗 쏘이 57 골목으로 230m ⓐ 주소 119 Sukhumvit Soi 57 ⓣ 전화 061-198-9782 ⓗ 시간 11:00~22:30 ⓡ 휴무 매달 16일 ⓟ 가격 팟팍루엄밋(Stir-fried Mixed Vegetables and Mushroom in Oyster Sauce) 120B, 쁠라까풍싸둠남쁠라(Fried Whole Sea Bass with Fish Sauce Lime Juice Dressing on Side) 380B ⓦ 홈페이지 www.facebook.com/SitandWonderBangkok

랍무 120B

9 쿠어 끌링 팍 쏫
Khua Kling Pak Sod
★★★ 도보 10분

태국 남부 춤폰 출신의 가족 경영 레스토랑. 카레 요리를 비롯해 남부식 메뉴가 다양하다.

ⓘ INFO P.126 ◎ MAP P.250C
ⓖ 구글 지도 GPS 13.728784, 100.579265 ⓒ 찾아가기 BTS 텅러 역 3번 출구로 나와 뒤돌아 직진. 횡단보도에서 좌회전해 600m 지나 텅러 쏘이 5로 좌회전 ⓐ 주소 98/1 Sukhumvit Soi 55 ⓣ 전화 086-053-7779 ⓗ 시간 09:00~21:00 ⓡ 휴무 연중무휴 ⓟ 가격 깽빠이차플루(Yellow Curry with Betel Leaves and Crabmeat) 780B, 바이리앙 팟카이('Bai Leang' Thai Southern Green Leaves with Egg) 220B +17% ⓦ 홈페이지 khuaklingpaksod.com

싸뎌팟까삐꿍 380B

7 카우니여우문 매와리
Maevaree
ข้าวเหนียวมะม่วงแม่วารี
★★★ 도보 5분

텅러 입구에 자리한 과일 가게. 가게 앞에 망고를 산더미처럼 쌓아놓아 어렵지 않게 찾을 수 있다. 매와리의 필식 메뉴는 카우니여우 마무앙. 최고의 망고로 손꼽히는 남덕마이를 사용해 언제나 만족도가 높다. 포장만 가능.

ⓘ INFO P.134 ◎ MAP P.250E
ⓖ 구글 지도 GPS 13.723996, 100.579354 ⓒ 찾아가기 BTS 텅러 역 3번 출구로 나와 뒤돌아 직진. 쑤쿰윗 쏘이 55(텅러)가 나오면 좌회전해 10m ⓐ 주소 1 Sukhumvit Soi 55 ⓣ 전화 02-392-4804 ⓗ 시간 06:00~22:00 ⓡ 휴무 연중무휴 ⓟ 가격 카우니여우 마무앙 시가 ⓦ 홈페이지 없음

카우니여우 마무앙 시가

10 반 아이스
Baan Ice
บ้านไอซ์
★★★ 도보 12분

아이스 씨가 가족에게 전수받은 비법으로 남부 가정식 요리를 선보이는 레스토랑으로, 요리 하나하나에 사연이 담겨 있다.

ⓘ INFO P.126 ◎ MAP P.250C
ⓖ 구글 지도 GPS 13.729063, 100.580805 ⓒ 찾아가기 BTS 텅러 역 3번 출구로 나와 뒤돌아 첫 번째 도로인 쑤쿰윗 쏘이 55를 따라 600m, 혹은 세븐일레븐 앞에서 빨간 버스 승차 후 톱스 마켓이 보이면 하차, 서머셋 쑤쿰윗(Somerset Sukhumvit) 입구 ⓐ 주소 115 Sukhumvit Soi 55 ⓣ 전화 064-450-9502 ⓗ 시간 11:00~22:00 ⓡ 휴무 연중무휴 ⓟ 가격 카이뚠 반아이스(Baanice's Dark Pork and Egg Stew) 340B, 카놈찐 쿤야(Grandma's Style Rice Noodle) 260B +17% ⓦ 홈페이지 www.facebook.com/baanice.restaurants

남프릭마캄 220B

8 허이텃 차우레
Hoi-Tod Chaw-Lae
หอยทอด ชาวเล
★★ 도보 5분

홍합, 굴, 새우, 오징어 등을 넣은 태국식 전텃끄럽과 볶음면 팟타이를 판매한다. 부드러운 굴전 어쑤언과 바삭한 굴전 어루어도 있다.

◎ MAP P.250E
ⓖ 구글 지도 GPS 13.724672, 100.579257 ⓒ 찾아가기 BTS 텅러 역 3번 출구에서 뒤돌아 직진. 횡단보도에서 텅러로 좌회전해 65m 왼쪽 ⓐ 주소 25/5 Sukhumvit Soi 55 ⓣ 전화 085-128-3996 ⓗ 시간 10:00~22:00 ⓡ 휴무 연중무휴 ⓟ 가격 텃끄럽(Crispy Fried Pancake) 90B~, 팟타이(Pad Thai) 80B~ ⓦ 홈페이지 www.facebook.com/hoitodchawlaeThonglor

허이말랭푸텃끄럽 90·100B

11 오드리
Audrey
★★ 택시 5분

테이블과 의자, 샹들리에 등을 티파니 스타일로 사랑스럽게 꾸민 카페이자 레스토랑. 태국 요리와 퓨전 요리, 음료 등을 중심하게 선보인다. 접근성은 엠쿼티어와 싸얌 센터 지점이, 분위기는 텅러 본점이 낫다.

◎ MAP P.250A
ⓖ 구글 지도 GPS 13.733100, 100.580164 ⓒ 찾아가기 택시 이용, '쏘이 텅러 씹엣' 하차 ⓐ 주소 136/3 Thong Lo Soi 11 ⓣ 전화 02-712-6667~8 ⓗ 시간 11:00~22:00 ⓡ 휴무 연중무휴 ⓟ 가격 오드리 온 마이 마인드(Audrey On My Mind) 135B, 패션 베리(Passion Berry) 145B +17% ⓦ 홈페이지 www.audreygroup.com

오드리 온 마이 마인드 135B

12 애프터 유
After You

디저트 전문점 애프터 유의 본점. 따뜻한 느낌의 나무와 빨간 벽돌로 장식해 모던하고 편안한 느낌이다. 칠판에 분필로 쓴 메뉴도 정겹다.

ⓘ MAP P.250B
구글 지도 GPS 13.733738, 100.581361 찾아가기 텅러 쏘이 13에 위치. BTS 텅러 역 3번 출구에서 도보 20분 정도 걸린다. 텅러 입구에서 오토바이 택시나 빨간 버스를 이용하는 게 편리하다. 주소 Thong Lo Soi 13 전화 02-712-9266 시간 11:00~23:00 휴무 연중무휴 가격 홀릭스 카키고리(Horlicks Kakigori) 275B, 초콜릿 라바(Chocolate Lava) 195B 홈페이지 www.afteryoudessertcafe.com

홀릭스 카키고리 275B

13 크루아 찌앙마이
Kruajiangmai

태국 북부 요리를 전문적으로 선보이는 '치앙마이의 주방'이다. 가격대가 높은 편인데 음식 수준이 그만큼 높다. 캐주얼한 분위기이며 에어컨이 나온다.

ⓘ MAP P.250D
구글 지도 GPS 13.730194, 100.581189 찾아가기 BTS 텅러 역 3번 출구 이용. 쑤쿰윗 쏘이 55로 진입해 빨간 버스 승차 후 쏘이 6 하차 주소 125/24 Thong Lo 전화 099-196-2464 시간 10:30~24:00 휴무 연중무휴 가격 카우쏘이 느아(Khao Soi Nue Nong Lai) 189B, 카놈찐 남니여우(Kanom Jeen Nam Ngeaw) 149B, 남프릭엉 셋(Nam Prig Aong Set) 189B +7% 홈페이지 없음

카놈찐 남니여우 149B

14 비스트 & 버터
Beast & Butter

치앙마이 비스트 버거(Beast Burger)의 방콕 버전. 브리오슈의 부드러움과 버터의 고소함이 녹아 있는 번이 특징이다. 버거를 포함해 샐러드, 프라이, 스테이크를 선보인다. 음료 중에서도 수제 맥주 리스트가 다양하다.

ⓘ MAP P.250B · D
구글 지도 GPS 13.732092, 100.582857 찾아가기 BTS 텅러 역 3번 출구 이용. 쑤쿰윗 쏘이 55로 진입해 빨간 버스 승차 후 쏘이 10 하차. 쏘이 10으로 약 100m 주소 270 Thong Lo Soi 10 전화 065-441-1145 시간 10:30~14:00, 16:30~23:00 휴무 연중무휴 가격 버거 270B~ 홈페이지 www.facebook.com/beastandbutter

15 브어이 포차나
Buay Pochana
บ๊วยโภชนา

현지인들에게 인기 만점인 오리 요리 전문점. 국수, 밥 등을 곁들인 한 접시 요리는 오리고기의 진미를 담은 간단하고 저렴한 메뉴다. 중국식 오향을 입힌 오리고기 국수는 꾸어이띠여우 뼷팔로, 덮밥은 카우나 뼷팔로라고 한다.

ⓘ MAP P.250B
구글 지도 GPS 13.732644, 100.582270 찾아가기 BTS 텅러 역 3번 출구 이용. 쑤쿰윗 쏘이 55로 진입해 빨간 버스 승차 후 쏘이 10 하차 주소 318/1-320 Thong Lo Soi 10~12 전화 02-392-7320 시간 08:30~17:00 휴무 연중무휴 가격 꾸어이띠여우 뼷팔로(Duck Noodles) · 카우나 뼷팔로(Duck Rice) M 70B 홈페이지 없음

16 분똥끼얏
Boon Tong Kiat Singapore Chicken Rice
บุญตงเกียรติ

태국에서는 카우만까이로 불리는 싱가포르 치킨 라이스를 비롯해 다양한 중국식 메뉴를 선보인다. 가장 인기 있는 메뉴는 삶은 닭과 구운 오리를 곁들인 카우만까이+뼷.

ⓘ MAP P.250B
구글 지도 GPS 13.734028, 100.582709 찾아가기 BTS 텅러 역 3번 출구 이용. 쑤쿰윗 쏘이 55로 진입해 빨간 버스 승차 후 제이 애비뉴 인근 쏘이 15에서 하차해 길을 건너면 된다. 주소 440/5 Sukhumvit Soi 55 전화 02-390-2508 시간 09:00~21:00 휴무 연중무휴 가격 카우만까이+뼷(Steamed Chicken and Roasted Duck with Garlic Rice) 109B, 숩후어차이타우(Spare Rib Soup with Chinese Radish) 70B 홈페이지 없음

17 더 블루밍 갤러리
The Blooming Gallery

인스타그래머가 주목해야 할 카페. 행잉 플랜트와 조화로 좁은 실내를 장식해 예쁜 사진을 찍기에 그만이다. 매장에서 블렌딩해 선보이는 티도 좋다. 찻잎과 허브, 과일 등을 블렌딩한 티 리스트가 다양하다. 샐러드, 파스타, 스테이크, 디저트 등의 메뉴도 있다.

ⓘ MAP P.250D
구글 지도 GPS 13.730898, 100.581903 찾아가기 BTS 텅러 역 3번 출구 이용. 쑤쿰윗 쏘이 55로 진입해 빨간 버스 승차 후 쏘이 8 하차 주소 LG Floor, Ei8ht Thong Lo, 88/1 Thong Lo Soi 8 전화 02-063-5508 시간 10:30~21:00 휴무 연중무휴 가격 티(Tea) 150B~ +17% 홈페이지 www.facebook.com/thebloominggallery

18 더 커먼스
The COMMONS
빨간 버스 6분 ★★★

변화에 민감하고 매우 감각적인 텅러의 현재를 보여주는 건물. 감각적인 디자인의 빌딩 내에 로스트, 루츠, 펩피나 등 방콕을 대표하는 수많은 카페와 레스토랑이 입점해 있다. 건물 자체가 볼거리이기도 해 쉬거나 사진을 찍기 위해 방문하는 이들도 많다.

◉ MAP P.250B

구글 지도 GPS 13.735106, 100.582235 ◉ 찾아가기 BTS 텅러 역 3번 출구에서 도보 약 20분. 텅러 입구에서 오토바이 택시나 빨간 버스를 이용하는 게 편리하다. ◉ 주소 The COMMONS, 335 Thong Lo Soi 17 ◉ 전화 02-712-5400 ◉ 시간 08:00~01:00(가게마다 다름) ◉ 휴무 연중무휴 ◉ 가격 가게마다 다름 ◉ 홈페이지 thecommonsbkk.com

19 로스트
Roast
빨간 버스 6분 ★★★

카페자 레스토랑. 넓은 매장과 편안한 분위기, 정성이 깃든 음식을 선보여 텅러에서 큰 인기를 얻고 있다.

◉ INFO P.129 ◉ MAP P.250B

구글 지도 GPS 13.735061, 100.582258 ◉ 찾아가기 BTS 텅러 역 3번 출구에서 도보 약 20분. 쏘이 17 골목의 더 커먼스(The Commons) 맨 위층에 위치 ◉ 주소 Thong Lo Soi 17 ◉ 전화 096-340-3029 ◉ 시간 09:00~22:00 ◉ 휴무 연중무휴 ◉ 가격 아이스 아메리카노(Iced Americano) 100B, 베이컨 & 갈릭 스파게티(Bacon And Garlic) 280B +17% ◉ 홈페이지 www.roastbkk.com

아이스 아메리카노 100B

20 카우짜우
Khao Jao
ข้าว จ้าว
빨간 버스 6분 ★★★

캐주얼 레스토랑처럼 깔끔하면서 저렴한 현지 식당. 텅러 쏘이 17 골목 안의 커다란 나무 아래 통유리로 된 가게다.

◉ MAP P.250B

구글 지도 GPS 13.735388, 100.581589 ◉ 찾아가기 BTS 텅러 역 3번 출구 이용. 텅러 입구 세븐일레븐 앞에서 빨간 버스 승차 후 제이 애비뉴 지나자마자 벨을 눌러 하차. 텅러 쏘이 17 안쪽, 더 커먼스를 지나자마자 바로 ◉ 주소 341/3 Thong Lo Soi 17 ◉ 전화 02-712-5665, 086-565-0055 ◉ 시간 10:00~22:30 ◉ 휴무 연중무휴 ◉ 가격 팟팍루엄밋(Stir Fried Mixed Vegetable) 70B, 팟끄라파오무(Stir-fried with Basil Pork) 80·100B ◉ 홈페이지 없음

쏨땀타이 40B

21 파카마라
Pacamara
빨간 버스 7분 +도보 4분 ★★★

치앙마이에서 출발해 방콕에서 명성을 얻은 커피 전문점이다. 플래그십 스페셜티 랩인 텅러 매장에서는 원두를 직접 로스팅하며, 철저하게 교육받은 바리스타가 높은 수준의 커피를 제공한다.

◉ MAP P.250B

구글 지도 GPS 13.739871, 100.582847 ◉ 찾아가기 BTS 텅러 역 3번 출구 이용. 쑤쿰윗 55로 진입해 빨간 버스 승차 후 쏘이 25 하차. 카밀라아 병원 전 골목으로 들어가 약 300m ◉ 주소 66 Thong Lo Soi 25 ◉ 전화 063-819-0650 ◉ 시간 06:30~18:30 ◉ 휴무 연중무휴 ◉ 가격 아메리카노(Americano) Hot·Ice 100B ◉ 홈페이지 없음

22 똔크르앙
Thon Krueng
ต้นเครื่อง
택시 7분 ★★★

2층 규모의 태국 전통 가옥을 개조한 레스토랑이다. 서비스는 정겹고 음식 가격은 합리적이다.

◉ MAP P.250A

구글 지도 GPS 13.737460, 100.576816 ◉ 찾아가기 BTS 역에서 멀다. 택시를 이용할 것. "쑤쿰윗 쏘이 씨씹까오"라 말하고 싸미띠웻 병원(Samitivej Sukhumvit Hospital)을 조금 지나 내린다. ◉ 주소 211/3 Sukhumvit Soi 49 ◉ 전화 02-185-3072 ◉ 시간 11:00~22:30 ◉ 휴무 연중무휴 ◉ 가격 남프릭까삐 쁠라투텃 팍쏫(Shrimp Paste Chili Dip Served with Platoo, Fresh and Fried Vegetable) 240B +17% ◉ 홈페이지 www.thonkrueng.com

허목카놈크록 210B

23 딸링쁠링 쑤쿰윗 쏘이 34
Taling Pling
ตะลิงปลิง
오토바이 4분 ★★★

태국 요리 전문점으로 정원에 자리한 쑤쿰윗 쏘이 34 지점은 도심 속 해방구 역할을 한다. 신선한 재료와 조리의 특성을 담은 요리 하나하나가 맛있으며 가격 또한 합리적이다.

◉ INFO P.111 ◉ MAP P.250E

구글 지도 GPS 13.724597, 100.573193 ◉ 찾아가기 BTS 텅러 역 2번 출구에서 쑤쿰윗 쏘이 34로 진입해 도보 약 10분. 레스토랑 전용 뚝뚝 이용 가능 ◉ 주소 25 Sukhumvit Soi 34 ◉ 전화 02-258-5308~9 ◉ 시간 10:30~22:00 ◉ 휴무 연중무휴 ◉ 가격 얌쏨오꿍씨앱(Pomelo 'Somtum' Salad with Crispy Shrimp) 220B +17% ◉ 홈페이지 talingpling.com

마싸만 무로띠 225B

24 필 커피
Phil Coffee Co

로스터리 카페. 커피는 에스프레소, 핸드드립으로 선보이며, 에스프레소도 세 등급의 원두 중 선택할 수 있다. 바 스타일의 테이블과 일반 테이블을 뒤섞어 놓은 편안한 분위기로 노트북을 들고 찾는 현지인이 많다.

ⓜ MAP P.250C
ⓖ 구글 지도 GPS 13.726213, 100.576505 ⓒ 찾아가기 BTS 텅러 역 1번 출구 이용. 쑤쿰윗 쏘이 51로 진입해 약 500m ⓐ 주소 65 Sukhumvit Soi 49/2 ⓣ 전화 097-125-4204 ⓞ 시간 월요일·수~금요일 08:00~17:00, 토~일요일 09:00~17:30 ⓗ 휴무 화요일 ⓟ 가격 아메리카노(Americano)·라테(Latte) 100B~ ⓦ 홈페이지 www.philcoffeecompany.com

25 사린야 타이 마사지 & 스파
Sarinya Thai Massage and Spa

사린야 마사지를 비롯해 쑤말라이, 타이가 마사지 등 비슷한 가격대의 마사지 숍이 일대에 모여 있다. 마사지사의 수준이 전반적으로 괜찮고 체계적이라 가성비 면에서 손꼽을 만하다. 사린야 마사지는 한국어 간판과 가격표를 갖추고 한국인 손님을 맞고 있다.

ⓜ MAP P.250D
ⓖ 구글 지도 GPS 13.730731, 100.581323 ⓒ 찾아가기 BTS 텅러 역 3번 출구 이용. 쑤쿰윗 쏘이 55로 진입해 빨간 버스 승차 후 쏘이 7 하차 ⓐ 주소 159 Thong Lo ⓣ 전화 02-712-5797 ⓞ 시간 10:00~24:00 ⓗ 휴무 연중무휴 ⓟ 가격 타이 마사지 1시간 300B ⓦ 홈페이지 없음

26 쑤말라이
Sumalai

텅러에서 2001년부터 영업해온 마사지 가게다. 비슷한 가격대의 마사지 가게들과 마찬가지로 시설은 소박하다. 침대를 갖춘 마사지 공간 역시 매우 좁고 어둡다. 그럼에도 다시 찾고 싶은 이유는 정성을 다해 마사지에 임하는 마사지사들의 정성과 실력.

ⓜ MAP P.250D
ⓖ 구글 지도 GPS 13.731194, 100.581459 ⓒ 찾아가기 BTS 텅러 역 3번 출구에서 도보 약 11분. 텅러 쏘이 8 맞은편. 텅러 입구에서 오토바이 택시나 빨간 버스를 이용하는 게 편리하다. ⓐ 주소 159/14 Thong Lo Soi 7-9 ⓣ 전화 02-392-1663 ⓞ 시간 10:00~01:00 ⓗ 휴무 연중무휴 ⓟ 가격 타이 마사지 60분 300B, 90분 450B, 120분 600B ⓦ 홈페이지 www.facebook.com/sumalaithaimassage

27 디와나 디바인
Divana Divine

텅러 쏘이 17 골목에 자리 잡은 스파. 오래된 나무가 무성한 넓은 정원의 독채 건물에 자리해 고즈넉하다. 실내는 나무의 느낌을 살려 매우 고풍스러운 분위기. 자체 생산하는 스파 제품의 품질도 매우 좋다.

ⓜ MAP P.250B
ⓖ 구글 지도 GPS 13.735622, 100.581378 ⓒ 찾아가기 BTS 텅러 역 3번 출구에서 도보 약 20분. 텅러 입구에서 빨간 버스 승차 후 제이 애비뉴 지나 하차. 텅러 쏘이 17로 진입해 170m 오른쪽. 예약 시 텅러 역 혹은 엠쿼티어에서 셔틀 서비스를 신청할 수 있다. ⓐ 주소 103 Thong Lo Soi 17 ⓣ 전화 02-712-6798 ⓞ 시간 화~금요일 11:00~23:00, 토~월요일 10:00~23:00 ⓗ 휴무 연중무휴 ⓟ 가격 싸야미즈 릴랙스 90분 2150B, 120분 2350B ⓦ 홈페이지 www.divanaspa.com

28 제이 애비뉴
J Avenue

텅러 쏘이 15에 자리한 쇼핑센터. 오봉뺑, 그레이하운드 카페, 빌라 마켓이 자리해 늘 사람들로 붐빈다. 텅러에 큰 건물이 없던 시절부터 랜드마크 역할을 하던 곳이라 큰 볼거리나 쇼핑 거리는 없지만 텅러를 이야기할 때 빠지지 않는 장소다.

ⓜ MAP P.250B
ⓖ 구글 지도 GPS 13.734425, 100.581982 ⓒ 찾아가기 BTS 텅러 역 3번 출구에서 뒤돌아 직진. 쑤쿰윗 쏘이 55(텅러)로 좌회전해 세븐일레븐 앞에서 빨간 버스 승차 후 텅러 제이 애비뉴 하차 ⓐ 주소 J Avenue, Thong Lo Soi 15 ⓣ 전화 02-660-9000 ⓞ 시간 10:00~22:00(가게마다 다름) ⓗ 휴무 연중무휴 ⓟ 가격 가게마다 다름 ⓦ 홈페이지 없음

ZOOM IN

BTS 에까마이 역

방콕의 동부 터미널이 자리한 곳. 일본인 거주 지역이기도 하다. 신흥 맛집보다는 전통적인 맛집이 강세를 보인다.

1 홈두언
Hom Duan
หอมด่วน
도보 7분

북부 요리 전문점. 카우쏘이, 깽항레, 남프릭 엉 등 북부 대표 요리를 선보인다. 가게 입구에 음식을 진열해 놓고 주문이 들어오는 즉시 작은 그릇에 소담하게 담아 내어온다. 북부의 일반적인 음식점보다 오히려 맛이 낫다.

🌐 INFO P.127 🗺 MAP P.250F
📍 구글 지도 GPS 13.723714, 100.585027 🚌 찾아가기 BTS 에까마이 역 2번 출구 이용. 에까마이 로드를 따라가다가 오른쪽 쏘이 2로 우회전 🏠 주소 1/7 Ekkamai Soi 2 ☎ 전화 085-037-8916 🕐 시간 월~토요일 09:00~20:00 🚫 휴무 일요일 💰 가격 카우쏘이 까이(Northern Thai Style Curry Noodles with Chicken Thighs) 110B, 깽항레(Hang-Le Curry) 120B, 촛남프릭(Set of Dip) 100B 🌐 홈페이지 www.facebook.com/homduaninbkk

4 카우
Khao
도보 16분

'쌀'이라는 이름의 레스토랑. 조금은 밋밋하게 느껴지는 건강한 맛의 요리를 선보인다. 실내 외는 나무로 장식해 밝고 고급스럽다.

🗺 MAP P.250E
📍 구글 지도 GPS 13.728997, 100.587837 🚌 찾아가기 BTS 에까마이 역 1번 출구 이용. 버스 승차 후 에까마이 쏘이 1 하차. 헬스 랜드 왼쪽 골목으로 들어가 200m 왼쪽 🏠 주소 15 Ekkamai Soi 10 ☎ 전화 098-829-8878 🕐 시간 런치 11:30~14:00, 디너 17:30~22:00 🚫 휴무 연중무휴 💰 가격 팟팍 땀 르푸깐(Seasonal Vegetable Stir Fried) 180B 🌐 홈페이지 www.khaogroup.com

탈레루엄팟 남프릭파오 360B

2 미켈러 방콕
Mikkeller Bangkok
도보 20분

아시아 최초의 미켈러 바. 방콕 외에 아시아에는 서울, 도쿄, 타이베이에 미켈러 바가 있다. 미켈러 방콕은 에까마이의 골목 안, 정원이 있는 고즈넉한 주택에 자리했다. 30여 개의 탭이 있으며, 몇 종류의 미켈러 맥주와 게스트 맥주로 구성된다. 미켈러 바 마니아 혹은 맥주 마니아가 좋아할 만한 공간이다.

🗺 MAP P.250E
📍 구글 지도 GPS 13.727770, 100.588441 🚌 찾아가기 BTS 에까마이 역 1번 출구 이용. 버스 승차 후 에까마이 쏘이 1 하차. 헬스 랜드 왼쪽 골목으로 들어가 200m 지나 오른쪽 골목으로 진입 🏠 주소 26 Ekkamai Soi 10, Lane 2 ☎ 전화 082-283-1274 🕐 시간 월~금요일 17:00~24:00 🚫 휴무 연중무휴 💰 가격 맥주 200ml 약 200B~ 🌐 홈페이지 www.instagram.com/mikkellerbkk

5 싸바이짜이
Sabaijai
สบายใจ
도보 14분

맛, 친절, 합리적인 가격의 삼박자를 두루 갖춘 현지 식당이다. 구운 닭인 까이양이 대표 메뉴로 고소하면서도 깔끔한 맛이 일품이다. 까이양과 궁합이 잘 맞는 쏨땀 또한 다양하게 갖췄으며, 그밖에 태국 요리도 잘한다.

🌐 INFO P.124 🗺 MAP P.250D
📍 구글 지도 GPS 13.729292, 100.585844 🚌 찾아가기 BTS 에까마이 역 1번 출구 이용. 버스 승차 후 에까마이 쏘이 3 하차. 쏘이 3 골목으로 진입 🏠 주소 87 Ekkamai 3 ☎ 전화 02-714-2622 🕐 시간 10:30~22:00 🚫 휴무 연중무휴 💰 가격 까이양(Grilled Chicken) 반 마리 100B, 쏨땀(Papaya Salad) 70B~ 🌐 홈페이지 www.facebook.com/sabaijaioriginalofficial

까이양 반 마리 100B

3 마더 메이 아이
Mother May I
도보 20분

남부 전통 요리에 현대적인 감각을 가미해 요리를 선보인다. 정원이 딸린 유럽풍의 건물에 자리하며 인테리어는 화사하다.

🗺 MAP P.250E
📍 구글 지도 GPS 13.727845, 100.587550 🚌 찾아가기 BTS 에까마이 역 1번 출구 이용. 버스 승차 후 에까마이 쏘이 1 하차. 헬스 랜드 왼쪽 골목으로 들어가 200m 지나 오른쪽 골목으로 진입 🏠 주소 8/18 Ekkamai Soi 10, Lane 2 ☎ 전화 097-990-5990 🕐 시간 11:00~22:00 🚫 휴무 연중무휴 💰 가격 카이꾸푸(Crispy Thai Omelette with Minced Pork and Tobiko) 165B, 촛남프릭쌈양(Set of 3 Menus of the Day Chili Relish) 280B +17% 🌐 홈페이지 www.facebook.com/mothermayikitchen

6 히어하이
Here Hai
도보 15분

집게발 살을 듬뿍 넣은 게살 볶음밥이 시그니처 메뉴다. 게살의 풍미와 고슬고슬하게 볶은 밥맛이 좋다. 뿌마의 집게발 살을 듬뿍 올린 게살 오믈렛과 갯가재 깡을 이용한 요리도 인기다. 식사 시간이 아니더라도 대기가 일반적이다.

🌐 INFO P.117 🗺 MAP P.250D
📍 구글 지도 GPS 13.730265, 100.586340 🚌 찾아가기 BTS 에까마이 역 1번 출구 이용. 버스 승차 후 에까마이 쏘이 3 하차 🏠 주소 112/1 Ekkamai Road ☎ 전화 063-219-9100 🕐 시간 화~일요일 10:00~15:00, 16:00~17:30 🚫 휴무 월요일 💰 가격 카우팟 콧깐치낭뿌(Insane Lump Crab Meat Fried Rice) S 380B 🌐 홈페이지 www.facebook.com/herehaifoods

7 페더스톤
Featherstone ★★★ 오토바이 10분

예쁜 인테리어와 플레이팅, 정중하면서도 따뜻한 친절을 선보이는 카페 겸 레스토랑이다. 추천 메뉴는 꽃 얼음이 아름다운 스파클링 어파써케리(Sparkling Apothecary).

- **INFO** P.130 **MAP** P.250E
- **구글 지도 GPS** 13.729798, 100.593028 **찾아가기** BTS 에까마이 역 1번 출구 이용. 에까마이 쏘이 12 안쪽 골목에 자리해 오토바이나 택시를 이용하는 게 편하다. **주소** 60 Ekkamai Soi 12 **전화** 097-058-6846 **시간** 10:30~22:00 **휴무** 연중무휴 **가격** 와일드 가드니아(Wild Gardenia)·콜드 브루 아이스 큐브 라테(Cold Brew Ice Cube Latte) 각 160B +17% **홈페이지** www.seefoundtell.com

10 와타나파닛
郭炎松 วัฒนาพานิช 도보 20분

소고기와 내장, 미트볼 등 모든 고명을 올리는 국수인 꾸어이띠여우는 필식 메뉴. 면 대신 밥이 따로 나오는 까우라오도 인기다. 2층에는 에어컨을 갖추었다.

- **INFO** P.102 **MAP** P.250B
- **구글 지도 GPS** 13.734054, 100.587602 **찾아가기** BTS 에까마이 역 1번 출구 이용. 버스 승차 후 에까마이 쏘이 13 하차. 횡단보도 건너면 바로. **주소** 336 Ekkamai Soi 18 **전화** 02-391-7264 **시간** 10:00~19:00 **휴무** 부정기 휴무 **가격** 까우라우(Gao-Lao) 100B **홈페이지** 없음

꾸어이띠여우남 100B

8 커피빈 바이 다오
Coffee Beans By Dao ★★★ 오토바이 10분

방콕의 주요 쇼핑센터에 매장이 있는 레스토랑이자 디저트 카페인 커피빈 바이 다오의 본점이다. 에까마이 쏘이 12에 자리한 본점은 매장이 넓으며, 고즈넉한 분위기가 좋다. 정중하며 조심스러운 서비스도 흠잡을 데 없는데 시내 매장에 비해 접근성은 떨어지는 편이다.

- **MAP** P.250E
- **구글 지도 GPS** 13.730218, 100.591161 **찾아가기** BTS 에까마이 역 1번 출구 이용. 오토바이나 택시를 이용하는 게 편하다. **주소** 47 Ekkamai Soi 12 **전화** 02-713-2504 **시간** 10:00~22:00 **휴무** 연중무휴 **가격** 팟끄라파오 무쌉 랏카우(Sauted Ground Pork with Chili & Basil over Rice) 210B +10% **홈페이지** www.coffeebeans.co.th

11 아룬완
Arunwan ★★ 오토바이 5분

1963년에 창업해 1969년부터 에까마이에 뿌리를 내린 돼지고기 국수 '꾸어이짭' 전문점이다. 꾸어이짭을 맑게 끓여 깨끗한 맛을 낸다. 원하는 돼지 내장 부위를 골라서 먹을 수 있으며, 선지 혹은 완툰을 넣을 수도 있다. 시설이 현대적이며, 냉방시설을 잘 갖췄다.

- **MAP** P.250B
- **구글 지도 GPS** 13.734934, 100.587687 **찾아가기** BTS 에까마이 역 1번 출구 이용. 버스 승차 후 에까마이 쏘이 13 하차. **주소** B1, Park X, Ekkamai Soi 15 **전화** 080-994-2299 **시간** 09:00~19:00 **휴무** 연중무휴 **가격** 꾸어이짭 투양(Roll Noodle with Everything) 80B **홈페이지** 없음

9 헹허이텃차우레
Heng Hoitod Chawlae เฮงหอยทอดชาวเล ★★★ 오토바이 5분

촌부리에서 매일 공수하는 신선한 재료로 차원이 다른 허이텃과 팟타이를 만든다. 시그니처 메뉴는 바삭한 전 위에 부드러운 굴을 올린 어루어. 굴 대신 홍합, 농어, 게살을 올려도 된다. 팟타이 꿍쏫도 추천 메뉴다. 에까마이 외에 방콕에 몇 군데 지점이 자리했다.

- **INFO** P.094, 104 **MAP** P.250B
- **구글 지도 GPS** 13.732262, 100.587014 **찾아가기** BTS 에까마이 역 1번 출구 이용. 버스 승차 후 에까마이 쏘이 9 하차 **주소** 128/3 Ekkamai Soi 14 **전화** 094-999-7822 **시간** 10:00~01:00 **휴무** 연중무휴 **가격** 어루어(Soft Oyster Omelette served with Crispy Egg) 160·180B, 팟타이 꿍쏫(Fried Noodles with Prawns and Bean Sprouts) 120·150B **홈페이지** 없음

12 더 가든스
The Gardens 도보 6분

1930년대 왕실 가족의 주거를 목적으로 조성한 궁전을 개조했다. 자갈과 데크를 깐 넓은 정원에는 오랜 수령의 나무가 자라며, 작은 연못에는 백조와 흑조가 노닌다.

- **MAP** P.250F
- **구글 지도 GPS** 13.722549, 100.582122 **찾아가기** BTS 에까마이 역 1번 출구 이용. 쑤쿰윗 쏘이 61과 59 사이 골목으로 진입 **주소** 1217/2 Sukhumvit Soi Chumbala **전화** 093-124-7730 **시간** 11:00~22:00, 주말·공휴일 월~금요일 10:00~23:00, 토요일 09:00~14:00, 일요일 17:00~23:00 **휴무** 연중무휴 **가격** 프로즌 민트 레모네이드(Frozen Mint Lemonade) 140B +17% **홈페이지** thegardenspalace.com

13 헬스 랜드
Health Land

도보 14분

시설 대비 저렴한 가격 덕분에 한국, 중국 등 외국인 관광객에게 인기인 헬스 랜드의 에까마이 지점. 근처에 대형 마트 빅 시와 이싼 음식점 싸바이짜이 깹따완이 자리해 더불어 여정을 꾸리는 경우가 많다.

◉ MAP P.250D
구글 지도 GPS 13.728912, 100.586255 ◉ 찾아가기 BTS 에까마이 역 1번 출구 이용. 버스 승차 후 에까마이 쏘이 1 하차 ◉ 주소 96/1 Sukhumvit Soi 63 ◉ 전화 02-392-2233 ◉ 시간 09:00~24:00 ◉ 휴무 연중무휴 ◉ 가격 타이 마사지 2시간 650B ◉ 홈페이지 www.healthlandspa.com

14 빅 시 슈퍼센터
Big C Supercenter

도보 14분

방콕 시내에서 이용할 수 있는 대형 빅 시 중 하나. 같은 제품이라도 쇼핑센터의 고메 마켓 등지에 비해 훨씬 저렴한 가격에 구입할 수 있다. 인근에 헬스 랜드, 이싼 음식점 싸바이짜이 깹따완 등이 자리해 함께 연계하기에 괜찮다.

◉ MAP P.250D
구글 지도 GPS 13.727035, 100.585761 ◉ 찾아가기 BTS 에까마이 역 1번 출구 이용. 쑤쿰윗 쏘이 63 입구 버스 정류장에서 서는 모든 버스 승차 후 두 번째 정류장에서 하차, 길 건너 바로 ◉ 주소 78 Sukhumvit Soi 63 ◉ 전화 02-714-8222 ◉ 시간 09:00~22:00 ◉ 휴무 연중무휴 ◉ 가격 제품마다 다름 ◉ 홈페이지 corporate.bigc.co.th

15 동동 동키
Don Don Donki

도보 16분

일본 제품을 판매하는 슈퍼마켓과 일본 브랜드의 레스토랑, 약국, 안경점, 놀이시설 등이 입점해 있는 쇼핑센터. 여행자에게는 슈퍼마켓의 스시와 디저트 코너가 유용하다. 현지인 사이에서는 1층 바깥에 자리한 군고구마 가게가 인기다.

◉ MAP P.250D
구글 지도 GPS 13.730847, 100.585912 ◉ 찾아가기 BTS 에까마이 역 1번 출구 이용. 버스 승차 후 에까마이 쏘이 3 하차. 다음 큰길 사거리인 쏘이 5로 좌회전 ◉ 주소 107 Ekkamai ◉ 전화 02-301-0950 ◉ 시간 24시간 ◉ 휴무 연중무휴 ◉ 가격 가게 혹은 제품마다 다름 ◉ 홈페이지 www.facebook.com/DonDonDonkiTH

🔍 ZOOM IN

BTS 언눗 역

시내에서는 벗어나지만 저렴한 숙소를 선호하는 여행자들이 즐겨 찾는 곳. 숙소 주변이 아닌 이상, 일부러 찾을 이유는 없다.

1 롯파이 시장
Train Night Market

택시 15분

기차 선로 옆에 야시장이 형성돼 '기차 야시장'이라는 의미의 '딸랏 낫 롯파이'로 불린다. 디 원 랏차다 야시장의 원조 시장으로 목~일요일 저녁에 열린다. 주중에는 문을 닫는 업소가 많으므로 참고하자.

◉ 구글 지도 GPS 13.695299, 100.650597 ◉ 찾아가기 BTS 언눗 역 4번 출구 로터스 앞에서 택시 이용. 택시 기사들이 딸랏 롯파이를 모르는 경우가 있으므로 씨콘 스퀘어(Seacon Square)를 말하는 편이 낫다. 씨콘 스퀘어 정문에서 내리지 말고 로터스가 자리한 남쪽에서 내리는 게 편리하다. 시장은 씨콘 스퀘어 뒤편에 자리한다. ◉ 주소 Srinagarindra Soi 51 ◉ 전화 081-827-5885 ◉ 시간 목~일요일 17:00~01:00 ◉ 휴무 월~수요일 ◉ 가격 가게마다 다름 ◉ 홈페이지 www.facebook.com/taradrodfi

2 메가 방나
Mega Bangna

택시 12분

메가 방나, 로빈슨 백화점, 이케아, 빅 시, 홈프로, 메가 시네플렉스가 함께 자리한 초대형 쇼핑센터. 어마어마한 규모로 웬만한 프랜차이즈 매장이 입점해 있지만 방콕 시내와 거리가 있는 편이라 일부러 찾을 필요는 없다.

◉ 구글 지도 GPS 13.647150, 100.680557 ◉ 찾아가기 BTS 우돔쑥 역 5번 출구 세븐일레븐 앞에서 무료 셔틀버스 운행(09:00~22:30) ◉ 주소 38-39 Bangna-Trad Road ◉ 전화 02-105-1000 ◉ 시간 10:00~22:00 ◉ 휴무 연중무휴 ◉ 가격 가게마다 다름 ◉ 홈페이지 www.mega-bangna.com

AREA 05 SILOM · SAT
[สีลม · สาทร 씨롬 · 싸톤]

빌딩 숲을 이루는 상업 지역

태국과 외국계 은행이 본점을 둔 방콕의 상업 지역이다. 오피스 빌딩들 사이에 호텔과 쇼핑센터가 여럿 자리하며 BTS와 MRT가 지나가 교통도 편리하다. 한낮에는 마천루가 숲을 이루는 삭막한 풍경을 연출하지만, 어둠이 내려 빌딩 조명이 켜지면 반짝반짝 따뜻한 불빛이 새어 나온다. 씨롬과 싸톤 지역에서 루프톱 바를 놓칠 수 없는 이유다.

| 인기 ★★★★ | 관광지 ★★★★ | 쇼핑 ★★★★★ | 식도락 ★★★★★ | 나이트라이프 ★★★★★ | 혼잡도 ★★★ |

인기: 여행자들은 아시아티크와 유명 루프톱 바를 주로 찾는다.

관광지: 아시아티크가 대표적이다. 보트로 이동할 수 있는 딸랏 너이와 연계해도 좋다.

쇼핑: 아이콘 싸얌은 방콕을 대표하는 쇼핑센터 중 하나! 아시아티크는 잡화 쇼핑에 그만이다.

식도락: 길거리 음식부터 고급 레스토랑까지 다양하다.

나이트라이프: 방콕을 대표하는 루프톱 바의 대부분이 씨롬, 싸톤 지역에 있다.

혼잡도: 회사원들이 빌딩에서 나오는 점심시간과 퇴근 시간 등을 제외하면 한적한 느낌.

261

씨롬·싸톤 교통편

씨롬·싸톤으로 가는 방법

BTS
BTS 씨롬 라인이 관통한다. 씨롬 초입의 팟퐁이나 컨벤트(껀웬) 로드로 갈 경우 BTS 쌀라댕 역, 씨롬 남쪽 지역은 BTS 총논씨 역, 씨롬 남쪽은 BTS 세인트 루이스 역과 쑤라싹 역, 싸판딱신 역을 이용한다.

MRT
MRT 씨롬 역과 룸피니 역이 유용하다. 씨롬 역은 룸피니 공원 입구로 BTS 쌀라댕 역과 환승이 가능하다. 여행자들이 즐겨 찾는 일부 레스토랑과 루프톱 바는 MRT 룸피니 역과 가깝다.

수상 보트
BTS 싸판딱신 역과 짜오프라야 익스프레스 타 싸톤 선착장이 연계돼 편리하다. 왕궁 주변, 카오산 로드 등지로 향할 때 BTS와 보트를 연계하면 정체 없이 이용할 수 있다. 짜오프라야 강변에 자리한 호텔의 셔틀 보트 선착장과 아시아티크 셔틀 보트 선착장도 타 싸톤 선착장에 자리한다.

씨롬·싸톤 지역 다니는 방법

BTS · MRT
역과 역 사이를 도보로 이동하기는 조금 버겁다. 1정거장 이동하는 경우라도 BTS나 MRT를 이용하는 게 빠르다.

택시
시내 중심부와 마찬가지로 씨롬, 싸톤 지역도 상습 정체에 시달린다. BTS 10분 이내의 거리가 택시를 타면 1시간 이상으로 늘어나기도 한다.

MUST SEE
이것만은 꼭 보자!

No. 1
아시아티크
Asiatique
방콕 필수 볼거리로 자리 잡은 핫 스폿.

No. 2
마하나콘 스카이워크
Mahanakhon SkyWalk
아찔한 스카이워크!

MUST EAT
이것만은 꼭 먹자!

No. 1
코카 레스토랑
Coca Restaurant
태국 쑤끼를 탄생시킨 코카 레스토랑의 본점.

No. 2
반 쏨땀
Baan Somtum
추천 이싼 레스토랑.

No. 3
시로코 & 스카이 바
Sirocco & Sky Bar
방콕에서 가장 유명한 루프톱 바.

No. 4
짜런쌩 씨롬
한국인 입맛에도 잘 맞는 족발 요리.

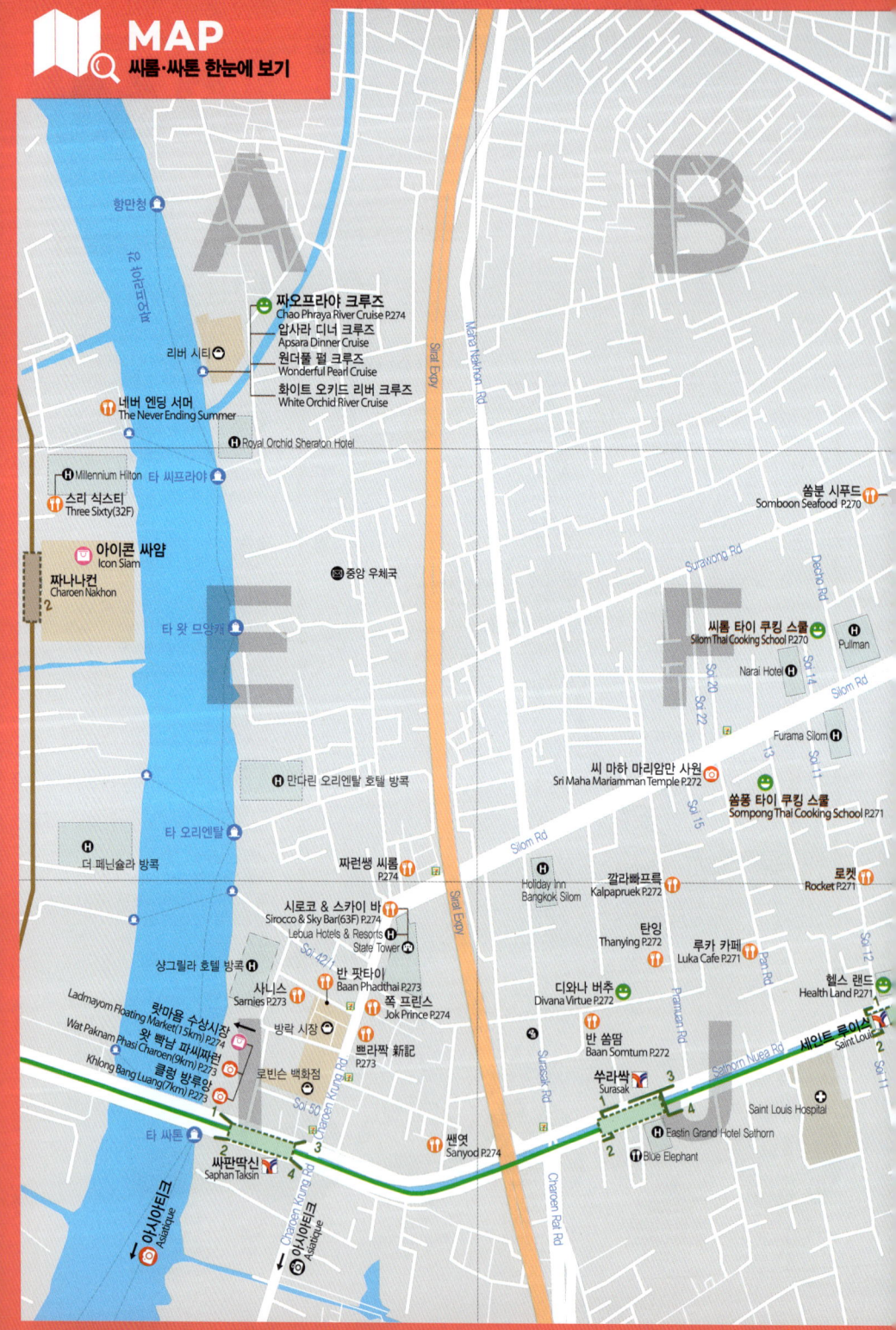

오후부터 밤까지 씨롬·싸톤 반나절 코스

씨롬과 싸톤에는 이름난 루프톱 바가 유독 많다. 높은 빌딩과 호텔이 많은 것도 이유일 것이다. 루프톱 바는 저마다 다른 매력을 뽐낸다. 이 코스에서는 루프톱 바의 대명사와도 같은 시로코 & 스카이 바를 넣었지만, 테마북의 내용을 참고해 자신만의 코스를 정하자. 추천 레스토랑인 반 쏨땀과 짜런쌩 씨롬은 개별적으로 찾아보길 권한다.

S BTS 쌀라댕 역
BTS Sala Daeng

1번 출구에서 270m, 쏘이 씨롬 6으로 우회전해 200m 지나 왼쪽 빌딩 → 코카 레스토랑 도착

1 코카 레스토랑
Coca Restaurant

🕐 시간 11:00~22:00

→ 코카 레스토랑에서 나와 왼쪽, 쑤라웡 로드가 나오면 우회전해 400m → 짐 톰슨 도착

2 짐 톰슨
Jim Thompson

🕐 시간 09:00~20:00

→ 매장에서 나와 왼쪽 길로 진입. 타니야 로드를 따라 BTS 역 방면으로 이동하다가 씨롬 쏘이 7로 좌회전. 다음 삼거리 골목으로 우회전해 왼쪽 → 카르마카멧 도착

코스 무작정 따라하기
START

S. BTS 쌀라댕 역 1번 출구

600m, 도보 7분

1. 코카 레스토랑

500m, 도보 6분

2. 짐 톰슨

230m, 도보 3분

3. 카르마카멧

6km, BTS 5분, 도보 2분, 보트 15분

4. 아시아티크

600m, 보트 15분, 도보 7분

5. 시로코 & 스카이 바

Finish

3 카르마카멧
Karmakamet

🕐 시간 10:00~22:00

→ BTS 역으로 이동, 방와행 BTS를 탑승해 4정거장 지나 싸판딱신 역 하차, 2번 출구로 나와 아시아티크 선착장에서 셔틀 보트 탑승 → 아시아티크 도착

4 아시아티크
Asiatique

🕐 시간 11:00~24:00

→ 아시아티크에서 셔틀 보트를 타고 싸톤 선착장 하차, BTS 싸판딱신 역 1번 출구로 이동해 BTS 라인을 따라가다가 짜런끄룽 로드로 좌회전해 350m → 시로코 & 스카이 바 도착

5 시로코 & 스카이 바
Sirocco & Sky Bar

🕐 시간 18:00~24:00

ZOOM IN
BTS 쌀라댕 역

씨롬 지역의 핵심 다운타운. BTS 쌀라댕 역과 MRT 씨롬 역이 만나는 환승역이라 교통이 편리하다.

1 룸피니 공원
Lumphini Park
도보 6분

큰 볼거리는 없지만 방콕 시민에게는 오아시스 같은 공간이다. 울창한 녹지와 나무, 호수가 도심의 빌딩 숲 아래에 자리해 휴식을 취하거나 운동하기 좋다. 공원 입구에는 자신의 사유지를 공원으로 제공한 라마 6세 동상이 서 있다.

📍 MAP P.263D

구글 지도 GPS 13.731208, 100.542887 찾아가기 BTS 쌀라댕 역 4번 출구에서 400m 혹은 MRT 씨롬 역 1번 출구에서 바로 보인다. 씨롬 입구의 라마 4세 로드(Rama 4 Road)와 랏차담리 로드(Ratchadamri Road)가 교차하는 지점 주소 Rama 4 Road 전화 02-252-7006 시간 04:30~22:00 휴무 연중무휴 가격 무료입장 홈페이지 greener.bangkok.go.th/park/suan-lumpini

2 림라오응오
Lim Lao Ngow
도보 2분

차이나타운의 유명 어묵 국수 노점인 림라오응오의 씨롬 콤플렉스 지점이다. 본점과 메뉴가 조금 다르고 비싼 편이나 환경이 쾌적해 만족스럽다. 모든 국수에는 기본적으로 어묵 고명이 올라간다.

📍 MAP P.236G

구글 지도 GPS 13.728471, 100.535482 찾아가기 BTS 쌀라댕 역 씨롬 콤플렉스 출구 이용. 씨롬 콤플렉스 B층 주소 B Floor, Silom Complex, 191 Silom 전화 061-812-4688 시간 10:30~22:00 휴무 연중무휴 가격 바미마라(Signature Mala Noodle) 155B, 꾸어이띠여우 똠얌무쌉(Tom Yum Noodles) 89·109B 홈페이지 www.limlaongow.com

바미남마라 155B

3 나이멩 바미뿌끼여우꽁약
Meng Noodle
นายเม้งบะหมี่ปู เกี๊ยวกุ้งยักษ์
도보 2분

바미 국수 전문점. 돼지고기 무댕과 무끄럽, 게살 뿌, 버섯 헷헝 등의 고명을 원하는 조합으로 선택할 수 있다. 바미 면에 만두 끼여우, 돼지고기 무끄럽, 게살 뿌를 원하면 '바미끼여우 무끄럽 뿌'를 주문하면 된다.

📍 MAP P.263G

구글 지도 GPS 13.728736, 100.535206 찾아가기 BTS 쌀라댕 역 4번 출구에서 뒤돌아 15m, 첫 번째 골목 들어가기 전 주소 183 Silom Road 전화 02-632-0320 시간 09:00~21:00 휴무 연중무휴 가격 바미 끼여우꽁 무댕 뿌 헷헝 107B 홈페이지 www.facebook.com/NaiMeng

바미 끼여우꽁 무댕 뿌 헷헝 107B

4 하이 쏨땀 컨벤트
Hai Somtam Convent
도보 3분

컨벤트 로드에서 오랫동안 영업하고 있는 이싼 요리 전문점이다. 쏨땀과 구이, 튀김 등 주요리에 찹쌀밥 카우니여우를 곁들여 한 끼 식사를 완성하자. 가격은 합리적이다.

📍 MAP P.263G

구글 지도 GPS 13.727386, 100.533351 찾아가기 BTS 쌀라댕 역 2번 출구 이용. BTS 충논씨 역 방면으로 가다가 첫 번째 골목이 쏘이 컨벤트(컨웬)가 나오면 길 건너 좌회전해 70m, 총 220m 주소 2/4-5 Convent Road 전화 02-631-0216 시간 월~금요일 11:00~22:30, 토요일 11:00~19:30 휴무 일요일 가격 쏨땀뿌(Papaya Salad with Salted Crab) 75B, 커무양(Grilled Neck of Pork) 120B, 카우니여우(Sticky Rice) 20B 홈페이지 없음

쏨땀뿌 75B

5 쏨땀 더
Somtum Der
ส้มตำ เด้อ
도보 3분

이싼 요리 전문점. 친근하고 깔끔한 인테리어가 돋보인다. 쏨땀과 랍, 얌, 남똑 등 맵고 신 샐러드 종류가 다양하며, 튀김과 구이도 잘한다.

ℹ️ INFO P.095, 125 📍 MAP P.263H

구글 지도 GPS 13.727596, 100.536439 찾아가기 BTS 쌀라댕 역 4번 씨롬 콤플렉스 출구 이용, 씨롬 콤플렉스에서 나와 우회전, 첫 번째 거리인 쌀라댕 로드에서 길 건너 우회전해 150m, 총 250m 주소 5/5 Saladaeng Road, Silom 전화 082-294-2363 시간 11:00~23:00 휴무 연중무휴 가격 땀타이(Original Styled Thai Spicy Papaya Salad) 80B, 느어댓디여우(Deep-Fried Sun Dried Beef) 180B +17% 홈페이지 somtumder.com

랍무 120B

6 더 커먼스 쌀라댕
The Commons Saladaeng ★★★ 도보 10분

지역사회 커뮤니티를 지향하는 더 커먼스의 쌀라댕 지점. 건축학적으로 뛰어나 여러 디자인 어워드를 수상했다. 1~2층은 카페, 음식점, 주점이 자리하며, 3층은 워크숍 등 그룹 활동을 위한 공간이다. 1층의 커피숍 루츠(Roots)는 더 커먼스 텅러에도 입점한 커피숍이다.

◎ MAP P.263H
● 구글 지도 GPS 13.725878, 100.538650 ◎ 찾아가기 BTS 쌀라댕 역 4번 출구 씨롬 콤플렉스 출구 이용. 쌀라댕 로드, 쌀라댕 쏘이 1. MRT 씨롬 역 이용 가능 ● 주소 126 Sala Daeng Road ● 전화 084-091-5421 ● 시간 08:00~01:00(업소마다 다름) ● 휴무 연중무휴 ● 가격 가게마다 다름 ● 홈페이지 www.thecommonsbkk.com/saladaeng

7 망고 트리
Mango Tree ★★★ 도보 6분

태국 요리 전문점. 망고 트리의 본점이다. 1994년 창업해 지금까지 많은 사랑을 받고 있다. 라마 6세 때 지은 100년 이상 된 가옥의 실내외에 좌석이 마련돼 있어 분위기가 매우 좋다.

◎ MAP P.263G
● 구글 지도 GPS 13.728591, 100.530052 ◎ 찾아가기 BTS 쌀라댕 역 1번 출구 이용, BTS 총논씨 역 방면으로 가다가 씨롬 쏘이 6이 나오면 우회전해 골목 중간. 500m ● 주소 37 Surawong Road Soi Than Tawan ● 전화 02-236-2820 ● 시간 12:00~23:00 ● 휴무 연중무휴 ● 가격 쏨땀타이(Traditional Papaya Salad) 135B, 탈레파우(Seafood Platter) M 1460B +17% ● 홈페이지 www.facebook.com/MangoTreeRestaurantTH

8 코카 레스토랑
Coca Restaurant ★★★ 도보 6분

1957년 방콕에 문을 열며 태국 쑤끼를 탄생시킨 레스토랑. 가격은 조금 비싸지만 맛과 분위기, 서비스 등 흠잡을 데가 없다.

◎ MAP P.263G
● 구글 지도 GPS 13.728763, 100.529926 ◎ 찾아가기 BTS 쌀라댕 역 1번 출구에서 270m, 쏘이 씨롬 6으로 우회전해 200m 지나 왼쪽 빌딩 ● 주소 8 Anumamratchathon, Surawong Road ● 전화 02-236-9323 ● 시간 11:00~22:00 ● 휴무 연중무휴 ● 가격 츳쑤끼 콤보 프리미엄(Premium Combo Set) 888B ● 홈페이지 www.facebook.com/cocarestaurant

츳쑤끼 콤보 프리미엄 888B

9 쏨땀 쩨쏘
쏨땀쩨쏘 ★★ 도보 7분

〈스트리트 푸드 파이터〉 방콕 편에 소개된 식당. 백종원은 땀카우퐛우엄뽈라마이(옥수수 과일 쏨땀)와 삑까이(닭 날개), 카우니여우(찹쌀밥)를 먹었다. 쏨땀 종류가 다양하며, 싸폭까이(닭다리), 옥까이(닭가슴살) 부위의 까이양도 있다. 위생을 따진다면 포장을 추천한다.

◎ MAP P.263G
● 구글 지도 GPS 13.725121, 100.532566 ◎ 찾아가기 BTS 쌀라댕 역 2번 출구 혹은 BTS 총논씨 역 4번 출구 이용 ● 주소 Soi Phiphat 2 ● 전화 085-999-4225 ● 시간 월~토요일 11:00~17:30 ● 휴무 일요일 ● 가격 삑까이 20B, 땀카우퐛우엄뽈라마이 70B, 쏨땀타이 80B, 카우니여우 12B, 카놈찐 10B ● 홈페이지 없음

10 반 카니타 & 갤러리
Baan Khanitha & Gallery ★★★ 도보 11분

우아한 분위기의 태국 정통 요리 레스토랑. 인테리어와 식기 세트 모두 고품스럽다. 분위기처럼 서비스도 세심하고 극진하다.

◎ MAP P.263H
● 구글 지도 GPS 13.723257, 100.536398 ◎ 찾아가기 BTS 쌀라댕 역 2번 출구에서 컨벤트(껀웬) 로드 진입, 550m 지나 노스 싸톤(싸톤 느아) 로드가 나오면 육교 건너 좌회전해 100m, 총 850m, 도보 11분 ● 주소 69 South Sathon Road ● 전화 02-675-4200 ● 시간 11:00~23:00 ● 휴무 연중무휴 ● 가격 팟끄라파오무(Stir-fried Pork with Chili and Hot Basil) 260B, 뿌님팟퐁까리(Stir-fried Soft Shell Crab with Yellow Curry Sauce) 450B +17% ● 홈페이지 baan-khanitha.com

쏨땀 썽씨 210B

11 플루
Plu ★★ 도보 15분

태국과 미얀마 요리를 독창적인 레시피로 선보이는 퓨전 레스토랑이다. 모던하고 캐주얼한 분위기이며, 합리적인 가격과 편안한 서비스를 제공한다. 미쉐린 빕구르망에 선정되며 입소문 나 예약하는 게 좋다.

◎ MAP P.263L
● 구글 지도 GPS 13.721838, 100.536314 ◎ 찾아가기 BTS 쌀라댕 역 2번 출구 이용. 노스 싸톤 로드 육교 건너 싸톤 쏘이 3 진입 후 쏘이 프라피닛으로 우회전 ● 주소 3 Soi Phra Phinit ● 전화 062-642-2222 ● 시간 11:00~15:00, 17:00~22:00 ● 휴무 연중무휴 ● 가격 얌바이차(Burmese Tea Leaves Salad) 160B, 무뚠카이팔로(Five-Spice Eggs & Pork Belly Stew) 350B +17% ● 홈페이지 없음

12 노스이스트
Northeast
도보 11분

이싼 요리 전문점. 샐러드의 일종인 쏨땀과 랍 메뉴가 다양하다. 이싼 요리 외에 뿌님팟퐁까리, 어쑤언 등 해산물 요리도 괜찮다.

ⓘ **INFO** P.109 ⓜ **MAP** P.263H

ⓢ 구글 지도 GPS 13.727096, 100.541942 ⓕ 찾아가기 MRT 룸피니 역 2번 출구 이용. 라이프 센터(Life Center) 앞에서 횡단보도 건너 직진, 350m, 도보 5분 ⓐ 주소 1010/12–15 Rama 4 Road, Silom ⓣ 전화 02–633–8947 ⓗ 시간 월~토요일 11:00~21:00 ⓧ 휴무 일요일 ⓟ 가격 뿌퐁팟까리(Stir–fried Soft Shell Crabs with Yellow Curry Powder) 295B ⓦ 홈페이지 www.facebook.com/Northeast-Restaurant-304171426309530

13 버티고 & 문 바
Vertigo & Moon Bar
도보 12분

반얀트리 61층에 자리한 루프톱 바. 59층까지 엘리베이터를 이용한 다음 계단을 따라 오르면 야외 다이닝 공간인 버티고가 나오고, 버티고의 가장자리와 연결된 공간이 루프톱 바에 해당된다. 바의 규모가 작은 편이라 자리를 차지하려면 서두르는 게 좋다.

ⓘ **INFO** P.144 ⓜ **MAP** P.263H

ⓢ 구글 지도 GPS 13.723784, 100.539713 ⓕ 찾아가기 MRT 룸피니 역 2번 출구로 나와 사우스 싸톤(싸톤 따이) 로드를 따라 700m, 도보 9분 ⓐ 주소 61st Floor, Banyan Tree Bangkok, 21/100 South Sathon Road ⓣ 전화 02–679–1200 ⓗ 시간 17:00~01:00 ⓧ 휴무 연중무휴 ⓟ 가격 맥주 350B~, 칵테일 530B~ +17% ⓦ 홈페이지 www.banyantree.com/thailand/bangkok/dining/moon-bar

14 비터맨
Bitterman
도보 11분

실내외를 열대식물로 장식한 카페 겸 레스토랑. 온실처럼 꾸민 실내에서 야외 정원이 보이는 데다 곳곳에 화분을 놓아 초록의 향연이 이어진다.

ⓘ **INFO** P.130 ⓜ **MAP** P.236H

ⓢ 구글 지도 GPS 13.726398, 100.539921 ⓕ 찾아가기 MRT 룸피니 역 2번 출구 이용. 라이프 센터(Life Center) 앞에서 횡단보도 건너 350m 직진해 노스이스트(Northeast)에서 좌회전한 후 도보 250m, 총 600m, 도보 7분 ⓐ 주소 120/1 Sala Daeng Road ⓣ 전화 02–636–3256 ⓗ 시간 11:00~23:00 ⓧ 휴무 연중무휴 ⓟ 가격 레모네이드(Lemonade) 120B +17% ⓦ 홈페이지 www.facebook.com/bitterman.bkk

아이스 아메리카노 100B

15 운찬 헬스 마사지
Unchan Health Massage
도보 2분

BTS·MRT 역과 가까워 접근성이 좋으며, 마사지사에 대한 평가가 높은 곳이다. 매트와 의자가 쭉 놓여 있는 시설은 평범하며, 깔끔하게 관리되고 있다. 1시간보다는 1시간 30분 혹은 2시간이 저렴한 편인데 평일이라도 원하는 만큼 마사지를 받으려면 예약하는 게 낫다.

ⓜ **MAP** P.263G

ⓢ 구글 지도 GPS 13.727339, 100.532422 ⓕ 찾아가기 BTS 쌀라댕 역 2번 출구 이용. CP 타워 3층 ⓐ 주소 3rd Floor, CP Tower, 313 Silom Road ⓣ 전화 02–638–2020 ⓗ 시간 10:00~21:00 ⓧ 휴무 연중무휴 ⓟ 가격 타이 마사지 1시간 300B · 1시간 30분 400B · 2시간 500B ⓦ 홈페이지 www.facebook.com/unchancptower

16 반촘낫 마사지
Ban-Chomnard Massage
도보 2분

1층은 발 마사지, 2층은 기타 마사지 공간이다. 마사지 룸은 조용하며 깨끗하다. 마사지 사마다 실력 차이가 있으나 게으름을 피우지 않고 열성을 다하는 편이다. 몇몇 마사지사의 손놀림이 예사롭지 않아 단골로 드나들고 싶은 마음이 든다.

ⓜ **MAP** P.263G

ⓢ 구글 지도 GPS 13.727962, 100.536210 ⓕ 찾아가기 BTS 쌀라댕 역 씨롬 콤플렉스 출구 이용. 씨롬 콤플렉스 후문에서 좌회전해 쌀라댕 로드 진입 ⓐ 주소 4 Saladaeng Road ⓣ 전화 085–996–6630 ⓗ 시간 10:30~22:00 ⓧ 휴무 연중무휴 ⓟ 가격 타이 마사지 1시간 300B · 1시간 30분 450B · 2시간 550B ⓦ 홈페이지 없음

17 센터 포인트
Center Point
도보 6분

한 집 건너 한 집이 마사지 가게인 BTS 쌀라댕 역 인근에서 추천하는 또 하나의 마사지 숍. 방콕에만 네 군데의 지점이 있다. 마사지 실력과 서비스 등이 전반적으로 만족스럽다. 타이 마사지의 경우 1시간보다 1시간 30분 프로그램이 저렴하다.

ⓜ **MAP** P.263G

ⓢ 구글 지도 GPS 13.727761, 100.530824 ⓕ 찾아가기 BTS 쌀라댕 역 1번 출구에서 약 300m 직진한 후 씨롬 6(쏘이 탄 따완)으로 우회전, 40m 오른쪽 ⓐ 주소 128/4–5 Soi Than Tawan, Silom Road ⓣ 전화 02–634–0341~2 ⓗ 시간 10:00~24:00 ⓧ 휴무 연중무휴 ⓟ 가격 타이 마사지 1시간 450B, 1시간 30분 600B, 2시간 750B ⓦ 홈페이지 www.centerpointmassage.com

18 씨롬 콤플렉스
Silom Complex
도보 1분

씨롬 지역을 대표하는 대규모 쇼핑센터로, 센트럴 백화점과 함께 자리한다. 유명 체인 레스토랑이 대부분 입점해 쇼핑과 미식을 동시에 해결하기에 좋다. 센트럴 백화점 지하 1층에는 규모 큰 톱스 슈퍼마켓이 위치한다.

ⓖ MAP P.263G
구글 지도 GPS 13.728301, 100.535051 찾아가기 BTS 쌀라댕 역과 바로 연결 주소 191 Silom Road 전화 02-632-1199 시간 10:30~22:00 휴무 연중무휴 가격 제품마다 다름 홈페이지 silomcomplex.net

19 마담 행
Madame Heng
도보 2분

천연 비누 전문 브랜드인 마담 행의 개별 매장. BTS 쌀라댕 역과 연결된 타니야 플라자 2층에 비교적 큰 규모로 입점했다. 슈퍼마켓보다 상품이 다양해 용도에 맞게 구매하기 좋다. 추천 상품은 원조 비누인 메리 벨 솝(Merry Bell Soap).

ⓘ INFO P.173 ⓜ MAP P.263C
구글 지도 GPS 13.729081, 100.533378 찾아가기 BTS 쌀라댕 역과 타니야 플라자가 연결돼 있다. 타니야 플라자 2층 주소 2nd Floor, Thaniya Plaza, 52 Silom Road 전화 02-632-9515 시간 10:00~21:00 휴무 연중무휴 가격 제품마다 다름 홈페이지 www.madameheng.com

20 카르마카멧
Karmakamet
★★★
도보 4분

Area 05 씨롬·싸톤
COURSE
ZOOM IN

카르마카멧의 개별 매장 가운데 규모가 있는 편으로, 카페와 홈 스파 매장을 동시에 운영한다. 카르마카멧은 디퓨저, 룸 스프레이, 캔들 등 방향 제품이 강세. 샘플 향을 맡은 후 제품을 구매할 수 있다. 대용량 헤어와 보디 제품 중에는 할인 품목이 많다.

ⓘ INFO P.173 ⓜ MAP P.263C
구글 지도 GPS 13.729018, 100.534119 찾아가기 BTS 쌀라댕 역 3번 출구에서 바로 주소 G Floor, Yada Building, Silom Road 전화 02-237-1148 시간 10:00~22:00 휴무 연중무휴 가격 제품마다 다름 홈페이지 www.karmakamet.co.th, www.everydaykmkm.com

21 짐 톰슨
Jim Thompson
도보 6분

타이 실크의 대표 브랜드인 짐 톰슨의 메인 숍. 6층 건물로 1~4층에 위치한다. 1층은 스카프, 넥타이, 소품, 잡화 등을 판매하는 소매점과 커피숍, 2층은 짐 톰슨 패브릭 쇼룸, 3층은 퍼니처 쇼룸, 4층은 프로젝트 판매 매장이다. 짐 톰슨 매장 중 규모가 가장 크다.

ⓘ INFO P.166 ⓜ MAP P.263C
구글 지도 GPS 13.730400, 100.533507 찾아가기 BTS 쌀라댕 역 3번 출구에서 타니야 로드로 진입해 약 200m 끝까지 걸은 후 우회전 주소 9 Surawong Road 전화 02-632-8100 시간 09:00~20:00 휴무 연중무휴 가격 제품마다 다름 홈페이지 www.jimthompson.com

22 팟퐁 야시장
Patpong Night Market
도보 7분

주거래 품목은 태국 어디에서나 판매하는 기념품과 의류, 가방, 시계 등 명품 이미테이션 제품. 다른 시장에 비해 상인들이 거친 편이므로 흥정 시 고성이 오가지 않도록 주의하자. 야시장 양옆으로 '고고 바'라 불리는 퇴폐 유흥업소가 즐비하다.

ⓘ INFO P.182 ⓜ MAP P.263C
구글 지도 GPS 13.729219, 100.531604 찾아가기 BTS 쌀라댕 역 1번 출구에서 팟퐁 1 로드로 진입 주소 Patpong 1 Road 전화 가게마다 다름 시간 18:00~01:00 휴무 연중무휴 가격 가게마다 다름 홈페이지 없음

ZOOM IN

BTS 총논씨 역

금융회사가 밀집된 지역으로 여행자보다는 현지 회사원을 위한 시설이 많다.

1 렉 시푸드
Lek Seafood 도보 1분

BTS 총논씨 역에서 가까운 해산물 식당. 낮에는 직장인을 상대로 반찬 덮밥 카우깽으로 영업하고, 저녁에만 해산물을 판매한다.

📍 **MAP** P.263G
📍 **구글 지도 GPS** 13.723848,100.529681 📍 **찾아가기** BTS 총논씨 역 4번 출구로 뒤돌아 첫 번째 골목으로 좌회전하자마자 위치 📍 **주소** 89 Soi Naradhiwas Rajanagarindra 3 📞 **전화** 096-645-9646 🕐 **시간** 월~토요일 17:00~24:00 ⊘ **휴무** 일요일 💰 **가격** 쁠라묵팟카이켐(Stir-Fried Squid with Salt Egg) 400B, 뿌팟퐁까리(Stir-Fried Whole Crab in Curry Sauce) 750~1250B 🌐 **홈페이지 없음**

탈레팟끄라타런 280B

2 쏨분 시푸드
Somboon Seafood
สมบูรณ์โภชนา 도보 8분

방콕을 대표하는 해산물 전문점의 쑤라웡 지점. 여행자들이 즐겨 찾는 지점으로, 규모가 매우 크다. 대표 메뉴는 카레로 볶은 게 요리인 뿌팟퐁까리. 1969년부터 역사를 이어오며 번성한 이유를 알게 해주는 요리다. 나머지 해산물 요리는 일반적이다.

📍 **INFO** P.116 📍 **MAP** P.262F
📍 **구글 지도 GPS** 13.728368, 100.526666 📍 **찾아가기** BTS 총논씨 역 3번 출구에서 550m 직진, 도보 7분 📍 **주소** 169/7-12 Surawong Road 📞 **전화** 02-233-3104 🕐 **시간** 11:00~21:30 ⊘ **휴무** 연중무휴 💰 **가격** 뿌팟퐁까리(Fried Curry Crab) S 720B·M 1180B·L 1680B, 쁠라까오끄라파오끄랍(Deep Fried Grouper with Crispy Basil) 480B, 마크어쁠라켐끄라타런(Eggplants Salty Fish) 240B +7% 🌐 **홈페이지** www.somboonseafood.com

3 남니여우 빠쑥 꾸어이띠여우 씹썽빤나
Sibsong Banna Noodle House 도보 5분

북부 국수인 남니여우와 카우쏘이 등을 맛볼 수 있는 집이다. 얼큰한 국물의 남니여우는 쌀 소면 카놈찐 혹은 쌀국수 꾸어이띠여우의 면을, 카레 국물의 카우쏘이는 닭 까이, 소고기 느어, 돼지고기 무의 고명을 선택할 수 있다. 인근 주민과 직장인 맛집이다.

📍 **MAP** P.236G
📍 **구글 지도 GPS** 13.725579, 100.531331 📍 **찾아가기** BTS 총논씨 역 4번 출구 이용. 쏘이 씨롬 3 📍 **주소** 16/4 Si Lom 3 📞 **전화** 086-334-1489 🕐 **시간** 월~금요일 07:00~13:30, 토요일 07:30~14:00 ⊘ **휴무** 일요일 💰 **가격** 남니여우(Nam Ngeow)·카우쏘이(Khao Soi) 각 50B 🌐 **홈페이지 없음**

4 마하나콘 스카이워크
Mahanakhon SkyWalk 😊 도보 1분

314m, 78층 높이에 자리한 루프톱 어트랙션. 74층에 인도어 전망대, 78층에 아웃도어 전망대가 자리했다. 78층의 글래스 트레이(Glass Tray)는 310m 높이에 유리로 마감한 공중 시설. 유리 위에 서면 오금이 저리고, 눈이 아득해진다.

📍 **INFO** P.144 📍 **MAP** P.263G
📍 **구글 지도 GPS** 13.723373, 100.528255 📍 **찾아가기** BTS 총논씨 역과 연결 📍 **주소** 114 Naradhiwat Rajanagarindra Road 📞 **전화** 02-677-8721 🕐 **시간** 10:00~19:00, 마지막 입장 18:30 ⊘ **휴무** 연중무휴 💰 **가격** 데이(10:00~15:30) 어른 880B, 어린이 350B, 선셋 어른 1080B, 어린이 350B 🌐 **홈페이지** kingpowermahanakhon.co.th

5 씨롬 타이 쿠킹 스쿨
Silom Thai Cooking School 😊 도보 13분

10명 이내 소규모 클래스를 운영한다. 요일별로 요리가 조금씩 다르므로 홈페이지를 통해 확인 후 신청하면 된다. 오전·오후·저녁 클래스가 있으므로 편한 시간을 선택할 수 있다. 단, 마켓 투어를 제대로 즐기려면 시장이 문을 여는 오전 클래스를 신청해야 한다.

📍 **MAP** P.262F
📍 **구글 지도 GPS** 13.722444, 100.524715 📍 **찾아가기** BTS 총논씨 역 인근. 쿠킹 스쿨을 신청하면 집결 장소와 오는 방법을 문자메시지 혹은 메일로 알려준다. 📍 **주소** 6/14 Decho Road 📞 **전화** 084-726-5669 🕐 **시간** 오전 09:00~12:20, 오후 13:40~17:00, 저녁 18:00~21:00 ⊘ **휴무** 연중무휴 💰 **가격** 1000B 🌐 **홈페이지** www.silomthaicooking.com

6 퍼셉션
Perception 😊 도보 5분

모든 마사지사가 시각 장애인이다. 여행자들의 평은 호불호가 극명하다. 시설은 평범하며 실내는 시각 장애인들의 시야를 상징해 전반적으로 어둡게 꾸몄다. 3층의 마사지 룸은 커튼으로 분리했으며, 2층에는 발 마사지를 위한 의자가 마련돼 있다.

📍 **MAP** P.263G
📍 **구글 지도 GPS** 13.722587, 100.531360 📍 **찾아가기** BTS 총논씨 역 2번 출구에서 직진, 스탠더드 차타드 은행이 보이면 좌회전해 130m 더 간 후 쏘이 싸톤 8 골목으로 진입, 약 30m 지나 왼쪽 📍 **주소** Sathon Soi 8 📞 **전화** 082-222-5936 🕐 **시간** 10:00~20:00 ⊘ **휴무** 연중무휴 💰 **가격** 60분 450B, 120분 800B 🌐 **홈페이지** www.perceptionblindmassage.com

7 킹 파워
King Power ★★★ 도보 1분

킹 파워 마하나콘 스카이워크 구경 후 엘리베이터를 타고 내려오면 면세점을 통과해야 한다. 일부 제품은 현장에서 수령할 수 있으며, 면세 쇼핑은 여권과 항공권 등록 후 즐기면 된다. 스낵, 기념품, 술, 담배, 시계, 의류 등을 판매한다.

◉ MAP P.263G
구글 지도 GPS 13.723373, 100.528255 찾아가기 BTS 총논씨 역과 연결 주소 114 Naradhiwat Rajanagarindra Road 전화 02-677-8721 시간 10:00~21:00 휴무 연중무휴 가격 제품마다 다름 홈페이지 story.kingpower.com/en/store-mahanakhon-en

🔍 ZOOM IN

BTS 세인트 루이스 역

BTS 총논씨 역과 쑤라싹 역 사이에 2021년 생긴 역이다. 긴 노선이 짧아지며 여러 스폿의 접근성이 좋아졌다.

1 로켓
Rocket ★★★ 도보 3분

개방형 바리스타 바와 롱 테이블이 특징인 카페. 에스프레소와 콜드 브루 기반의 커피, 차와 함께 조식, 브런치 메뉴를 선보인다. 충실한 맛과 서비스를 기반으로 꾸준히 사랑받는 공간이다.

◉ MAP P.262F
구글 지도 GPS 13.722762, 100.525916 찾아가기 BTS 세인트 루이스 역 4번 출구 이용. 쏘이 싸톤 12로 진입 후 220m 주소 149 Soi Sathon 12 전화 096-791-3192 시간 07:00~17:00 휴무 연중무휴 가격 아메리카노(Americano) 90B +17% 홈페이지 www.facebook.com/rocketcoffeebar

아메리카노 90B

2 루카 카페
Luka Cafe ★★★ 도보 5분

스테이크, 샌드위치, 롤, 부리토, 샐러드 등 세계 각국의 요리를 선보이는 트렌디 카페. 조식, 브런치, 커피, 차 등을 즐길 수 있다. 4층 구조의 앤티크 하우스 안팎을 이국적이며 개성 있는 동네 분위기에 걸맞게 조성해 놓았다.

◉ MAP P.262J
구글 지도 GPS 13.721592, 100.523860 찾아가기 BTS 세인트 루이스 역 4번 출구 이용. 빤 로드(Pan Road)로 진입해 약 150m 주소 64/3 Pan Road 전화 091-886-8717 시간 08:00~18:00 휴무 연중무휴 가격 아메리카노(Americano) Hot 100B · Cold 110B +17% 홈페이지 lukabangkok.com

3 헬스 랜드
Health Land ★★★ 도보 1분

대형 마사지 숍인 헬스 랜드의 싸톤 지점. 개별 룸을 갖춘 깔끔한 시설 대비 저렴한 가격 덕분에 한국, 중국 등 외국인 관광객에게 인기다. 오일을 사용하지 않는 마사지는 1시간에 400B, 2시간에 600B대. 마사지사에 따라 기술 차이가 큰 편이다.

◉ MAP P.262J
구글 지도 GPS 13.721155, 100.526473 찾아가기 BTS 세인트 루이스 역 4번 출구에서 바로 주소 120 North Sathon Road 전화 02-637-8883 시간 09:00~23:00 휴무 연중무휴 가격 타이 마사지 2시간 650B 홈페이지 www.healthlandspa.com

4 쏨퐁 타이 쿠킹 스쿨
Sompong Thai Cooking School ★★★ 도보 9분

요일별로 요리가 다르므로 홈페이지를 통해 확인 후 신청하자. 하루에 배우는 요리는 네 가지로 카레와 디저트가 포함된다. 오전, 오후 클래스가 있는데 마켓 투어까지 제대로 즐기려면 오전 클래스를 신청해야 한다.

◉ MAP P.262F
구글 지도 GPS 13.723194, 100.524619 찾아가기 BTS 세인트 루이스 역 4번 출구 이용. 쏘이 싸톤 12로 진입. 길 끝까지 걸어 큰길인 씨롬 로드가 나오면 좌회전 후 다음 골목인 쏘이 씨롬 13 진입 후 100m 주소 2/6-2/8 Soi Silom 13 전화 084-779-8066 시간 09:00~14:00, 15:00~19:00 휴무 연중무휴 가격 약 1200B(예약 사이트마다 다름) 홈페이지 www.facebook.com/sompongthaicookingschool

ZOOM IN
BTS 쑤라싹 역

금융회사가 밀집된 상업 지역. BTS 쌀라댕, 총논씨, 세인트 루이스, 쑤라싹이 비슷한 분위기를 이어간다.

1 씨 마하 마리암만 사원
Sri Maha Mariamman Temple
도보 9분

우마 데위 사원 혹은 태국식으로 왓 캑이라 불린다. 방콕에 거주하는 남인도 출신의 상인과 노동자를 위해 1876년 힌두 브라만교 사원으로 건설했다. 사원 주변에는 인도 음식점과 시장 등 인도인을 위한 거리가 형성돼 있다.

INFO P.051 MAP P.262F 구글 지도 GPS 13.724212, 100.522892 찾아가기 BTS 쑤라싹 역 3번 출구에서 뒤돌아 첫 번째 도로에서 좌회전해 씨롬 로드가 나오면 우회전, 총 750m, 도보 9분 주소 2 Pan Road 전화 097-315-9569 시간 월~목요일 06:00~20:00, 금요일 06:00~21:00, 토~일요일 06:00~20:30 휴무 연중무휴 가격 무료입장 홈페이지 없음

2 깔라빠프룩
Kalpapruek
กัลปพฤกษ์
도보 5분

1975년에 문을 연 태국 정통 레스토랑. 자극적이지 않은 방콕의 맛을 선보인다. 한쪽에 진열된 케이크는 서양식 디저트가 생소했던 당시부터 큰 인기를 누렸다고 한다.

MAP P.262F 구글 지도 GPS 13.722623, 100.522120 찾아가기 BTS 쑤라싹 역 3번 출구에서 뒤돌아 첫 번째 골목인 쁘라무안 로드로 300m 주소 27 Pramuan Road 전화 02-236-4335 시간 09:00~17:00 휴무 연중무휴 가격 씨크롱무텃프릭끌르아(Fried Pork Spare Ribs with Salt & Chili) 190B, 빨라묵팟까피(Stir Fried Squid with Shrimp Paste) 250B +17% 홈페이지 kalpapruekrestaurants.com

깽쯧룩룩 130B

3 반 쏨땀
Baan Somtum
บ้าน ส้มตำ
도보 5분

에어컨을 가동하는 깔끔한 실내에서 다양한 이싼 요리를 즐길 수 있다. 방콕의 이싼 요리 전문점 중 베스트로 손꼽힌다.

INFO P.095, 124 MAP P.262J 구글 지도 GPS 13.720603, 100.520554 찾아가기 BTS 쑤라싹 역 1번 출구에서 뒤돌아 직진, 150m 지나 쑤라싹 로드로 우회전한 후, 200m, 쏘이 씨와앙(Soi Si Wiang)에서 우회전해 100m, 총 450m, 도보 5분 주소 9/1 Soi Si Wiang, Pramuan Road 전화 02-630-3486 시간 11:00~22:00 휴무 연중무휴 가격 땀뿌마(Papaya Salad with Blue Crab) 175B, 커무양(Grilled Pork Shoulder) 155B +10% 홈페이지 www.baansomtum.com

4 탄잉
Thanying
ท่านหญิง
도보 5분

왕실 레시피를 선보이는 레스토랑. 씨롬의 오래된 주택에 자리해 외관은 조금 허름하지만 인테리어와 테이블 세팅은 고급스럽다.

INFO P.112 MAP P.262J 구글 지도 GPS 13.721602, 100.521949 찾아가기 BTS 쑤라싹 역 3번 출구에서 뒤돌아 첫 번째 골목인 쁘라무안 로드로 200m, 도보 5분 주소 10 Pramuan Road 전화 02-236-4361 시간 11:30~22:00 휴무 연중무휴 가격 얌마무엉(Green Mango, Spicy and Tangy Salad with Pork and Shrimp) 320B, 빨라까퐁텃 꼬라띠얌(Sea Bass, Deep Fried, Topped with Crispy Garlic and Pepper) 400·800B +7% 홈페이지 없음

깽마싸만 느어 450B

5 디와나 버추
Divana Virtue
도보 5분

디와나 스파의 씨롬 지점. 이유는 알 수 없지만 한국인들에게 유독 인기라고 한다. 시설과 서비스는 두말할 나위 없지만 예약이 어려울 정도로, 고집할 이유가 없다면 다른 지점을 선택할 것을 추천한다. 텅러, 아쏙, 나나에도 디와나 지점이 있다.

MAP P.262J 구글 지도 GPS 13.720919, 100.521068 찾아가기 BTS 쑤라싹 역 3번 출구 계단을 내려가자마자 뒤돌아 약 140m, 쁘라무안 로드(Pramuan Road)로 좌회전, 약 130m 지나 씨와앙 로드(Si Wiang Road)로 좌회전해 130m 오른쪽, 총 400m, 도보 5분 주소 10 Si Wiang Silom 전화 02-236-6788~9 시간 화~금요일 11:00~23:00, 토~월요일 10:00~23:00 휴무 연중무휴 가격 싸이언스센스 90분 2150B, 120분 2350B 홈페이지 www.divanaspa.com

ZOOM IN

BTS 싸판딱신 역·타 싸톤 선착장

BTS 싸판딱신 역과 수상 보트 타 싸톤 선착장이 만나는 교통의 요지. 짜오프라야 강변 호텔 보트 선착장과 아시아티크·아이콘 싸얌 셔틀 보트 선착장도 있다.

1 왓 빡남 파씨짜런
Wat Paknam Phasi Charoen

택시 13분

아이콘 싸얌이 있는 클렁싼 지역에서도 보일 정도로 거대한 불상을 품은 사원이다. 불상의 높이는 69m, 무게는 741톤에 달한다. 불상 뒤편에는 불상만큼 거대한 80m 높이의 탑이 자리했다. 5층 탑 내부의 꼭대기 층에는 우주를 연상케 하는 에메랄드빛 탑이 있다. 정교하게 그린 천장화와 벽화도 눈길을 사로잡는다.

◎ MAP P.262 | ⊕ 구글 지도 GPS 13.721780, 100.470359 ⊕ 찾아가기 MRT 방파이 역에서 800m, 도보 12분. 택시가 편리하다. ⊕ 주소 300 Soi Ratchamongkhon Prasat ⊕ 전화 02-467-0811 ⊕ 시간 08:00~18:00 ⊕ 휴무 연중무휴 ⊕ 가격 무료입장 ⊕ 홈페이지 www.facebook.com/WATPAKNAM.BKK

2 클렁 방루앙
Khlong Bang Luang

택시 11분

클렁 방파트와 클렁 방콕야이의 수로를 따라 형성된 마을. 작은 수로 마을의 정취를 느낄 수 있는 곳으로 왓 빡남과 연계해 들르면 좋다. 인기 업소는 비즈 장식품 만들기 등을 체험할 수 있는 아티스트 하우스(Artist House). 그밖에 식당과 잡화 상점 등이 몇 곳 자리했다.

◎ MAP P.262 | ⊕ 구글 지도 GPS 13.730596, 100.463665 ⊕ 찾아가기 MRT 방파이 역에서 1km, 도보 14분. 택시가 편리하다. ⊕ 주소 Soi Phet Kasem 20 ⊕ 전화 가게마다 다름 ⊕ 시간 07:30~18:00(가게마다 다름) ⊕ 휴무 연중무휴 ⊕ 가격 가게마다 다름 ⊕ 홈페이지 없음

3 사니스
Sarnies

도보 6분

방콕의 올드타운인 방락 지역에는 옛것에 지금의 것을 더해 재탄생하는 곳들이 여럿 있다. 150년 전에 지어진 옛 상가에 들어선 사니스도 그 중 하나. 커피와 요리를 즐기며 분위기에 젖는 곳이다.

◎ MAP P.262 | ⊕ 구글 지도 GPS 13.721093, 100.514772 ⊕ 찾아가기 BTS 싸판딱신 역 1번 혹은 3번 출구 이용. 샹그릴라 호텔 뒤편 ⊕ 주소 101-103 Charoen Krung, Soi Charoen Krung 44 ⊕ 전화 02-102-9407 ⊕ 시간 08:00~22:00 ⊕ 휴무 연중무휴 ⊕ 가격 피콜로(Piccolo) 110B +17% ⊕ 홈페이지 sarnies.com

아이스 코코넛 롱블랙 150B

4 반 팟타이
Baan Phadthai

도보 6분

짜런끄룽의 50년 된 옛집에 고풍스레 자리한 팟타이 전문점이다. 18가지 재료의 비법 소스와 최고급 쎈짠으로 팟타이를 만든다는 곳으로 미쉐린 빕구르망에 여러 번 선정돼 일부러 찾는 이들이 많다. 다만 높게 책정된 팟타이 가격 등 아쉬운 점이 여럿 된다.

◎ MAP P.262 | ⊕ 구글 지도 GPS 13.720785, 100.515505 ⊕ 찾아가기 BTS 싸판딱신 역 1번 혹은 3번 출구 이용. 샹그릴라 호텔 뒤편 ⊕ 주소 21-23 Soi Charoen Krung 44 ⊕ 전화 02-060-5553 ⊕ 시간 11:00~22:00 ⊕ 휴무 연중무휴 ⊕ 가격 팟타이(Phadthai) 190B~ +7% ⊕ 홈페이지 www.baanphadthai.com

팟타이쎄 190B

5 쁘라짝
新記 ประจักษ์

도보 3분

1894년에 문을 연 전통의 식당. 바미 국수와 기타 요리를 판매한다. 국수는 바미 면과 돼지고기 끼여우, 새우 끼여우 중 선택할 수 있다. 고명은 오리고기 뺏양, 돼지고기 무댕과 무끄럽, 게살 뿌를 갖추었다.

◎ INFO P.102 | ◎ MAP P.262 | ⊕ 구글 지도 GPS 13.720386, 100.515993 ⊕ 찾아가기 BTS 싸판딱신 역 3번 출구 이용. 짜런끄룽 로드가 나오면 길 건너 좌회전, 250m, 도보 3분 ⊕ 주소 1415 Charoen Krung Road ⊕ 전화 02-234-3755 ⊕ 시간 08:00~20:00 ⊕ 휴무 연중무휴 ⊕ 가격 끼여우미뺏(Egg Noodle & Pork Wonton with Roasted Duck) 70B, 바미 뿌(Egg Noodle with Crab) 80B ⊕ 홈페이지 prachakrestaurant.com

바미뿌 80B

6 쪽 프린스
Jok Prince
โจ๊กปริ๊นซ์ บางรัก

★★★ 도보 4분

2018년부터 한해도 거르지 않고 미쉐린 빕 구르망에서 선정된 로컬 맛집. 다진 돼지고기를 넣은 광동식 죽을 3대째 선보이고 있다. 가장 기본인 쪽무는 부드러운 흰쌀 죽과 돼지고기 미트볼로 구성된다. 가게 앞에서 파는 빠텅꼬(밀가루 튀김)를 곁들여도 좋다.

ⓘ **INFO** P.107 ⓜ **MAP** P.262I
ⓖ **구글 지도 GPS** 13.720845, 100.516152 ⓐ **찾아가기** BTS 싸판딱신 역 3번 출구 이용. 짜런끄룽 로드로 진입해 250m ⓐ **주소** 1391 Charoen Krung Road ⓟ **전화** 081-916-4390 ⓣ **시간** 06:00~13:00, 15:00~23:00 ⓗ **휴무** 연중무휴 ⓟ **가격** 쪽무(Pork Congee) 50·60B ⓗ **홈페이지** 없음

쪽무 50B

9 쌘엿
Sanyod

★★ 도보 5분

1962년 쌘엿 포차나로 시작한 광동요리 전문점이다. 시그너처 메뉴는 되직한 소스의 볶음 국수 랏나와 고기 고명의 바미 국수. 그밖에 메뉴가 다양하다. 모든 요리의 양이 많은 편이라 2~3명이 함께 찾는다면 가장 작은 사이즈로 주문하길 권한다.

ⓜ **MAP** P.262I
ⓖ **구글 지도 GPS** 13.718859, 100.517665 ⓐ **찾아가기** BTS 싸판딱신 역 3번 출구 이용. 노스 싸톤 로드를 따르다가 짜럿위앙 로드로 좌회전 ⓐ **주소** 89 Charat Wiang Road ⓟ **전화** 02-234-7968 ⓣ **시간** 10:00~21:00 ⓗ **휴무** 연중무휴 ⓟ **가격** 끼여우꿍남(Shrimp Wontons) 150·300·450B ⓗ **홈페이지** sanyodrestaurant.com

랏나카나홍콩 165B

7 짜런쌩 씨롬
เจริญแสง สีลม

★★★ 도보 6분

족발 카무 전문점. 족발을 통째로 먹으려면 카무 야이(족발 큰 것), 카무 렉(족발 작은 것)으로 주문하면 된다. 이보다는 접시로 시켜 먹는 게 부담이 없는데, 이는 '카무 짠라'라고 한다.

ⓘ **INFO** P.109 ⓜ **MAP** P.262E
ⓖ **구글 지도 GPS** 13.722793, 100.516888 ⓐ **찾아가기** BTS 싸판딱신 역 3번 출구 이용. 짜런끄룽 로드가 나오면 길 건너 좌회전해 400m, 르부아 앳 스테이트 타워(Lebua at State Tower) 정문을 등지고 횡단보도를 건너 우회전한 후 왼쪽 첫번째 골목 안, 총 500m, 도보 6분 ⓐ **주소** 492/6 Charoen Krung Road Soi 49 ⓟ **전화** 02-234-8036, 02-234-4602 ⓣ **시간** 07:00~13:00 ⓗ **휴무** 연중무휴 ⓟ **가격** 카무 짠라 70B ⓗ **홈페이지** 없음

카무 짠라 70B

10 짜오프라야 크루즈
Chao Phraya River Cruise

☺ ★★ 보트 10분

선상에서 저녁 식사를 하며 짜오프라야 강을 유람하는 디너 크루즈다. 보통 저녁 7시 30분에 출발해 2시간가량 짜오프라야 강을 돈다. 배는 리버 시티 바로 앞의 씨 프라야 선착장에서 출발해 왕궁, 왓 아룬, 프라쑤멘 요새, 라마 8세 대교를 왕복한다(호라이즌 크루즈는 샹그릴라 호텔 출발). 예약이 필수이며, 여행사를 통하면 할인된 요금으로 즐길 수 있다.

ⓜ **MAP** P.262A
ⓖ **구글 지도 GPS** 13.730326, 100.513252 ⓐ **찾아가기** BTS 싸판딱신 역 2번 출구 이용. 싸톤 선착장 일반 보트 선착장에서 보트 탑승 후 씨 프라야 선착장에 하차하면 리버 시티 ⓐ **주소** 23 Soi Charoen Krung 24 ⓟ **전화** 크루즈마다 다름 ⓣ **시간** 19~20시경 출발 ⓗ **휴무** 연중무휴 ⓟ **가격** 크루즈마다 다름 ⓗ **홈페이지** 크루즈마다 다름

8 시로코 & 스카이 바
Sirocco & Sky Bar

★★★ 도보 6분

르부아 빌딩 63층에 자리한 루프톱 바. 다이닝 공간은 시로코이며, 조명을 밝힌 바가 자리한 곳이 스카이 바다. 스카이 바에서는 짜오프라야 강변을 따라 이어진 방콕의 풍경과 조명을 밝혀 환하게 빛나는 돔의 풍경을 동시에 감상할 수 있다.

ⓘ **INFO** P.143 ⓜ **MAP** P.262I
ⓖ **구글 지도 GPS** 13.721473, 100.517101 ⓐ **찾아가기** BTS 싸판딱신 역 3번 출구 이용. 짜런끄룽 로드에서 횡단보도 건너 450m, 도보 6분 ⓐ **주소** 63rd Floor, Lebua, 1055/111 Silom Road ⓟ **전화** 02-624-9555 ⓣ **시간** 18:00~24:00 ⓗ **휴무** 연중무휴 ⓟ **가격** 칵테일 1200B~ +17% ⓗ **홈페이지** www.lebua.com/restaurants/sky

11 랏마욤 수상시장
Ladmayom Floating Market
ตลาดน้ำคลองลัดมะยม

★★★ 자동차 15분

방콕에서 대중교통으로 갈 수 있는 꽤 큰 규모의 수상시장이다. 딸링찬 지역에 주말마다 열리는 수상시장이 여럿 있는데 랏마욤 수상시장의 규모가 가장 크다. 먹거리가 다양하고 저렴하며, 보트 투어가 활발하다. 1인 100B가량 보트 투어는 수로를 달려 인근 소규모 수상시장과 난 농장 등지를 방문한다.

ⓜ **MAP** P.262I
ⓖ **구글 지도 GPS** 13.761503, 100.415491 ⓐ **찾아가기** BTS·MRT 방와 혹은 MRT 락썽 역 둥지에서 택시 이용 ⓐ **주소** 30/1 Moo 15, Bang Ramat Road ⓟ **전화** 02-422-4270 ⓣ **시간** 토~일요일 08:00~17:00 ⓗ **휴무** 월~금요일 ⓟ **가격** 무료입장 ⓗ **홈페이지** www.facebook.com/taladnamkhlongladmayom

아이콘 싸얌

짜오프라야 강 톤부리 지역의 쇼핑센터로 자체가 목적지 역할을 한다.

1 네버 엔딩 서머
The Never Ending Summer

과거 공장 건물을 활용해 캐주얼한 분위기로 꾸민 레스토랑. 가격이 지나치게 높지만 음식 맛은 나무랄 데가 없다.

ⓞ **MAP** P.275A
ⓞ **구글 지도 GPS** 13.729579, 100.510747 ⓞ **찾아가기** BTS 싸판딱신 역 2번 출구 이용. 싸톤 선착장에서 밀레니엄 힐튼, 아이콘 싸얌 전용 보트 혹은 쉐라톤 호텔 옆 씨 프라야 선착장에서 횡단 보트 이용 후 도보 이동 ⓞ **주소** 41/5 Charoen Nakhon Road ⓞ **전화** 061-641-6952 ⓞ **시간** 11:00~22:00 ⓞ **휴무** 연중무휴 ⓞ **가격** 팟운쎈 싸이카이(Stir-Fried Glass Noodle with Eggs and Vegetable) 240B +7%
ⓞ **홈페이지** www.facebook.com/TheNeverEndingSummer

팟끄라파오 무쌉 340B

2 스리 식스티
Three Sixty

밀레니엄 힐튼 방콕 32층에 자리한 루프톱 바. 계단식 플로어에 소파와 바 테이블을 앞뒤로 놓아 짜오프라야 강 남단과 북단을 바라보도록 했다. 차분한 분위기와 짜오프라야가 감싸 안은 따뜻한 풍경이 좋다.

ⓞ **INFO** P.147 ⓞ **MAP** P.275A
ⓞ **구글 지도 GPS** 13.728682, 100.511142 ⓞ **찾아가기** BTS 싸판딱신 역 2번 출구 이용. 싸톤 선착장에서 밀레니엄 힐튼 전용 보트 탑승, 혹은 쉐라톤 호텔 옆 씨 프라야 선착장에서 횡단 보트 이용 ⓞ **주소** 32nd Floor, Millennium Hilton Bangkok, 123 Charoen Nakhon Road ⓞ **전화** 02-442-2000 ⓞ **시간** 17:00~01:00 ⓞ **휴무** 연중무휴 ⓞ **가격** 맥주 300B~, 칵테일 450B~ +17% ⓞ **홈페이지** www.facebook.com/threesixtyrooftoplounge

3 아이콘 싸얌
Icon Siam

아이콘 싸얌, 아이콘 럭스, 다카시마야 백화점이 입점해 있는 짜오프라야 강변의 대형 쇼핑센터. 실내 수상시장인 쑥 싸얌, 다카시마야 백화점 피셔리 마켓, 미쉐린 가이드 선정 레스토랑 등 즐길거리가 다양하다.

ⓞ **MAP** P.275B
ⓞ **구글 지도 GPS** 13.726299, 100.510980 ⓞ **찾아가기** BTS 싸판딱신 역 2번 출구 이용. 싸톤 선착장에서 아이콘 싸얌 전용 보트 이용 혹은 BTS 골드라인 짜런나콘 역 이용 ⓞ **주소** 299 Charoen Nakhon Soi 5 ⓞ **전화** 02-495-7080 ⓞ **시간** 10:00~22:00 ⓞ **휴무** 연중무휴 ⓞ **가격** 제품마다 다름 ⓞ **홈페이지** www.iconsiam.com

⊕ ZOOM IN

아시아티크

방콕의 핫 스폿. 고풍스럽고 깔끔해 여행자와 현지인 모두에게 인기다.

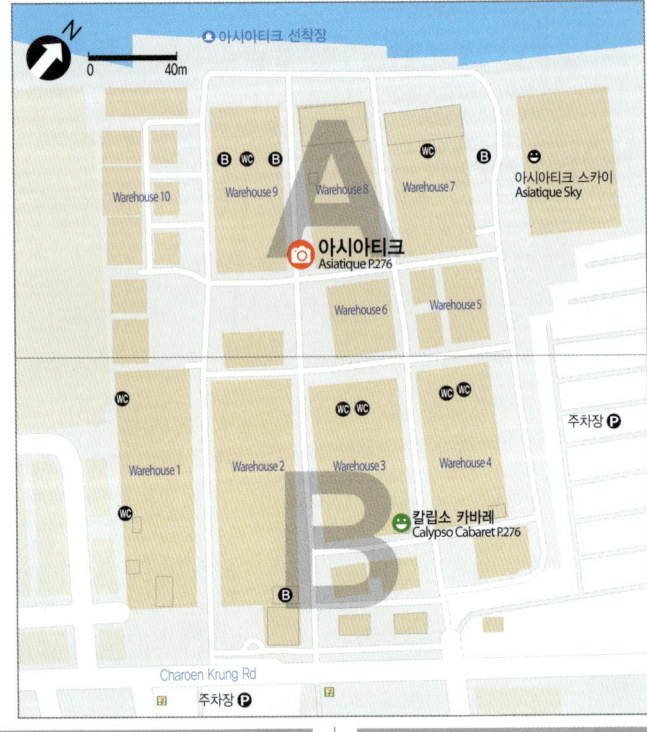

1 아시아티크
Asiatique

약 100년 전 유럽과의 무역 거점이자 목재 가공 장소이던 짜오프라야 강변 지역. 옛 건물을 복원해 쇼핑, 미식, 엔터테인먼트 공간으로 꾸몄다. 대부분의 상점이 오후 5시 이후에 문 열기 때문에 저녁 무렵에 찾는 것이 좋다.

INFO P.180　**MAP** P.276A
구글 지도 **GPS** 13.704507, 100.502995　찾

가가기 BTS 싸판딱신 역에서 2번 출구로 나가 싸톤 선착장으로 이동, 아시아티크 전용 보트 탑승 후 아시아티크 하차 **주소** Asiatique The Riverfront, Charoen Krung Road　**전화** 092-246-0812　**시간** 11:00~24:00　**휴무** 연중무휴　**가격** 가게마다 다름　홈페이지 없음

2 칼립소 카바레
Calypso Cabaret

30년에 가까운 역사를 지닌 방콕의 유명 카바레 쇼 공연장으로, 아시아티크로 이전하며 더욱 새로워졌다. 50여 명에 달하는 아름다운 트랜스젠더들이 화려하고 다양한 무대를 선보인다. 공연 티켓에는 무료 음료가 포함돼 있으며, 공연이 끝난 후 기념 촬영을 할 수 있다.

MAP P.276B
구글 지도 **GPS** 13.703953, 100.503678　찾

가가기 BTS 싸판딱신 역에서 싸톤 선착장으로 이동, 아시아티크 전용 보트 탑승 후 아시아티크 하차, 아시아티크 창고 3 안쪽　**주소** Warehouse 3, Asiatique　**전화** 086-349-1937　**시간** 19:45, 21:45　**휴무** 연중무휴　**가격** 900B　**홈페이지** www.calypsocabaret.com

AREA 06 RATTANAKO

[รัตนโกสินทร์ 왕궁 주변 : 랏따나꼬씬]

방콕 핵심 관광지는 바로 이곳

200년 넘는 짜끄리 왕조의 역사가 살아 숨 쉬는 동시에 짜끄리 왕조 이전의 흔적까지 고스란히 남아 있는 중요한 지역이다. 과거가 단지 역사로서 박제된 것이 아니라 현재와 조화를 이루며 공존한다. 그래서인지 랏따나꼬씬을 걸으면 현재를 살아가며 과거에 놓인 듯한 착각이 든다.

인기 ★★★★★	관광지 ★★★★★	쇼핑 ★★★	식도락 ★★★	나이트라이프 ★★★	혼잡도 ★★★★
방콕을 넘어 태국 최고의 볼거리가 밀집한 지역이다.	왓 프라깨우(왕궁), 왓 포, 왓 아룬만 바도 방콕 볼거리 중 절반 이상은 섭렵한 셈이다.	관광지 근처에 작은 가게와 노점이 있다. 같은 물건이라도 카오산 로드에 비해 저렴하다.	왓 아룬을 조망하는 강변 레스토랑이 괜찮다.	왓 아룬 조망 레스토랑과 바에서 저녁을 보내자. 화려한 야경과는 또 다른 멋이 있다.	핵심 관광지에 여행자들이 바글바글한다. 거리는 그에 비해 한산한 편이다.

왕궁 주변 교통편

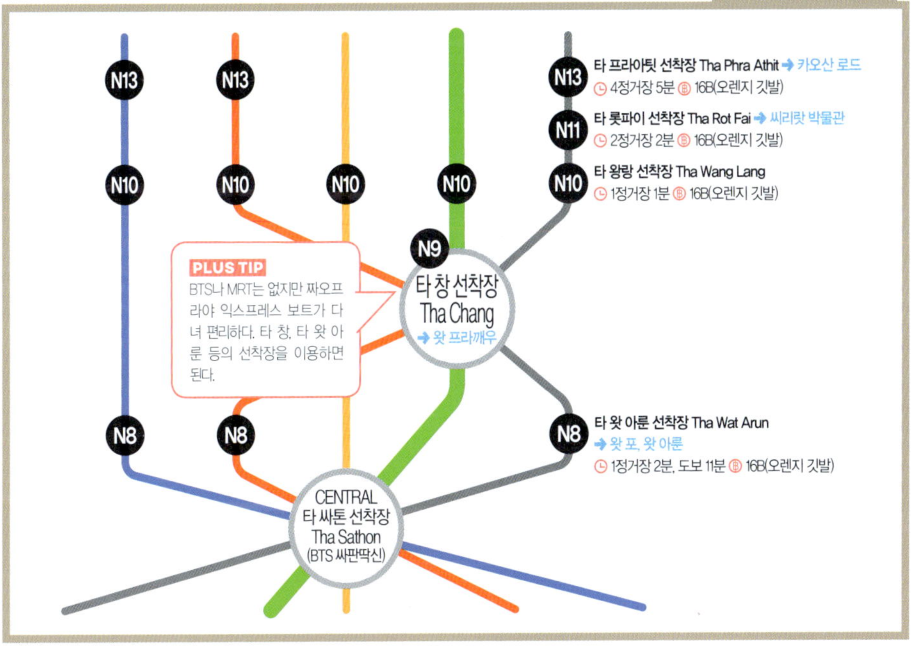

| N13 | 타 프라아팃 선착장 Tha Phra Athit ➜ 카오산 로드 |
4정거장 5분 16B(오렌지 깃발)

| N11 | 타 롯파이 선착장 Tha Rot Fai ➜ 씨리랏 박물관 |
2정거장 2분 16B(오렌지 깃발)

| N10 | 타 왕랑 선착장 Tha Wang Lang |
1정거장 1분 16B(오렌지 깃발)

PLUS TIP
BTS나 MRT는 없지만 짜오프라야 익스프레스 보트가 다녀 편리하다. 타 창, 타 왓 아룬 등의 선착장을 이용하면 된다.

| N9 | 타 창 선착장 Tha Chang |
➜ 왓 프라깨우

| N8 | 타 왓 아룬 선착장 Tha Wat Arun |
➜ 왓 포, 왓 아룬
1정거장 2분, 도보 11분 16B(오렌지 깃발)

CENTRAL
타 싸톤 선착장
Tha Sathon
(BTS 싸판딱신)

왕궁 주변으로 가는 방법

수상 보트
왕궁 주변을 드나드는 가장 유용하고 저렴한 방법. 타 창, 타 왓 아룬, 타 띠엔 선착장 등을 이용하면 된다. 시내에서 갈 때는 BTS 싸판딱신 역에서 내려 타 싸톤 선착장에서 보트에 탑승한다.

 택시
시내에서 왕궁 주변으로 갈 때 편리하다. '왓 프라깨우', '왓 포', '타 띠엔' 등 목적지를 말하면 된다.

왕궁 주변 다니는 방법

 도보
대부분의 볼거리가 가까이 있어 도보 이동이 가장 편하다.

 뚝뚝 & 택시
뚝뚝은 많지만 바가지가 심하고 빈 택시는 찾기가 힘들다. 하지만 체력이 바닥났다면 바가지를 감수하고서라도 뚝뚝을 이용하자.

MUST SEE
이것만은 꼭 보자!

No. 1
왓 프라깨우 & 왕궁
Wat Phra Kaew & Grand Palace
말이 필요 없는 핵심 볼거리.

No. 2
왓 포 Wat Pho
와불상 외에도 구석구석 볼거리가 풍부하다.

No. 3
왓 아룬 Wat Arun
반짝반짝 아름다운 프라 쁘랑.

No. 4 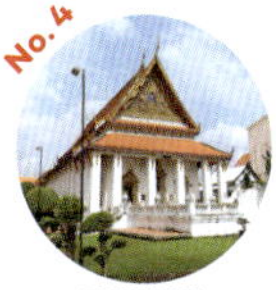
국립박물관
The National Museum
태국의 역사를 한눈에.

MUST EAT
이것만은 꼭 먹자!

No. 1
더 덱 The Deck
왓 아룬 조망 레스토랑 가운데 음식이 가장 맛있다.

MUST DO
이것만은 꼭 해보자!

No. 1
왓 포 마사지
Wat Pho Massage
타이 마사지의 진수.

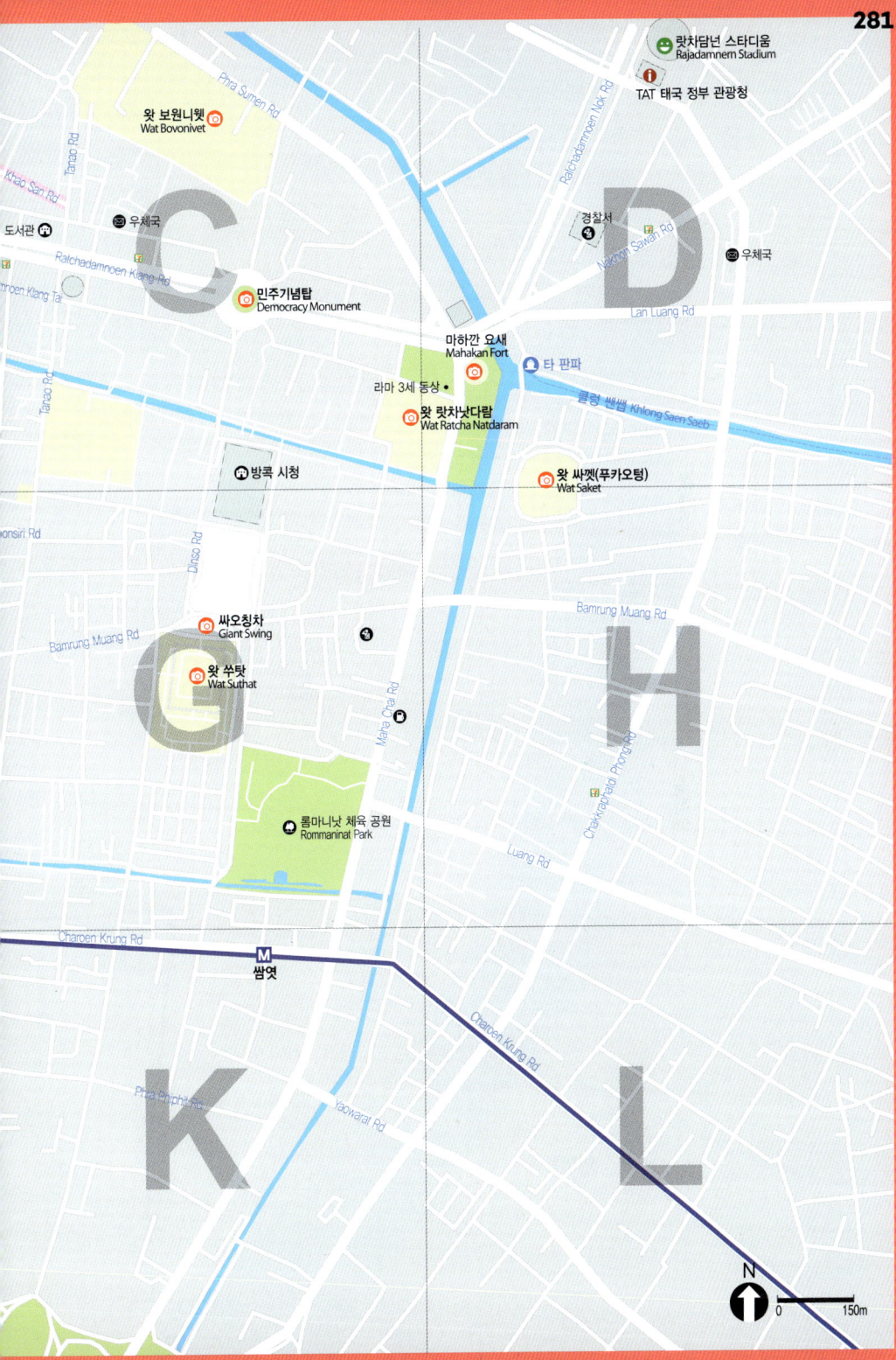

COURSE 1

방콕 대표 볼거리 완전 정복 코스

시내의 숙소에 머무는 이들을 위한 왕궁 주변 여행 코스. 타 창 선착장에 내려 왕궁, 왓 포, 왓 아룬 등 핵심 볼거리를 둘러본 후 다시 보트를 타고 숙소로 돌아가는 여정이다.

코스 무작정 따라하기
START
- **S.** 타 창 선착장
- 300m, 도보 4분
- **1.** 왓 프라깨우 & 왕궁
- 290m, 도보 4분
- **2.** 락 므앙
- 850m, 도보 11분
- **3.** 왓 포
- 350m, 도보 4분
- **4.** 왓 포 마사지
- 240m, 도보 3분
- **5.** 더 덱
- 800m, 도보 10분, 보트 5분
- **6.** 왓 아룬
- Finish

S 타 창 선착장
Tha Chang

선착장에서 직진해 도보 4분 → 왓 프라깨우(왕궁) 도착

1 왓 프라깨우 & 왕궁
Wat Phra Kaew & Grand Palace
⏱ 시간 08:30~15:30

→ 왕궁 정문을 등지고 우회전해 290m → 락 므앙 도착

2 락 므앙
Lak Muang(City Pillar Shrine)
⏱ 시간 06:30~18:00

→ 락 므앙에서 나와 싸나롬차이 로드(Sanarom Chai Road)로 좌회전. 맞은편 싸람롬 공원을 거의 다 지날 때쯤 타이왕 로드(Thai Wang Road)로 우회전 → 왓 포 도착

3 왓 포
Wat Pho
⏱ 시간 08:00~19:30

→ 마하랏 로드(Maha Rat Road) 쪽 출구에서 좌회전. 쩨뚜폰 로드(Chetuphon Road) 출구에서는 오른쪽으로 나와 마하랏 로드로 좌회전. 세븐일레븐 옆 골목으로 진입 → 왓 포 마사지 도착

4 왓 포 마사지
Wat Pho Massage
⏱ 시간 08:00~17:00

→ 왔던 길을 되돌아 나와 좌회전. 90m 지나 더 덱 이정표를 보고 좌회전해 골목 끝까지 이동 → 더 덱 도착

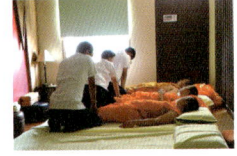

5 더 덱
The Deck
⏱ 시간 11:00~22:00

→ 왔던 길을 되돌아 나와 좌회전. 왓 포 담을 따라 210m 직진한 후 좌회전해 80m 걸으면 타 띠엔 선착장. 선착장에서 강을 건너는 보트 탑승 → 왓 아룬 도착

6 왓 아룬
Wat Arun
⏱ 시간 08:00~18:00

COURSE 2
왕궁 주변 볼거리를 섭렵하는 도보 코스

카오산의 숙소에 머무는 이들을 위한 왕궁 주변 도보 여행 코스. 소소한 볼거리를 모두 섭렵할 수 있다. 한나절이 꼬박 소요되는 대장정이므로 국립박물관이 문을 여는 시간에 도착해 마지막 코스인 왓 아룬이 문을 닫기 전에 방문하자.

코스 무작정 따라가기
START

- S. 차나 쏭크람 경찰서
  - 650m, 도보 9분
- 1. 국립박물관
  - 100m, 도보 1분
- 2. 탐마쌋 대학교
  - 400m, 도보 5분
- 3. 타 마하랏 시장
  - 300m, 도보 3분
- 4. 왓 마하탓
  - 550m, 도보 6분
- 5. 왓 프라깨우 & 왕궁
  - 290m, 도보 4분
- 6. 락 므앙
  - 850m, 도보 11분
- 7. 왓 포
  - 550m, 도보 8분+보트 5분
- 8. 왓 아룬

Finish

S 차나 쏭크람 경찰서
Chana Songkhram Police Station

카오산 차나 쏭크람 경찰서를 등지고 왼쪽 길, 싸남 루앙 쪽으로 길 건너기, 제차세계대전 기념탑 쪽으로 이동하면 길 건너편에 박물관 → 국립박물관 도착

1 국립박물관
The National Museum

⏰ **시간** 수~일요일 09:00~16:00(매표 마감 15:30) 😊 **휴무** 월~화요일

→ 박물관 뒤쪽, 박물관에서 나와 우회전, 다음 골목으로 우회전해 진입 → 탐마쌋 대학교 도착

2 탐마쌋 대학교
Thammasat University

⏰ **시간** 시설마다 다름

→ 짜오프라야 강쪽의 캠퍼스 길을 따라 걷기. 교내 서점이 있는 문으로 나와 길을 건너면 마하랏 로드와 타 마하랏 선착장이 보인다. → 타 마하랏 시장 도착

3 타 마하랏 시장
Tha Maharaj

⏰ **시간** 가게마다 다름

→ 마하랏 선착장에서 나오면 왓 마하탓이 보인다. → 왓 마하탓 도착

4 왓 마하탓
Wat Mahathat

⏰ **시간** 08:00~18:00

→ 정문 주차장으로 나와 마하랏 로드로 좌회전. 나프라란 로드가 나오면 좌회전 → 왓 프라깨우(왕궁) 도착

5 왓 프라깨우 & 왕궁
Wat Phra Kaew & Grand Palace

⏰ **시간** 08:30~15:30

→ 왕궁 정문을 등지고 우회전해 290m → 락 므앙 도착

6 락 므앙
Lak Muang(City Pillar Shrine)

⏰ **시간** 06:30~18:00

→ 락 므앙에서 나와 싸나롬차이 로드(Sanarom Chai Road)로 좌회전. 맞은편 싸란롬 공원을 거의 다 지날 때쯤 타이왕 로드(Thai Wang Road)로 우회전 → 왓 포 도착

7 왓 포
Wat Pho

⏰ **시간** 08:00~19:30

→ 마하랏 로드(Maha Rat Road) 출구로 나와 우회전한 후 타이왕 로드로 좌회전, 타이왕 로드 쪽 출구에서는 왼쪽으로 직진. 타 띠엔 선착장에서 강을 건너는 보트 탑승 → 왓 아룬 도착

8 왓 아룬
Wat Arun

⏰ **시간** 08:00~18:00

ZOOM IN

타 창 선착장

왓 프라깨우(왕궁)가 자리한 지역. 방콕의 으뜸 관광지로 늘 많은 여행자들이 찾는다.

1 왓 프라깨우 & 왕궁
Wat Phra Kaew & Grand Palace

방콕을 넘어 태국의 핵심이자 으뜸 관광지. 현 태국 왕조인 짜끄리 왕조의 라마 1세 시대에 건설해 현재에 이른다. 흔히 왕궁이라 불리는 이곳의 핵심 볼거리는 왕실 사원인 왓 프라깨우. 태국에서 가장 신성한 에메랄드 불상을 모신 사원이다. 왕실 거주 공간으로는 두씻 마하 쁘라쌋, 프라 마하 몬티엔 등이 있다.

ⓘ **INFO** P.029 ⓜ **MAP** P.280F
구글 지도 GPS 13.751615, 100.492672 **찾아가기** 싸남 루앙 건너편. 타 창(Tha Chang) 선착장에서 직진해 도보 4~5분, 카오산 로드에서 도보 15분 **주소** Na Phra Lan Road **전화** 02-623-5500 **시간** 08:30~15:30 **휴무** 연중무휴 **가격** 500B **홈페이지** www.royalgrandpalace.th

2 국립박물관
The National Museum

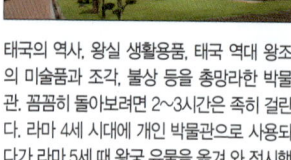

태국의 역사, 왕실 생활용품, 태국 역대 왕조의 미술품과 조각, 불상 등을 총망라한 박물관. 꼼꼼히 돌아보려면 2~3시간은 족히 걸린다. 라마 4세 시대에 개인 박물관으로 사용되다가 라마 5세 때 왕궁 유물을 옮겨 와 전시했다. 지금처럼 사용된 건 라마 7세 때다.

ⓘ **INFO** P.054 ⓜ **MAP** P.280B
구글 지도 GPS 13.757450, 100.492600 **찾아가기** 싸남 루앙 북서쪽에 위치. 방콕 관광 안내소에서 싸남 루앙 방면으로 400m, 도보 5분 **주소** Na Phra That Road **전화** 02-224-1370 **시간** 수~일요일 09:00~16:00(매표 마감 15:30) **휴무** 월~화요일 **가격** 200B **홈페이지** 없음

3 싸남 루앙
Sanam Luang

왕궁 바로 앞에 자리한 타원형 공원. 왕실 공원이지만 일반인도 자유롭게 이용한다. 라마 5세 때 싸남 루앙 주변에 국방부, 교통부, 통신부, 국립 극장 등 정부 건물이 들어서며 가로수를 심어 유럽풍 공원으로 바뀌었다. 왕실 행사나 축제 기간에는 대형 행사장이 된다.

ⓜ **MAP** P.280B
구글 지도 GPS 13.754879, 100.492981 **찾아가기** 동서남북의 4개 출입구로 공원 진입 가능. 왕궁을 방문하면 자연스레 보게 된다. **주소** Phra Borom Maha Ratchawang **전화** 080-623-0329 **시간** 24시간 **휴무** 연중무휴 **가격** 무료입장 **홈페이지** 없음

4 왓 마하탓
Wat Mahathat

아유타야 시대에 세운 사원으로, 본래 이름은 왓 쌀락이다. 짜끄리 왕조의 라마 1세 때부터 라마 5세 때까지 규모를 확장했으며 이름도 왓 마하탓으로 바꿨다. 불당인 우보쏫은 1000명이 한꺼번에 들어갈 정도로 거대하며, 큰 규모에 걸맞게 불상 또한 매우 크다.

ⓘ **INFO** P.048 ⓜ **MAP** P.280B
구글 지도 GPS 13.754948, 100.491066 **찾아가기** 탐마쌋 대학교와 왕궁 사이, 타 창에서 마하랏 로드를 따라 좌회전, 500m, 도보 7분 **주소** 3 Maha Rat Road **전화** 093-549-9251 **시간** 06:30~18:30 **휴무** 연중무휴 **가격** 무료입장 **홈페이지** 없음

5 락 므앙
Lak Muang(City Pillar Shrine) ★★ 도보 9분

태국의 도시마다 하나씩 있는, 번영과 안전을 기원하는 기둥이다. 방콕의 락 므앙은 라마 1세가 톤부리에서 방콕으로 수도를 옮긴 1782년 8월 21일 오전 6시 45분을 기념한다. 약 4m 높이이며, 꼭대기에는 연꽃을 조각해 넣었다.

📍 **MAP** P.280F
🔍 **구글 지도 GPS** 13.752880, 100.493995 ⓘ **찾아가기** 왕궁 정문을 등지고 우회전해 290m, 도보 4분 📍 **주소** 2 Lak Muang Road ☎ **전화** 02-222-9876 🕐 **시간** 06:30~18:00 ⓧ **휴무** 연중무휴 💰 **가격** 무료입장 🌐 **홈페이지** bangkokcitypillarshrine.com

6 탐마싯 대학교
Thammasat University ★★ 도보 10분

쭐라롱껀 대학교와 함께 태국 최고의 대학교로 손꼽히는 명문 대학교다. 카오산과 왕궁 일대를 도보로 이동한다면 관통하게 되는 코스로 캠퍼스 내 서점과 문구점, 구내식당 등을 자유롭게 이용할 수 있다. 일부러 찾을 필요는 없지만 일상의 소소한 재미가 느껴지는 곳.

📍 **MAP** P.280A · B
🔍 **구글 지도 GPS** 13.758182, 100.490028 ⓘ **찾아가기** 국립 미술관에서 쁜끌라오 다리 방면으로 280m 직진한 후 좌회전해 방콕 관광 안내소를 지나 220m 📍 **주소** 12 Pra Chan Road ☎ **전화** 02-613-3333 🕐 **시간** 시설마다 다름 ⓧ **휴무** 연중무휴 💰 **가격** 무료입장 🌐 **홈페이지** www.tu.ac.th

7 도이캄
Doi Kham ★★★ 도보 5분

왕궁 부지 내에 자리한 유일한 카페. 더위와 싸운 후 마침내 만나게 되는 오아시스 같은 공간이다. 라마 1세 때 건축물인 아따우짠 살라에 자리 잡은 덕분에 고즈넉한 분위기는 덤. 로열 프로젝트를 통해 생산된 커피와 차 등 음료를 즐기거나 생산품을 구매할 수 있다.

📍 **MAP** P.280F
🔍 **구글 지도 GPS** 13.750478, 100.490071 ⓘ **찾아가기** 왕궁 내 📍 **주소** Maha Rat Road ☎ **전화** 없음 🕐 **시간** 07:30~16:00 ⓧ **휴무** 연중무휴 💰 **가격** 아이스 아메리카노(Iced Americano) 100B 🌐 **홈페이지** www.doikham.co.th

8 쑤파맛 쩨뚬
Supamas Je Tum ★★ 도보 14분

돼지고기를 푹 끓여 장조림처럼 내는 무뚠 전문점이다. 국수로 먹으려면 꾸어이띠여우무뚠, 덮밥으로 먹으려면 카우무뚠을 주문하면 된다. 국수에는 살코기와 힘줄, 미트볼, 덮밥에는 살코기를 고명으로 올린다. 저렴한 가격으로 든든한 한 끼를 기대할 만하다.

📍 **MAP** P.280B
🔍 **구글 지도 GPS** 13.754827, 100.496020 ⓘ **찾아가기** 싸남 루앙 지나 짜런씨 34 다리 건너 왼쪽 📍 **주소** 11 Bunsiri Road ☎ **전화** 084-722-4511 🕐 **시간** 월~토요일 08:00~16:00 ⓧ **휴무** 일요일 💰 **가격** 꾸어이띠여우무뚠(Noodle with Braised Pork) · 카우무뚠(Rice with Braised Pork) 60B 🌐 **홈페이지** 없음

9 국립 극장
The National Theatre ★★★ 도보 15분

부정기적으로 콘과 라컨을 공연한다. 호텔 레스토랑 등지의 태국 전통 공연에 비해 스케일이 방대하며 수준이 높고, 관람료는 저렴하다. 현장 티케팅으로, 무대와의 거리에 따라 관람료가 다르다. 공연은 태국어로 진행되며, 영어 팸플릿을 나눠준다.

📍 **MAP** P.280B
🔍 **구글 지도 GPS** 13.754749, 100.490879 ⓘ **찾아가기** 싸남 루앙 북서쪽에 위치. 방콕 관광 안내소에서 싸남 루앙 방면으로 약 250m 📍 **주소** Somdet Phra Pin Klao Road ☎ **전화** 02-224-1342 🕐 **시간** 부정기, 태국 관광청(TAT)에 사전 문의 ⓧ **휴무** 부정기 💰 **가격** 뒤 100B, 중간 150B, 앞 200B 🌐 **홈페이지** www.finearts.go.th(태국어)

10 타 마하랏 시장
Tha Maharaj ★★ 보트 3분

타 마하랏 선착장 인근에 넓게 형성된 쇼핑센터 겸 시장이다. 쇼핑센터에는 프랜차이즈 레스토랑과 카페를 비롯해 쇼핑 상점이 자리한다. 골목을 따라 걸어 들어가면 짜오프라야 강이 보이는 저렴한 현지 식당과 불상을 조각한 펜던트인 크르엉 핌 등 불교용품을 판매하는 매장이 많다.

📍 **MAP** P.280A
🔍 **구글 지도 GPS** 13.755153, 100.488628 ⓘ **찾아가기** 타 마하랏 선착장에서 하차, 바로 연결 📍 **주소** 1/11 Maha Rat Road ☎ **전화** 02-024-1393 🕐 **시간** 가게마다 다름 ⓧ **휴무** 가게마다 다름 💰 **가격** 제품마다 다름 🌐 **홈페이지** www.thamaharaj.com

ZOOM IN

타 따엔 선착장

왓 포와 왓 아룬이 자리한 지역. 선착장 주변에 규모 작은 음식점, 쇼핑 상점, 노점 등이 몰려 있다.

1 왓 포
Wat Pho ★★★
도보 3분

방콕에서 가장 크고 오래된 사원. 열반을 의미하는 와불상을 모시고 있어 열반 사원으로도 알려졌다. 와불상을 모신 프라풋 싸이얏, 커다란 4기의 탑인 프라 마하 쩨디 씨 랏차깐, 본당에 해당하는 프라 우보쏫 등 볼거리가 많다. 왓 포 마사지도 놓치기 아쉽다.

ⓘ INFO P.036 ⓜ MAP P.280J
ⓖ 구글 지도 GPS 13.746524, 100.493286 ⓐ 찾아가기 타 띠엔 선착장에서 170m 직진하면 쏘이 타이왕 쪽 입구가 보인다. 왕궁에서 걸어간다면 왕궁 출입문에서 좌회전해 마하랏 로드 혹은 우회전해 싸남차이 로드를 따라가면 된다. ⓐ 주소 2 Sanam Chai Road ⓣ 전화 083-057-7100 ⓒ 시간 08:00~19:30 ⓧ 휴무 연중무휴 ⓑ 가격 300B ⓗ 홈페이지 www.watpho.com

2 왓 아룬
Wat Arun ★★★
보트 5분

왓은 사원, 아룬은 새벽이라는 뜻. 톤부리 왕조를 세운 딱신 왕이 버마와의 싸움에서 승리한 후 동틀 무렵 이곳에 도착했다고 해 새벽 사원이라 이름 지었다. 태국 10B짜리 동전에도 나오는 높이 67m 탑, 프라 쁘랑이 핵심 볼거리다.

ⓘ INFO P.042 ⓜ MAP P.280I
ⓖ 구글 지도 GPS 13.743727, 100.488991 ⓐ 찾아가기 왓 아룬 선착장 하차. 타 띠엔에서 갈 때는 강을 건너는 보트인 르아 캄파 이용(5B) ⓐ 주소 158 Wang Doem Road ⓣ 전화 02-891-2185 ⓒ 시간 08:00~18:00 ⓧ 휴무 연중무휴 ⓑ 가격 100B ⓗ 홈페이지 www.facebook.com/watarunofficial

3 쌀라 랏따나꼬씬
Sala Rattanakosin
도보 1분

왓 아룬을 조망하는 레스토랑 중 '더 덱'과 더불어 인기 높은 곳이다. 통유리 너머로 바라보이는 왓 아룬의 전망이 아주 좋다. 아침, 점심, 저녁 메뉴가 조금씩 다르다.

ⓘ INFO P.120 ⓜ MAP P.280J
ⓖ 구글 지도 GPS 13.745248, 100.490801 ⓐ 찾아가기 타 띠엔 선착장에서 나오자마자 오른쪽 좁은 골목으로 진입해 약 100m ⓐ 주소 39 Maha Rat Road ⓣ 전화 02-622-1388 ⓒ 시간 아침 07:00~10:30, 점심 11:00~16:30, 저녁 17:30~22:00(마지막 주문) ⓧ 휴무 연중무휴 ⓑ 가격 런치 커무양 325B, 카이찌여우허이낭롬(Thai Omelette with Oyster) 380B, 팟팍루엄 220B, 카우팟뿌 385B +17% ⓗ 홈페이지 www.salahospitality.com/rattanakosin

팟팍루엄 220B

4 잇 사이트 스토리
Eat Sight Story(ESS)
도보 1분

왓 아룬 조망 레스토랑. 에어컨을 가동하는 실내는 파스텔 톤의 밝은 이미지. 야외 테이블에서는 왓 아룬이 오롯이 조망된다.

ⓜ MAP P.280J
ⓖ 구글 지도 GPS 13.745378, 100.490710 ⓐ 찾아가기 타 띠엔 선착장에서 나오자마자 오른쪽 좁은 골목으로 진입해 약 100m, 쌀라 랏따나꼬씬 골목 안쪽 ⓐ 주소 47/79 Soi Tha Tien, Maha Rat Road ⓣ 전화 02-622-2163 ⓒ 시간 11:00~22:00 ⓧ 휴무 연중무휴 ⓑ 가격 뺄라까퐁업와인카우(Baked Seabass with White Wine) 460B, 똠얌꿍(Tom Yam Koong) 380B +17% ⓗ 홈페이지 www.eatsightstorydeck.com

쏨땀 시푸드 320B

5 이글 네스트
Eagle Nest ★★★
도보 2분

쌀라 아룬(Sala Arun) 5층에 자리한 루프톱 바. 게스트하우스에서 운영하는 자그마한 바지만, 왓 아룬이 보이는 놀라운 조망 덕분에 여행자들의 발길이 끊이지 않는다. 짜오프라야 강변 쪽으로는 조명을 밝힌 왓 아룬이 아름답게 빛나는 모습이 보이며, 반대쪽 건물 너머로는 왓 포가 보인다.

ⓘ INFO P.147 ⓜ MAP P.280J
ⓖ 구글 지도 GPS 13.745162, 100.490831 ⓐ 찾아가기 타 띠엔 선착장에서 나와 첫 번째 시장 골목으로 우회전해 160m, 도보 2분 ⓐ 주소 47-49 Soi Tha Tien, Maha Rat Road ⓣ 전화 02-622-2933 ⓒ 시간 월~금요일 16:00~23:00, 토~일요일 16:00~24:00 ⓧ 휴무 연중무휴 ⓑ 가격 맥주 260B~, 칵테일 320B~ ⓗ 홈페이지 www.salaarun.com

6 더 덱
The Deck

왓 아룬을 조망하는 다양한 레스토랑 중에서도 원조 격으로, 실내외에 자리가 마련돼 있어 취향에 따라 즐기기에 좋다. 음식 맛과 서비스 역시 훌륭하다.

ⓘ INFO P.095, 119 ⓜ MAP P.280J ⓖ 구글 지도 GPS 13.744755, 100.491330 ⓒ 찾아가기 타 띠엔 선착장에서 100m 직진한 후 마하랏 로드에서 우회전해 200m, 'The Deck' 이정표를 보고 우회전해 80m ⓐ 주소 36~38 Soi Pratoo Nok Yoong ⓣ 전화 02-221-9158 ⓗ 시간 11:00~22:00 ⓗ 휴무 연중무휴 ⓟ 가격 똠얌꿍 매 남(Tom Yam Koong Mae Nam) 370B, 뿌님팟퐁까리(Deep Fried Soft Shell Crab Cooked with Yellow Curry Powder) 370B +17% ⓦ 홈페이지 www.arunresidence.com

7 메이크 미 망고
Make Me Mango

타 띠엔 선착장 인근에 자리한 망고 디저트 전문점. 층과 층 사이에 테이블을 놓은 독특한 중층 구조와 산뜻한 인테리어가 특징이다.

ⓜ MAP P.280J ⓖ 구글 지도 GPS 13.745120, 100.491113 ⓒ 찾아가기 타 띠엔 선착장에서 나와 첫 번째 오른쪽 골목으로 180m 직진 후 좌회전, 총 210m, 도보 3분 ⓐ 주소 67 Maha Rat Road ⓣ 전화 02-622-0899 ⓗ 시간 월~금요일 10:30~20:00, 토~일요일 10:30~20:30 ⓗ 휴무 연중무휴 ⓟ 가격 메이크 미 망고(Make Me Mango) 245B, 망고 빙수(Mango Bingsu) 285B, 망고 스무디 퓨어(Mango Smoothies Pure) 115B ⓦ 홈페이지 www.facebook.com/makememango

8 쑤파니까 이팅 룸
Supanniga Eating Room

태국 동부 짠따부리 · 뜨랏에 기반하고, 이싼의 맛을 가미한 정통 가정식 요리를 선보인다. 텅러와 싸톤에도 매장이 있는데 왓 아룬을 조망하는 타 띠엔 매장이 특히 인기다.

ⓘ INFO P.121 ⓜ MAP P.280J ⓖ 구글 지도 GPS 13.744290, 100.491876 ⓒ 찾아가기 타 띠엔 선착장에서 나와 마하랏 로드로 우회전한 다음 270m, 리바 아룬 이정표가 있는 골목 끝 ⓐ 주소 392/25 Maha Rat Road ⓣ 전화 092-253-9251 ⓗ 시간 월~금요일 11:00~22:00, 토~일요일 10:00~22:00 ⓗ 휴무 연중무휴 ⓟ 가격 남프릭까삐(Nam Prik Ka Pi) 290B +17% ⓦ 홈페이지 www.supannigaeatingroom.com

무양찜빼우 이싼카우찌 340B

9 촘 아룬
Chom Arun

냉방 시설이 좋은 실내 좌석과 왓 아룬 조망이 훌륭한 루프톱을 갖추고 있다. 왓 아룬에 조명이 켜지는 저녁 시간에는 루프톱 예약 필수. 소박하지만 손님에 대한 응대가 좋은 곳이다.

ⓜ MAP P.280J ⓖ 구글 지도 GPS 13.744069, 100.491925 ⓒ 찾아가기 타 띠엔 선착장에서 나와 마하랏 로드로 우회전한 다음 270m, 리바 아룬 이정표가 있는 골목 끝까지 가서 왼쪽 ⓐ 주소 392/53 Maha Rat Road ⓣ 전화 095-446-4199 ⓗ 시간 11:00~21:30 ⓗ 휴무 연중무휴 ⓟ 가격 팟타이 꿍(Shrimp Pad Thai) 220B, 워터멜론 프라페(Watermelon Frappe) 120B +17% ⓦ 홈페이지 www.facebook.com/chomarun

팟타이 꿍 220B

10 비비
Vivi the Coffee Place

왓 아룬이 보이는 커피숍. 왓 아룬을 대각선으로 바라보는 탓에 전망은 떨어지는 편이지만, 인근 레스토랑에 비해 가격이 저렴하다. 인테리어는 아기자기한 편. 강과 면한 실외에도 좌석이 마련돼 있다.

ⓜ MAP P.280J ⓖ 구글 지도 GPS 13.743694, 100.492109 ⓒ 찾아가기 타 띠엔 선착장에서 나와 100m 직진해 마하랏 로드에서 우회전한 다음 350m 직진, 쏘이 빤쑥(Soi Pansuk)에서 우회전해 골목 끝. 총 550m, 도보 7분 ⓐ 주소 394/29 Soi Pansuk ⓣ 전화 02-226-4672 ⓗ 시간 10:00~20:00 ⓗ 휴무 연중무휴 ⓟ 가격 아이스 아메리카노 105B, 스무디 135B ⓦ 홈페이지 www.facebook.com/vivithecoffeeplace

스트로베리 스무디 135B

11 왓 포 마사지
Wat Pho Massage

왓 포 마사지 스쿨 선생님에게 마사지를 받을 수 있다. 시설만 따지면 비싼 편이지만 만족도가 높아 가격이 신경 쓰이지 않는다.

ⓗ 휴무 연중무휴 ⓟ 가격 타이 마사지 30분 320B, 60분 540B ⓦ 홈페이지 www.watpomassage.com

왓 포 1
ⓜ MAP P.280J ⓖ 구글 지도 GPS 13.746607, 100.494094 ⓒ 찾아가기 왓 포 내, 본당인 프라 우보쏫 동쪽 ⓐ 주소 2 Sanam Chai Road ⓣ 전화 02-221-2974 ⓗ 시간 08:00~18:00

왓 포 2(마하랏 로드)
ⓜ MAP P.280J ⓖ 구글 지도 GPS 13.744285, 100.491866 ⓒ 찾아가기 타 띠엔 선착장에서 총 460m, 도보 6분 ⓐ 주소 392/33-34 Maha Rat Road ⓣ 전화 02-622-3551, 086-368-3841 ⓗ 시간 08:00~17:00

ZOOM IN

MRT 싸남차이 역

빡클렁 시장은 물론 왓 포 도보 거리에 있는 MRT 역이다.

1 싸얌 박물관
Museum of Siam

도보 1분

태국과 태국 사람들, 태국적인 것 등 태국 역사와 건축, 문화, 전통, 음식, 의복 등 태국에 관한 거의 모든 것을 전시하는 박물관이다. 증강 현실 등 최신 기술을 결합하고 관람객의 참여를 끌어내는 전시 방식이 흥미로우며, 실생활과 밀접한 볼거리가 많아 태국의 여러 면모를 쉽고 재미있게 알게 된다.

INFO P.053 **MAP** P.280J
구글 지도 **GPS** 13.744147, 100.494137 찾아가기 MRT 싸남차이 역 1번 출구에서 바로 주소 4 Sanam Chai Road 전화 02-225-2777 시간 화~일요일 10:00~18:00 휴무 월요일 가격 100B 홈페이지 www.museumsiam.org

2 팜투테이블
Farm to Table

도보 5분

오가닉 젤라또와 음료, 간단한 요리를 판매한다. 클렁 롭끄룽 수로 맞은편에 팜투테이블 오가닉 카페가 자리하며, 골목 깊숙이 들어가면 팜투테이블 하이드아웃이 나온다. 분위기와 인기는 하이드아웃이 좋다.

MAP P.280J
구글 지도 **GPS** 13.743703, 100.496856 찾아가기 MRT 싸남차이 역 4번 출구 이용 주소 15 Soi Tha Klang 전화 02-004-8771 시간 목~화요일 09:00~19:00 휴무 수요일 가격 젤라또(Gelato) 1스쿱 58B 홈페이지 www.facebook.com/farmtotablehideout

젤라또+컷청 88B

3 플로럴 카페
Floral Cafe at Napasorn

도보 4분

빡클렁 시장의 유명 꽃꽂이 전문점인 나파쏜에서 운영하는 카페다. 꽃가게 2층에 자리한 카페는 고가구와 소품, 샹들리에로 고풍스럽게 꾸미고 나머지 공간을 생화, 나무, 드라이플라워로 채워 사진 찍기 좋다.

MAP P.280J
구글 지도 **GPS** 13.742292, 100.496711 찾아가기 MRT 싸남차이 역 4번 출구 혹은 싸판 풋(Memorial Bridge) 선착장 이용 주소 67 Chakkraphet Road 전화 099-468-4899 시간 수~월요일 09:00~19:00 휴무 화요일 가격 아메리카노(Americano) 110B 홈페이지 www.facebook.com/floralcafe.napasorn

4 빡클렁 시장
Bangkok Flower Market

도보 12분

방콕에서 가장 큰 꽃·채소 도매시장. 거래가 가장 많은 품목이 꽃이라 꽃 시장으로 불린다. 19세기부터 형성된 시장으로 짜오프라야 강변의 짝펫 로드(Chakphet Road), 반모 로드(Ban Mo Road) 남단에 이르는 지역이 모두 시장이다.

INFO P.183 **MAP** P.280J
구글 지도 **GPS** 13.741810, 100.496359 찾아가기 MRT 싸남차이 역 4번 출구 혹은 싸판 풋(Memorial Bridge) 선착장 이용 주소 Chakphet Road 전화 가게마다 다름 시간 24시간 휴무 연중무휴 가격 가게마다 다름 홈페이지 없음

ZOOM IN

타 왕랑 선착장

여행자보다는 현지인들에게 인기인 지역. 왕랑 시장 인근은 주말이면 발 디딜 틈 없이 붐빈다.

1 란 싸이마이
ร้าน สายไหม

  도보 1분

왕랑 시장 내 바미 국수 전문점. 고명으로 돼지고기 무댕을 올린다. 바미 면 국수인 바미무댕, 바미 면+끼여우 국수인 바미끼여우꿈무댕, 끼여우만 있는 끼여우꿈무댕이 있다. 국물이 있는 남, 비빔 면인 행으로 주문할 수 있다.

◎ **MAP** P.280A
◎ **구글 지도 GPS** 13.755509, 100.486224 ◎ **찾아가기** 왕랑 선착장에 내리면 왼쪽 첫 번째 골목이 왕랑 시장, 시장 골목 오른쪽에 위치 ◎ **주소** 325 Soi Wang Lang 1 ◎ **전화** 084-923-1701 ◎ **시간** 09:00~17:00 ◎ **휴무** 연중무휴 ◎ **가격** 바미무댕 50 · 60B, 바미끼여우꿈무댕 · 끼여우꿈무댕 각 60 · 75B ◎ **홈페이지** 없음

바미끼여우꿈무댕 행 60B

2 왕랑 시장
Wang Lang Market

  도보 1분

여행자보다는 현지인이 압도적으로 많은 시장. 현지 분위기를 듬뿍 담은 음식점과 노점이 대부분이다. 로띠, 카놈브앙, 카놈빵완, 끌루어이삥, 꼬치 등 방콕 중심가에서 흔히 볼 수 없는 태국 전통 간식 노점이 가득하다. 기념품이나 의류를 쇼핑하기에는 적당하지 않다.

◎ **INFO** P.183 ◎ **MAP** P.280A
◎ **구글 지도 GPS** 13.755584, 100.484089 ◎ **찾아가기** 왕랑 선착장에서 나와 좌회전하면 바로 ◎ **주소** Soi Wang Lang ◎ **전화** 가게마다 다름 ◎ **시간** 09:00~18:00(가게마다 다름) ◎ **휴무** 연중무휴 ◎ **가격** 가게마다 다름 ◎ **홈페이지** www.facebook.com/marketwanglang

ZOOM IN

타 롯파이 선착장

톤부리 지역을 연결하는 선착장. 여행자들은 주로 씨리랏 박물관에 가기 위해 이용한다.

---

1 씨리랏 피묵쓰탄 박물관
Siriraj Bimuksthan Museum

 도보 1분

씨리랏 병원을 세운 왕실 구성원을 소개하고, 왕가에서 소장한 도자기, 칼 등의 유물을 전시하는 씨리랏 병원 종합 박물관이다. 씨리랏 병원이 자리한 톤부리 지역에 관련된 전시물도 다양해 톤부리의 역사를 알 수 있다.

◎ **MAP** P.280A
◎ **구글 지도 GPS** 13.759683, 100.486889 ◎ **찾아가기** 롯파이 선착장에 내리면 바로 보인다. ◎ **주소** 2 Wang Lang Road ◎ **전화** 02-419-2601~2 ◎ **시간** 수~월요일 10:00~17:00 ◎ **휴무** 화요일 ◎ **가격** 200B, 씨리랏 의학 박물관 통합 입장권 300B ◎ **홈페이지** www.sirirajmuseum.com

2 씨리랏 의학 박물관
Siriraj Medical Museum

  도보 5분

씨리랏에서 운영하는 박물관. 아둔야뎃위콤 건물 2층에 병리학, 법의학, 기생물학 박물관이 자리한다. 실제 시체와 신체 기관 등을 전시해 사진 촬영이 불가하며, 작은 가방이라도 로커에 보관해야 한다. 나머지 해부학 박물관과 선사학 박물관은 해부학 건물에 있다.

◎ **MAP** P.280A
◎ **구글 지도 GPS** 13.758796, 100.485112 ◎ **찾아가기** 롯파이 선착장에서 350m, 도보 3분 ◎ **주소** 2 Wang Lang Road ◎ **전화** 02-419-6363 ◎ **시간** 수~월요일 10:00~17:00 ◎ **휴무** 화요일 ◎ **가격** 200B, 씨리랏 피묵쓰탄 박물관 통합 입장권 300B ◎ **홈페이지** www.sirirajmuseum.com

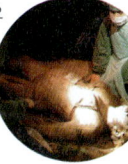

3 왕실 선박 박물관
Royal Barge Museum

  보트 5분, 도보 13분

태국의 왕실 선박 행렬은 아유타야 나라이 왕 당시 프랑스 루이 14세의 사절단을 맞으며 처음 시작됐으며, 1967년까지는 우기의 안거 수행인 판싸가 끝나는 날을 기념하는 까틴 행사 때마다 열렸다. 박물관에서는 8척의 주요 왕실 선박을 전시한다. 나머지 왕실 선박은 해군에서 보관하고 있다.

◎ **MAP** P.280A
◎ **구글 지도 GPS** 13.761950, 100.484587 ◎ **찾아가기** 삔끌라오 다리(Phra Pin Klao Bridge)에서 1km, 도보 13분 ◎ **주소** 80/1 Arun Amarin Road ◎ **전화** 02-424-0004 ◎ **시간** 09:00~16:30 ◎ **휴무** 연중무휴 ◎ **가격** 100B, 사진 촬영 100B, 비디오 촬영 200B 추가 ◎ **홈페이지** 없음

AREA 07 KHAOSAN R○
[ถนนข้าวสาร 카오산 로드]

배낭여행자의 성지에서
방콕의 핫 플레이스로

전 세계 여행자가 모이는 거리. 여행에 필요한 모든 것을 해결할 수 있어 태국 전역은 물론 아시아 여행의 허브가 되는 지역이다. 카오산이라는 정식 명칭이 붙은 거리는 400m에 불과하지만 람부뜨리, 짜끄라퐁, 프라쑤멘, 프라아팃, 쌈쎈 등지까지 넓은 여행자 거리가 형성됐다. 낮보다는 밤이 활기찬 곳으로 왕궁, 민주기념탑 주변 볼거리와 연계해 돌아보면 좋다.

인기
★★★★★

관광지
★★★

쇼핑
★★★★★

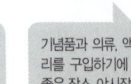
식도락
★★★

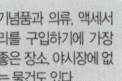
나이트라이프

혼잡도

배낭여행자의 '필요'를 넘어 이주 핫하다. 방콕 여행자라면 한 번은 반드시 들른다.

옛 성벽과 출입문의 흔적. 국왕들이 불교에 입문해 승려 생활을 하던 사원 등이 자리한다.

기념품과 의류, 액세서리를 구입하기에 가장 좋은 장소. 야시장에 없는 물건도 있다.

국수 맛집이 특히 많다. 길거리 음식과 야외 좌석이 마련된 레스토랑 또한 다양하다.

밤 10시가 넘으면 클럽과 바에서 스피커를 높여 본격적인 나이트라이프의 시작을 알린다.

카오산과 그 옆에 있는 람부뜨리 거리가 가장 복잡하다.

카오산 로드 교통편

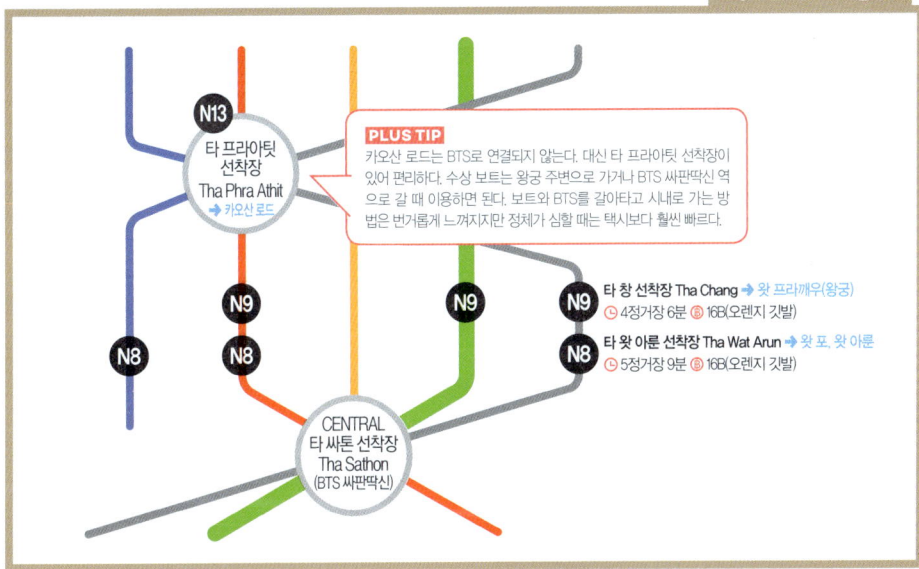

PLUS TIP
카오산 로드는 BTS로 연결되지 않는다. 대신 타 프라아팃 선착장이 있어 편리하다. 수상 보트는 왕궁 주변으로 가거나 BTS 싸판딱신 역으로 갈 때 이용하면 된다. 보트와 BTS를 갈아타고 시내로 가는 방법은 번거롭게 느껴지지만 정체가 심할 때는 택시보다 훨씬 빠르다.

카오산 로드로 가는 방법

 택시
차가 막히지 않는다면 가장 빠르고 편한 방법. 시내에서 40~60분 소요되며 100~150B가량 나온다. '카오산 로드'라고 말하면 된다.

 수상 보트
타 프라아팃 선착장 하차.

 뚝뚝
민주기념탑, 왕궁 등지에 많다. 흥정이 필수이며, 택시보다 느리고 가격이 비싸다.

카오산 로드 다니는 방법

 도보
좁은 골목이 이리저리 얽혀 있어 다른 방법이 없다.

MUST EAT
이것만은 꼭 먹자!

No.1 나이쏘이
นายโสย
갈비 국수.

No.2 찌라 옌따포
จิระเย็นตาโฟ
어묵 국수.

No.3 쿤댕 꾸어이짭유안
คุณแดงก๋วยจั๊บญวน
돼지고기 국수.

MUST DO
이것만은 꼭 해보자!

No.1 브릭 바
Brick Bar
태국의 젊은이들과 어울려 한바탕 놀아보자.

MAP
카오산 로드 한눈에 보기

- 창추이 마켓 Chang chul Market P.301
- 센트럴 플라자 쁜끌라오
- 인디 마켓 쁜끌라오 Indy Market P.301
- 방이칸
- 헬스 랜드 쁜끌라오 Health Land(1.3km) P.301
- 클렁 방콕 너이 운하
- 짜오프라야 강
- 프라 쁜끌라오
- 쁜끌라오 다리
- 방콕 관광 안내소
- 타 프라아팃
- 커피 콘텍스트 Coffee Context P.299
- S1, A4
- 나이쏘이 P.299
- 쁘띠 솔레일 Petit Soleil P.299
- 무에타이 스트리트 Muay Thai Street P.301
- S1, A4
- Riva Surya
- 쿤댕 꾸어이짬유안 P.298
- New Siam Riverside
- 동대문
- New Siam 2
- 홍익인간
- O.Bangkok
- Chao Fa Rd
- Ratchadamnoen Klang Rd
- Soi Rong Mai
- 람부뜨리 로드
- Wangna Theatre
- DDM
- S1, A4
- 국립 극장 The National Theatre
- 국립 미술관 P.298 The National Gallery
- 쑤완나품행 미니밴
- 탐마쌋 대학교 Thammasat University
- 국립박물관 The National Museum
- 제1차 세계대전 기념탑
- 공항버스 S1, A4 종점
- 싸남 루앙 Sanam Luang
- 타 빠짠
- Na Phra Lan Rd
- Soi Phra Chan
- Phra Athit Rd

카오산에서 놀고 먹는 한나절 코스

COURSE 1

카오산의 숙소에 묵지 않는 경우, 택시 혹은 수상 보트를 타고 카오산을 찾게 된다. 시내에서 택시를 타고 카오산으로 간다면 쌈쎈 거리를 지나 차나 쏭크람 경찰서에 내리는 것이 일반적이다. 수상 보트가 하차하는 타 프라팃 선착장에서는 람부뜨리 골목을 따라 카오산으로 진입하면 된다. 카오산 일대의 거리를 중심으로 코스를 소개한다.

S 차나 쏭크람 경찰서
Chana Songkhram Police Station
카오산 로드로 진입 → 카오산 로드 도착

1 카오산 로드
Khaosan Road
카오산 거리를 끝까지 걷는다. 따나오 로드에서 좌회전해 약 200m → 왓 보원니웻 도착

2 왓 보원니웻
Wat Bovonivet
시간 08:00~17:00
→ 사원에서 나와 로터리로 다시 간다. 로터리에서 람부뜨리 로드로 진입 → 람부뜨리 로드 도착

3 람부뜨리 로드
Rambuttri Road
→ 람부뜨리 거리를 따라 짜오프라야 강변으로 이동 → 프라아팃 로드 도착

4 프라아팃 로드
Phra Athit Road

297

코스 무작정 따라하기
START

S. 차나 쏭크람 경찰서
바로, 도보 1분

1. 카오산 로드
550m, 도보 6분

2. 왓 보원니웻
270m, 도보 3분

3. 람부뜨리 로드
650m, 도보 8분

4. 프라아팃 로드
Finish

Area 07 카오산 로드
COURSE
ZOOM IN

ZOOM IN

차나 쏭크람 경찰서

진짜 카오산 로드의 입구이자 넓은 의미의 카오산 중앙에 해당되는 곳. 짜끄라퐁 로드에 위치한다.

1 왓 보원니웻
Wat Bovonivet

도보 7분

카오산 일대에서 가장 규모가 큰 사원. 건축적인 특징보다 국왕들의 수행처로 유명하다. 라마 4세, 6세, 7세, 9세가 이곳에서 출가 의식을 치르고 수도 생활을 했다. 우보쏫 내에 쑤코타이 양식의 불상이 안치돼 있으며, 우보쏫 뒤쪽에는 황금색 쩨디가 자리한다.

📖 INFO P.050 📍 MAP P.295H
🌐 구글 지도 GPS 13.760322, 100.499844 🚶 찾아가기 차나 쏭크람 경찰서에서 카오산 거리를 끝까지 걸은 후 따나오 로드(Tanao Road)로 좌회전해 약 200m 더 걸으면 로터리 인근에 사원이 보인다. 차나 쏭크람 경찰서에서 500m, 도보 7분 🏠 주소 248 Phra Sumen Road 📞 전화 02-629-5854 🕐 시간 08:00~17:00 ❌ 휴무 연중무휴 💰 가격 무료입장 🌐 홈페이지 www.facebook.com/WatBovoranivesVihara

2 프라쑤멘 요새
Phra Sumen Fort

도보 9분

마하깐 요새와 더불어 방콕에 남아 있는 2개의 요새 중 하나다. 라마 1세는 도시를 방어하기 위해 성벽을 축조하며 14개의 요새를 함께 만들었다. 그중 현재까지 남아 있는 곳이 마하깐과 프라쑤멘 요새다. 프라쑤멘 요새는 도시의 서북쪽 경계를 담당했다.

📍 MAP P.295C
🌐 구글 지도 GPS 13.763999, 100.495767 🚶 찾아가기 프라아팃 로드와 프라쑤멘 로드가 교차하는 코너, 카오산 로드 차나 쏭크람 경찰서에서 700m, 도보 9분 🏠 주소 Phra Athit Road와 Phra Sumen Road 교차로 📞 전화 없음 🕐 시간 08:00~21:00 ❌ 휴무 연중무휴 💰 가격 무료입장 🌐 홈페이지 없음

3 국립 미술관
The National Gallery

도보 4분

상설 전시관과 특별 전시관으로 운영한다. 상설 전시관에서는 17세기부터 이어온 태국의 유명 조각, 회화 작품을 전시한다. 특별 전시관에서는 국내외 유명 작가들의 현대미술 작품을 만날 수 있다. 조폐국이던 국립 미술관 건물은 1974년 미술관으로 바뀌었다.

📍 MAP P.294I·J
🌐 구글 지도 GPS 13.758893, 100.493723 🚶 찾아가기 카오산 로드 차나 쏭크람 경찰서에서 삔끌라오 다리 방면으로 300m, 도보 4분 🏠 주소 4 Chao Fa Road 📞 전화 02-282-8525 🕐 시간 수~일요일 09:00~16:00 ❌ 휴무 월~화요일 💰 가격 200B 🌐 홈페이지 www.virtualmuseum.finearts.go.th/nationalgallery

4 찌라 옌따포
จิระเย็นตาโฟ

도보 3분

어묵 국수 가게. 옌따포를 비롯해 맑은 국물 오리지널, 똠얌 국물을 선보인다. 고명으로는 어묵, 끼여우 튀김, 모닝글로리를 올린다. 주문할 때는 한국어 메뉴판의 순서대로 면, 국물, 사이즈를 선택하면 된다.

📖 INFO P.100 📍 MAP P.295G
🌐 구글 지도 GPS 13.761126, 100.497016 🚶 찾아가기 카오산 차나 쏭크람 경찰서에서 짜끄라퐁 로드로 170m, 큰길 왼쪽 안경점을 바라보고 왼쪽 집. 간판은 태국어로만 돼 있다. 🏠 주소 121 Chakrabongse Road 📞 전화 02-282-2496 🕐 시간 목~월요일 08:00~15:00 ❌ 휴무 수~목요일 💰 가격 60·70·80B, 수제 생선살 어묵 80B 🌐 홈페이지 www.facebook.com/JiRaYentafo

쎈렉 옌따포 60B

5 쿤댕 꾸어이짭유안
คุณแดงก๋วยจั๊บญวน

도보 7분

꾸어이짭 국수 전문점. 단일 메뉴인 꾸어이짭 유안은 돼지고기 육수에 돼지고기, 돼지고기 볼, 후춧가루를 첨가한 소시지, 메추리알, 버섯, 양파 고명을 올린 국수다. 육수는 기본적으로 맵고, 버섯 향이 진하다.

📖 INFO P.101 📍 MAP P.294F
🌐 구글 지도 GPS 13.762149, 100.493686 🚶 찾아가기 프라아팃 선착장에서 나와 프라아팃 로드로 우회전해 140m 왼쪽 🏠 주소 32 Phra Athit Road 📞 전화 085-246-0111 🕐 시간 09:30~20:30 ❌ 휴무 연중무휴 💰 가격 꾸어이짭 유안(Vietnamese Noodle) 60·70B, 달걀 추가 10B 🌐 홈페이지 없음

꾸어이짭 60B

6 나이쏘이
나이โสย

유명한 소고기 국숫집. 갈비 국숫집이라고도 불린다. 간판에 태국어보다 크게 '나이쏘이'라는 한국어를 적어놓아 눈에 잘 띈다. 주문 순서대로 잘 정리된 메뉴가 있다.

- INFO P.093, 103 / MAP P.294B
- 구글 지도 GPS 13.762737, 100.494474 / 찾아가기 프라아팃 선착장에서 나와 프라아팃 로드로 우회전 30m 왼쪽, 프라아팃 로드 타라 하우스 옆 / 주소 100/4-5 Phra Athit Road / 전화 062-064-3934 / 시간 월~목요일 07:00~21:00, 금~일요일 07:00~21:30 / 휴무 둘째·넷째 주 화요일 / 가격 꾸어이띠여우 느어쏫(Fresh Beef) 100B / 홈페이지 www.facebook.com/NaiSoie

꾸어이띠여우 느어쁘어이 100B

7 쁘띠 솔레일
Petit Soleil

카오산의 분주함과는 완전히 다른 정취를 지닌 곳. 열대식물 이룬 터널을 지나면 앤티크한 분위기의 카페가 펼쳐진다. 빨간 벽돌 벽은 액자로 장식하고, 곳곳에 드라이플라워와 식물을 배치했다. 창문 너머로는 짜오프라야 강이 조망된다.

- MAP P.294F
- 구글 지도 GPS 13.762157, 100.493262 / 찾아가기 프라아팃 선착장에서 오른편 강변 산책로를 따라 걸으면 보인다. / 주소 23/2 Phra Athit Road / 전화 086-303-2811 / 시간 08:00~21:00 / 휴무 연중무휴 / 가격 피콜로(Piccolo) 100B / 홈페이지 www.facebook.com/petitsoleilbangkok

마차 라테 135B

8 커피 콘텍스트
Coffee Context

프라아팃 선착장에 인접한 작은 카페. 짜오프라야 강 조망은 없고, 프라아팃 로드를 바라보고 있다. 치앙마이, 에티오피아, 콜롬비아, 케냐산 원두를 사용하는 이곳은 카오산에도 본격적인 커피숍이 생기고 있음을 알리는 신호탄과 같다.

- MAP P.294B
- 구글 지도 GPS 13.763148, 100.494753 / 찾아가기 프라아팃 선착장에서 나와 좌회전 / 주소 47/1 Phra Athit Road / 전화 090-979-0317 / 시간 08:00~16:00 / 휴무 연중무휴 / 가격 아메리카노(Americano)·라테(Latte) 80B / 홈페이지 없음

아메리카노 80B

9 까림 로띠 마따바
Karim Roti Mataba
การิมโรตี มะตะบะ

모슬렘 음식 로띠는 밀가루로 반죽한 팬케이크이고, 마따바는 기름에 튀긴 빵의 일종이다. 로띠는 바나나, 치즈, 달걀, 햄 등 원하는 재료를 넣고 연유, 시럽 등을 뿌려 먹는다. 마따바는 닭고기, 소고기, 해산물 등을 넣어 요리한다.

- MAP P.295C
- 구글 지도 GPS 13.763612, 100.495558 / 찾아가기 방람푸 프라쑤멘 요새 맞은편 / 주소 136 Phra Athit Road / 전화 02-282-2119 / 시간 09:30~22:00 / 휴무 연중무휴 / 가격 로띠(Roti) 36B~, 마싸만 까이(Chicken Thai Massaman) 99B / 홈페이지 www.roti-mataba.net

플레인 로띠 36B

10 푸아끼
潘記
พั๊วกี๊

80여 년간 한자리를 지키고 있는 노포다. 시그너처 메뉴는 옌따포 국수로 조금은 심심하고 무난한 맛이 특징이다. 국수는 맑은 남싸이로도 선택할 수 있으며, 면은 쌀국수, 바미, 끼여우 등으로 고르면 된다. 새우만두 끼여우 꿍의 평이 특히 좋다.

- MAP P.295C
- 구글 지도 GPS 13.763440, 100.496239 / 찾아가기 프라쑤멘 요새 인근. 차나 쏭크람 경찰서에서 600m, 도보 8분 / 주소 28/30 Phra Sumen Road / 전화 02-281-4673 / 시간 월~토요일 09:00~16:00 / 휴무 일요일 / 가격 꾸어이띠여우 끼여우꿍 남(Wantan Shrimp Soup with Noodle) 70B / 홈페이지 없음

꾸어이띠여우 끼여우꿍 남 70B

11 빠텅꼬
Patonggo
ปาท่องโก๋

1968년에 문을 연 가게. 중국, 타이완, 홍콩 등지에서 즐겨 먹는 여우티아오(유조)를 아침 메뉴와 디저트로 선보인다. 여우티아오는 밀가루 반죽을 발효시켜 길쭉하게 모양을 내 기름에 구운 음식이고, 빠텅꼬는 짤따랗다.

- MAP P.295H
- 구글 지도 GPS 13.761204, 100.499571 / 찾아가기 왓 보워니웻 입구 사거리에 위치. 카오산 로드 차나 쏭크람 경찰서에서 550m, 도보 7분 / 주소 246 Phra Sumen Road / 전화 02-281-9754 / 시간 08:30~18:00 / 휴무 연중무휴 / 가격 빠텅꼬 아이스크림(Pa Tong Go Ice Cream) 60B, 남부어이(Chinese Plum Juice) 30B / 홈페이지 patonggocafe.com

빠텅꼬 아이스크림 60B

12 맴 똠얌꿍
Mam Tom Yum Kung 도보 7분

'맴 똠얌꿍'이라고 알려진 집. 방람푸 시장 근처 노점으로 똠얌꿍이 맛있기로 소문났다. 실제 새우 살 듬뿍 넣은 똠얌꿍 맛이 기가 막히고 불맛 살린 볶음 요리도 좋다. 다만 천막 아래 마련된 자리가 겨울에도 덥다.

ⓘ **INFO** P.089 ⓜ **MAP** P.295G
구글 지도 **GPS** 13.760849, 100.498533 **찾아가기** 방람푸 시장 맞은편 노점 **주소** Soi Kraisi **전화** 089-815-5531 **시간** 화~일요일 08:00~20:00 **휴무** 월요일 **가격** 똠얌꿍(Tomyam Kung) 150·200B, 느어뿌팟퐁까리(Stir Fried Crab Meat with Curry Powder) 200B, 팟팍루엄밋(Stir Fried Mixed Vegetable) 80B **홈페이지** 없음

13 카우똠 보원
ข้าวต้มบวร 도보 8분

태국식 죽인 카우똠에 반찬을 곁들여 먹는 카우똠 전문점이다. 태국인들은 카우똠을 저녁 혹은 야식으로 주로 즐긴다. 가게는 규모가 매우 큰 편. 맛은 일정 수준 이상이다. 반찬은 재료에 따라 가격이 다른데, 채소 조림 등 미리 마련해 놓은 반찬이 저렴한 편이다.

ⓜ **MAP** P.295H
구글 지도 **GPS** 13.761021, 100.500248 **찾아가기** 차나 쏭크람 경찰서에서 짜끄라퐁 로드를 400m, 프라쑤멘 로드가 나오면 우회전해 250m 왼쪽, 왓 보원니웻 맞은편 **주소** 243 Phra Sumen Road **전화** 02-629-1739 **시간** 15:30~23:00 **휴무** 연중무휴 **가격** 카우똠 10B, 반찬 50B~ **홈페이지** 없음

14 케이 커피
Kayy Coffee  도보 10분

여러모로 만족도가 높은 카페. 실내에 에어컨이 나오며 아기자기하게 꾸민 야외 정원을 갖췄다. 커피와 음료의 가격은 카오산 수준으로 합리적이며, 맛 또한 나무랄 데 없다. 무엇보다 직원들이 친절하다. 친근함이 느껴질 정도다.

ⓜ **MAP** P.295H
구글 지도 **GPS** 13.761477, 100.499930 **찾아가기** 왓 보원니웻 대각선 맞은편 골목 안쪽 **주소** 239/4 Phra Sumen Road **전화** 096-615-1964 **시간** 08:00~17:00 **휴무** 연중무휴 **가격** 아메리카노(Americano) 55B, 더티(Dirty) 75B **홈페이지** 없음

15 브릭 바
Brick Bar 도보 4분

외국인 여행자와 현지인이 함께 어울려 스카, 레게, 타이 인디, 팝을 라이브로 즐기는 곳이다. 저녁 8시, 10시에 30분간, 자정에 1시간 30분간 공연이 펼쳐진다. 분위기가 무르익으면 모두 자리에서 일어나 리듬에 몸을 맡기고 흥겹게 춤을 춘다. 입장 시 여권 지참 필수.

ⓘ **INFO** P.149 ⓜ **MAP** P.295K
구글 지도 **GPS** 13.758660, 100.498598 **찾아가기** 차나 쏭크람 경찰서에서 카오산 로드로 진입해 거의 끝까지 내려오면 맥도날드가 있는 버디 로지가 보인다. 버디 로지 1층 안쪽 **주소** 265 Khaosan Road **전화** 065-513-6999 **시간** 18:30~02:00 **휴무** 연중무휴 **가격** 맥주 150B **홈페이지** 없음

16 멀리건스 아이리시 바
Mulligans Irish Bar 도보 4분

포켓볼 당구대와 라이브 스포츠 채널이 있고, 다양한 맥주와 음식을 함께 즐기는 일반적인 분위기의 아이리시 펍. 에어컨이 귀한 카오산 로드에서 반가운 술집이다. 밤 10시와 12시 30분에 라이브 공연이 펼쳐진다.

ⓜ **MAP** P.295K
구글 지도 **GPS** 13.758604, 100.498504 **찾아가기** 차나 쏭크람 경찰서에서 카오산 로드로 진입해 거의 끝까지 내려오면 맥도날드가 있는 버디 로지가 보인다. 버디 로지 2층 **주소** 265 Khaosan Road **전화** 081-893-5554 **시간** 17:00~04:00 **휴무** 연중무휴 **가격** 맥주 145B~ **홈페이지** www.facebook.com/mulligansirishbarkhaosan

17 카오산 센터
Khaosan Center 도보 3분

카오산에서 흔히 볼 수 있는 여행자 레스토랑 겸 펍. 간판이 바뀌지 않고 오랜 세월 동안 카오산을 지키고 있는 터줏대감이기도 하다. 낮에는 카오산 로드를 바라보며 맥주나 음료를 즐기는 평범한 분위기인데, 밤 10시가 지나면 스피커 볼륨을 높이고 거리에서 춤추는 흥겨운 분위기로 돌변한다.

ⓜ **MAP** P.295K
구글 지도 **GPS** 13.758929, 100.496928 **찾아가기** 카오산 로드 중앙 **주소** 80-84 Khaosan Road **전화** 02-282-4366 **시간** 월~토요일 10:00~02:00, 일요일 10:00~24:00 **휴무** 연중무휴 **가격** 리오·창 각 S 80B·L 120B, 씽·하이네켄 각 S 95·L 135B **홈페이지** 없음

18 빠이 스파
Pai Spa
★★★ 도보 5분

카오산 로드 일대에서 제대로 된 마사지를 받고 싶다면 무조건 주목할 것. 스파 부문 수상 경력이 있으며, 자체 마사지 스쿨도 운영한다. 나무로 지은 북부 스타일 가옥이 풍기는 특유의 분위기도 좋다.

📍 MAP P.295H
구글 지도 GPS 13,759505, 100.498771 ⊙ 찾아가기 차나 쏭크람 경찰서에서 카오산 로드로 진입, 버디 로지 못 미쳐 쏘이 람부뜨리 골목 끝까지 간 후 우회전해 약 40m 오른쪽 ⊙ 주소 156 Rambuttri Road ⊙ 전화 02-629-5154/~5 ⊙ 시간 10:00~23:00 ⊙ 휴무 연중무휴 ⊙ 가격 타이 마사지 60분 420B, 120분 800B ⊙ 홈페이지 www.pai-spa.com

19 헬스 랜드
Health Land
★★★ 택시 10분

카오산에서는 택시를 타고 찾아야 하지만 그만한 가치가 있다. 카오산 로드의 길거리 마사지 숍에 비해 쾌적한 시설을 자랑한다. 오일을 사용하지 않는 마사지는 2시간에 600B 대로 가성비가 좋다.

📍 MAP P.294E
구글 지도 GPS 13,772130, 100.482333 ⊙ 찾아가기 택시 이용. 카오산 로드에서 택시를 탄다면 민주기념탑 방면 따나오 로드(Tanao Road) 버거킹 맞은편에서 택시를 타야 빤파라오 다리를 건널 수 있다. 2.7km, 택시로 10분 ⊙ 주소 142/6 Charansanitwong Road ⊙ 전화 02-882-4888 ⊙ 시간 09:00~23:00 ⊙ 휴무 연중무휴 ⊙ 가격 타이 마사지 2시간 650B ⊙ 홈페이지 www.healthlandspa.com

20 무에타이 스트리트
Muay Thai Street
★★★ 도보 8분

카오산 인근 프라이빗 로드에 자리한 무에타이 체육관이다. 방콕 올드 시티 쪽에 머무른다면 접근성이 매우 좋다. 시설이 깨끗하며 개별 레슨도 가능하다. 현장 접수 가능.

📍 MAP P.294F
구글 지도 GPS 13,762417, 100.494509 ⊙ 찾아가기 프라이빗 선착장에서 나와 우회전, 길 건너 나이 쏘이 국수 가게를 지나자마자 나오는 골목으로 좌회전 ⊙ 주소 Phra Athit Road, Soi Chana Songkhram ⊙ 전화 02-629-2313 ⊙ 시간 06:00~24:00 ⊙ 휴무 연중무휴 ⊙ 가격 90분 600B, 개별 레슨 1회 1200B · 5회 5000B · 10회 9000B ⊙ 홈페이지 www.facebook.com/muaythai.streetshop

21 땅 후어 쌩
Tang Hua Seng
★★ 도보 3분

방람푸 인근에서 유일한 대형 슈퍼마켓이다. 카오산 로드에 머문다면 일부러 시내로 나가기보다는 이곳을 찾자. 쇼핑센터에 입점한 슈퍼마켓보다 전반적으로 저렴하다.

📍 MAP P.295G
구글 지도 GPS 13,761178, 100.497575 ⊙ 찾아가기 카오산 로드 차나 쏭크람 경찰서에서 짜끄라퐁 로드를 따라 230m ⊙ 주소 172-182 Charkabongse Road ⊙ 전화 02-280-0936 ⊙ 시간 10:00~19:00 ⊙ 휴무 연중무휴 ⊙ 가격 제품마다 다름 ⊙ 홈페이지 없음

22 인디 마켓 삔끌라오
Indy Market
ตลาดอินดี้ ปิ่นเกล้า
★★ 자동차 10분

방콕 곳곳에 자리한 인디 마켓 중에서도 인기가 있는 곳이다. 야시장의 90%가량은 음식점. 꼬치, 빨라텃(생선튀김), 꿍파우(새우구이), 허이크랭(꼬막), 찜쭘(핫팟) 등 태국 요리는 물론 떡볶이와 튀김, 핫도그 등 한국 요리도 인기다. 카우니여우 마무앙, 과일주스 등 디저트류도 다양하다.

📍 MAP P.294A
구글 지도 GPS 13,777312, 100.484442 ⊙ 찾아가기 MRT 방이칸 역 1번 출구 이용 ⊙ 주소 209 Charan Sanit Wong Road ⊙ 전화 02-100-6728 ⊙ 시간 18:00~24:00 ⊙ 휴무 연중무휴 ⊙ 가격 가게마다 다름 ⊙ 홈페이지 없음

23 창추이 마켓
Chang chui
ช่างชุ่ย
★ 자동차 16분

창추이 마켓의 모토처럼 창추이 마켓에서 '쓸모없는 건 없다(Nothing is Useless)'. 폐자재는 때로 출입구가 되고, 때로 작품이 된다. 마켓 한가운데 대형 에어버스를 중심으로 곳곳에 벽화와 작품이 있어 사진 찍기 좋다. 먹거리, 쇼핑 노점도 몇 곳 들어선다.

📍 MAP P.294A
구글 지도 GPS 13,789211, 100.470534 ⊙ 찾아가기 삔끌라오 지역. 카오산에서 7km 거리로 택시 혹은 그랩 이용 ⊙ 주소 460/8 Sirindhorn Road ⊙ 전화 081-817-2888 ⊙ 시간 나이트 마켓 화~일요일 16:00~23:00(크리에이티브 파크 11:00~23:00) ⊙ 휴무 월요일 ⊙ 가격 제품마다 다름 ⊙ 홈페이지 www.changchuibangkok.com

AREA 08 RATCHADAMNOEN
[ถนนราชดำเนิน 민주기념탑 주변]

카오산 인근의 보석 같은 볼거리

민주기념탑 주변에는 태국 국왕이 거주하는 두 공간인 왕궁과 두씻을 관통하는 도로가 있다. 드넓은 도로에는 국왕과 왕비의 사진이 걸려 있고, 운이 좋거나(신기한 경험이므로) 나쁘면(맨땅에 무릎을 꿇고 앉아야 하므로), 왕가의 행렬과 마주하게 된다. 왓 랏차낫다람, 왓 쑤탓과 싸오칭차, 왓 싸껫 등 보석 같은 사원은 왕궁 주변에 비해 찾는 이들이 적어 한적하게 돌아볼 수 있다.

인기
★★★

관광지
★★★★★

쇼핑
★

식도락
★★★★

나이트라이프
★★

혼잡도
★★

왕궁과 카오산을 걸어서 여행하지 않는 한 지나치는 경우가 많다.

왓 랏차낫다람, 왓 쑤탓과 싸오칭차, 왓 싸껫 등 보석 같은 볼거리가 숨어 있는 곳.

딱히 없다.

전국구 팟타이 맛집인 팁싸마이를 포함해 노포가 많다.

딱히 없다.

여행자가 많지 않고, 도로가 넓어 한산한 느낌이다. 한적하게 유적을 돌아보기에 좋다.

OAD 303

민주기념탑 주변 교통편

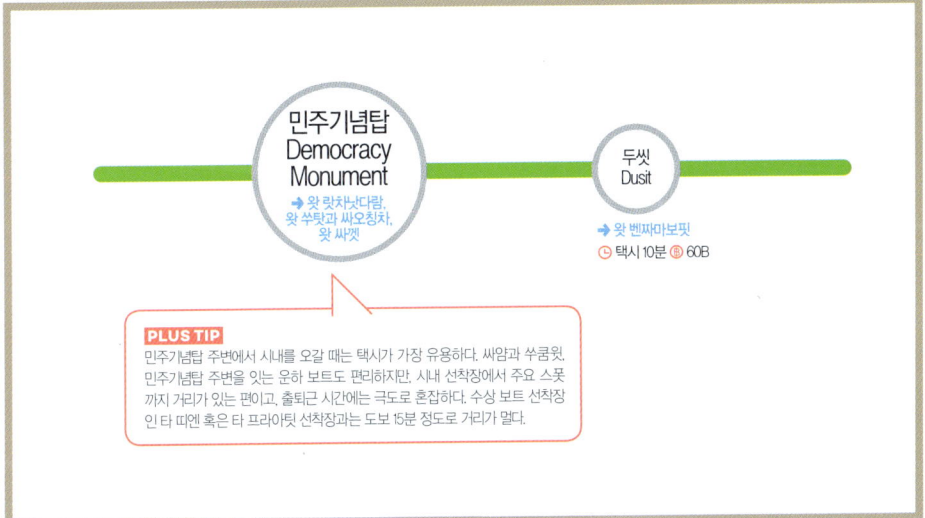

민주기념탑
Democracy Monument
→ 왓 랏차낫다람,
 왓 쑤탓과 싸오칭차,
 왓 싸켓

두씻
Dusit
→ 왓 벤짜마보핏
 택시 10분 60B

PLUS TIP
민주기념탑 주변에서 시내를 오갈 때는 택시가 가장 유용하다. 싸얌과 쑤쿰윗, 민주기념탑 주변을 잇는 운하 보트도 편리하지만, 시내 선착장에서 주요 스폿까지 거리가 있는 편이고, 출퇴근 시간에는 극도로 혼잡하다. 수상 보트 선착장인 타 띠엔 혹은 타 프라아팃 선착장과는 도보 15분 정도로 거리가 멀다.

민주기념탑 주변으로 가는 방법

 택시
민주기념탑 주변으로 가는 가장 편리한 방법. '타논 랏차담넌 끄랑' 혹은 '왓 싸켓', '싸오칭차' 등 목적지를 말하고 탑승.

 운하 보트
판파 리랏 선착장이 민주기념탑과 아주 가깝다. 싸얌, 쑤쿰윗 등 시내에서 갈 때 이용 가능.

 MRT
MRT 쌈엿 역이 왓 쑤탓 등 일부 볼거리와 유명 레스토랑 등지와 도보 10분 이내 거리다.

민주기념탑 주변 다니는 방법

도보
핵심 볼거리를 5~15분 내에 연결할 수 있다. 가장 속 편한 방법으로 더위를 이겨내는 강인한 체력이 필수다.

 뚝뚝
택시보다는 뚝뚝이 많다. 움직이고 있는 뚝뚝을 세워 잡으면 바가지가 덜하다.

 택시
시원하고 편리하지만 빈 택시가 많지 않다.

MUST SEE
이것만은 꼭 보자!

No. 1 왓 싸켓
Wat Saket
344개 계단을 따라 황금 산으로.

No. 2 왓 쑤탓 Wat Suthat과 싸오칭차 Giant Swing
여행의 감성을 자극하는 독특한 구조물.

No. 3 왓 랏차낫다람 Wat Ratcha Natdaram
로하 쁘라쌋 꼭대기에 오르자.

MUST EAT
이것만은 꼭 먹자!

No. 1 팁싸마이 Thipsamai
팟타이 전국구 맛집.

No. 2 크루아압쏜 Krua Apsorn
합리적인 가격과 알찬 요리.

No. 3 메타왈라이 썬댕 Methavalai Sorndaeng
품격 있는 식사.

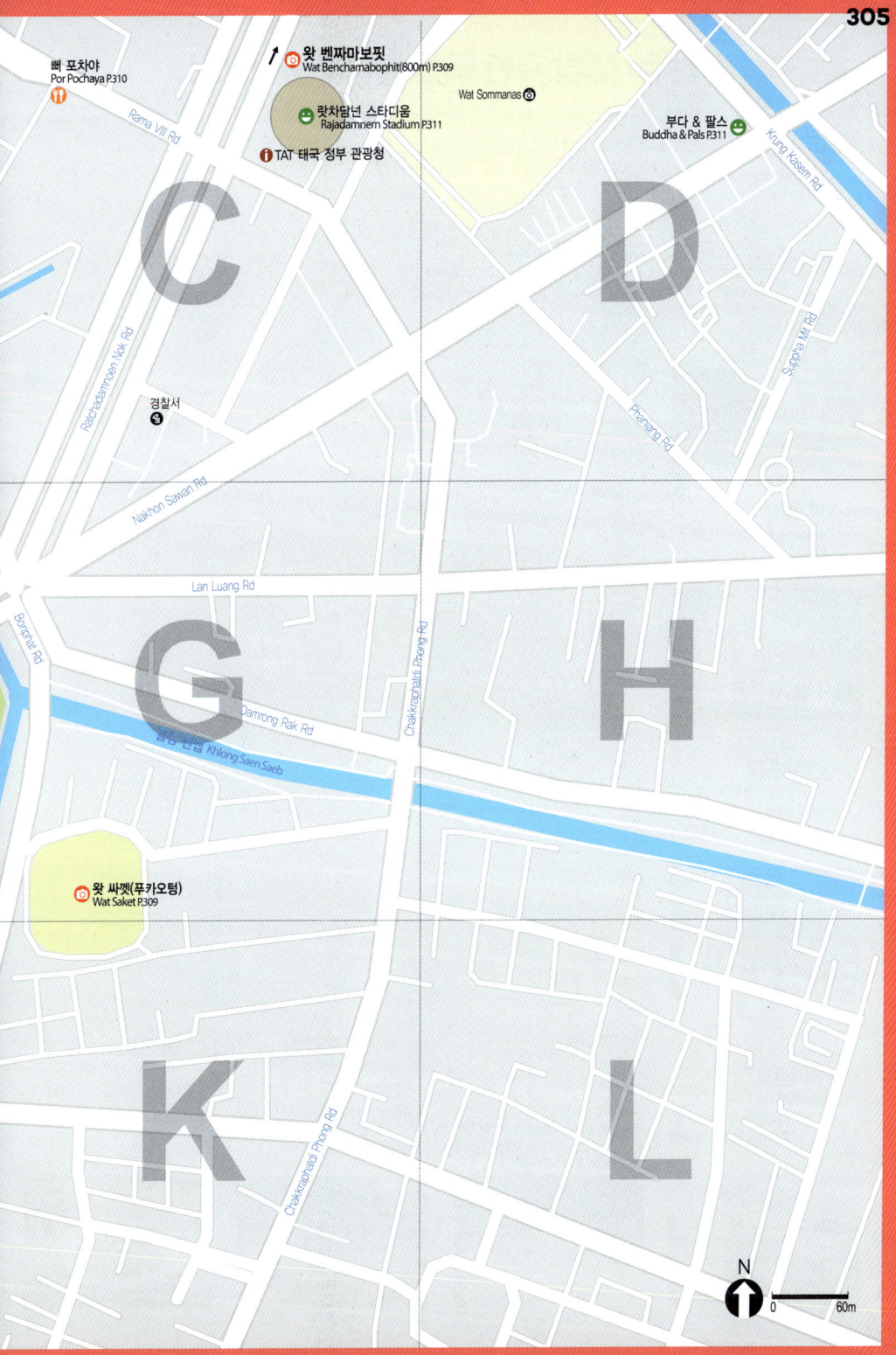

민주기념탑 주변 핵심 볼거리 공략 코스

COURSE 1

카오산 로드에서 걸어서 오는 코스로, 시내에서 갈 경우에는 택시를 타고 시작 지점에 하차하면 된다. 운하 보트를 탄다면 왓 싸껫을 먼저 방문해도 괜찮다.

S 랏차담넌 끄랑 로드
Ratchadamnoen Klang Road

민주기념탑으로 직진 → 민주기념탑 도착

1 민주기념탑
Democracy Monument

→ 민주기념탑에서 라마 3세 공원 쪽으로 직진, 공원 뒤편 → 왓 랏차낫다람 도착

2 왓 랏차낫다람
Wat Ratcha Natdaram

⏱ 시간 08:00~17:00

→ 라마 3세 공원 맞은편 → 마하깐 요새 도착

3 마하깐 요새
Mahakan Fort

→ 다리 건너 우회전. 왓 싸껫(푸카오텅)으로 들어가는 입구가 보인다. → 왓 싸껫 도착

4 왓 싸껫
Wat Saket

⏱ 시간 07:00~19:00

→ 왔던 길 반대쪽으로 가 밤룽무앙 로드(Bamrung Muang Road)로 진입해 우회전. 자이언트 스윙이 보일 때까지 걷는다. → 싸오칭차 도착

5 왓 쑤탓·싸오칭차
Wat Suthat·Giant Swing

⏱ 시간 08:30~20:00

→ 밤룽무앙 로드로 되돌아가다가 마하차이 로드(Maha Chai Road)로 좌회전해 약 80m 오른쪽 → 팁싸마이 도착

6 팁싸마이
Thipsamai ทิพย์สมัย

⏱ 시간 10:00~21:00

307

Area 08 민주기념탑 주변

코스 무작정 따라하기
START

S. 랏차담년 끄랑 로드
400m, 도보 5분

1. 민주기념탑
500m, 도보 6분

2. 왓 랏차낫다람
300m, 도보 4분

3. 마하깐 요새
600m+344계단, 도보 18분

4. 왓 싸껫
850m+344계단, 도보 20분

5. 왓 쑤탓·싸오칭차
450m, 도보 5분

6. 팁싸마이
Finish

COURSE / ZOOM IN

ZOOM IN

민주기념탑

태국 국왕이 거주하는 왕궁과 두씻을 연결하는 광활한 도로가 있어 웅장하다. 국왕과 왕비의 사진이 걸린 거리는 방콕을 처음 방문한 이들에게 생소한 풍경으로 다가온다.

1 민주기념탑
Democracy Monument 도보 1분

타논 랏차담넌 끄랑 중간에 있는 24m 높이의 탑. 1932년 6월 24일, 절대 왕정이 붕괴되고 헌법을 제정한 민주 혁명을 기념하기 위해 세웠다. 가운데에는 민주주의를 위해 희생한 이들을 기리는 위령탑이 있으며, 그 주변에 4기의 탑이 자리한다. 탑의 높이는 모두 24m로 6월 24일을 상징한다.

◎ MAP P.304F
ⓖ 구글 지도 GPS 13.756672, 100.501902 ⓞ 찾아가기 랏차담넌 로드 중앙, 카오산 로드 차나 쏭크람 경찰서에서 750m, 도보 9분 ⓐ 주소 Ratchadamnoen Klang Road ☎ 전화 없음 ⓢ 시간 24시간 ⓗ 휴무 연중무휴 ⓟ 가격 무료입장 ⓦ 홈페이지 없음

2 마하깐 요새
Mahakan Fort 도보 5분

라마 1세 때 지었으며 1959년과 1981년에 두 차례에 걸쳐 보수했다. 마하깐 요새는 도시 북동쪽 경계를 담당했다. 요새 동쪽에는 방콕의 성벽과 도시 외곽을 연결하던 판파 다리가 있다. 다리 밑으로 흐르는 운하가 라마 1세가 방콕을 수도로 정할 당시의 도시 경계인 셈이다.

◎ MAP P.304F
ⓖ 구글 지도 GPS 13.755622, 100.505557 ⓞ 찾아가기 라마 3세 공원 옆, 판파 다리(Phanfa Bridge) 건너기 전 마하차이 로드(Maha Chai Road) 코너에 보이는 하얀색 요새, 민주기념탑에서 시내 방면으로 350m, 도보 5분 ⓐ 주소 Ratchadamnoen Klang Road와 Maha Chai Road 교차로 ☎ 전화 없음 ⓢ 시간 24시간 ⓗ 휴무 연중무휴 ⓟ 가격 무료입장 ⓦ 홈페이지 없음

3 왓 랏차낫다람
Wat Ratcha Natdaram 도보 5분

철의 신전으로도 불리는 첨탑인 로하 쁘라쌋(Loha Prasat)을 품은 사원이다. 첨탑은 해탈에 이르기 위한 37개의 선행을 의미해 모두 37개로 구성된다. 내부는 미로처럼 이어지며, 탑의 꼭대기까지는 계단을 통해 오를 수 있다. 인근 풍경이 막힘없이 펼쳐지는 보석 같은 공간이다.

ⓘ INFO P.047 ◎ MAP P.304F
ⓖ 구글 지도 GPS 13.754733, 100.504596 ⓞ 찾아가기 랏차담넌 로드 민주기념탑에서 시내 방면으로 350m, 도보 5분 ⓐ 주소 2 Maha Chai Road ☎ 전화 02-224-8807 ⓢ 시간 08:00~17:00 ⓗ 휴무 연중무휴 ⓟ 가격 20B ⓦ 홈페이지 www.facebook.com/watratchanadda

4 왓 쑤탓
Wat Suthat 도보 7분

라마 1세가 건축한 왕실 사원. 1807년에 만들기 시작해 라마 3세 때 완공했다. 1843년 라마 3세 때 지은 본당은 서양의 건축 기술을 도입해 22.6m 높이로 지었다. 내부에는 14세기 쑤코타이에서 만든 8m 높이의 불상이 안치돼 있다.

ⓘ INFO P.046 ◎ MAP P.304I
ⓖ 구글 지도 GPS 13.751446, 100.501143 ⓞ 찾아가기 방콕 시청 광장 맞은편, 랏차담넌 로드 민주기념탑에서 550m, 도보 7분 ⓐ 주소 146 Bamrung Muang Road ☎ 전화 063-654-6829 ⓢ 시간 08:30~20:00 ⓗ 휴무 연중무휴 ⓟ 가격 100B ⓦ 홈페이지 없음

5 싸오칭차
Giant Swing 도보 7분

왓 쑤탓 앞에 놓인 문처럼 생긴 붉은색 기둥. 대형 그네 싸오칭차의 흔적인데, 멋진 자태 덕분에 방콕의 사진 포인트로 꼽힌다. 매년 음력 2월 시바를 맞이하는 그네 타기 행사를 열었으나 사고가 빈번히 발생하며 1930년대부터 사용을 금지했다. 지금은 붉은색 그네 틀만 남아 있다.

◎ MAP P.304I
ⓖ 구글 지도 GPS 13.751810, 100.501230 ⓞ 찾아가기 방콕 시청 광장 맞은편, 랏차담넌 로드 민주기념탑에서 550m, 도보 7분 ⓐ 주소 Bamrung Muang Road ☎ 전화 088-616-5297 ⓢ 시간 24시간 ⓗ 휴무 연중무휴 ⓟ 가격 무료입장 ⓦ 홈페이지 없음

6 왓 싸껫
Wat Saket ★★★ 도보 9분

90m 높이의 인공 언덕인 푸카오텅에 자리한 사원이다. 언덕 꼭대기에 황금빛 쩨디가 있어 황금 산(Golden Mount)으로도 불린다. 사원으로 오르려면 344개의 계단을 올라야 한다. 조금 힘들지만 언덕 위 조망은 힘든 시간을 보상한다.

ⓘ INFO P.048 ⓜ MAP P.305G
🔍 구글 지도 GPS 13.753801, 100.506662 🚶 찾아가기 랏차담넌 로드 민주기념탑에서 시내 방면으로 가다가 판파 다리를 건넌다. 700m, 도보 9분 📍 주소 344 Chakkraphatdiphong Road 📞 전화 02-621-2280 🕐 시간 07:00~19:00 ❌ 휴무 연중무휴 💰 가격 50B 🌐 홈페이지 www.facebook.com/watsraket

7 왓 랏차보핏
Wat Ratchabophit ★★★ 도보 14분

라마 5세가 유럽 방문 후 조성해 유럽 양식이 혼재된 사원이다. 사원의 중앙에는 높은 쩨디가 자리하고, 쩨디를 중심으로 우보쏫과 위한이 원형으로 배치돼 있다. 불상을 모신 우보쏫의 외관은 전형적인 태국 양식이지만, 내부는 유럽풍으로 꾸몄다.

ⓜ MAP P.304I
🔍 구글 지도 GPS 13.749155, 100.497340 🚶 찾아가기 랏차담넌 로드 민주기념탑에서 방콕 시청 방면으로 걷다가 싸오칭차가 보이면 우회전. 밤룽무앙 로드(Bamrung Muang Road)를 300m 걸어 프엉나콘 로드(Fuang Nakhon Road)로 좌회전, 1.1km, 도보 14분 📍 주소 2 Fueang Nakhon Road 📞 전화 02-222-3930 🕐 시간 09:00~17:00 ❌ 휴무 연중무휴 💰 가격 무료입장 🌐 홈페이지 www.facebook.com/WatRajabopit2412

8 왓 랏차쁘라딧
Wat Ratchapradit ★★★ 도보 15분

19세기 중반 라마 4세 때 왕실 행사를 위해 아유타야에 있는 사원을 본떠 만든 사원. 대리석, 자개, 목조 조각을 혼합 구성해 태국과 유럽 요소를 가미해 만든 내부 벽화가 볼거리다. 19세기 방콕 사람들의 생활상과 싸오칭차를 타고 행사하던 내용이 그려져 있다.

ⓜ MAP P.304I
🔍 구글 지도 GPS 13.749533, 100.495490 🚶 찾아가기 랏차담넌 로드 민주기념탑에서 방콕 시청 방면으로 걷다가 싸오칭차가 보이면 우회전. 밤룽무앙 로드(Bamrung Muang Road)를 따라 500m 걷다가 다리 건너 좌회전, 1.2km, 도보 15분 📍 주소 2 Saranrom Road 📞 전화 086-500-6123 🕐 시간 09:00~18:00 ❌ 휴무 연중무휴 💰 가격 무료입장 🌐 홈페이지 www.facebook.com/Watrajapradit

Area 08 민주기념탑 주변
COURSE
ZOOM IN

9 왓 벤짜마보핏
Wat Benchamabophit ★★★ 택시 10분

라마 5세가 두씻 지역에 궁전을 건설하며 함께 만든 사원이다. 건물의 주재료가 대리석이라 '대리석 사원'으로도 불린다. 이탈리아에서 수입한 대리석을 사용했고, 사원 내부 창을 스테인드글라스로 꾸미는 등 유럽의 건축양식을 혼합했다.

ⓘ INFO P.049 ⓜ MAP P.305C
🔍 구글 지도 GPS 13.766541, 100.514125 🚶 찾아가기 두씻 지역에 위치. 민주기념탑에서 택시 이용 📍 주소 69 Si Ayutthaya Road 📞 전화 098-395-4289 🕐 시간 06:00~18:00 ❌ 휴무 연중무휴 💰 가격 20B 🌐 홈페이지 www.facebook.com/watbencham

10 크루아압쏜
Krua Apsorn ครัวอัปษร ★★★ 도보 1분

태국 왕실에서도 방문하던 곳으로 소문난 현지 식당이다. 추천 요리는 머드 크랩을 직접 발라 요리하는 느어뿌팟퐁까리. 접시가 작지만 알차고 양이 많다.

ⓘ INFO P.091, 113 ⓜ MAP P.304F
🔍 구글 지도 GPS 13.755281, 100.501562 🚶 찾아가기 방람푸 민주기념탑 로터리에서 딘써 로드를 따라 110m, 도보 1분 📍 주소 169 Dinso Road 📞 전화 02-685-4531, 080-550-0310 🕐 시간 월~토요일 10:30~19:30 ❌ 휴무 일요일 💰 가격 느어뿌팟퐁까리(Stir-fried Crab Meat with Curry Powder) 530B, 쏨땀타이(Papaya Salad) 80B 🌐 홈페이지 www.facebook.com/kruaapsorn

느어뿌팟퐁까리 530B

11 메타왈라이 썬댕
Methavalai Sorndaeng เมธาวลัย ศรแดง ★★★ 도보 1분

1957년에 설립한 태국 정통 레스토랑으로 자극적이지 않은 방콕 본연의 맛을 선보인다. 서빙 복장에서부터 격식이 느껴지며, 정통가요를 라이브로 들려준다.

ⓘ INFO P.113 ⓜ MAP P.304F
🔍 구글 지도 GPS 13.756110, 100.502088 🚶 찾아가기 민주기념탑이 바라보이는 랏차담넌 끄랑 로드 📍 주소 78/2 Ratchadamnoen Klang Road 📞 전화 02-224-3088 🕐 시간 10:30~22:00 ❌ 휴무 연중무휴 💰 가격 팟까마우탈레(Stir-fried Seafood with Holy Basil and Chili) 360·540B, 팍붕팟까삐(Stir-fried Morning Glory with Shrimp Paste Sauce) 160·240B +17% 🌐 홈페이지 www.facebook.com/methavalaisorndaeng

12 몬놈쏫
Mont Nomsod
มนต์นมสด
도보 3분 🍴🍴

1964년에 문을 연 전통 디저트 가게. 빵을 달콤한 소스에 찍어 먹는 카놈빵과 토핑 시럽을 얹은 토스트인 카놈빵삥이 대표 메뉴다. 빵과 함께 즐기는 우유는 설탕을 넣거나 뺄 수 있으며, 차갑 혹은 뜨겁게 즐길 수 있다.

ⓘ **INFO** P.135 🗺 **MAP** P.304E
📍 구글 지도 GPS 13.754193, 100.501175 🧭 찾아가기 랏차담넌 로드 민주기념탑에서 방콕 시청 방면으로 260m, 도보 3분 🏠 주소 160/1-3 Dinso Road ☎ 전화 02-224-1147 🕐 시간 13:00~22:00 🚫 휴무 연중무휴 💰 가격 농쏫(Milk) 45B~, 카놈빵삥(Toasted Bread) 25B~, 카놈빵삥(Steamed Bread) 80B 🌐 홈페이지 www.mont-nomsod.com

카놈빵삥 25B~

13 팁싸마이
Thipsamai
ทิพย์สมัย
도보 8분 🍴🍴🍴

방콕 최고의 팟타이 집으로 소문난 곳. 1966년에 지금의 자리에 문을 열었다. 메뉴는 팟타이가 전부지만 종류는 다양하다. 사진과 영어 설명을 곁들인 메뉴를 보고 고르면 된다. 싸얌 파라곤과 아이콘 싸얌에도 매장이 있다.

ⓘ **INFO** P.094, 103 🗺 **MAP** P.304J
📍 구글 지도 GPS 13.752777, 100.504839 🧭 찾아가기 민주기념탑에서 왓 랏차낫다람 지나 마하차이 로드로 진입해 우회전 🏠 주소 313-315 Maha Chai Road ☎ 전화 02-226-6666 🕐 시간 10:00~21:00 🚫 휴무 연중무휴 💰 가격 팟타이 90B~, 남쏨킨쏫(Fresh Orange Juice) 99·160B +10% 🌐 홈페이지 www.thipsamai.com/public

팟타이 탐마다 90B

14 뻐 포차야
Por Pochaya
ป.โภชยา
도보 12분 🍴🍴

미쉐린 가이드 빕 구르망에 선정된 로컬 맛집. 가격이 합리적이고 맛있어 단골손님이 많다. 휴일에 쉬며, 주중에도 영업시간이 짧은 편이다.

ⓘ **INFO** P.108 🗺 **MAP** P.305C
📍 구글 지도 GPS 13.760386, 100.506426 🧭 찾아가기 쌈쎈 방면 위쑷까쌋 로드 🏠 주소 654-656 Wisut Kasat Road ☎ 전화 02-282-4363 🕐 시간 월~금요일 09:00~13:00 🚫 휴무 토~일요일 💰 가격 팟끄라파오무(Stir Fried Pork with Sweet Basil) 80B, 팟팍루엄밋(Stir Red Baby Corn, Mushroom and Vegetable in Soy Bean Sauce) 50B, 똠얌루엄밋(Hot and Sour Soup_Seafood Combination and Mushroom) 120·150B, 카이찌여우뿌(Scrambled Egg with Crab Meat) 80B 🌐 홈페이지 없음

15 팟타이 파이탈루
Pad Thai Fai Ta Lu
도보 1분 🍴🍴

불맛 살아 있는 팟타이를 맛볼 수 있는 팟타이 전문 식당이다. 팟타이는 잘게 썬 돼지고기를 센불에 향이 날 때까지 볶아 만드는 팟타이 파이탈루가 기본이며, 돼지고기, 새우 등 각종 고명을 올려 다양하게 선보인다. 지나치게 높게 책정된 가격은 아쉬운 점이다.

🗺 **MAP** P.305B
📍 구글 지도 GPS 13.757885, 100.502215 🧭 찾아가기 민주기념탑에서 딘써 로드 북쪽으로 150m 오른쪽 🏠 주소 115/5 Dinso Road ☎ 전화 089-811-1888 🕐 시간 10:00~24:00 🚫 휴무 연중무휴 💰 가격 팟타이(Pad Thai) 130B~ 🌐 홈페이지 www.facebook.com/padthaifaitalu

팟타이 꿍쏫 260B

16 쌔푼
Sae Phun
도보 7분 🍴🍴

100년가량 카우나까이를 판매하고 있는 노포. 광동식 치킨 덮밥인 카우나까이는 부드러운 닭고기와 고소하고 촉촉한 소스 맛이 매력적이다. 새우만두 끼여우꿍은 웬만한 만두 전문점보다 괜찮은 추천 메뉴다.

🗺 **MAP** P.304I
📍 구글 지도 GPS 13.753484, 100.500196 🧭 찾아가기 민주기념탑에서 딘써 로드 남쪽으로 진입 후 마하놉 로드로 우회전 🏠 주소 112 Mahannop Road ☎ 전화 061-994-7171 🕐 시간 목~화요일 08:00~14:00 🚫 휴무 수요일 💰 가격 카우나까이(Chicken Stew with Rice) 70B, 바미끼여우꿍(Prawn Wontons with Egg Noodle in Clear Soup) 105B 🌐 홈페이지 없음

카우나까이 꾼씨양 카이다우 105B

17 진저브레드 하우스
Gingerbread House
도보 8분 🍴🍴

싸오칭차 인근의 디저트 전문점. 1913년에 지은 목조 가옥의 창틀, 울타리 등의 스텐실 패턴이 진저브레드 쿠키와 비슷해 진저브레드 하우스, 반카놈빵킹이라 이름 지었다. 가옥에 걸맞게 꾸민 고풍스러운 실내 장식과 예쁜 디저트는 사진으로 남기기에도 좋다.

🗺 **MAP** P.304I
📍 구글 지도 GPS 13.752749, 100.500620 🧭 찾아가기 민주기념탑에서 딘써 로드 남쪽으로 500m 🏠 주소 47 Dinso Road ☎ 전화 097-229-7021 🕐 시간 월~금요일 11:00~20:00, 토~일요일 09:00~20:00 🚫 휴무 연중무휴 💰 가격 망고 스무디(Mango Smoothie)·망고 소다(Mango Soda) 169B 🌐 홈페이지 www.facebook.com/house2456

18 꼬피 히야타이끼
Kope Hya Tai Kee

1952년에 창업한 조식 레스토랑. 실내를 둥근 대리석 테이블과 나무 의자, 타일 바닥 등으로 장식해 고풍스럽다. 조식 메뉴와 커피, 음료를 아침부터 저녁까지 판매한다. 시그너처 메뉴는 팬에 달걀과 소시지 등을 올린 '카이끄라타'다.

◉ **MAP** P.304J
◉ **구글 지도 GPS** 13.753164, 100.502265 ◉ **찾아가기** 방콕 시청 동쪽 대각선 맞은편 ◉ **주소** Siri Phong Road ◉ **전화** 062-678-3003 ◉ **시간** 07:00~20:00 ◉ **휴무** 연중무휴 ◉ **가격** 카페런(Chafe) 95B, 오리앙(Iced Black Coffee) 85B ◉ **홈페이지** www.facebook.com/kope.htk

카페런 95B

19 또 꾸어이짭
Toh Kway Chap

돼지고기와 돼지고기 부속물, 끼엠이 면을 넣은 중화풍 국수인 꾸어이짭 식당이다. 차이나타운의 꾸어이짭 식당에 비해 자극적이지 않은 맑은 국물이 특징인데, 간은 센 편이다. 면 없이 먹으려면 '까우라우'로 주문하면 된다.

◉ **MAP** P.304J
◉ **구글 지도 GPS** 13.751233, 100.504462 ◉ **찾아가기** 민주기념탑에서 왓 랏차낫다람 지나 마하차이 로드로 진입해 우회전. 싸오칭차와 푸카오텅의 중간 지점 ◉ **주소** 447 Maha Chai Road ◉ **전화** 065-926-3869 ◉ **시간** 화~일요일 17:00~01:00 ◉ **휴무** 월요일 ◉ **가격** 꾸어이짭 탐마다 60B, 피쎗 70B ◉ **홈페이지** 없음

까우라우 70B

20 나이우언
Naiuan

싸오칭차 인근에 1970년에 창업한 옌따포 전문점이다. 양념 돼지고기 '바펭'이 들어간 꾸어이띠여우 옌따포 바펭이 대표 메뉴. 매콤한 옌따포 소스와 바펭, 어묵, 오징어, 선지 등이 어우러져 깔끔한 맛을 낸다.

◉ **INFO** P.093 ◉ **MAP** P.304I
◉ **구글 지도 GPS** 13.752719, 100.499211 ◉ **찾아가기** 민주기념탑에서 딘써 로드 남쪽으로 500m 지나 우회전 ◉ **주소** 41 Trok Nawa ◉ **전화** 02-622-0701 ◉ **시간** 월~금요일 09:00~20:00, 토~일요일 09:00~16:30 ◉ **휴무** 연중무휴 ◉ **가격** 꾸어이띠여우 룩친쁠라(Noodle Soup with Fish Balls) 각 70·80B ◉ **홈페이지** www.naiuanyentafo.com

옌따포 바펭 70B

21 꼬파닛
Kor Panit's
ข้าวเหนียวก.พานิช

1932년 창업 당시 레시피로 만드는 코코넛 찹쌀밥 카우니여우문이 유명하다. 여행자들은 흔히 망고를 곁들여 카우니여우 마무앙을 즐긴다. 맛의 비결은 최상의 재료와 정성. 치앙라이 매짠의 찹쌀, 춤폰의 코코넛, 깐짜나부리의 설탕, 싸뭇사콘의 소금을 사용한다.

◉ **INFO** P.134 ◉ **MAP** P.304I
◉ **구글 지도 GPS** 13.752100, 100.498386 ◉ **찾아가기** 민주기념탑에서 랏차담넌 끄랑 로드 서쪽으로 300m 지나 따나우 로드로 좌회전해 55m ◉ **주소** 431-433 Tanao Road ◉ **전화** 02-221-3554 ◉ **시간** 월~토요일 07:00~17:30 ◉ **휴무** 일요일 ◉ **가격** 카우니여우 마무앙 130B ◉ **홈페이지** 없음

카우니여우 마무앙 130B

22 부다&팔스
Buddha & Pals

낮에는 카페였다가 저녁 7시 이후부터 바로 변신하는 곳이다. 핵심은 저녁 8시경부터 시작되는 라이브 재즈 연주. 연주자에 관한 정보는 페이스북에 공지한다. 라이브 연주를 제대로 즐기려면 무대 바로 앞의 2인 좌석을 추천한다. 연주자들의 숨결까지 들릴 정도로 무대와 밀착해 있다.

◉ **INFO** P.149 ◉ **MAP** P.305D
◉ **구글 지도 GPS** 13.760261, 100.512359 ◉ **찾아가기** 두싯 방면 끄룽까쎔 로드 ◉ **주소** 712 Krung Kasem Road ◉ **전화** 061-585-9283 ◉ **시간** 바~일요일 19:00~24:00 ◉ **휴무** 월요일 ◉ **가격** 맥주 180B +17% ◉ **홈페이지** www.facebook.com/buddhaandpals

23 랏차담넌 스타디움
Rajadamnern Stadium

방콕 최초의 무에타이 경기장으로, 1945년부터 경기가 열렸다. 왕실의 후원으로 운영하는 곳이라 룸피니에 비해 엄숙한 분위기가 특징이다. 현대적인 시설을 갖춘 무에타이 경기장 중 하나이며 약 1만 명을 수용하는 거대한 규모를 자랑한다.

◉ **MAP** P.305C
◉ **구글 지도 GPS** 13.761003, 100.508651 ◉ **찾아가기** 민주기념탑 근처 폼 마하깐에서 랏차담넌 녹 로드 방면으로 600m, 민주기념탑에서 택시 이용 1km, 도보로 이동 시 14분 소요 ◉ **주소** 8 Ratchadamnoen Nok Road ◉ **전화** 02-281-4205 ◉ **시간** 게이트 오픈 17:00~18:00(날짜마다 다름) ◉ **휴무** 연중무휴 ◉ **가격** 1500~4500B ◉ **홈페이지** rajadamnern.com

AREA 09 SAMSEN · TH
[สามเสน·เทเวศร์ 쌈쎈 · 테웻]

카오산과 이어진 여행자 거리

쌈쎈과 테웻만 따로 떼어 여행하기에는 부족하지만, 카오산과 연계해 여정을 꾸리기에는 손색이 없다. 카오산이 점점 확장되며 카오산보다 조금 더 고즈넉하고, 조금 더 저렴한 지역인 쌈쎈과 테웻까지 여행자들의 발길이 이어지고 있다. 곳곳에 숨은 맛집과 멋집은 쌈쎈과 테웻을 찾아야 할 또 하나의 이유다.

인기
★★★

관광지
★★

쇼핑
★

식도락
★★★

나이트라이프
★★★

혼잡도
★★

카오산을 오가며 즐겨 찾는 동네.

왓 인타라위한이 대표 볼거리. "빅 부다"라고 외치며 호객하는 뚝뚝 기사를 주의할 것.

숙소와 식당, 마사지 숍은 많지만 쇼핑 상점은 거의 없다.

가정적인 분위기의 식당이 꽤 있다. 밀집도에 비해 맛집이 많은 편.

짜오프라야 강을 조망하는 레스토랑은 라마 8세 다리에 조명이 켜지는 저녁에 찾기 좋다.

카오산 로드와 가깝지만 훨씬 고즈넉하다.

EWET　　　　　　　　　　　313

쌈쎈·테웻 교통편

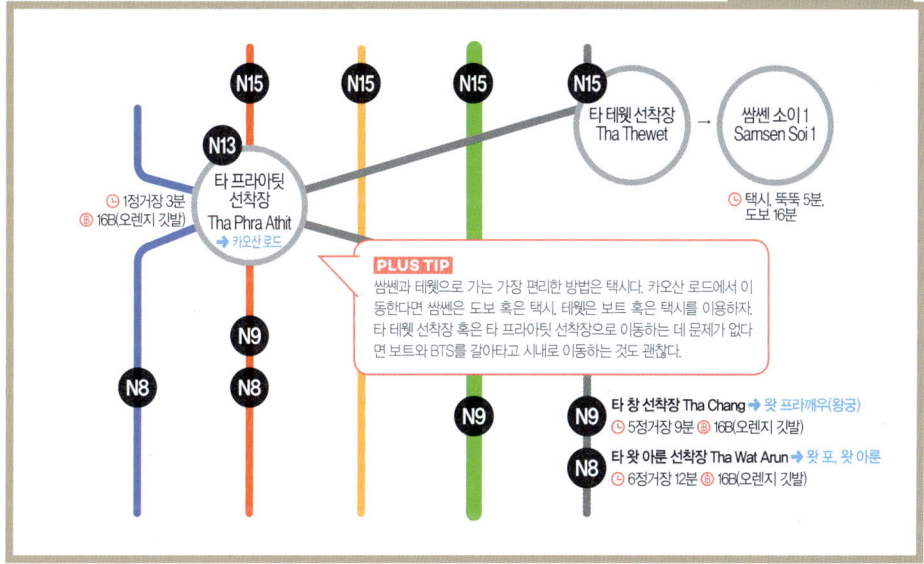

쌈쎈·테웻으로 가는 방법

 택시
쌈쎈과 테웻을 다니는 가장 유용한 교통수단. '쌈쎈 쏘이 능(1)', '타 테웻' 등 목적지를 말하고 탑승하면 된다. 카오산 로드와 민주기념탑 인근을 오간다면 50B, 시내에서는 100~150B가량 나온다.

 수상 보트
선착장과 목적지가 가까운 경우 유용하다. 쌈쎈은 타 프라이팃 혹은 타 프라람 8, 테웻은 타 테웻 선착장 하차.

뚝뚝
카오산, 민주기념탑 인근에서 쌈쎈과 테웻을 오가는 뚝뚝이 많다. 추억 만들기에는 좋지만 택시보다 느리고 가격이 비싸다는 게 함정.

쌈쎈·테웻 지역 다니는 방법

도보
쌈쎈과 테웻 사이를 이동할 때는 걷는 게 편하다. 도보 10분 이내, 멀어도 20분 정도 거리다.

택시
빈 택시가 보이면 바로 탑승하자. 미터를 이용하면 기본요금 거리다.

뚝뚝
택시보다는 뚝뚝이 많다. 참고로 서 있는 뚝뚝을 타려면 흥정이 필요하다. 테웻의 골목에서 쌈쎈까지 기본요금 거리를 80~100B까지 부르기도 한다.

MUST EAT
이것만은 꼭 먹자!

No.1 쏨쏨 포차나
솜쌍롱포차나
현지인들이 특히 사랑하는 곳.

No.2 나와 팟타이 Nava Pad Thai
나와팟타이
저렴하고 맛있는 볶음요리.

No.3 쪽 포차나 Jok Phochana
쪽 포차나
저렴하고 한국인에게 호의적인 현지 식당.

MUST DO
이것만은 꼭 해보자!

No.1 애드히어 서틴스 블루스 바 Adhere 13th Blues Bar
작아서 더욱 좋은 아늑한 공간.

카오산과 연계할 수 있는 쌈쎈·테웻 저녁 코스

카오산과 연계해 저녁을 보낼 수 있는 코스를 소개한다. 해가 지기 전인 오후 5~6시경 타 프라아팃 선착장에서 보트를 탑승해 타 테웻 선착장으로 이동하면 된다. 쏨쏭 포차나, 나와 팟타이 등 추천 업소는 낮에 개별적으로 방문하길 권한다.

코스 무작정 따라하기
START
S. 타 테웻 선착장
바로, 도보 1분
1. 인 러브
1.2km, 택시 5분
2. 쪽 포차나
150m, 도보 2분
3. 애드히어 서틴스 블루스 바
Finish

S 타 테웻 선착장
Tha Thewet
선착장에서 하차해 바로 → 인 러브 도착

1 인 러브
In Love
시간 11:00~24:00

→ 인 러브 앞에 택시와 뚝뚝이 늘 대기하고 있다. 택시 탑승 후 쌈쎈 쏘이 4 하차. 골목으로 들어가 우회전 → 쪽 포차나 도착

2 쪽 포차나
Jok Phochana โจ๊ก โภชนา
시간 월~목요일 16:30~23:00, 금요일 16:30~22:30, 토요일 16:30~17:00 휴무 일요일

→ 가게에서 나와 오른쪽 쌈쎈 쏘이 2로 진입해 우회전해 길을 건넌다. → 애드히어 서틴스 블루스 바 도착

3 애드히어 서틴스 블루스 바
Adhere 13th Blues Bar
시간 19:00~01:00

ZOOM IN

쌈쎈 다리

프라쑤멘 로드와 누보 시티 호텔을 잇는 방람푸 운하 다리. 일반적으로 운하를 기준으로 카오산과 쌈쎈을 구분한다.

---

1 왓 인타라위한
Wat Intharawihan

높이 32m의 대형 불상이 있어 '빅 부다' 사원으로 불린다. 루앙 퍼떠라 불리는 대형 불상은 라마 4세 때인 1867년에 건설하기 시작해 60년에 걸쳐 완성했다. 불상을 만들 때 24K 황금이 소요됐으며, 불상의 머리 부분에는 부처의 사리를 모셨다.

ⓘ INFO P.050 ⓜ MAP P.314D

구글 지도 GPS 13.766308, 100.502361 찾아가기 쌈쎈 다리에서 쌈쎈 로드로 550m 직진. 관광 안내 부스가 있는 사거리가 나오면 우회전해 150m. 왼쪽에 사원으로 들어가는 골목이 있다. 다른 지역에서 갈 경우 택시 이용, 쌈쎈 쏘이 10에 하차해 골목 안쪽 주소 144 Wat Inthara Wihan 전화 02-282-3173 시간 06:00~18:00 휴무 연중무휴 가격 무료입장 홈페이지 www.facebook.com/Watindharaviharn

---

2 쪽 포차나
Jok Phochana
โจ๊ก โภชนา

카오산 로드에 머무는 여행자들이 즐겨 찾는 현지 식당이다. 대표 요리는 옐로 카레에 볶은 게 요리인 뿌팟퐁까리. 한국어 메뉴에는 '게 커리'라 적혀 있다. 머드 크랩 대신 블루 크랩을 사용하지만 맛은 괜찮다.

ⓘ INFO P.090, 108 ⓜ MAP P.314F

구글 지도 GPS 13.763610, 100.499596 찾아가기 쌈쎈 다리를 건너 오른쪽 첫 번째 골목인 쌈쎈 쏘이 2에서 우회전한 후 왼쪽 첫 번째 골목으로 좌회전 주소 34 Samsen Road 전화 088-890-5263 시간 월~목요일 16:30~23:00, 금요일 16:30~22:30, 토요일 16:30~17:00 휴무 일요일 가격 게 커리 450B, 모닝글로리 70B, 쏨땀 60B 홈페이지 없음

게 커리 450B

---

3 쏨쏭 포차나
สมทรงโภชนา

제대로 된 쑤코타이 국수를 맛볼 수 있는 집. 비빔국수 꾸어이띠여우 행, 맑은 수프 꾸어이띠여우 똠쯧, 똠얌 수프 꾸어이띠여우 남똠얌이 있다. 카우갱을 운영해 반찬 혹은 덮밥 또한 즐길 수 있다.

ⓘ INFO P.092, 099 ⓜ MAP P.314E

구글 지도 GPS 13.764681, 100.496313 찾아가기 쌈쎈 다리 건너 110m 지나 쌈쎈 쏘이 1로 좌회전. 280m 지나 쏘이 람푸(Soi Lamphu)로 좌회전. 태국어와 'Sukhothai Rice Noodles'라고 쓴 입간판이다. 주소 112 Soi Lamphu 전화 081-827-2394 시간 10:00~15:30 휴무 연중무휴 가격 꾸어이띠여우 쑤코타이 50B 홈페이지 없음

꾸어이띠여우 렉행 50B

---

4 나와 팟타이
Nava Pad Thai
นาวาผัดไทย

왓 보원니웻, 왓 뜨리토사텝과 멀지 않은 작은 식당이다. 야외 간이 주방에서 팟타이, 카우팟, 끄라파오, 랏나, 팟씨이우, 카이찌여우, 팟키마우 등 볶음 위주의 요리를 선보인다. 국물 요리로는 똠얌이 있다. 달달한 팟타이보다는 돼지고기를 바질에 볶은 끄라파오 무가 괜찮다는 평이다. 실내에 에어컨이 나온다.

ⓘ INFO P.094 ⓜ MAP P.314F

구글 지도 GPS 13.761459, 100.501139 찾아가기 방람푸 운하의 우싸싸왓 다리 건너 약 40m 오른쪽 주소 71 Soi Banphanthom 전화 089-455-8628 시간 월~토요일 19:00~24:00 휴무 일요일 가격 팟타이(Pad Thai) 60·70B, 카우팟(Fried Rice) 60·70B 홈페이지 없음

---

5 낀롬촘싸판
Khin Lom Chom Sa Phan
กินลม ชมสะพาน

라마 8세 다리가 보이는 짜오프라야 강변에 자리한 레스토랑. 태국 왕실의 첫째 공주인 우본랏의 단골 레스토랑으로 이름을 알렸다. 쌈쎈 로드 입구까지 전용 뚝뚝을 운행한다.

ⓜ MAP P.314E

구글 지도 GPS 13.766532, 100.497249 찾아가기 쌈쎈 쏘이 3 안쪽 끝에 위치, 쌈쎈 다리에서 쌈쎈 로드로 직진 260m, 쏘이 쌈프라야(Soi Sam Phraya)가 나오면 좌회전해 걷다가 쌈쎈 쏘이 3으로 진입 주소 11/6 Samsen Soi 3 전화 081-893-5552 시간 11:00~24:00 휴무 연중무휴 가격 뿌느웅(Steamed Crab) 960B/500g +10% 홈페이지 www.facebook.com/Khinlomchomsaphan

똠얌꿍 260B

ZOOM IN

타 테웻 선착장

타 테웻 이후에도 줄줄이 선착장이 존재하지만, 사실상 여행자들이 이용하는 마지막 선착장이다.

6 애드히어 서틴스 블루스 바
Adhere 13th Blues Bar 도보 1분

보헤미안의 소굴 같은 아주 작은 바다. 매일 밤 10시면 연주자와 관객이 뒤섞인 작은 공간이 음악적인 감성으로 충만해진다. 수준 높은 블루스와 재즈 연주로 명성이 자자해 주말에는 자리를 잡지 못하는 경우가 허다하다.

⊙ INFO P.148 ⊙ MAP P.314F
구글 지도 GPS 13.763103, 100.498750 찾아가기 쌈쎈 다리 건너자마자 30m 왼쪽 주소 13 Samsen Road 전화 089-769-4613 시간 19:00~01:00 휴무 연중무휴 가격 하이네켄 160B 홈페이지 www.facebook.com/adhere13thbluesbar

1 인 러브
In Love 도보 1분

테웻 선착장 바로 옆 짜오프라야 강변에 자리한 레스토랑. 낮부터 문을 열지만 라마 8세 다리의 조명이 켜지는 저녁 무렵에 찾는 게 좋다. 수로 맞은편에 자리한 스티브 카페 분위기가 비슷한데, 음식 맛은 스티브 카페가 낫고 접근성은 인 러브가 낫다.

⊙ MAP P.314A
구글 지도 GPS 13.771826, 100.500218 찾아가기 테웻 선착장에서 나오자마자 오른쪽 주소 2/1 Krung Kasem Road 전화 094-419-6959 시간 11:00~24:00 휴무 연중무휴 가격 뿌님텃끄라티얌(Deep Fried Soft Shell Crabs with Garlic & Pepper) 330B 홈페이지 없음

쏨땀타이 100B

2 카우쏘이 치앙마이 쑤팝(짜우까우)
ข้าวซอยเชียงใหม่ สุภาพ(เจ้าเก่า) 도보 8분

태국 북부 요리 전문점. 카우쏘이가 대표 메뉴다. 주문은 소고기(느어)와 닭고기(까이), 작은 그릇(탐마다)과 큰 그릇(피쎗) 중 선택하면 된다. 카레와 코코넛 밀크를 넣은 국물은 매콤 달콤 맛있다. 함께 곁들이는 양파와 라임, 절인 배추는 식성에 따라 첨가하자.

⊙ MAP P.314B
구글 지도 GPS 13.768644, 100.502672 찾아가기 테웻 선착장에서 나와 400m 직진, 쌈쎈 로드로 우회전해 160m 오른쪽 주소 283 Samsen Road 전화 02-280-7130 시간 일~금요일 08:00~16:00 휴무 토요일 가격 카우쏘이 55·70B 홈페이지 없음

카우쏘이 까이 55B

3 스티브 카페
Steve Café  도보 9분

가족적인 분위기의 레스토랑으로 라마 8세 다리가 놓인 강을 조망한다. 실내는 신발을 벗고 들어가야 하며, 아기자기하게 꾸몄다. 태국 각지의 요리를 다양하고 깔끔하게 선보인다.

⊙ MAP P.314A
구글 지도 GPS 13.772391, 100.500610 찾아가기 테웻 선착장에서 약 150m 직진해 다리 건너 시장 통과, 사원 내로 진입해 왼쪽 길을 따라 골목으로 진입하면 된다. 주소 68 Si Ayutthaya Road 전화 02-281-0915 시간 10:00~22:00 휴무 연중무휴 가격 바이리양팟카이(Fried Liang Leaves with Egg) 160B, 팟카나쁠라믁카이켐(Fried Squid with Chinese Broccoli and Salty Egg) 180B +17% 홈페이지 www.stevecafeandcuisine.com

꽁채 남쁠라와싸비 190B

4 테웻 시장
Thewet Market 도보 13분

생선, 육류, 채소, 과일, 현지 식품 등을 판매하는 현지인을 위한 시장이다. 여행자가 구매할 만한 제품은 과일 정도, 슈퍼마켓에 비해 몇 배 저렴하다.

⊙ INFO P.183 ⊙ MAP P.314B
구글 지도 GPS 13.770292, 100.504188 찾아가기 테웻 선착장에서 400m 직진 후 다리가 보이면 좌회전 시간 05:00~19:00 휴무 연중무휴 가격 가게마다 다름 홈페이지 없음

AREA 10 CHINATOWN
[ถนนเยาวราช 차이나타운]

태국 속 작은 중국

금은방과 약재상이 즐비하고, 중국요리가 일상적인 태국 속 작은 중국이다. 낮에 방문하면 자동차 경적과 매캐한 공기 가득한 싸구려 동네로만 보여 실망, 실망 대실망. 차이나타운의 진짜 매력은 저녁 이후에 발휘된다. 거리의 간판에 불이 들어오고 야시장에 노점이 가득 들어서는 때를 기다려 차이나타운을 찾자.

인기
★★★★★

관광지
★★

쇼핑
★★

식도락
★★★★★

나이트라이프
★★★★

혼잡도
★★★★★

야시장이 들어서는 저녁이면 차이나타운의 진가를 확인할 수 있다.

몇 군데의 사원이 있지만 필수 볼거리는 아니다. 야오와랏 거리와 야시장으로 만족.

시장에서 판매하는 B급 아이템은 구매 만족도가 떨어지는 편.

샥스핀이나 제비집이 아니라도 특화된 먹거리가 많다. 꾸어이땝, 중국식 볶음밥 추천.

쏘이 나나의 펍에 들르지 않아도 밤이 즐겁다. 야시장을 충분히 활용하자.

해가 진 후에는 거리 곳곳에 노점이 들어서 걷기조차 힘들다. 쌈펭 시장도 아주 복잡하다.

차이나타운 교통편

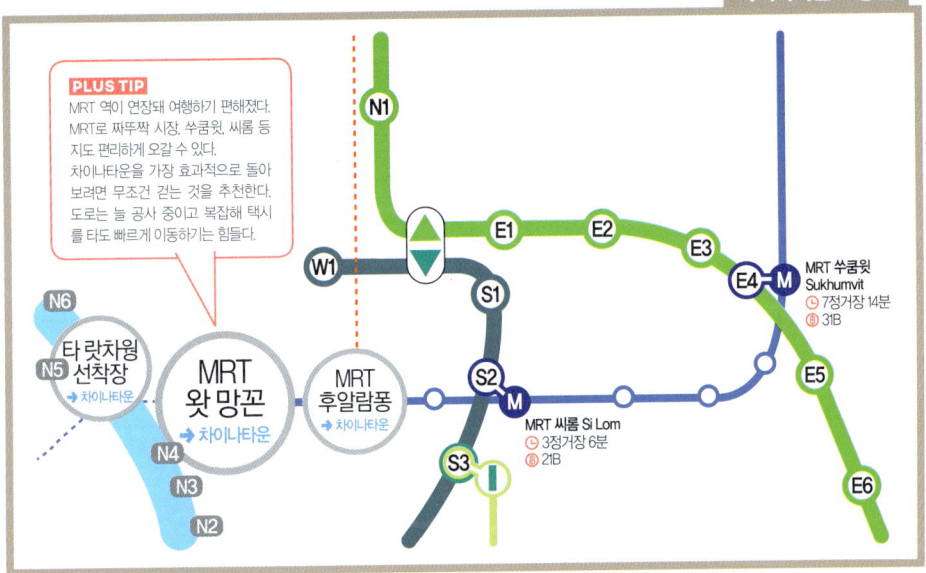

PLUS TIP
MRT 역이 연장돼 여행하기 편해졌다. MRT로 짜뚜짝 시장, 쑤쿰윗, 씨롬 등 지도 편리하게 오갈 수 있다. 차이나타운을 가장 효과적으로 돌아 보려면 무조건 걷는 것을 추천한다. 도로는 늘 공사 중이고 복잡해 택시를 타도 빠르게 이동하기는 힘들다.

차이나타운으로 가는 방법

 MRT
MRT 왓 망꼰 역이 야오와랏 로드와 가깝다.

 보트
타 랏차웡 선착장에서 야오와랏 로드까지 걸어서 6분가량 걸린다. 빡클렁 시장, 파후랏 시장, 야오와랏 로드를 걸어서 구경하려면 타 싸판 풋 선착장에서 하차하면 된다.

 택시
카오산 로드에서 택시로 60~80B, 쑤쿰윗과 씨롬에서 100B 정도 나온다. 야오와랏 로드 하차.

차이나타운 다니는 방법

 도보
차이나타운을 다니는 가장 효과적인 방법.

 택시
야오와랏 로드와 짜런끄룽 로드는 일방통행이다. 목적지가 분명해도 돌아가야 하는 일이 생기지만 너무 더운 날이라면 휴식 겸 택시를 이용하자.

MUST SEE
이것만은 꼭 보자!

No.1 야오와랏 로드
Yaowarat Road
차이나타운의 핵심 거리.

No.2 왓 뜨라이밋
Wat Traimit
세계에서 가장 큰 황금 불상.

MUST EAT
이것만은 꼭 먹자!

No.1 T & K 시푸드
T & K Seafood
ต้อย & คิค ซีฟู้ด
저렴하고 맛있는 해산물 요리.

No.2 란 꾸어이짭 나이엑
ร้านก๋วยจั๊บนายเอ็ก
꾸어이짭의 진미를 찾아서.

No.3 꾸어이짭우언 포차나
ก๋วยจั๊บอ้วนโภชนา
란 꾸어이짭 나이엑과는 또 다른 매력의 꾸어이짭.

No.4 야오와랏 토스트
ขนมปังเจ้าอร่อยเด็ดเยาวราช
호기심으로라도 맛보자.

COURSE 1

핵심 볼거리와 필식 메뉴를 섭렵하는 차이나타운 3시간 코스

오후 4시경에 야오와랏 로드에 도착해 왓 뜨라이밋을 먼저 돌아본 다음 야시장 구경에 나서는 코스. 야시장이 야오와랏 로드를 따라 들어서므로 야오와랏의 야경을 사진에 담기에도 좋다.

S MRT 후알람퐁 역

MRT Hua Lamphong

1번 출구에서 차이나타운 방면으로 가다가 첫 번째 로터리에서 좌회전 → 왓 뜨라이밋 도착

1 왓 뜨라이밋

Wat Traimit

시간 08:00~17:00

→ 사원에서 나와 야오와랏 로드로 진입해 약 450m, 파둥다오 로드로 우회전 → T & K 시푸드 도착

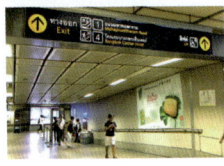

2 T & K 시푸드

T & K Seafood ต๋อย & คิด ซีฟู้ด

시간 16:30~24:00

→ 야오와랏 로드 맞은편 → 야오와랏 토스트 도착

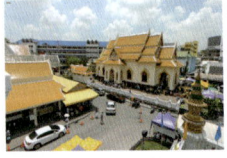

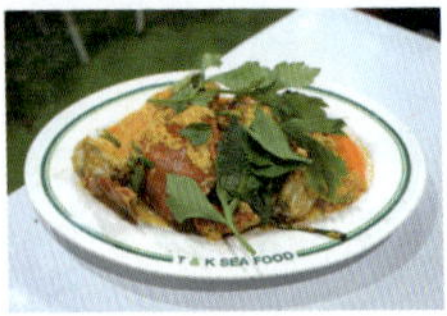

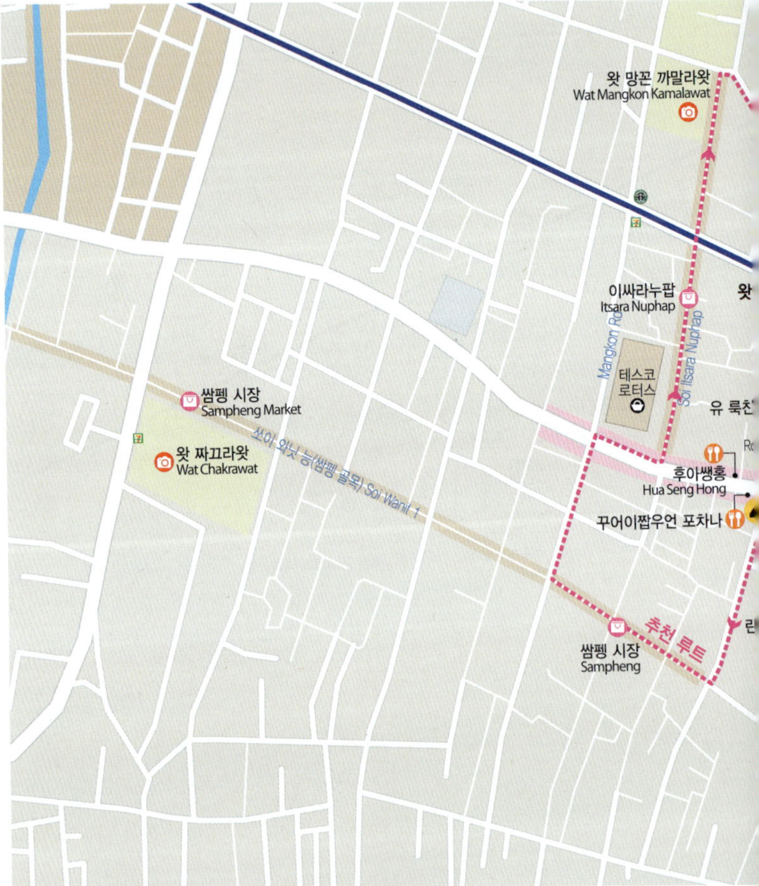
왓 망꼰 까말라왓
Wat Mangkon Kamalawat
이싸라누팝
Itsara Nuphap
Mangkon Rd
Soi Itsara Nuphap
테스코 로터스
왓
유 룩챈
쌈펭 시장
Sampheng Market
왓 짜끄라왓
Wat Chakrawat
쏘이 와닛 능(쌈펭 골목) Soi Wanit 1
후아쌩홍
Hua Seng Hong
꾸어이짭우언 포차나
쌈펭 시장
Sampheng
추천 루트

3 야오와랏 토스트

ขนมปังเจ้าอร่อยเด็ดเยาวราช

시간 화~토요일 18:00~23:00, 일요일 18:00~22:00 휴무 월요일

→ 야오와랏 로드를 따라 북쪽으로 130m 왼쪽 → 꾸어이짭우언 포차나 도착

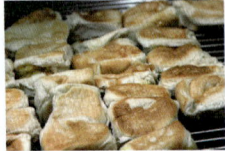

4 꾸어이짭우언 포차나

ก๋วยจั๊บอ้วนโภชนา

시간 화~일요일 11:00~24:00 휴무 월요일

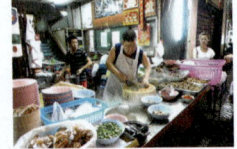

코스 무작정 따라하기
START
S. MRT 후알람퐁 역 1번 출구
500m, 도보 6분
1. 왓 뜨라이밋
450m, 도보 6분
2. T & K 시푸드
20m, 도보 1분
3. 야오와랏 토스트
130m, 도보 2분
4. 꾸어이짭우언 포차나
Finish

ZOOM IN

차이나타운 게이트

방콕 차이나타운의 랜드마크. 1999년 라마 9세 탄생 72주년을 기념해 세웠다. MRT 왓 망꼰 역과 후알람퐁 역 사이에 자리하며, 차이나타운 게이트를 기점으로 로터리 형태로 여러 갈래의 길이 뻗어 있다.

1 야오와랏 로드
Yaowarat Road

1.5km 정도 길이로 뻗어 있는 차이나타운의 중심 거리. 한자로 된 간판이 어지러이 달려 있고, 대형 금은방과 중국 음식점이 줄지어 있다. 야오와랏 로드가 빛을 발하는 시간은 간판에 형형색색의 조명이 들어오고, 야시장이 문을 여는 저녁 무렵. 야시장의 활기는 새벽까지 이어진다.

◎ MAP P.321G

🚶 구글 지도 GPS 13.739968, 100.510596 ⓘ 찾아가기 차이나타운 게이트부터 이어진 거리 ⓘ 주소 Yaowarat Road ⓘ 전화 없음 ⓘ 시간 24시간 ⓘ 휴무 연중무휴 ⓘ 가격 무료입장 ⓘ 홈페이지 없음

2 왓 뜨라이밋
Wat Traimit

세계에서 가장 큰 황금 불상을 모신 사원이다. 4층에 자리한 불상은 쑤코타이 양식의 온화한 이미지로, 높이는 3.98m, 무릎과 무릎 사이 길이는 3.13m, 무게는 5.5톤에 달한다. 2층은 야오와랏 차이나타운 헤리티지 센터로 차이나타운의 다양한 모습을 전시한다.

ⓘ INFO P.049 ◎ MAP P.321H

🚶 구글 지도 GPS 13.737700, 100.513570 ⓘ 찾아가기 차이나타운 게이트에서 짜런끄룽 로드 북동쪽으로 진입하면 바로 보인다. ⓘ 주소 661 Charoen Krung Road ⓘ 전화 089-002-2700 ⓘ 시간 08:00~17:00 ⓘ 휴무 연중무휴 ⓘ 가격 4층(불상) 40B, 2~3층(박물관) 포함 100B ⓘ 홈페이지 www.facebook.com/WatTrimitrWithayaramWorawihan

3 왓 망꼰 까말라왓
Wat Mangkon Kamalawat

태국의 소승불교 사원과 전혀 다른 중국의 대승불교 사원. 1871년에 건설됐다. 한자로는 '용련사(龍蓮寺)', 왓 렝니이라고도 불린다. 중국 이민자들의 신앙심을 담은 중국적인 색채의 사원으로, 차이나타운에 있는 중국 사원 중에서도 가장 많은 이들이 찾는다.

ⓘ INFO P.051 ◎ MAP P.321C

🚶 구글 지도 GPS 13.743687, 100.509611 ⓘ 찾아가기 차이나타운 중앙, 야오와랏 로드 로터리에서 망꼰 로드를 따라 300m ⓘ 주소 423 Charoen Krung Road ⓘ 전화 02-222-3975 ⓘ 시간 월~금요일 08:00~16:30, 토~일요일 08:00~17:30 ⓘ 휴무 연중무휴 ⓘ 가격 무료입장 ⓘ 홈페이지 www.facebook.com/Wat.Mangkonkamalawat.Temple

4 꾸어이띠여우 뜨럭롱무
Trokrongmoo Noodle

똠얌 국수 맛집. 돼지고기와 돼지고기 내장, 만두, 튀긴 두부 등 알찬 고명의 꾸어이띠여우 똠얌을 맛볼 수 있다. 국수 외에 끼여우와 랭쌥 등의 메뉴도 선보인다. 만두 끼여우는 돼지고기 살코기를 다져 가게에서 직접 빚는다. 한국어 메뉴가 있어 주문에 도움이 된다.

ⓘ INFO P.100 ◎ MAP P.321H

🚶 구글 지도 GPS 13.737180, 100.514794 ⓘ 찾아가기 MRT 후알람퐁 역 1번 출구에서 300m, 도보 5분 ⓘ 주소 23-10 Soi Sukon 1 ⓘ 전화 082-826-6639 ⓘ 시간 08:30~20:00 ⓘ 휴무 연중무휴 ⓘ 가격 똠얌 국물 쌀국수 탐마다 65B, 피쎗 75B ⓘ 홈페이지 없음

똠얌 국물 쌀국수 65B

5 카우무댕 씨모라꼿
Khao Moo Daeng Si Morakot

어마어마한 배달과 포장으로 맛집을 증명하는 곳이자 가성비 좋은 든든한 한 끼를 보장하는 식당이다. 카우무댕은 양념에 재워 구운 빨간 돼지고기 덮밥이며, 바삭하게 튀긴 돼지고기 무끄럽과 중국식 소시지, 달걀을 한 접시에 맛보려면 탐마다 카이를 주문하면 된다.

ⓘ MAP P.321H

🚶 구글 지도 GPS 13.737114, 100.514716 ⓘ 찾아가기 MRT 후알람퐁 역 1번 출구에서 300m, 도보 5분 ⓘ 주소 80-82 Soi Sukon 1 ⓘ 전화 081-567-9006 ⓘ 시간 09:00~16:00 ⓘ 휴무 연중무휴 ⓘ 가격 탐마다 카이 65B ⓘ 홈페이지 없음

탐마다 카이 65B

6 롱터우
Lhong Tou 도보 5분

아기자기한 카페. 로프트 구조의 2층 자리가 특히 인기다. 추천 메뉴는 커다란 대나무 찜통에 담아 나오는 중국식 아침 식사. 2인 세트도 있으며, 딤섬과 음료 메뉴도 다양하다.

📍 MAP P.321G
구글 지도 GPS 13.739216, 100.511559 찾아가기 MRT 왓 망꼰 역 1번 출구에서 450m, 도보 6분. 차이나타운 게이트 기준, 야오와랏 로드 초입 주소 538 Yaowarat Road 전화 064-935-6499 시간 08:00~22:00 휴무 연중무휴 가격 추이한차우 뽀이씨안(Chinese Breakfast Set) 149B +7% 홈페이지 www.facebook.com/LhongTouYaowarat

춧카우뚬 짜끄라팟 299B

9 T&K 시푸드
T&K Seafood
ต้อย & คิด ซี ฟู้ด 도보 6분

차이나타운에서 가장 유명한 해산물 식당. 인기 비결은 맛과 가격으로, 입구에서 게, 새우, 생선 등 해산물을 펼쳐놓고 주문 즉시 조리한다.

📍 INFO P.091, 116 📍 MAP P.321G
구글 지도 GPS 13.740068, 100.510587 찾아가기 MRT 왓 망꼰 역 1번 출구에서 280m, 도보 4분 주소 49 Phadung Dao, Yaowarat Road 전화 02-223-4519 시간 16:30~24:00 휴무 연중무휴 가격 똠얌꿍(Seafood Lemon Grass Soup with Milk) 150B, 팟팍붕(Stir-Fried Morning Glory) 80B
홈페이지 www.facebook.com/tkseafood

뿌팟퐁까리
S 450B, L 850B

7 엑뗑푸끼
Ek Teng Phu Ki 益生甫記 도보 5분

100년이 넘도록 하루도 빠짐없이 문을 열었다는 카페다. 앤티크한 분위기로 탈바꿈한 지금은 젊은 층에도 어필하고 있다. 면포를 이용해 전통 방식으로 내리는 커피와 각종 차, 음료, 토스트, 조식 등을 판매한다.

📍 MAP P.321G
구글 지도 GPS 13.739117, 100.511042 찾아가기 MRT 왓 망꼰 역 1번 출구에서 450m, 도보 6분 주소 163 Phat Sai Road 전화 02-221-4484 시간 05:00~19:00 휴무 연중무휴 가격 까패담(Black Coffee) 핫 45B · 아이스 50B, 카놈빵뻥 너이놈(Toast Butter and Milk) 30B 홈페이지 www.instagram.com/ektengphuki

10 텍사스 쑤끼
Texas Suki  도보 7분

저렴한 가격으로 풍성하게 쑤끼를 즐길 수 있는 곳. 식사 환경도 쾌적하다. 쑤끼는 채소, 육류, 해산물, 완툰 등을 골라 테이블에 놓인 전기 포트에 끓여 먹으면 된다.

📍 MAP P.321G
구글 지도 GPS 13.740679, 100.511090 찾아가기 MRT 왓 망꼰 역 1번 출구에서 220m, 도보 3분 주소 17 Phadung Dao Road 전화 02-623-3298 시간 11:00~22:00 휴무 연중무휴 가격 춧팍루엄(Mixed Vegetable Set) 219B, 춧헷 하양(5 Mushrooms Set) 135B +5% 홈페이지 www.facebook.com/TexasSuki

춧팍루엄 219B

8 차타 스페셜티 커피
Chata Specialty Coffee 도보 5분

100년 넘은 옛 가옥을 리모델링한 반2459 헤리티지 부티크 호텔(Baan2459 Heritage Boutique Hotel)에 위치한 카페다. 카페는 본관, 별관, 정원으로 나뉘는데 공간마다 개성이 뛰어나다. 특히 옛집의 붉은 벽돌담을 그대로 살린 온실 형태의 별관 분위기가 신비롭다.

📍 MAP P.321G
구글 지도 GPS 13.739132, 100.510729 찾아가기 MRT 왓 망꼰 역 1번 출구에서 450m, 도보 6분 주소 98 Phat Sai Road 전화 084-625-2324 시간 화~일요일 09:00~18:00 휴무 월요일 가격 아메리카노(Americano) 120B 홈페이지 www.facebook.com/chataspecialtycoffee

아메리카노 120B

11 카놈빵 짜우아러이덷 야오와랏(야오와랏 토스트)
ขนมปังเจ้าอร่อยเด็ดเยาวราช  도보 6분

줄 서서 먹는 카놈빵 노점. 번에 버터를 발라 구워 커스터드, 파인애플, 초콜릿 등의 잼을 곁들여 먹는 간식이다. 주문서를 적어 건넨 후 순서가 되면 번호를 부른다.

📍 INFO P.135 📍 MAP P.321G
구글 지도 GPS 13.740082, 100.510364 찾아가기 MRT 왓 망꼰 역 1번 출구에서 250m, 도보 4분. 야오와랏 로드와 파둥다오 로드가 만나는 사거리 근처 노점으로, 분홍 간판의 GSB 은행 앞 주소 452 Yaowarat Road 전화 065-553-3656 시간 화~토요일 18:00~23:00, 일요일 18:00~22:00 휴무 월요일 가격 30B 홈페이지 없음

카놈빵 30B

12 유 룩친쁠라 야오와랏
Yoo Fish Ball
유 ลูกชิ้นปลาเยาวราช
도보 7분

어묵 국수 전문점. 사진과 영어로 된 메뉴가 있으며 면과 국물 유무, 옌따포소스 여부에 따라 각각 메뉴가 정해져 있어 주문하기 쉽다. 에어컨과 선풍기를 가동하는 실내가 쾌적하다.

ⓜ **MAP** P.321G
ⓖ 구글 지도 **GPS** 13.740260, 100.510180 ⓕ 찾아가기 MRT 왓 망꼰 역 1번 출구에서 230m, 도보 3분 ⓐ 주소 433 Yaowarat Road ⓣ 전화 089-782-7777 ⓗ 시간 10:00~23:00 ⓧ 휴무 연중무휴 ⓟ 가격 쎈렘남(Rice Noodle Soup)·쎈야이남(Big White Noodle Soup)·쎈미남(Wheat Flour Soup) 각 69B, 옌따포 20B 추가 ⓦ 홈페이지 www.facebook.com/YooFishBall

쎈야이남 69B

13 란 꾸어이짭 나이엑
ร้านก๋วยจั๊บนายเอ๊ก
도보 7분

돼지고기와 돼지고기 내장을 넣어 끓인 꾸어이짭 국수와 돼지고기 튀김 무끄럽 등 돼지고기 요리를 판매한다. 꾸어이짭은 후춧가루를 넣어 국물이 매콤하고 시원하다. 국수 면은 둥근 롤 형태의 끼엠이로, 숟가락으로 떠먹으면 된다. 늘 손님이 많은 집이다.

ⓘ **INFO** P.092, 101 ⓜ **MAP** P.321G
ⓖ 구글 지도 **GPS** 13.740226, 100.510010 ⓕ 찾아가기 MRT 왓 망꼰 역 1번 출구에서 220m, 도보 3분 ⓐ 주소 442 Yaowarat Soi 9 ⓣ 전화 02-226-4651 ⓗ 시간 08:00~24:00 ⓧ 휴무 연중무휴 ⓟ 가격 꾸어이짭 70·100·150B ⓦ 홈페이지 없음

꾸어이짭 70B

14 꾸어이짭우언 포차나
ก๋วยจั๊บอ้วนโภชนา
도보 8분

꾸어이짭 국수와 돼지고기 요리를 판매한다. 국수 메뉴는 꾸어이짭 단 하나뿐이다. 롤 형태의 끼엠이 면을 숟가락으로 떠먹는데, 돼지고기 육수에 후춧가루를 넣은 국물은 개운하고 매콤하다. 고명으로는 돼지고기와 돼지고기 내장을 쓴다.

ⓜ **MAP** P.321G
ⓖ 구글 지도 **GPS** 13.740603, 100.509255 ⓕ 찾아가기 MRT 왓 망꼰 역 1번 출구에서 220m, 도보 3분 ⓐ 주소 408 Yaowarat Road ⓣ 전화 061-782-4223 ⓗ 시간 화~일요일 11:00~24:00 ⓧ 휴무 월요일 ⓟ 가격 꾸어이짭 60·100B ⓦ 홈페이지 없음

꾸어이짭 60B

15 넝까이넝까우 쁠라묵양 야오와랏
Guy Kao Grilled Squid
도보 8분

줄 서서 먹는 쁠라묵양 노점. 부위별 오징어와 통오징어, 주꾸미, 갑오징어에 다진 마늘, 고추, 고수가 듬뿍 들어간 매콤 새콤한 특제 소스를 얹어 먹는다. 자극적인 태국의 맛이다. 줄 서서 주문한 후 주문표를 들고 음식이 나오기까지 기다려야 한다.

ⓜ **MAP** P.321G
ⓖ 구글 지도 **GPS** 13.740634, 100.509150 ⓕ 찾아가기 MRT 왓 망꼰 역 1번 출구에서 220m, 도보 3분 ⓐ 주소 414-216 Yaowarat Road ⓣ 전화 081-301-9950 ⓗ 시간 화~일요일 17:30~01:30 ⓧ 휴무 월요일 ⓟ 가격 꼬치 40B~(부위별로 다름) ⓦ 홈페이지 없음

목꿀루어이(통오징어) 약 200B~

16 파이끼여우
Fikeaw Yaowarat
도보 10분

〈스트리트 푸드 파이터〉 방콕 편에 소개돼 한국인들에게 알려진 해산물 노점이다. 진열대에 전시해 놓은 해산물을 주문과 동시에 조리해 준다. 모닝글로리 볶음, 팟팍붕파이댕을 요리할 때마다 펼치는 불 쇼도 재미있다. 조리·식사 공간이 붙어 있어 매우 더울 수 있다.

ⓜ **MAP** P.321G
ⓖ 구글 지도 **GPS** 13.740760, 100.508336 ⓕ 찾아가기 MRT 왓 망꼰 역 1번 출구에서 350m, 도보 5분 ⓐ 주소 Soi Yaowarat 11 ⓣ 전화 097-232-8553 ⓗ 시간 화~일요일 18:00~01:00 ⓧ 휴무 연중무휴 ⓟ 가격 똠얌꿍(Tom Yum Kung) 220·300B ⓦ 홈페이지 없음

쁠라묵팟퐁까리 220B

17 후아쌩훙
Hua Seng Hong 和成豐
ฮั้วเซ่งฮง
도보 8분

차이나타운을 대표하는 식당. 딤섬, 국수, 해산물, 육류 등 기본적인 재료를 사용한 요리는 물론 삭스핀과 제비집 요리도 있다.

ⓜ **MAP** P.321G
ⓖ 구글 지도 **GPS** 13.740773, 100.509152 ⓕ 찾아가기 MRT 왓 망꼰 역 1번 출구에서 230m, 도보 3분 ⓐ 주소 371-373 Yaowarat Road ⓣ 전화 02-222-7053 ⓗ 시간 09:30~24:00 ⓧ 휴무 연중무휴 ⓟ 가격 어쑤언카이끄랍(Fried Oyster with Crispy Egg)·느어팟억팍(Beef Stir-fried with Vegetable) 각 150·250B ⓦ 홈페이지 www.huasenghong.co.th

느어팟억팍 150B

18 꾸어이띠여우쁠라 짜우까우 짜런끄룽 18
Charoen Krung 18 Fish Noodle
도보 10분

가게에서 직접 어묵을 만들어 어묵 국수 꾸어이띠여우 룩친쁠라를 선보인다. 고소하고 단단하며 탄력 있는 어묵 맛이 일품이다. 다만 국수 육수는 양념이 돼 있지 않고 특징이 없으므로, 입맛에 맞게 양념하는 게 좋다. 어묵이 떨어지면 영업시간 전에 문을 닫는다.

🅜 MAP P.321C
📍 구글 지도 GPS 13.741837, 100.510624 🚶 찾아가기 MRT 왓 망꼰 역 1번 출구 이용. 사거리 대각선 맞은편 🏠 주소 563 Charoen Krung Road ☎ 전화 081-808-4703 🕐 시간 화~일요일 10:00~16:00 ❌ 휴무 월요일 💰 가격 꾸어이띠여우 룩친쁠라 탐마다 60B, 피셋 70B 🌐 홈페이지 없음

꾸어이띠여우 룩친쁠라 60B

21 에스.이즈
As.is
도보 6분

인더스트리얼 로프트 스타일의 카페. 1층은 카페, 로프트 스타일의 2층은 코워킹 스페이스로 사용한다. 전반적으로 조용하고 편안한 분위기이며, 와이파이도 매우 잘 된다. 에스프레소 기반의 커피는 세 종류의 원두 중 골라 마실 수 있으며, 싱글 오리진의 가격도 합리적이다.

🅜 MAP P.321H
📍 구글 지도 GPS 13.739979, 100.513033 🚶 찾아가기 MRT 왓 망꼰 역 1번 출구 이용. 짜런끄룽 로드를 따라 400m 왼쪽 🏠 주소 45 Rama IV Road ☎ 전화 091-756-0956 🕐 시간 10:00~18:00 ❌ 휴무 연중무휴 💰 가격 아메리카노(Americano) 95B 🌐 홈페이지 www.facebook.com/Asiscoffeestand

아메리카노 95B

19 나이몽 허이텃
Nai Mong Hoi Thod
นายหมง หอยทอด
도보 9분

차이나타운에서 40여 년간 영업 중인 허이텃 노포. 주메뉴인 굴전은 바삭한 어루어와 부드러운 어쑤언으로 선보인다. 굴전 외에 볶음밥과 오리고기의 메뉴가 있다. 어느 시간대에 찾아도 대기가 있는 편이다.

🅜 MAP P.321C
📍 구글 지도 GPS 13.742244, 100.510693 🚶 찾아가기 MRT 왓 망꼰 역 1번 출구로 나와 좌회전해 90m 🏠 주소 539 Phlap Phla Chai Road ☎ 전화 089-773-3133 🕐 시간 수~일요일 10:00~19:00 ❌ 휴무 월~화요일 💰 가격 어쑤언(Soft Oyster Omelette) 100~500B 🌐 홈페이지 없음

어루어 S 100B

22 월플라워스 카페
Wallflowers Cafe
도보 6분

말린꽃과 소품을 활용한 앤티크한 실내 디자인과 모양이 예쁜 디저트로 방콕 현지인들에게 인기인 카페. 휴식보다는 SNS용 사진을 찍는 분주한 분위기로 1층에는 꽃집이 자리했다. 카페는 2층이다.

🅜 MAP P.321H
📍 구글 지도 GPS 13.739800, 100.514256 🚶 찾아가기 마이뜨리찟 로드와 쏘이 나나 사이. MRT 후알람퐁 역 3번 출구 이용 🏠 주소 31-33 Soi Nana ☎ 전화 094-671-4433 🕐 시간 10:00~18:00 ❌ 휴무 연중무휴 💰 가격 아메리카노(Americano) 130B, 와일드 잉글리시 엘더플라워(Wild English Elderflower) 150B 🌐 홈페이지 www.facebook.com/wallflowerscafe.th

20 빠하오티엔미
Ba Hao Tian Mi
도보 8분

차이나타운에서 트렌디하기로 소문난 쏘이 나나의 카테일 바, 빠하오(Ba Hao)의 스위트 버전이다. 주메뉴는 푸딩과 음료. 과일, 곡류, 차 등을 사용한 다양한 맛의 푸딩과 주스가 있다. 전통 중국 스타일로 꾸민 가게는 예쁘지만 좁아, 종종 자리를 잡기 힘들다.

🅜 MAP P.321G
📍 구글 지도 GPS 13.740871, 100.511079 🚶 찾아가기 MRT 왓 망꼰 역 1번 출구에서 180m, 도보 3분 🏠 주소 8 Phadung Dao Road ☎ 전화 097-995-4543 🕐 시간 10:00~22:00 ❌ 휴무 연중무휴 💰 가격 푸딩(Pudding) 108B~, 음료(Drink) 88B~ 🌐 홈페이지 www.ba-hao.com/tianmi

망고 푸딩 128B

23 오디얀
Odean 興來飯店
โอเดียน
도보 3분

바미 국수는 면과 고명을 고른 후 국물이 있는 남, 비빔 면인 행을 선택해 주문하면 된다. 그 밖에 추천 메뉴는 계살 볶음밥인 카우팟뿌. 실내에 에어컨이 있어 쾌적하다.

🅜 MAP P.321H
📍 구글 지도 GPS 13.738838, 100.512647 🚶 찾아가기 MRT 왓 망꼰 역 1번 출구 또는 후알람퐁 역 3번 출구 이용. 각 역에서 약 500m 🏠 주소 724 Charoen Krung Road ☎ 전화 086-888-2341 🕐 시간 08:30~19:30 ❌ 휴무 연중무휴 💰 가격 바미무댕(Noodle with Roasted Pork) 60B 🌐 홈페이지 www.facebook.com/odeannoodle

바미+끼여우 꽁무댕 행 70B

24 에프위
FV

벽면에는 미술 작품이 가득하고, 테이블 모양은 다 다르다. 카페 한가운데 이쌴 전통 가옥이 들어와 있는 이곳을 딱 잘라 설명하기는 힘들다. 카페인데 커피는 없다. 과일주스와 그라니타, 차, 스낵의 재료는 모두 자연에서 온 것이다.

ⓑ MAP P.321K
구글 지도 GPS 13.738847, 100.506298 찾아가기 MRT 왓 망꼰 역 1번 출구에서 650m, 도보 9분. 랏차웜 선착장에서 300m, 도보 4분 주소 827 Song Wat Road 전화 081-866-0533 시간 금~수요일 10:00~19:00, 목요일 12:00~19:00 휴무 연중무휴 가격 차마이아랍엔(Ice Sleeping Glass Tea) 110B 홈페이지 www.facebook.com/fvbkk

차마이아랍엔 110B

27 쌈펭 시장
Sampheng Market

쏘이 와닛 능(Soi Wanit 1)을 따라 액세서리·DIY용품·포장용품·코르사주·천·가방·신발·의류 가게가 다닥다닥 붙어 있다. B급 물건을 판매하는 시장은 확실히 저렴하고 어쩐지 정겹다. 쏘이 와닛 능은 야오와랏 로드보다 100년 이상 앞선 역사를 간직하고 있다.

ⓘ INFO P.182 ⓜ MAP P.320F
구글 지도 GPS 13.743191, 100.503939 찾아가기 MRT 쌈얏 역과 왓 망꼰 역 사이. 시장이 목적지라면 MRT 쌈얏 역 1번 출구 이용 주소 Soi Wanit 1 전화 가게마다 다름 시간 08:00~18:00 휴무 연중무휴 가격 가게마다 다름 홈페이지 없음

25 앤 꾸어이띠여우 쿠어까이
Ann Guay Tiew Kua Gai
แอน ก๋วยเตี๋ยวคั่วไก่

중국식 태국 요리인 꾸어이띠여우 쿠어까이는 구운 치킨 국수로 겉은 바삭하고 속은 촉촉하게 구운 인절미 맛이 난다. 함께 들어가는 달걀의 익힘 정도에 따라 쿠어까이와 업까이로 구분한다.

ⓘ INFO P.104 ⓜ MAP P.321C
구글 지도 GPS 13.746743, 100.511146 찾아가기 야오와랏 로드와는 멀다. 왓 망꼰 역에서 야오와랏 로드 반대쪽으로 650m, 도보 8분 주소 419 Luang Road 전화 02-621-5199 시간 14:00~23:00 휴무 연중무휴 가격 쿠어까이(Fried Noodles with Chicken)·업까이(Fried Noodles with Chicken and Runny Egg) 50B 홈페이지 없음

ZOOM IN

끄롬차우타 선착장

항만청(Marine Department). 딸랏 너이와 가장 가까운 선착장이다. 선착장에서 내려 사원을 통과하면 딸랏 너이 골목이다.

26 언럭윤
On Lok Yun

과거의 번화가였던 왕부라파(Wang Burapha) 지역에 남아 있는 역사적인 조식 식당이다. 1933년 창업해 소위 잘나가는 인사와 배우의 단골 식당이었던 이곳은 나이를 먹어 낡고 요즘의 맛을 따르지 못하지만, 중장년 단골은 물론 MZ세대의 발길을 이끌고 있다.

ⓑ MAP P.320A
구글 지도 GPS 13.746996, 100.500629 찾아가기 MRT 쌈얏 역 3번 출구에서 90m 주소 72 Charoen Krung Road 전화 085-809-0835 시간 06:00~14:30 휴무 연중무휴 가격 올데이 브랙퍼스트 2 Eggs+3 Toppings 80B 홈페이지 www.facebook.com/onlokyun

1 딸랏 너이
Talat Noi

방콕 최초의 항구이자 이민자들이 정착한 지역. 차이나타운, 방락 지역과 접해 있다. 성 로사리오 교회, 쌰얌 상업은행, 홍씨엥꽁 등 옛 건축물을 비롯해 종교와 음식 등 과거 유산을 잘 간직하며 전해오고 있다. 골목 곳곳 이국적인 정취가 가득하며, 웨어하우스 30(Warehouse30), 홍씨엥꽁 등 옛 건물을 개조해 선보이는 카페, 레스토랑, 전시장도 괜찮다.

ⓜ MAP P.321L
구글 지도 GPS 13.734120, 100.512101 찾아가기 끄롬차우타 혹은 씨프라야 선착장 이용 주소 Talat Noi, Samphanthawong 전화 업소마다 다름 시간 24시간 휴무 연중무휴 가격 무료입장 홈페이지 없음

2 홍씨엥꽁
Hong Sieng Kong 도보 4분

딸랏 너이에서 가장 유명한 카페. 200년 된 건물 1채와 150년 된 건물 5채를 리노베이션해 전통과 현대 감각의 조화를 보여준다. 카페는 에어컨이 나오는 실내 좌석과 짜오프라야 강변의 야외 좌석이 있으며, 주문 후 입장 가능하다. 곳곳에 포토 스폿이 많다.

ⓜ INFO P.129 ⓜ MAP P.321L
ⓖ 구글 지도 GPS 13.734794, 100.511569 ⓒ 찾아가기 끄롬차우타 선착장 이용. 롱꼬억 사원을 나와 좌회전 후 골목길을 따라 약 250m ⓐ 주소 734-736 Soi Wanit 2 ⓣ 전화 095-998-9895 ⓢ 시간 화~일요일 10:00~20:00 ⓒ 휴무 월요일 ⓟ 가격 아메리카노(Americano) 140B ⓗ 홈페이지 www.facebook.com/HongSiengKong

스파게티 아라비아타 240B

ZOOM IN

MRT 쌈얀 역

차이나타운과 씨롬 사이에 위치한 역이다. 쌈얀 밋타운과 짬쭈리 스퀘어 쇼핑몰과 연결되며, 태국의 명문 쭐라롱껀 대학교와 가깝다.

3 쏘헝타이
So Heng Tai 도보 1분

250년 이상 된 중국식 가옥이다. 2층 구조의 주택이 안뜰을 감싼 형태로 안뜰에는 연못처럼 보이는 수영장이 자리했다. 건축 이래 7차례 주인이 바뀌었으며, 관리 상태는 양호하지 않다. 음료나 커피를 구매하거나 입장료를 내고 건물 내부를 돌아볼 수 있다.

ⓜ MAP P.321L
ⓖ 구글 지도 GPS 13.733630, 100.512018 ⓒ 찾아가기 끄롬차우타 선착장 이용. 롱꼬억 사원을 나와 좌회전 후 골목길을 따라 약 90m ⓐ 주소 282 Soi Wanit 2 ⓣ 전화 091-870-0618 ⓢ 시간 화~일요일 09:00~18:00 ⓒ 휴무 월요일 ⓟ 가격 입장료 50B, 아메리카노(Americano) 100B ⓗ 홈페이지 www.facebook.com/Sohengtai

1 쪽 쌈얀
Joke Sam Yan 도보 7분

돼지고기 죽 쪽무를 파는 70년 전통의 로컬 맛집. 6개의 커다란 포크볼을 넣은 쪽무루언을 비롯해 돼지고기 내장 죽 쪽크릉나이루언, 포크볼과 내장 죽 쪽무+크릉나이 등이 있다. 죽은 내용물이 실하고 향긋하다. 하루에 수천 그릇을 파는 이유는 맛을 보면 알게 된다.

ⓜ MAP P.320J
ⓖ 구글 지도 GPS 13.734647, 100.526135 ⓒ 찾아가기 MRT 쌈얀 역 2번 출구 이용. 쏘이 쭐라롱껀 11로 우회전 ⓐ 주소 241-243 Soi Chula 11 ⓣ 전화 085-846-1110 ⓢ 시간 05:00~09:30, 15:00~20:00 ⓒ 휴무 연중무휴 ⓟ 가격 쪽무루언(Pork Congee) 45B ⓗ 홈페이지 없음

4 마더 로스터
Mother Roaster 도보 1분

딸랏 너이의 유명 카페 중 하나. 자동차·보트 엔진 부품 보관 창고 2층을 카페로 개조했다. 원산지가 다양한 원두를 수동 에스프레소, 필터 등의 방법으로 내린다. 30년 경력의 마더 바리스타 혹은 직원들이 원두 선택에 도움을 준다.

ⓜ MAP P.321L
ⓖ 구글 지도 GPS 13.732973, 100.512315 ⓒ 찾아가기 끄롬차우타 선착장과 이어진 롱꼬억 사원 맞은편 ⓐ 주소 1172 Soi Chareonkrung 22 ⓣ 전화 061-216-2277 ⓢ 시간 목~화요일 10:00~18:00 ⓒ 휴무 수요일 ⓟ 가격 커피 100B~ ⓗ 홈페이지 www.facebook.com/motherroaster

2 쌈얀 밋타운
Samyan Mitrtown 도보 1분

젊은 감각의 쇼핑센터. MRT 쌈얀 역이 푸드코트와 레스토랑이 밀집한 쇼핑센터의 B층과 연결돼 있다. 4층에도 두 군데의 푸드코트가 있다. 그중 한 곳은 김밥, 비빔밥, 분식, 치킨, 순두부, 불고기 등 한식을 판매하는 한식 푸드홀이다. 3층의 잡화, 문구 편집숍, 무에타이 체육관 등지도 눈여겨 볼만하다.

ⓜ MAP P.320J
ⓖ 구글 지도 GPS 13.733740, 100.528396 ⓒ 찾아가기 MRT 쌈얀 역과 연결 ⓐ 주소 944 Rama IV Road ⓣ 전화 02-033-8900 ⓢ 시간 24시간 ⓒ 휴무 연중무휴 ⓟ 가격 가게마다 다름 ⓗ 홈페이지 www.samyanmitrtown.com

OUT OF BANG KOK

AREA 01 DAMNOEN SADUAK · AM

[แม่น้ำแม่กลอง 담넌 싸두악 · 암파와 ·

1일 투어로 즐겨 찾는 근교 볼거리

방콕에서 남서쪽으로 80~100km 떨어진 지역. 매끌렁 강을 따라 1일 투어 목적지로 인기인 담넌 싸두악 수상 시장, 암파와 수상 시장, 매끌렁 시장이 위치한다. 1일 투어 상품은 매끌렁 시장과 수상 시장을 묶어 운영하는 경우가 일반적이다. 각 시장은 방콕 남부 버스 터미널에서 버스를 타고 개별적으로 찾을 수도 있다.

인기
★★★★★

외국인 여행자는 물론 현지인에게 인기.

관광지
★★★

시장 외에 특별한 볼거리는 없다.

쇼핑
★★★

소소한 기념품, 액세서리, 의류 구입 가능.

식도락
★★★

다양한 노점 먹거리를 즐기자.

나이트라이프
★

암파와의 반딧불이 투어를 제외하고는 전혀 없다.

혼잡도
★★★★

주말에는 인파에 떠밀려 다닐 정도로 매우 혼잡하다.

HAWA · MAEKLONG 333

끌렁]

담넌 싸두악·암파와·매끌렁 교통편

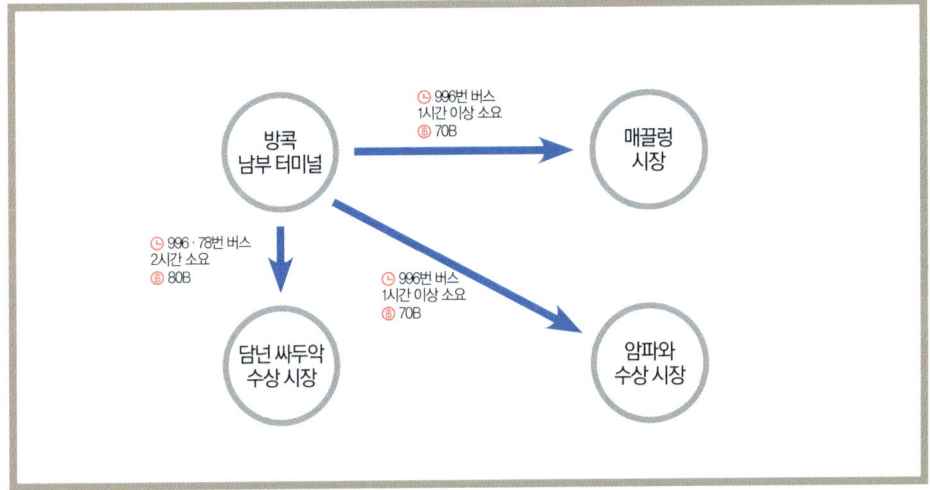

매끌렁 강 주변 시장 가는 방법

 버스
방콕 남부 버스 터미널에서 996번 버스를 타면 매끌렁 시장, 암파와 수상 시장, 담넌 싸두악 수상 시장에 차례대로 선다. 터미널에서 첫 목적지인 매끌렁 시장까지 1시간 이상 소요된다. 1일 투어에 비해 시간이 많이 소요되므로 단기 여행자에게는 추천하지 않는다.

 롯뚜
미니밴. 방콕 북부 터미널에서 매끌렁, 암파와, 담넌 싸두악행 미니밴 롯뚜를 운행한다. 남부 터미널에서 출발하는 버스보다 10B가량 비싸다.

1일 투어
단기 여행자에게 최선의 선택. 담넌 싸두악, 암파와 수상 시장을 개별로 방문하는 투어와 매끌렁 시장과 연계하는 담넌 싸두악 시장+매끌렁 시장, 매끌렁 시장+암파와 수상 시장 등 다양한 프로그램이 있다.

매끌렁 강 주변 시장 다니는 방법

도보
각 시장 내에서는 도보 이동하는 것이 가장 좋다.

 보트
담넌 싸두악과 암파와는 보트로 돌아볼 수 있다. 담넌 싸두악 보트 요금은 1인 150B, 대절은 1000B 정도 부른다. 흥정 필수. 암파와 반딧불이 투어의 보트 요금은 1인 60B, 대절하는 경우 500B 정도 한다. 약 1시간 소요.

썽태우
매끌렁 시장과 암파와 시장, 암파와 시장과 담넌 싸두악 시장은 썽태우로 오갈 수 있다. 7~18B. 썽태우를 택시처럼 이용한다면 200~300B으로 흥정하면 된다.

MUST SEE
이것만은 꼭 보자!

매끌렁 시장 기차
기차가 들어오는 시간에 맞춰 '위험한 시장'의 진면모를 경험해보자.

MUST EAT
이것만은 꼭 먹자!

꼉뗑짠 廣銘珍
매끌렁 기차역 인근의 괜찮은 국숫집.

MUST DO
이것만은 꼭 해보자!

반딧불이 투어
암파와 시장의 핵심 체험.

COURSE 1

매끌렁과 암파와를 찾는 주말 여행 코스

매끌렁 시장에 오후 2시 30분에 들어오는 기차를 보고 암파와 수상 시장으로 이동하는 코스. 암파와 시장에서 오후 6시경 반딧불이 투어를 하고 방콕으로 돌아오자. 방콕행 버스는 사전에 예약해두는 게 좋다.

코스 무작정 따라하기
START
- **S. 방콕 남부 버스 터미널**
  약 80km, 버스 1시간 10분 이상
- **1. 매끌렁 시장**
  약 8km, 썽태우 15분
- **2. 암파와 수상 시장**
  Finish

S 방콕 남부 터미널
Southern Bus Terminal
996번 버스 승차 → 매끌렁 시장 도착

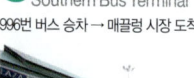

1 매끌렁 시장
Maeklong Railway Market
🕐 시간 06:20~17:40(매끌렁 도착)
08:30 · 11:10 · 14:30 · 17:40, 매끌렁 출발
06:20 · 09:00 · 11:30 · 15:30)

→ 타나찻 은행 앞(구글 지도 GPS 13.408001, 100.000522)에서 암파와행 파란색 썽태우 탑승 → 암파와 시장 도착

2 암파와 수상 시장
Amphawa Floating Market
🕐 시간 금~일요일 14:00~21:00

335

COURSE 2

담넌 싸두악과 매끌렁을 돌아보는 근교 코스

이른 아침에 담넌 싸두악으로 출발해 시장을 구경한 후 매끌렁 시장으로 이동하는 코스. 오전 6시 정도에 담넌 싸두악행 버스를 타고 11시 경에 매끌렁 시장에 도착해야 일정이 매끄럽다. 단, 대중교통 탑승으로 인한 긴 도보 이동을 감수해야 한다.

코스 무작정 따라하기
START
- **S.** 방콕 남부 버스 터미널
  - 약 80km, 버스 2시간
- **1.** 담넌 싸두악 수상 시장
  - 약 20km, 롯뚜 20분, 완행버스 30분
- **2.** 매끌렁 시장

Finish

S 방콕 남부 터미널
Southern Bus Terminal

996·78번 버스 승차, 버스에서 내려 1km 이동 → 담넌 싸두악 수상 시장 도착

1 담넌 싸두악 수상 시장
Damnoen Saduak Floating Market

⏰ 시간 08:00~16:00

→ 담넌 싸두악 병원 맞은편(구글 지도 GPS 13.535399, 99.965242)에서 롯뚜 혹은 담넌 싸두악 관개수로국 옆(구글 지도 13.530266, 99.967864)에서 완행버스 승차 → 매끌렁 시장 도착

2 매끌렁 시장
Maeklong Railway Market

⏰ 시간 06:20~17:40(매끌렁 도착 08:30·11:10·14:30·17:40, 매끌렁 출발 06:20·09:00·11:30·15:30)

ZOOM IN

매끌렁 시장

버스 정류장과 매끌렁 시장이 멀지 않다.

1 매끌렁 시장
Maeklong Railway Market

일명 위험한 시장. 기차 선로에 물건을 놓고 장사를 하다가 기차가 지나가는 시간에 물건을 치우는 모습이 이색적이다. 특별한 볼거리를 놓치지 않으려면 기차 시간을 미리 확인한 후 찾는 게 좋다.

06:20 · 09:00 · 11:30 · 15:30 휴무 연중무휴
가격 무료입장 홈페이지 없음

INFO P.155 MAP P.334
구글 지도 GPS 13.407482, 99.998756
찾아가기 방콕 남부 버스 터미널에서 996번 버스 승차 후 매끌렁 하차 주소 Tambon Mae Klong, Amphoe Mueang Samut Songkhram 전화 매끌렁 기차역 034-711-906 시간 매끌렁 도착 08:30 · 11:10 · 14:30 · 17:40, 매끌렁 출발

● PLUS TIP
위험한 기차를 못 볼 수도 있다?!
매끌렁 시장에서의 기차 사정에 따라 기차가 운행되지 않거나, 기차 운행 시간이 사전 안내 없이 변경될 수도 있다. 또는 당일 교통 사정에 따라 기차를 운행하는 시간을 맞추지 못할 수도 있어 투어를 신청해도 기차가 지나가는 것을 보지 못하는 경우도 있다.

2 껑멩짠
廣銘珍
ก้องเมงจัน

매끌렁 기차역 근처에 자리한 바미 국수 전문점. 기차를 기다리며 허기를 달래기에 좋은 곳이다. 돼지고기 무뎅을 풍성하게 올린 바미 국수 혹은 중국식 만두 끼여우를 주문하자. 국수는 시원한 육수에 말아 먹는 남, 비빔국수 행. 매콤하고 새콤한 똠얌으로 즐길 수 있다.

MAP P.334
구글 지도 GPS 13.407213, 99.998698 찾아가기 기차역과 매끌렁 강을 등지고 펫싸뭇 로드로

우회전해 약 25m 오른쪽 주소 638 Phet Samut Road, Tambon Mae Klong 전화 034-710-338 시간 08:30~17:30 휴무 연중무휴 가격 바미 40 · 50B, 끼여우 · 바미 끼여우 50 · 60B, 무뎅 70 · 140B 홈페이지 없음

ZOOM IN

암파와 수상 시장

버스 정류장에서 암파와 수상 시장이 근거리에 자리한다.

1 암파와 수상 시장
Amphawa Floating Market

주말에만 열리는 수상 시장. 배를 타고 수로를 떠다니며 반딧불이를 감상하는 반딧불이 투어가 유명하다. 해 질 녘 이후로 반딧불이를 감상할 수 있으므로 암파와 수상 시장에만 간다면 방콕에서 오후에 출발하는 게 좋다.

ⓘ INFO P.154 ⓜ MAP P.334

구글 지도 GPS 13.425920, 99.955037 · 찾아가기 방콕 남부 버스 터미널에서 996번 버스 승차 후 암파와 수상 시장 하차 · 주소 Amphoe Amphawa, Chang Wat Samut Songkhram · 전화 가게마다 다름 · 시간 금~일요일 16:00~21:00 · 휴무 월~목요일 · 가격 무료입장 · 홈페이지 없음

ZOOM IN

담넌 싸두악 수상 시장

버스 정류장에서 담넌 싸두악 수상 시장의 메인 입구까지 가려면 1km가량 걸어야 한다.

1 담넌 싸두악 수상 시장
Damnoen Saduak Floating Market

방콕 근교에서 가장 유명한 수상 시장. 태국을 대표하는 풍경 중 하나인 수로를 꽉 메운 배의 모습을 감상할 수 있다. 담넌 싸두악 수상 시장에서는 오전에 상거래가 활발하게 이뤄지므로 아침에 서둘러 찾는 게 좋다.

ⓘ INFO P.153 ⓜ MAP P.334

구글 지도 GPS 13.519253, 99.959302 · 찾아가기 방콕 남부 버스 터미널에서 78·996번 버스 승차 후 담넌 싸두악 수상 시장 하차 · 주소 Damnoen Saduak, Amphoe Damnoen Saduak · 전화 가게마다 다름 · 시간 08:00~16:00 · 휴무 연중무휴 · 가격 무료입장 · 홈페이지 없음

AREA 02 KANCHANA
[กาญจนบุรี 깐짜나부리]

역사와 자연이 공존하는 도시

미얀마와 국경을 접한 도시. 제2차 세계대전 당시 일본군이 만든 태국-버마 간 400km 구간의 철도가 지나던 곳으로, '콰이 강의 다리'로 대변되는 아픈 역사가 고스란히 남아 있다. 깐짜나부리가 품은 역사의 상흔은 당일 여행으로도 충분히 체험할 수 있다. 이틀 정도 깐짜나부리에 머문다면 대자연의 아름다움이 감동을 주는 에라완 폭포와 현지인들에게 인기 만점인 므엉 말리까, 왓 탐 쓰아 등지를 돌아보자.

인기
★★★★

단기 여행자는 1일 투어를 통해 즐겨 찾는다.

관광지
★★★★★

에라완 국립공원, 콰이 강의 다리, 므엉 말리까 등 굵직한 볼거리가 가득하다.

쇼핑
★★

쇼핑 아이템은 많지 않다. 대형 마트로는 여행자 거리와 2km가량 떨어진 빅 시가 있다.

식도락
★★★★

여행자 거리 음식은 무난하고 저렴하다. 몇몇 플로팅 레스토랑은 분위기와 맛이 훌륭하다.

나이트라이프
★

차분한 분위기다. 많은 여행자가 강변의 정취를 느끼며 조용한 밤을 보낸다.

혼잡도
★★

콰이 강의 다리에 관광객이 가장 많다. 그래도 붐빈다는 느낌은 없다.

깐짜나부리로 갈 때는 기차보다는 버스가 편하다. 버스는 방콕의 북부 터미널에서도 출발하지만 남부 터미널이 운행 횟수도 많고 1시간가량 덜 걸린다. 미니밴 롯뚜도 많다. 카오산 로드와 가까운 싸남 루앙과 북부 터미널, 남부 터미널에서 출발한다. 기차는 톤부리 역에서 1일 2회 출발한다. 깐짜나부리 내에서 이동할 때는 도보, 자전거, 썽태우, 뚝뚝 등을 이용하면 된다.

깐짜나부리 교통편

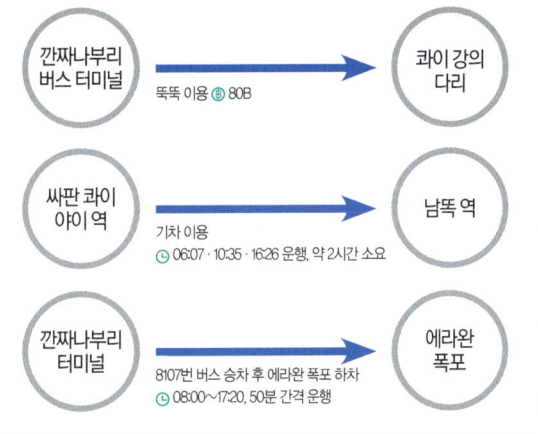

깐짜나부리로 가는 방법

1일 투어
하루 이상 시간을 내기 어려운 여행자에게 최선의 선택이다. 에라완 폭포, 므앙 말리까, 뗏목 트레킹, 죽음의 철도 탑승 등 상품이 다양하다.

버스
방콕의 남부 터미널에서 05:00~20:00에 20분 간격으로 운행한다. 2시간 소요. 북부 터미널에서는 05:00 · 07:00 · 09:30 · 12:30에 1일 4회 출발하며 3시간가량 소요된다.

기차
방콕의 톤부리 역에서 출발해 남똑까지 가는 기차는 07:45 · 13:55에 1일 2회 운행한다. 깐짜나부리 역까지는 2시간 40분, 싸판 콰이 아이 역까지는 2시간 55분가량 소요된다. 외국인은 구간에 관계없이 100B의 요금을 내야 한다.

롯뚜
미니밴. 카오산 로드 주변의 싸남 루앙, 북부 터미널, 남부 터미널에 롯뚜 정류장이 있다. 정해진 시간은 없고, 04:00~19:00에 사람이 차면 수시로 출발한다.

깐짜나부리 다니는 방법

자전거
여행자 거리와 콰이 강의 다리 일대를 돌아볼 때 유용하다. 여행자 거리에 대여소가 많으며, 호텔에서도 자전거를 빌려준다.

썽태우
버스 터미널, 유엔군 묘지, 기차역 등 쌩추또 로드를 따라 썽태우가 다닌다. 콰이 강의 다리는 가지 않는다.

뚝뚝
흥정이 필요하다. 어디를 가든 대개 60B 이상을 요구한다.

버스
에라완 국립공원, 싸이욕 폭포, 헬 파이어 패스 등 깐짜나부리 외곽으로 이동할 때 이용할 수 있다.

오토바이 렌트
장거리 구간을 자유롭게 이동하려면 오토바이가 편하다. 다만 외곽의 큰 도로로 진입하면 과속하는 차량이 많으므로 조심, 또 조심하자.

MUST SEE
이것만은 꼭 보자!

No. 1
콰이 강의 다리
The River Kwai Bridge
깐짜나부리 대표 역사 볼거리.

No. 2
에라완 국립공원
Erawan National Park
깐짜나부리 대표 자연 볼거리.

No. 3
헬 파이어 패스
Hell Fire Pass
최고의 전시 및 트레킹 코스, 멀어도 가치 있다.

No. 4
므앙 말리까
전통 복장을 입고 인증 사진을 찍어보자.

MUST EAT
이것만은 꼭 먹자!

No. 1
키리 타라 Kee Ree Tara Restaurant
맛과 분위기가 좋은 플로팅 레스토랑.

No. 2
미나 카페
Meena Cafe
논뷰 힐링 맛집.

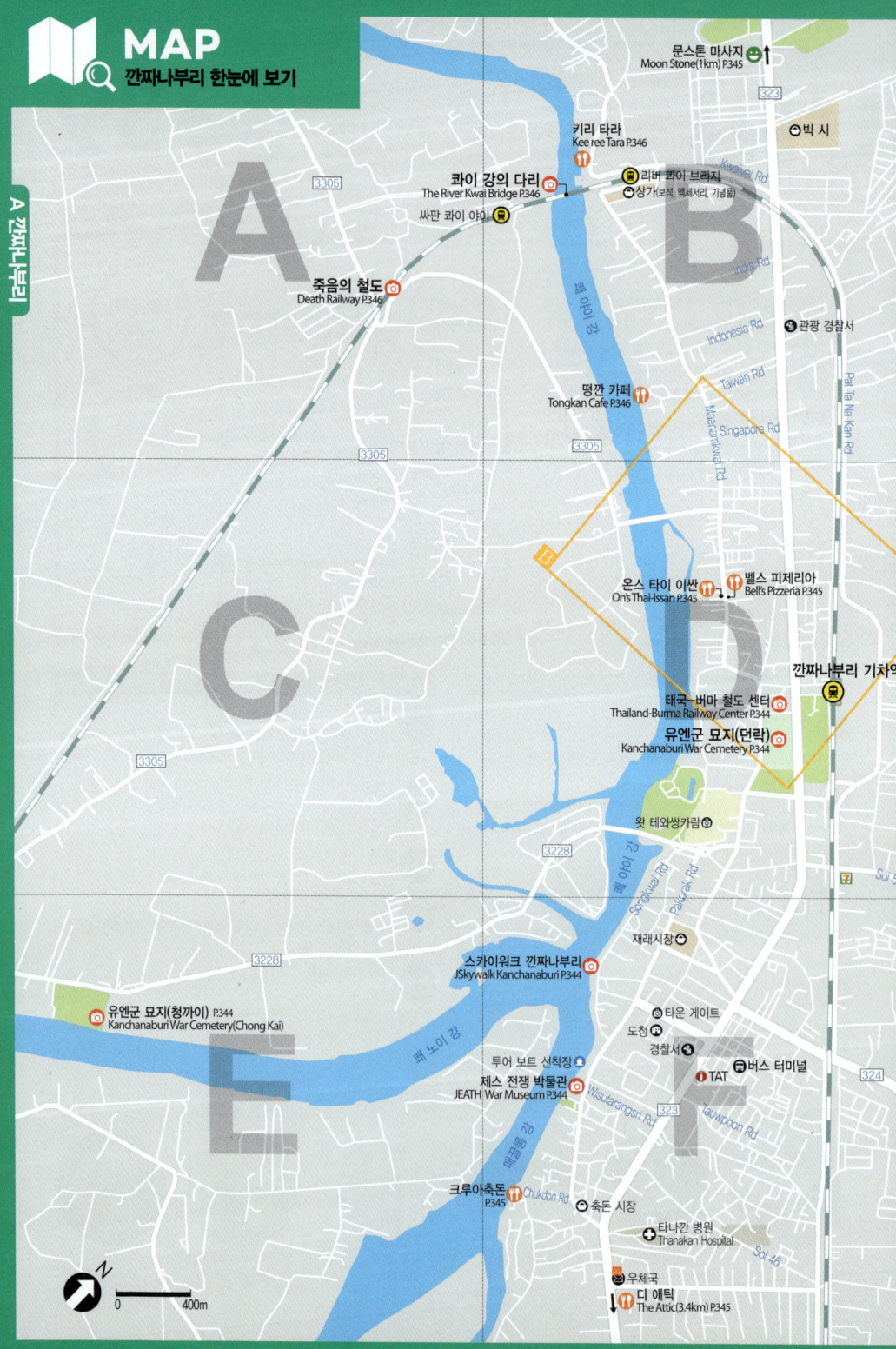

대중교통으로 돌아보는 당일치기 코스

COURSE 1

방콕에서 대중교통을 이용해 깐짜나부리에 도착, 콰이 강의 다리 일대를 돌아보고 방콕으로 돌아오는 코스.

코스 무작정 따라하기
START

- **S.** 깐짜나부리 버스 터미널
  - 1.9km, 썽태우 6분
- **1.** 유엔군 묘지(던락)
  - 150m, 도보 2분
- **2.** 태국-버마 철도 센터
  - 2.7km, 뚝뚝 6분
- **3.** 콰이 강의 다리
  - 100m, 도보 1분
- **4.** 키리 타라
- Finish

S 깐짜나부리 버스 터미널
Kanchanaburi Bus Terminal
썽태우 탑승 → 유엔군 묘지(던락) 도착

1 유엔군 묘지(던락)
Kanchanaburi War Cemetery(Don Rak)
- 시간 08:00~17:00
- → 묘지에서 건물이 보인다 → 태국-버마 철도 센터 도착

2 태국-버마 철도 센터
Thailand-Burma Railway Center
- 시간 09:00~16:30
- → 뚝뚝 탑승 → 콰이 강의 다리 도착

3 콰이 강의 다리
The River Kwai Bridge
- → 콰이 강의 다리에서 나와 좌회전 100m
- → 키리 타라 도착

4 키리 타라
Kee ree Tara Restaurant
คีรีธารา
- 시간 10:00~21:00

COURSE 2

차량·오토바이 렌트 코스

차량이나 오토바이를 렌트해 깐짜나부리의 핵심 볼거리를 섭렵하는 코스다. 에라완 국립공원은 하루 시간을 따로 내 방문하는 게 좋다. 저녁 무렵에 도착한다면 국립공원 캠핑장을 이용하는 것을 추천한다. 모든 장비를 대여할 수 있다.

코스 무작정 따라하기
START

- **S. 콰이 강의 다리**
  - 바로
- **1. 콰이 강의 다리**
  - 28km, 자동차 24분
- **2. 므엉 말리까**
  - 31km, 자동차 25분
- **3. 싸이욕 너이 폭포**
  - 20km, 자동차 17분
- **4. 헬 파이어 패스**
  - 70km, 자동차 65분
- **5. 에라완 국립공원**
  - Finish

S 콰이 강의 다리 도착
The River Kwai Bridge

1 콰이 강의 다리
The River Kwai Bridge
→ 323번 도로 → 므엉 말리까 도착

2 므엉 말리까
เมืองมัลลิกา ร.ศ. 124
시간 09:00~18:00
→ 323번 도로 → 싸이욕 너이 폭포 도착

3 싸이욕 너이 폭포
Sai Yok Noi Waterfall
시간 싸이욕 국립공원 08:30~16:30
→ 323번 도로 → 헬 파이어 패스 도착

4 헬 파이어 패스
Hell Fire Pass
시간 박물관 09:00~16:00
→ 왔던 길을 되돌아 나가 323번 도로로 진입 후 3457·3199번 도로를 차례로 이용 → 에라완 국립공원 도착

5 에라완 국립공원
Erawan National Park
시간 08:00~15:30

ZOOM IN

깐짜나부리 역

방콕 톤부리 역에서 출발한 기차가 가장 먼저 정차하는 깐짜나부리의 역. 여행자 거리와도 매우 가깝다. 여행자 거리에서 자전거를 대여해 콰이 강의 다리 등 인근 볼거리를 구경하면 된다.

1 유엔군 묘지(던락)
Kanchanaburi War Cemetery(Don Rak)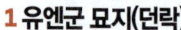

죽음의 철도 공사에 투입된 후 사망한 연합군 유해를 안치한 묘지다. 6982구의 연합군 유해가 안치돼 있는데, 그중 절반은 영국, 나머지는 호주와 네덜란드 출신이다. 경건한 분위기이며, 시내와 가까워 여행자들의 추모 행렬이 끊임없이 이어진다.

◎ MAP P.340D, 341B
ⓢ 구글 지도 GPS 14.031649, 99.525731 ◎ 찾아가기 깐짜나부리 기차역에서 쌩추또 로드로 좌회전, 350m, 도보 4분 ◎ 주소 284/66 Sangchuto Road ◎ 전화 없음 ◎ 시간 08:00~17:00 ◎ 휴무 연중무휴 ◎ 가격 무료입장 ◎ 홈페이지 없음

2 태국-버마 철도 센터
Thailand-Burma Railway Center

9개의 전시실에서 조형물, 일러스트, 사진, 비디오를 통해 죽음의 철도와 관련한 다양한 기록을 전시한다. 에어컨을 갖춘 실내에 자리해 제스 전쟁 박물관이나 아트 갤러리 & 전쟁 박물관에 비해 관람 환경이 쾌적하다. 2층 커피숍에서 던락 유엔군 묘지가 보인다.

◎ MAP P.340D, 341B
ⓢ 구글 지도 GPS 14.032234, 99.524846 ◎ 찾아가기 깐짜나부리 기차역에서 쌩추또 로드로 좌회전, 던락 유엔군 묘지 가기 전 ◎ 주소 73 Jaokannun Road ◎ 전화 034-512-721 ◎ 시간 09:00~16:30 ◎ 휴무 연중무휴 ◎ 가격 160B ◎ 홈페이지 www.tbrconline.com

3 제스 전쟁 박물관
JEATH War Museum

죽음의 철도 공사 당시 포로 숙소를 재현해 만든 야외 박물관이다. 1섹션에서는 죽음의 철도 공사 현장과 포로 사진, 2섹션에서는 칼, 총, 폭탄 등 전쟁 무기, 3섹션에서는 죽음의 철도 기사와 비디오 영상을 전시한다. 입장료를 따로 받지만 특이할 만한 전시물이 없고 시설이 매우 낡았다.

◎ MAP P.340F
ⓢ 구글 지도 GPS 14.016193, 99.530574 ◎ 찾아가기 깐짜나부리 기차역에서 남쪽으로 2.6km, 도보 30분, 자전거 15분 ◎ 주소 Ban Tai ◎ 전화 034-512-596 ◎ 시간 08:00~18:00 ◎ 휴무 연중무휴 ◎ 가격 50B ◎ 홈페이지 없음

4 유엔군 묘지(청까이)
Kanchanaburi War Cemetery(Chong Kai)

깐짜나부리 시내에서 약 2km 떨어진 곳에 자리한 또 하나의 연합군 묘지다. 죽음의 철도 공사에 투입된 후 사망한 1750구의 연합군 유해를 안치했다. 청까이 유엔군 묘지는 이전에 전쟁 포로수용소로 쓰던 장소다.

◎ MAP P.340E
ⓢ 구글 지도 GPS 14.005734, 99.515080 ◎ 찾아가기 깐짜나부리 기차역에서 강 건너 남쪽으로 3.9km, 자전거로 20분 ◎ 주소 Tha Ma Kham ◎ 전화 없음 ◎ 시간 08:00~17:00 ◎ 휴무 연중무휴 ◎ 가격 무료입장 ◎ 홈페이지 없음

5 스카이워크 깐짜나부리
Skywalk Kanchanaburi

콰에 야이 강변 위에 조성된 높이 12m, 길이 150m의 유리 다리. 깐짜나부리의 새로운 랜드마크로 떠오르고 있다. 바닥과 난간 등 다리 전체를 유리로 마감해 막힘 없는 뷰를 선사한다. 콰에 야이 강과 콰에 너이 강이 합수하는 풍경이 펼쳐지며 발아래에는 콰에 야이 강의 물줄기가 아찔하게 흐른다.

◎ MAP P.340F
ⓢ 구글 지도 GPS 14.020215, 99.527309 ◎ 찾아가기 강변도로인 쏭 콰에 로드에 자리. 깐짜나부리 야시장에서 700m, 도보 8분 ◎ 주소 Song Khwae Road, Ban Tai ◎ 전화 034-511-502 ◎ 시간 08:00~19:00 ◎ 휴무 연중무휴 ◎ 가격 60B ◎ 홈페이지 www.facebook.com/Skywalkkanchanaburi

345

6 크루아축돈
ครัวชุกโดน
★★★ | 자동차 10분

외국인보다는 현지인들에게 인기 있는 플로팅 레스토랑. 매끌렁 강변에 위치한다. 쾌 야이 강변의 플로팅 레스토랑에 비해 아주 저렴하다.

◎ **MAP** P.340F
◎ **구글 지도 GPS** 14.011854, 99.532059 ◎ **찾아가기** 깐짜나부리 기차역에서 3km, 도보로는 약 40분 걸린다. ◎ **주소** 19/236 Chaichumphol Road ◎ **전화** 097-446-9464 ◎ **시간** 10:00∼22:00 ◎ **휴무** 연중무휴 ◎ **가격** 카이똔(Steamed Egg) 140B, 뿌빳퐁까리(Stir-fried Soft-shelled Crab in Curry Powder) 250B ◎ **홈페이지** 없음

쁠라까퐁랏프릭 330B

9 디 애틱
The Attic
★★ | 자동차 12분

스칸디나비안 애틱(다락방) 스타일의 카페다. 다락방 경사면 아래에는 빈백을 놓아 편안하게 쉴 수 있도록 꾸몄다. 걸터앉을 수 있는 로프트 스타일의 창문은 인기 포토 스폿이다. 메뉴는 커피와 음료, 케이크로 단출한 편이다.

◎ **MAP** P.340F
◎ **구글 지도 GPS** 13.993257, 99.563136 ◎ **찾아가기** 깐짜나부리 시내 남단 쌩추또 로드 쏘이 탈러 40∼42 사이 ◎ **주소** 83/1 Moo 1, Thalor, Tha Muang ◎ **전화** 062-560-8003 ◎ **시간** 09:00∼18:00 ◎ **휴무** 연중무휴 ◎ **가격** 아메리카노(Americano) Hot 80B, Cold 85B, Seasonal Blend Hot 120B, Cold 130B ◎ **홈페이지** www.facebook.com/theattickan

아메리카노 콜드 85B

7 온스 타이 이싼
On's Thai-Issan
★★★ | 도보 13분

깐짜나부리 여행자 거리에 자리한 채식 레스토랑 겸 쿠킹 스쿨. 신선한 재료로 주문 즉시 조리해 요리 본연의 맛이 살아 있다. 모든 메뉴가 저렴하고, 양도 많다. 메뉴판과 테이블이 지저분한 게 흠이다.

◎ **MAP** P.340D, 341A
◎ **구글 지도 GPS** 14.033813, 99.519828 ◎ **찾아가기** 깐짜나부리 기차역에서 1km, 큰길인 매남쾌 로드에 위치 ◎ **주소** 77/9 Maenamkwai Road ◎ **전화** 087-364-2264 ◎ **시간** 10:00∼21:00 ◎ **휴무** 연중무휴 ◎ **가격** 파파야 샐러드(Papaya Salad)·라이스 수프(Rice Soup)·팟씨이우(Pad See Ew) 각 80B ◎ **홈페이지** www.facebook.com/OnsThaiIssan

라이스 수프 80B

10 문스톤 마사지
ร้านนวดมูนสโตน
★★★ | 자동차 6분

깨끗한 시설과 수준 높은 마사지 솜씨를 지닌 곳. 1∼3층에 독립된 형태의 마사지 룸이 있어 고요한 분위기에서 마사지를 받을 수 있다. 상주하는 마사지사의 수가 적어 예약 후 찾는 게 좋다. 직원들이 한국어를 조금씩 한다.

◎ **MAP** P.340B
◎ **구글 지도 GPS** 14.056065, 99.498604 ◎ **찾아가기** 깐짜나부리 시내 북단 쌩추또 로드에 위치. 콰이 강의 다리에서 2.1km, 자동차로 4분 ◎ **주소** 16/8 Tha Ma Kham, Mueang Kanchanaburi ◎ **전화** 092-899-7635 ◎ **시간** 11:00∼23:00 ◎ **휴무** 연중무휴 ◎ **가격** 타이 마사지 1시간 250B, 1시간 30분 350B, 2시간 500B ◎ **홈페이지** 없음

8 벨스 피제리아
Bell's Pizzeria
★★ | 도보 13분

깐짜나부리 여행자 거리에서 피자 맛집으로 소문난 레스토랑 중 하나다. 스위스 출신의 주인아저씨가 화덕에서 구워내는 이탤리언 스타일의 피자를 다양하게 선보인다. 전반적으로 짜지만 만족스러우며, 피자 외에 파스타, 스테이크 등의 메뉴도 있다.

◎ **MAP** P.340D, 341A
◎ **구글 지도 GPS** 14.033897, 99.519965 ◎ **찾아가기** 깐짜나부리 기차역에서 1km, 큰길인 매남쾌 로드에 위치 ◎ **주소** 24/5 Maenamkwai Road ◎ **전화** 081-010-6614 ◎ **시간** 16:00∼22:00 ◎ **휴무** 연중무휴 ◎ **가격** 피자 200∼270B ◎ **홈페이지** 없음

믹스 피자 260B

ZOOM IN

콰이 강의 다리 역

깐짜나부리 시내의 핵심 볼거리다. 깐짜나부리 역에서 기차로 1정거장, 깐짜나부리 여행자 거리에서는 자전거로 10분가량 걸린다. 쾌 야이 강변에 다양한 플로팅 레스토랑이 자리해 분위기 있는 식사를 즐기기에도 그만이다.

1 콰이 강의 다리
The River Kwai Bridge

도보 1분

죽음의 철도 중 한 구간. 영화 〈콰이 강의 다리〉로 널리 알려진 깐짜나부리를 대표하는 볼거리다. 1943년 건설 당시 나무로 지었다가 3개월 후 철교로 바꾸었다. 연합군의 폭격으로 파괴된 다리는 종전 이후 복구되어 현재에 이른다. 기차가 다니지 않을 때는 선로 위를 걸어서 오갈 수 있다.

◎ MAP P.340B
ⓘ 구글 지도 GPS 14.041167, 99.503871 ⓘ 찾아가기 콰이 강의 다리 기차역에서 하차 ⓘ 주소 8 Vietnam Road ⓘ 전화 034-514-522 ⓘ 시간 24시간 ⓘ 휴무 연중무휴 ⓘ 가격 무료입장 ⓘ 홈페이지 없음

2 죽음의 철도
Death Railway

도보 1분

제2차 세계대전 당시 일본군이 인도네시아를 점령하기 위해 만든 태국–미얀마 간 400km 구간의 철도. 철도 건설 중 11만6000여 명의 전쟁 포로와 아시아 노동자가 사망해 죽음의 철도라는 별칭을 얻었다. 여행자들은 깐짜나부리에서 남똑까지 완행열차를 주로 탑승한다. 소요 시간은 2시간 30분가량.

◎ MAP P.340A
ⓘ 구글 지도 GPS 14.040966, 99.503745 ⓘ 찾아가기 넝빨라둑에서 남똑 역을 잇는 구간이며, 깐짜나부리, 싸판 콰이 야이, 남똑 역 등지에서 기차 탑승 가능 ⓘ 주소 Ban Tai, Amphoe Mueang Kanchanaburi ⓘ 전화 093-194-2202 ⓘ 시간 깐짜나부리 역 출발 06:07·10:35·16:26, 남똑 역 출발 05:20·13:00·15:30 ⓘ 휴무 연중무휴 ⓘ 가격 기차 요금 100B ⓘ 홈페이지 없음

3 땡깐 카페
Tongkan Cafe

도보 20분

실내 테이블과 강변, 플로팅 래프트, 루프톱 테이블이 있는 강변 카페. 플로팅 래프트에서는 강물에 발을 담글 수 있다. 저녁에는 야외에서 라이브 공연이 열린다.

◎ MAP P.340B
ⓘ 구글 지도 GPS 14.037367, 99.511525 ⓘ 찾아가기 여행자 거리 라오 로드 강변에 자리 ⓘ 주소 10 Lao Road, Tha Ma Kham, Mueang Kanchanaburi ⓘ 전화 089-888-8015 ⓘ 시간 일~목요일 10:00~23:00, 금~토요일 10:00~24:00 ⓘ 휴무 연중무휴 ⓘ 가격 팍붕파이댕 140B, 빨라까퐁텃 남쁠라 320B ⓘ 홈페이지 www.facebook.com/TongKanCafe

쏨땀타이 80B

4 키리 타라
Kee Ree Tara Restaurant
คีรีธารา

도보 1분

죽음의 철도 인근 쾌 야이 강변에 자리한 레스토랑. 쾌 야이 강변의 플로팅 레스토랑 중 가장 인기다. 고급스러운 분위기로 플로팅, 에어컨 등 다양한 형태의 좌석이 마련된다. 합리적인 가격대에 음식 양도 많은 편이다.

◎ MAP P.340B
ⓘ 구글 지도 GPS 14.042441, 99.503110 ⓘ 찾아가기 콰이 강의 다리에서 강 상류 쪽으로 150m 지점 ⓘ 주소 Maenamkwai Road ⓘ 전화 034-513-855 ⓘ 시간 10:00~21:00 ⓘ 휴무 연중무휴 ⓘ 가격 텃만꿍(Deep Fried Shrimp Cake) 250B, 카우팟꿍(Fried Rice Shrimp with Egg) S 150B ⓘ 홈페이지 www.facebook.com/keereeTara

남프릭 타라 220B

5 딘 카페
Din Cafe

자동차 7분

쾌 야이 강을 조망하는 현대적인 느낌의 카페. 수직으로 세운 높은 벽과 네모난 건물, 강과 수평을 이룬 인피니티 풀 등이 정갈한 느낌을 준다.

◎ MAP P.341D
ⓘ 구글 지도 GPS 14.056424, 99.482742 ⓘ 찾아가기 콰이 강의 다리에서 매남 쾌 로드를 따라 북단으로 3.8km 지점 ⓘ 주소 8/88 Kaeng Sian, Mueang Kanchanaburi ⓘ 전화 034-512-888 ⓘ 시간 10:30~21:00 ⓘ 휴무 연중무휴 ⓘ 가격 아메리카노(Americano) Hot 75B, Cold 95B, Frappe 115B ⓘ 홈페이지 www.facebook.com/dincafekanchanaburi

블랑망제 마차 165B

ZOOM IN

왓 탐 쓰아

깐자나부리 여행자 거리에서 약 15km 거리의 사원. 사원 뒤편에 사원과 논을 조망하는 카페와 음식점이 많다.

1 왓 탐 쓰아
Wat Tum Seua
วัดถ้ำเสือ

'호랑이 동굴'이라는 이름의 깐짜나부리 으뜸 사원. 언덕 위에 위치하며 157계단 혹은 모노레일로 오를 수 있다. 핵심 볼거리는 높이 18m, 폭 10m의 거대한 불상과 69m 높이의 9층 탑. 탑에 오르면 대형 불상을 비롯해 매끌렁 강과 일대 평야가 한눈에 들어온다.

◉ MAP P.340D, 341B
구글 지도 GPS 13.953262, 99.605411 찾아가기 깐짜나부리 여행자 거리에서 323번 도로를 따라가다가 3429번 도로가 나오면 우회전, 강 건너 삼거리에서 좌회전해 강 따라 약 10km. 구글 내비게이션을 이용한다면 'Wat Tham Khao Noi'로 검색하는 편이 낫다. 20분 소요. 주소 Muang Chum, Tha Muang 전화 깐짜나부리 관광청 034-511-200 시간 08:00~17:00 휴무 연중무휴 가격 모노레일 왕복 20B 홈페이지 없음

2 왓 탐 카오 너이
Wat Tham Khao Noi

왓 탐 쓰아 바로 옆에 자리한 중국식 사원으로, 1881년에 세웠다. 중국 색채 가득한 사원 건물이 눈길을 끌며, 사원 내부보다는 외양이 볼만하다. 왓 탐 쓰아에서 바라보는 사원의 모습이 아름답다.

◉ MAP P.340D, 341B
구글 지도 GPS 13.953262, 99.605411 찾아가기 렌트 차량 혹은 오토바이 이용, 깐짜나부리 여행자 거리에서 323번 도로를 따라가다가 3429번 도로가 나오면 우회전, 강 건너 삼거리에서 좌회전해 강 따라 약 10km, 20분 소요. 주소 99/9 Nong Sa Kae Soi 2, Wang Sala, Tha Muang 전화 081-849-7195 시간 07:00~18:00 휴무 연중무휴 가격 무료입장 홈페이지 www.facebook.com/Watthamkhaonoi2426

3 왓 반탐
Wat Ban Tham

매끌렁 강이 조망되는 언덕 위에 자리한 동굴 사원이다. 나가 계단을 따라 오르다가 입을 벌린 용머리 안으로 들어가 다시 계단을 오르면 동굴 사원이 나타난다. 사원은 쑤코타이 시대에 지어진 후 잊혔다가 이후 발견된 것으로 여겨진다. 1888년에는 쭐라롱껀 대왕이 방문하기도 했다.

◉ MAP P.341A
구글 지도 GPS 13.970656, 99.578317 찾아가기 깐짜나부리 여행자 거리에서 323번 도로를 따라가다가 3429번 도로가 나오면 우회전, 강 건너 삼거리에서 좌회전해 강 따라 약 6km. 주소 Moo 1, Khao Noi, Tha Muang 전화 081-199-2477 시간 07:30~17:00 휴무 연중무휴 가격 무료입장 홈페이지 www.facebook.com/RaluePhoto5888

4 미나 카페
Meena Cafe

왓 탐 쓰아를 조망하는 논 위에 자리한 카페다. 왓 탐 쓰아로 이르는 광활한 논 위에 다리를 놓아 풍경이 매우 좋다. 인근에 비슷한 분위기의 레스토랑과 카페가 많은데, 이곳이 원조 격이며 조망도 가장 좋은 편이다. 에어컨 실내 좌석은 물론 다양한 형태의 야외 좌석이 마련돼 있다.

◉ MAP P.341B
구글 지도 GPS 13.949248, 99.600331 찾아가기 왓 탐 쓰아 뒤쪽 6067번 도로변 주소 75/18 Muang Chum, Tha Muang 전화 085-681-8187 시간 목~화요일 08:30~18:30 휴무 수요일 가격 아메리카노(Americano) 아이스 75B 홈페이지 없음

아메리카노 75B

5 락 칸나
รักษ์คันนา   자동차 20분

왓 탐 쓰아가 조망되는 논 위에 자리한 국수집이다. 국수 맛은 평범한 편이지만 저렴한 가격과 좋은 풍광 덕분에 큰 인기를 얻고 있다. 나무와 짚을 엮어 만든 건물은 야외로 개방된 형태로 신발을 벗고 들어가야 한다. 논 위에 나무로 만든 짧은 다리가 놓여 있다.

◎ MAP P.341B
◎ 구글 지도 GPS 13.951065, 99.607563 ◎ 찾아가기 왓 탐 쓰아 뒤쪽 ◎ 주소 88 Muang Chum, Tha Muang ◎ 전화 080-061-6888 ◎ 시간 월~금요일 08:30~17:30, 토~일요일 08:00~18:30 ◎ 휴무 연중무휴 ◎ 가격 꾸어이띠여우 남싸이 45B, 꾸어이띠여우 똠얌카이 55B ◎ 홈페이지 없음

꾸어이띠여우 똠얌카이 55B

6 땀 란퉁
ตำลั่นทุ่ง   자동차 20분

왓 탐 쓰아를 조망하는 논 위에 자리한 이싼 요리 전문점이다. 다양한 종류의 쏨땀과 랍을 선보이며, 돼지고기 구이 무양, 닭고기 튀김 까이텃 등을 선보인다. 논 위에 대나무로 엮어 만든 다리와 나무 데크 등이 있어 왓 탐 쓰아를 배경 삼아 사진 찍기 좋다.

◎ MAP P.341B
◎ 구글 지도 GPS 13.946712, 99.606890 ◎ 찾아가기 왓 탐 쓰아 뒤쪽 ◎ 주소 Muang Chum, Tha Muang ◎ 전화 089-258-7899 ◎ 시간 월~금요일 11:00~19:00, 토~일요일 10:00~19:00 ◎ 휴무 연중무휴 ◎ 가격 땀란퉁 199B, 무양찜 80B ◎ 홈페이지 없음

땀란퉁 199B

🔍 ZOOM IN

남똑 역

죽음의 철도 구간의 마지막 역. 싸이욕 너이 폭포까지 걸어갈 수 있다. 쌩추또 로드에서 버스를 타거나 인근의 쌩태우를 이용하면 헬 파이어 패스와 연계 가능하다.

➡

1 남똑 기차역
Nam Tok Railway Station 도보 1분

죽음의 철도 구간 중 마지막 역. 1일 3회 넝쁠라둑 역에서 남똑 역까지 오가는 열차를 운행한다. 이 중 두 차례는 방콕의 톤부리 역에서 열차가 출발한다. 나무로 지은 작은 간이역으로, 제2차 세계대전 후 태국 국영 철도의 복원 프로젝트에 따라 1958년 6월 문을 열었다.

◎ MAP P.341C
◎ 구글 지도 GPS 14.232602, 99.068262 ◎ 찾아가기 남똑 역에서 하차 ◎ 주소 Tha Sao, Sai Yok ◎ 전화 034-511-285 ◎ 시간 24시간 ◎ 휴무 연중무휴 ◎ 가격 무료입장(깐짜나부리 역 구간은 100B) ◎ 홈페이지 없음

2 싸이욕 너이 폭포
Sai Yok Noi Waterfall 도보 15분

남똑 역과 가까워 여행자들의 발길이 잦은 폭포다. 시기에 따라 폭포의 수량 차이가 많은 편이나 수량이 많을 때는 폭포의 소에서 수영을 즐길 수 있다. 튜브 대여도 가능하다. 남똑 역에서 불과 2km 떨어져 있어 산책하듯 걸어가거나 오토바이나 쌩태우를 타고 가면 된다.

◎ MAP P.341C
◎ 구글 지도 GPS 14.239104, 99.057391 ◎ 찾아가기 기차를 탄다면 남똑 역에 하차한 후 시간에 맞춰 오는 쌩태우를 이용하거나 도보로 15분 이동, 버스는 깐짜나부리 버스 터미널에서 8203번 버스 승차 후 싸이욕 너이 하차, 06:00~18:30, 30분 간격 운행, 돌아오는 마지막 버스는 16:30 ◎ 주소 Tha Sao, Sai Yok ◎ 전화 싸이욕 국립공원 086-700-7442 ◎ 시간 08:30~16:30 ◎ 휴무 연중무휴 ◎ 가격 무료입장 ◎ 홈페이지 없음

3 헬 파이어 패스
Hell Fire Pass 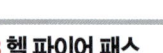 버스 20분

죽음의 철도 공사 중 24시간 강제 노동을 하며 피운 횃불이 지옥 불처럼 보인다고 헬 파이어 패스라는 이름이 붙었다. 헬 파이어 패스 기념 박물관(Hell Fire Pass Memorial Museum)의 전시가 충실하며, 끈유 절벽까지 약 500m 트레일을 따라 걸을 수 있다. 4km에 이르는 전체 트레일을 돌려면 3시간가량 소요된다.

◎ MAP P.341C
◎ 구글 지도 GPS 14.352624, 98.954775 ◎ 찾아가기 깐짜나부리 버스 터미널에서 8203번 버스 승차 후 헬 파이어 패스(청카우깟) 하차, 남똑 역 혹은 싸이욕 너이 폭포와 가까운 쌩추또 로드에서도 승차 가능 ◎ 주소 Tha Sao, Sai Yok ◎ 전화 박물관 034-919-605 ◎ 시간 박물관 09:00~16:00 ◎ 휴무 홈페이지 참조 ◎ 가격 무료입장 ◎ 홈페이지 www.dva.gov.au

🔍 ZOOM IN

깐짜나부리 외곽

차량이나 오토바이를 렌트하면 편하게 다녀올 수 있는 깐짜나부리 외곽 지역. 깐짜나부리의 손꼽히는 볼거리인 에라완 국립공원은 버스로도 오갈 수 있다.

1 에라완 국립공원
Erawan National Park
자동차 70분

깐짜나부리를 대표하는 국립공원. 입구에서 정상까지 2.2km의 길을 따라 7개의 폭포가 차례대로 모습을 드러낸다. 폭포를 따라 트레킹을 즐기거나 석회암에 침식돼 옥빛을 띠는 폭포의 소에서 수영을 즐기기에 좋다. 입구 캠핑장에서 캠핑을 하며 하룻밤 묵어 가도 좋다. 장비도 대여한다.

📍 **MAP** P.341C
🗺 **구글 지도 GPS** 14.337826, 99.074618 🚗 **찾아가기** 깐짜나부리에서 북서쪽으로 67km, 자동차로 1시간 10분. 대중교통을 이용한다면 깐짜나부리 버스 터미널에서 8107번 버스 승차 후 에라완 폭포 하차, 08:00~17:20, 50분 간격 운행, 돌아오는 마지막 버스는 16:00 🏠 **주소** Tha Kradan ☎ **전화** 034-574-222 🕐 **시간** 08:00~15:30 📅 **휴무** 연중무휴 💰 **가격** 300B 🌐 **홈페이지** 없음

2 므엉 말리까
เมืองมัลลิกา ร.ศ. 124
자동차 25분

쭐라롱껀 대왕 시절 짜오프라야 강 유역의 싸얌을 재현한 복고풍 도시. 전통 가옥과 시장을 돌며 먹거리와 쇼핑을 즐길 수 있는 일종의 민속촌이다. 핵심은 태국 전통 복장을 대여해 셀카 즐기기. 먹거리를 사거나 인력거 등의 시설을 이용하려면 입장 전에 말리까 화폐로 환전해야 한다.

📍 **MAP** P.341C
🗺 **구글 지도 GPS** 14.088777, 99.282383 🚗 **찾아가기** 렌트 차량 혹은 오토바이 이용. 깐짜나부리-싸이욕 루트 Km 15. 주유소 뒤쪽에 입구가 있다. 🏠 **주소** 168 Moo 5, Sai Yok ☎ **전화** 034-540-884~6 🕐 **시간** 09:00~18:00 📅 **휴무** 연중무휴 💰 **가격** 어른 250B, 어린이 120B 🌐 **홈페이지** mallika124.com

3 쁘라쌋 므앙씽 역사공원
Prasat Mueang Sing Historical Park
자동차 35분

13세기 크메르 제국 자야바르만 7세 때 지어진 바이욘 스타일의 건축물이다. 크메르 제국이 무너지며 현 짜끄리 왕조가 들어설 때까지 잊혔다가 1987년 역사공원으로 조성됐다. 라테라이트 벽으로 둘러싸인 73만6,000m²의 부지에 4개의 건축물이 남아 있으며, 남쪽 벽은 쾌너이 강과 접해 있다.

📍 **MAP** P.341C
🗺 **구글 지도 GPS** 14.039298, 99.242963 🚗 **찾아가기** 렌트 차량 혹은 오토바이 이용. 323번, 3455번 도로 경유 🏠 **주소** Sing, Sai Yok ☎ **전화** 034-670-264 🕐 **시간** 08:00~16:30 📅 **휴무** 연중무휴 💰 **가격** 100B 🌐 **홈페이지** www.finearts.go.th/muangsinghistoricalpark

4 키리 만뜨라
Keeree Mantra
자동차 10분

깔끔한 외관과 잘 조성된 정원이 고급 리조트를 연상케 하며, 서비스 또한 훌륭하다. 많은 장점에 비해 가격은 저렴한 편. 쾌 야이 강변에 자리한 키리 타라와 같은 레스토랑으로 동일한 메뉴를 선보인다.

📍 **MAP** P.341D
🗺 **구글 지도 GPS** 14.048579, 99.439543 🚗 **찾아가기** 깐짜나부리 중심부 북서쪽 323번 도로변 🏠 **주소** 88/8 Moo 4, Sachchuto Road ☎ **전화** 034-540-889 🕐 **시간** 10:00~21:00 📅 **휴무** 연중무휴 💰 **가격** 텃만꿍(Deep Fried Shrimp Cake) 250B, 카우팟 꿍(Fried Rice Shrimp with Egg) S 150B, 팟팍완 남만허이(Stir-Fried Local Vegetables with Oyster Sauce) 180B 🌐 **홈페이지** www.facebook.com/keereemantra

남프릭 타라 220B

5 더 빌리지
The Village
자동차 10분

병풍처럼 둘러싸인 산 아래 녹지 위에 자리한 대형 카페. 선인장과 각종 열대식물이 자라는 식물원 스타일의 카페다. 키리 만뜨라와 정원을 공유하고 있다.

📍 **MAP** P.341D
🗺 **구글 지도 GPS** 14.048654, 99.439016 🚗 **찾아가기** 콰이 강의 다리에서 남독 방면으로 8.9km, 자동차로 10분. 🏠 **주소** 88/8 Moo 4, Sangchuto Road ☎ **전화** 034-540-599 🕐 **시간** 월~금요일 09:00~20:00, 토~일요일 08:00~21:00 📅 **휴무** 연중무휴 💰 **가격** 올리오 베이컨 카펠리니(Capellini Olio Bacon) 250B, 카우팟뿌(Fried Rice with Crab) 180B 🌐 **홈페이지** www.facebook.com/TheVillageFarmToCafe

카우팟뿌 180B

AREA 03 AYUTTHAYA
[อยุธยา 아유타야]

아유타야 왕조의 숨결을 느끼다

1767년 버마의 침략을 받기 전까지 417년간 태국에서 가장 번성했던 왕조인 아유타야는 현 짜끄리 왕조가 방콕을 수도로 정한 후, 과거의 도시이자 현재의 도시인 아유타야로 남았다. 아유타야에는 전쟁의 상흔이 여전히 남아 있지만 영화로운 세월을 품은 태국의 역사와 건축의 아름다움은 숨길 수가 없다.

인기 ★★★★★	관광지 ★★★★★	쇼핑 ★★	식도락 ★★★	나이트라이프 ★★	혼잡도 ★★★
외국인과 현지인 모두에게 인기.	아유타야 왕조의 숨결이 살아 있는 으뜸 관광지.	소소한 기념품이 전부.	유적지 주변과 여행자 거리에 여행자의 입맛에 맞춘 메뉴가 많다. 특히 국수 맛집이 많다.	여행자 거리의 레스토랑과 카페 정도, 유적지의 분위기에 걸맞게 밤이 고요하다.	인기 유적지는 외국인은 물론 관광을 온 현지인으로 바글바글하다.

아유타야 교통편

방콕에서 버스와 기차로 갈 수 있으며, 어느 교통편이나 편리하다. 버스는 2시간, 기차는 1시간~1시간 30분가량 소요된다. 아유타야를 돌아볼 때는 자전거와 뚝뚝을 주로 이용하는데, 자전거로 강 건너 유적지를 돌아보기에는 무리다.

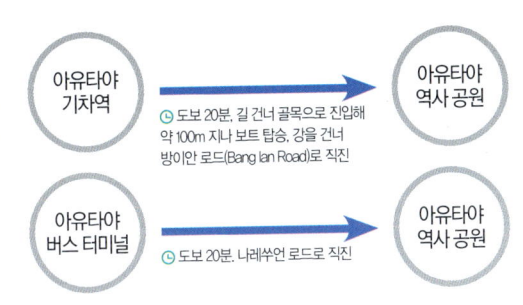

아유타야 기차역 → 아유타야 역사 공원
도보 20분, 길 건너 골목으로 진입해 약 100m 지나 보트 탑승. 강을 건너 방이안 로드(Bang Ian Road)로 직진

아유타야 버스 터미널 → 아유타야 역사 공원
도보 20분, 나레쑤언 로드로 직진

아유타야로 가는 방법

1일 투어
오전에 출발하는 투어, 오후에 출발하는 선셋 투어 등 다양하다. 약 네 군데의 유적을 방문하는데, 왓 프라 마하탓과 왓 프라 씨싼펫은 반드시 포함된다.

기차
태국 북부로 가는 기차는 아유타야에 선다. 방콕 끄룽텝 아피왓 역에서는 급행과 일반, 후알람퐁 역에서는 일반기차를 탈 수 있다.

버스
북부 버스 터미널에서 05:00~18:30에 수시로 출발한다.

롯뚜
미니밴. 카오산 로드 주변의 싸남 루앙, 북부 터미널, 남부 터미널에 롯뚜 정류장이 있다. 05:00~19:00에 수시로 출발한다.

아유타야 다니는 방법

 뚝뚝
조금 돈이 들더라도 가장 좋은 교통수단. 더운 날씨에 걷거나 자전거를 타려면 힘들다. 흥정 필수.

 자전거
왓 프라 마하탓과 왓 프라 씨싼펫 등 가까운 유적지를 돌아볼 때 괜찮다. 밤에 자전거를 타고 유적지를 돌아본다면 주의가 필요하다. 가로등이 없고, 대여하는 자전거는 라이트가 없다.

MUST SEE
이것만은 꼭 보자!

No.1 왓 프라 마하탓
Wat Phra Maha That
나무뿌리에 감긴 불상은 아유타야를 대표하는 이미지.

No.2 왓 프라 씨싼펫
Wat Phra Si Sanphet
아유타야 왕실 사원.

No.3 왓 야이차이몽콘
Wat Yai Chai Mongkhon
쩨디와 와불상을 놓치지 말자.

No.4 왓 차이왓타나람
Wat Chaiwatthanaram
크메르 양식의 아름다운 사원.

MUST EAT
이것만은 꼭 먹자!

No.1 쿤쁘라남 คุณประนอม
닭고기 고명의 똠얌 국수가 일품.

No.2 꾸어이띠여우 르아 클렁싸부아 ก๋วยเตี๋ยวเรือคลองสระบัว
生意興隆
저렴하고 맛있는 보트 누들.

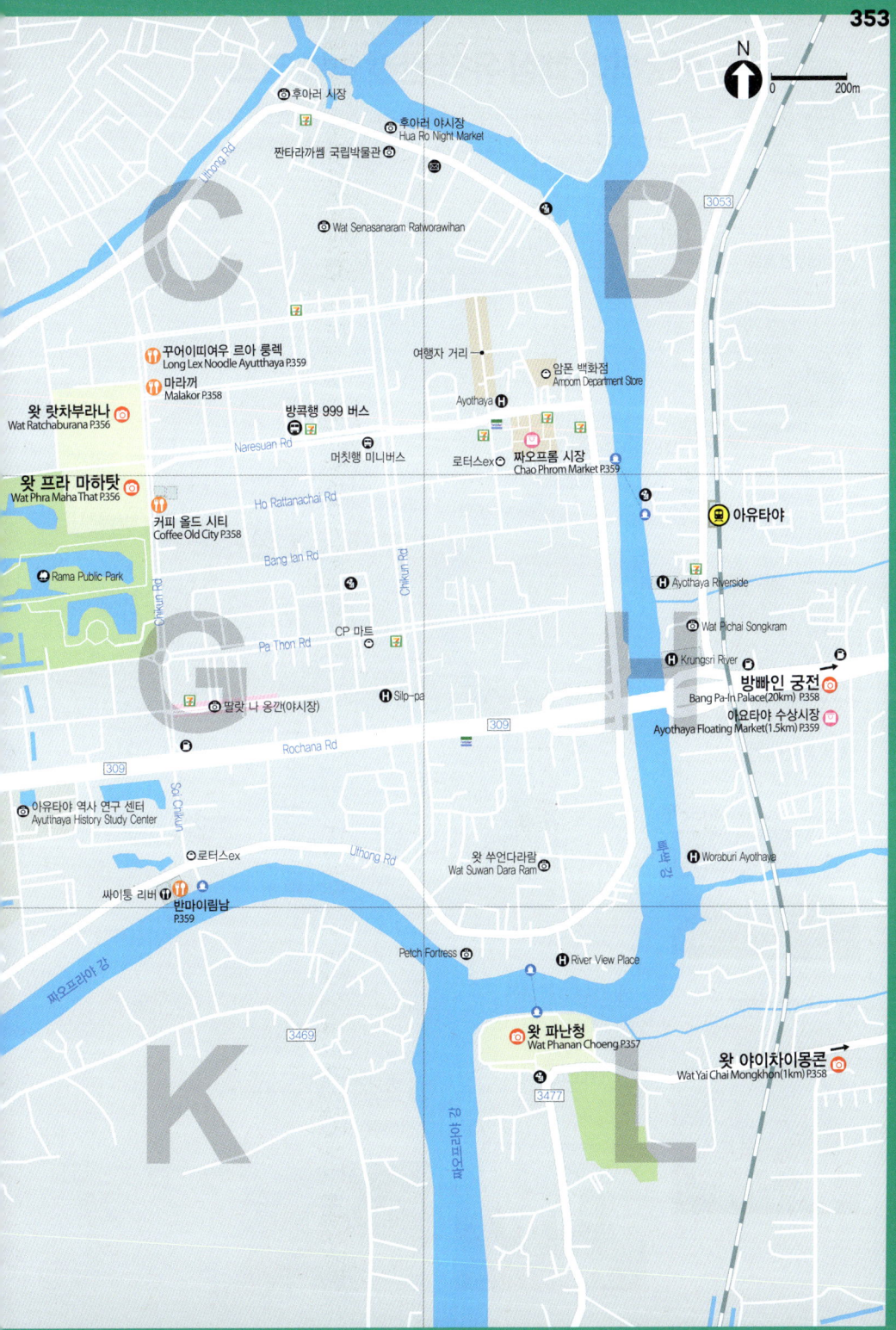

아유타야 핵심 유적 완전 정복 코스

COURSE 1

강 외곽의 유적지가 다수 포함되므로 뚝뚝을 대절하는 게 좋다. 자전거로 돌아볼 경우에는 왓 프라 마하탓과 왓 프라 씨싼펫을 포함해 왓 랏차부라나, 왓 프라람을 코스에 넣으면 된다.

S 나레쑤언 로드
Naresuan Rd

서쪽으로 직진 → 왓 프라 마하탓 도착

1 왓 프라 마하탓
Wat Phra Maha That
- 시간 08:30~18:30

→ 뚝뚝 이용 → 왓 프라 씨싼펫 도착

2 왓 프라 씨싼펫
Wat Phra Si Sanphet
- 시간 08:00~18:00

→ 뚝뚝 이용 → 왓 로까야쑤타람 도착

3 왓 로까야쑤타람
Wat Lokkayasutharam
- 시간 08:00~16:30

→ 뚝뚝 이용 → 왓 차이왓타나람 도착

4 왓 차이왓타나람
Wat Chaiwatthanaram
- 시간 08:00~18:30

→ 뚝뚝 이용 → 왓 야이차이몽콘 도착

5 왓 야이차이몽콘
Wat Yai Chai Mongkhon
- 시간 08:00~17:00

코스 무작정 따라하기
START

S. 나레쑤언 로드

1.5km, 뚝뚝 8분

1. 왓 프라 마하탓

1km, 뚝뚝 3분

2. 왓 프라 씨싼펫

1.7km, 뚝뚝 6분

3. 왓 로까야쑤타람

3.3km, 뚝뚝 7분

4. 왓 차이왓타나람

9km, 뚝뚝 20분

5. 왓 야이차이몽콘

Finish

ZOOM IN
왓 프라 마하탓

아유타야 여정의 출발점이 되는 곳. 대중교통을 이용하거나 여행자 거리에서 출발해 아유타야 유적으로 가면 왓 프라 마하탓을 시작으로 아유타야 유적을 돌아보게 된다.

1 왓 프라 마하탓
Wat Phra Maha That

도보 1분

아유타야를 대표하는 이미지인 보리수 뿌리에 감긴 불상이 자리한 사원. 부처의 사리를 모시기 위해 만든 곳으로, 14세기경에 세웠다. 버마의 공격으로 파손돼 지금은 온전한 모습을 볼 수 없지만, 눈을 사로잡을 만한 볼거리가 다양하다.

INFO P.058　**MAP** P.353G
구글 지도 GPS 14.356986, 100.567468　**찾아가기** 아유타야 역사 공원 내　**주소** Wat Phra Maha That　**전화** 035-242-286　**시간** 08:30~18:30　**휴무** 연중무휴　**가격** 50B　**홈페이지** www.ayutthaya.go.th

2 왓 프라 씨싼펫
Wat Phra Si Sanphet

도보 12분

아유타야 왕궁 내에 자리한 아유타야 최대 사원. 방콕의 왓 프라깨우처럼 승려가 살지 않는 아유타야의 왕실 사원 역할을 수행했다. 1767년 버마의 침공으로 완전히 파괴돼 현재는 3개의 쩨디만 남았다.

INFO P.058　**MAP** P.352F
구글 지도 GPS 14.355901, 100.558602　**찾아가기** 왓 프라 마하탓에서 나레쑤언 로드를 따라 1km　**주소** Wat Phra Si Sanphet　**전화** 035-242-284　**시간** 08:00~18:00　**휴무** 연중무휴　**가격** 50B　**홈페이지** www.ayutthaya.go.th

3 왓 랏차부라나
Wat Ratchaburana

도보 3분

1424년 보롬마라차티라티 2세가 왕권 쟁탈로 사망한 두 형제를 기리기 위해 지은 사원. 사원 중앙에 우뚝 솟은 쁘랑이 눈에 띈다. 버마의 침략에도 살아남은 쁘랑의 정교한 조각들은 아유타야 유적지 내 유물 중에서도 으뜸으로 꼽을 만하다.

INFO P.059　**MAP** P.353C
구글 지도 GPS 14.359230, 100.568334　**찾아가기** 왓 프라 마하탓 북쪽 너머로 보이는 사원　**주소** Wat Ratchaburana　**전화** 035-242-284　**시간** 08:00~18:00　**휴무** 연중무휴　**가격** 50B　**홈페이지** www.ayutthaya.go.th

4 위한 프라 몽콘보핏
Vihara Phra Mongkhon Bophit

도보 15분

왓 프라 씨싼펫 옆에 자리한 위한(불당). 1538년에 만든 것으로 추정되는 프라 몽콘보핏을 모시고 있다. 태국에서 가장 큰 청동 불상 중 하나인 프라 몽콘보핏은 1992년 여왕의 60세 생일을 맞아 금박을 입혔다.

INFO P.061　**MAP** P.352F
구글 지도 GPS 14.354889, 100.557713　**찾아가기** 왓 프라 씨싼펫 왼쪽, 왓 프라 마하탓에서 나레쑤언 로드를 따라 1.3km　**주소** Vihara Phra Mongkhon Bophit　**전화** 035-242-284　**시간** 08:30~18:30　**휴무** 연중무휴　**가격** 무료입장　**홈페이지** www.ayutthaya.go.th

5 왓 프라 람
Wat Phra Ram
도보 11분

왕궁과 왓 프라 씨싼펫 인근의 호숫가에 자리한 사원. 습지 이름인 붕프라람에 연유해 왓 프라람이라 이름 지었다는데, 정확한 조성 연대와 이유는 알 수 없다. 나레쑤언 왕이 1369년에 건설을 명해 당시 혹은 그 이후에 세웠을 것이라 추정한다.

ⓘ **INFO** P.061 ⓜ **MAP** P.352F
구글 지도 GPS 14.354166, 100.561710 ⓕ 찾아가기 왓 프라 마하탓에서 공원을 가로질러 900m ⓐ 주소 Wat Phra Ram ⓣ 전화 035-242-284 ⓞ 시간 08:00~17:00 ⓗ 휴무 연중무휴 ⓟ 가격 30B ⓦ 홈페이지 www.ayutthaya.go.th

6 짜오 쌈 프라야 국립박물관
Chao Sam Phraya National Museum
뚝뚝 5분

TAT 맞은편 로짜나 로드에 자리한다. 2개의 전시관과 전통 태국 가옥으로 이뤄진 박물관에서는 아유타야, 롭부리, 우텅, 쑤코타이, 드바라와티 양식의 불상과 목조 조각 등을 전시한다. 왓 마하탓과 왓 프라람에서 발굴된 유물들도 볼만하다.

ⓘ **INFO** P.061 ⓜ **MAP** P.352F
구글 지도 GPS 14.350930, 100.561775 ⓕ 찾아가기 왓 프라 마하탓에서 붕프라람 호수 대각선 건너편, 로짜나 로드 ⓐ 주소 108 Rochana Road ⓣ 전화 035-241-587 ⓞ 시간 수~일요일 09:00~16:00 ⓗ 휴무 월~화요일 ⓟ 가격 150B ⓦ 홈페이지 www.museumsiam.org

7 왓 나 프라멘
Wat Na Phramen
뚝뚝 5분

아유타야 왕궁 북쪽 맞은편에 클렁싸부아 운하를 따라 자리한 사원으로, 여행자보다는 현지인이 즐겨 찾는다. 1503년 아유타야 10대 왕 라마티보디티 2세 때 왕실 화장을 목적으로 건설했다. 우보쏫 내에 폭 4.4m, 높이 6m의 아유타야 초기 형태의 대형 불상을 안치했다.

ⓜ **MAP** P.352B
구글 지도 GPS 14.362301, 100.558993 ⓕ 찾아가기 왓 프라 마하탓 북쪽 강변 건너 2km ⓐ 주소 Wat Na Phramen ⓣ 전화 035-242-284 ⓞ 시간 08:30~16:30 ⓗ 휴무 연중무휴 ⓟ 가격 20B ⓦ 홈페이지 www.ayutthaya.go.th

8 왓 로까야쑤타람
Wat Lokkayasutharam
뚝뚝 7분

왓 프라 마하탓과 왓 프라 씨싼펫 기준, 서쪽에 자리한 사원. 길이 42m, 높이 8m의 와불상인 프라부다 싸이얏이 핵심 볼거리다. 돌로 만든 와불상은 보존을 위해 신도들이 금박을 탁발하는 것을 금지하고 있다.

ⓘ **INFO** P.060 ⓜ **MAP** P.352F
구글 지도 GPS 14.355508, 100.552360 ⓕ 찾아가기 아유타야 역사 공원 북쪽 우텅 로드를 따라가다가 이정표를 보고 좌회전, 약 3km ⓐ 주소 Wat Lokkayasutharam ⓣ 전화 083-784-5947 ⓞ 시간 08:00~16:30 ⓗ 휴무 연중무휴 ⓟ 가격 무료입장 ⓦ 홈페이지 www.ayutthaya.go.th

9 쑤리요타이 쩨디
Phra Chedi Sri Suriyothai
뚝뚝 8분

아유타야 짜끄라팟 왕의 왕비 쑤리요타이는 태국에서 여자 영웅으로 칭송받는다. 1548년 버마가 침략했을 당시 왕을 보좌하기 위해 참전해 자신의 목숨을 버렸기 때문이다. 왕비가 죽은 이후 왕비를 위한 쩨디를 만들고 그녀의 유골을 안치했다고 한다.

ⓘ **INFO** P.061 ⓜ **MAP** P.352E
구글 지도 GPS 14.352549, 100.547585 ⓕ 찾아가기 짜오프라야 강과 클렁므앙 운하가 만나는 지점 근처, 왓 프라 마하탓에서 북쪽 우텅 로드를 따라 약 3.6km ⓐ 주소 Phra Chedi Sri Suriyothai ⓣ 전화 035-242-284 ⓞ 시간 24시간 ⓗ 휴무 연중무휴 ⓟ 가격 무료입장 ⓦ 홈페이지 www.ayutthaya.go.th

10 왓 파난청
Wat Phanan Choeng
뚝뚝 10분

아유타야 성립 26년 전인 1324년에 세운 중국식 사원이다. 이 지역에 정착한 송나라 정착민들과 관련된 장소로, 19m 높이의 대형 불상이 핵심 볼거리다. 불상은 태국어로는 루앙퍼또, 태국식 중국어로는 쌈뻐꽁이라 불린다. 그 밖에 중국 색채를 띠는 사당 등 볼거리가 많다.

ⓜ **MAP** P.353L
구글 지도 GPS 14.344202, 100.578967 ⓕ 찾아가기 짜오프라야 강변 동쪽, 왓 마하탓에서 4km ⓐ 주소 Wat Phanan Choeng ⓣ 전화 035-242-284 ⓞ 시간 08:30~16:30 ⓗ 휴무 연중무휴 ⓟ 가격 무료입장 ⓦ 홈페이지 www.ayutthaya.go.th

11 왓 야이차이몽콘
Wat Yai Chai Mongkhon ★★★ 똑똑 10분

1357년 우텅 왕이 스리랑카에서 유학하고 돌아온 승려들의 명상을 위해 세운 사원. 나레쑤언 왕이 버마와의 전쟁에서 승리한 후 1593년에 건설한 종 모양의 쩨디와 사원 입구 왼쪽에 자리한 7m 와불상이 인상적이다. 역사 공원 외곽의 유적지 중에서는 방문자가 가장 많다.

◎ INFO P.060 ◎ MAP P.353L
구글 지도 GPS 14.345604, 100.593053 ◎ 찾아가기 방콕 방면 3477번 도로, 왓 프라 마하탓에서 4km ◎ 주소 Wat Yai Chaimongkhon ◎ 전화 035-242-640 ◎ 시간 08:00~17:00 ◎ 휴무 연중무휴 ◎ 가격 20B ◎ 홈페이지 www.ayutthaya.go.th

12 왓 차이왓타나람
Wat Chaiwatthanaram ★★★ 똑똑 12분

1630년 쁘라쌋텅 왕이 그의 어머니를 위해 세운 사원. 당시 유행하던 크메르 양식으로 건축했다. 중앙에 4개의 쩨디와 함께 35m 높이의 쁘랑이 솟아 있으며, 사방에 8개의 작은 쁘랑이 자리한다. 짜오프라야 강과 어우러진 멋진 사원으로 유적지 내에 있진 않지만 방문가치가 충분하다.

◎ INFO P.059 ◎ MAP P.352I
구글 지도 GPS 14.342927, 100.541779 ◎ 찾아가기 짜오프라야 강 건너 서쪽 3469번 도로, 왓 프라 마하탓에서 약 5km, 똑똑으로 12분 ◎ 주소 Wat Chaiwatthanaram ◎ 전화 035-242-284 ◎ 시간 08:00~18:30 ◎ 휴무 연중무휴 ◎ 가격 50B ◎ 홈페이지 www.ayutthaya.go.th

13 왓 프라 응암
Wat Phra Ngam ★★★ 자동차 9분

고고한 아치 형태의 문을 지닌 사원. '시간의 문(Gate of Time)'으로도 불린다. 정확한 축성 연대는 알 수 없으나 사원의 배치로 아유타야 초기 유적이라 짐작한다. 거대한 보리수가 휘감은 '시간의 문'은 부정할 수 없이 매력적인 볼거리이며, 해자로 둘러싸인 사원 내 주요 볼거리로는 팔각형 탑이 있다.

◎ MAP P.352B
구글 지도 GPS 14.371147, 100.555957 ◎ 찾아가기 왓 프라 마하탓에서 북쪽으로 3.3km, 자동차로 9분 ◎ 주소 1 Moo 3, Ban Pom, Phra Nakhon Si Ayutthaya ◎ 전화 없음 ◎ 시간 24시간 ◎ 휴무 연중무휴 ◎ 가격 무료입장 ◎ 홈페이지 없음

14 방빠인 궁전
Bang Pa-In Palace ★★ 자동차 30분

17세기 중엽 아유타야 쁘라쌋텅 왕이 짜오프라야 강 위의 길이 400m, 폭 40m의 섬에 세운 궁전. 여름 궁전이라고도 불린다. 라마 4세 몽꿋 왕, 라마 5세 쭐라롱껀 대왕 때 복원을 거쳐 서양식과 중국식이 조화를 이루는 현재의 모습을 갖췄다. 입구에서 골프 카트를 대여하지만, 도보로 돌아봐도 문제없다.

◎ INFO P.061 ◎ MAP P.353H
구글 지도 GPS 14.230191, 100.577945 ◎ 찾아가기 아유타야에서 남쪽 방콕 방면으로 약 20km ◎ 주소 Ban Len, Bang Pa-in, Phra Nakhon Si Ayutthaya ◎ 전화 035-261-044 ◎ 시간 08:00~16:00 ◎ 휴무 연중무휴 ◎ 가격 100B(일주일 이내 방콕 왕궁 입장권 소지 시 무료), 골프 카트 대여 1시간 400B(이후 1시간 100B 추가) ◎ 홈페이지 www.palaces.thai.net/index_bp.htm

15 커피 올드 시티
Coffee Old City ★★ 도보 1분

왓 프라 마하탓 바로 맞은편에 자리한 식당. 에어컨을 가동해 음료를 마시거나 식사를 즐기며 쉬었다 가기에 그만이다. 샌드위치, 파스타 등 간단한 서양식 메뉴를 비롯해 태국 요리를 선보인다.

◎ MAP P.353G
구글 지도 GPS 14.357082, 100.568901 ◎ 찾아가기 치쿤 로드 건너 왓 프라 마하탓 맞은편 ◎ 주소 Soi Chikun ◎ 전화 089-889-9092 ◎ 시간 월~토요일 08:00~17:00 ◎ 휴무 일요일 ◎ 가격 팟씨유(Pad See Ew)·팟키마우(Pad Kee Mow) 각 119B~ ◎ 홈페이지 www.facebook.com/coffeeoldcity

팟키마우 꿍 149B

16 마라꺼
Malakor ★★ 도보 5분

서양식 아침 메뉴를 비롯해 간단한 태국 요리를 여행자 입맛에 맞게 요리한다. 나무로 꾸민 실내외에 정갈한 테이블을 배치했다. 실내라도 에어컨을 가동하지 않아 더위에 취약한 게 흠이다. 1층에 카페도 운영한다.

◎ MAP P.353C
구글 지도 GPS 14.359777, 100.568731 ◎ 찾아가기 왓 프라 마하탓 앞 큰길인 치쿤 로드로 나가 좌회전, 왓 랏차부라나 대각선에 위치 ◎ 주소 Soi Chikun ◎ 전화 091-779-6475 ◎ 시간 화~일요일 11:00~21:00 ◎ 휴무 월요일 ◎ 가격 팟타이(Pad Thai)·카우팟(Wok Fried Rice Shrimp) 각 80·90B ◎ 홈페이지 www.facebook.com/papayayoda

팟타이 80B

17 꾸어이띠여우 르아 룽렉
Lung Lek Boat Noodle
ก๋วยเตี๋ยวเรือลุงเล็ก
★★★ 도보 6분

소고기, 돼지고기, 채소 국수와 돼지고기 싸떼를 선보인다. 꾸어이띠여우 느어는 고기를 써는 방식이나 맛이 타이완 우육면에 가깝다. 테이블 위 채소는 마음껏 먹어도 된다.

◎ **MAP** P.353C
구글 지도 GPS 14.360499, 100.568574 ◎ **찾아가기** 왓 프라 마하탓 앞 큰길인 치쭌 로드로 나가 좌회전 ◎ **주소** Soi Chikun ◎ **전화** 089-523-3384, 084-086-3442 ◎ **시간** 08:00~16:00 ◎ **휴무** 연중무휴 ◎ **가격** 꾸어이띠여우 느어(Noodle Soup with Beef)·꾸어이띠여우 무(Noodle Soup with Pork)·꾸어이띠여우 망쓰위랏(Noodle Soup with Vegetable)·무 싸떼(Pork Steak 1 Set) 각 60B ◎ **홈페이지** 없음

꾸어이띠여우 느어 60B

18 쿤쁘라넘
คุณประนอม
★★★ 뚝뚝 7분

닭 국수 전문점. 닭고기를 잘게 찢은 까이칙 고명을 국수에 얹는다. 비빔국수 똠얌행, 국물이 있는 똠얌남, 맑은 육수의 남싸이로 즐길 수 있다. 매콤새콤한 똠얌 국수가 일품이다. 양이 많지 않아 2~3그릇은 먹을 수 있다.

◎ **MAP** P.352B
구글 지도 GPS 14.362184, 100.552785 ◎ **찾아가기** 역사 유적 북쪽 309번 도로 입구 ◎ **주소** Phu Khao Thong, Phra Nakhon Si Ayutthaya ◎ **전화** 094-542-8535 ◎ **시간** 화요일 08:00~17:00, 수~일요일 08:00~16:00 ◎ **휴무** 월요일 ◎ **가격** 꾸어이띠여우 까이칙 30B ◎ **홈페이지** www.facebook.com/pranomnoodle

똠얌남 30B

19 꾸어이띠여우 르아 클렁싸부아
生意興隆
ก๋วยเตี๋ยวเรือคลองสระบัว
★★★ 뚝뚝 8분

보트 누들인 꾸어이띠여우 르아를 선보이는 현지 식당. 추천 메뉴는 소고기 피를 넣은 꾸어이띠여우 느어 남똑과 새우를 넣은 볶음국수인 팟타이 꿍쏫. 돼지고기 꼬치구이인 무 싸떼도 인기다.

◎ **MAP** P.352J
구글 지도 GPS 14.340594, 100.552587 ◎ **찾아가기** 남쪽 우텅 로드 쌀라 아유타야 호텔에서 600m ◎ **주소** Pratuchai, Phra Nakhon Si Ayutthaya ◎ **전화** 081-586-8863 ◎ **시간** 화~일요일 09:00~16:30 ◎ **휴무** 월요일 ◎ **가격** 꾸어이띠여우 느어 남똑 20B, 꾸어이띠여우 무 남똑 20B, 팟타이 60B, 무 싸떼 70B ◎ **홈페이지** 없음

꾸어이띠여우 느어 남똑 20B

20 반마이림남
บ้านไม้ริมน้ำ
★★★ 뚝뚝 6분

줄 서서 먹는 식당. 짜오프라야 강이 조망되는 좌석과 그렇지 않은 에어컨 실내 좌석으로 구분된다. 100여 가지에 이르는 태국 요리를 선보이는데 민물 새우구이인 '꿍매남파우'가 시그너처 메뉴다. 보통 마리당 300B 정도 예상하면 된다.

◎ **MAP** P.353G
구글 지도 GPS 14.347926, 100.569584 ◎ **찾아가기** 아유타야 남단 짜오프라야 강변. 왓 프라 마하탓에서 1.7km, 자동차로 6분 ◎ **주소** Moo 2, 43/1, U Thong Road ◎ **전화** 035-242-248, 084-329-3333 ◎ **시간** 10:30~21:00 ◎ **휴무** 연중무휴 ◎ **가격** 꿍매남파우 시가, 쁠라풍텃 남쁠라 400B, 팟팍붕 파이댕 100B ◎ **홈페이지** www.baanmai.co.th

21 짜오프롬 시장
Chao Phrom Market
★★ 도보 20분

나레쑤언 로드 끝자락에 자리한 전통 시장. 암폰 백화점과도 가깝다. 채소, 과일, 생선, 육류 등 현지인을 위한 물품을 주로 판매한다. 노점과 식당에서는 30~40B에 한 끼를 해결할 수 있다.

◎ **MAP** P.353D
구글 지도 GPS 14.359110, 100.578630 ◎ **찾아가기** 방콕에서 기차로 가는 경우, 빠싹 강 건너 나레쑤언 로드로 진입한다. 왓 프라 마하탓에서 약 1.4km. ◎ **주소** 3/9 Uthong Road ◎ **전화** 가게마다 다름 ◎ **시간** 08:00~18:00 ◎ **휴무** 연중무휴 ◎ **가격** 가게마다 다름 ◎ **홈페이지** 없음

22 아요타야 수상시장
Ayothaya Floating Market
★★ 뚝뚝 10분

2010년에 쇼핑과 미식을 목적으로 인공적으로 조성된 수상시장이다. 외국인에게는 200B의 입장료를 받는데 보트 탑승과 공연이 무료다. 수로가 그리 길지 않아 맛보기 보트 탑승이라 할 수 있다. 자가용으로 갈 경우, 공영 무료 주차장을 이용하면 된다.

◎ **MAP** P.353H
구글 지도 GPS 14.358987, 100.593326 ◎ **찾아가기** 왓 프라 마하탓에서 동쪽으로 4.1km, 자동차로 10분 ◎ **주소** 65/19 Moo 7, Phai Ling, Phra Nakhon Si Ayutthaya ◎ **전화** 035-881-733 ◎ **시간** 09:00~18:00 ◎ **휴무** 연중무휴 ◎ **가격** 입장료 200B ◎ **홈페이지** ayothayafloatingmarket.in.th

AREA 04 PATTAYA
[พัทยา 파타야]

태국 동부 해안 최고의 휴양지

해변에서 한가로운 시간을 보내도, 인근의 섬을 찾아도 좋다. 해변과 가까운 도심은 생동감이 넘쳐 쇼핑과 미식, 나이트라이프를 즐기기에 그만이다. 파타야 비치 북쪽의 나끌르아 해변이나 남쪽의 좀티엔 해변에 묵으며 낮에는 리조트에서 여유를 즐기고, 저녁에는 화려한 나이트라이프를 만끽하러 파타야 비치로 나가는 것도 방법이다.

인기
★★★★★
전 세계인들이 파타야로 모여든다.

관광지
★★★★
볼거리를 모두 섭렵하려 한다면 하루 이틀로는 부족하다.

쇼핑
★★★★
대규모 쇼핑센터에서 길거리 노점까지 다양하다.

식도락
★★★★★
바닷가라 해산물 요리 전문점이 많다. 현지인 사이에서 유명한 곳은 좀티엔에 많은 편

나이트라이프
★★★★★
정비를 했다지만 파타야의 본성은 숨길 수 없다. 골목골목 고고 바가 가득하다.

혼잡도
★★★★★
밤이 되면 워킹 스트리트는 물론 비치 로드에 사람들이 몰려든다.

파타야 교통편

파타야로 가는 가장 일반적인 방법은 버스를 이용하는 것이다. 미니밴(롯뚜)과 기차도 이용할 수 있지만 버스가 편리하다. 동부 터미널 에까마이와 북부 터미널 머칫마이에서 출발하는 버스가 많다. 터미널에서 출발한 버스는 쑤쿰윗 로드와 파타야 느아 로드가 만나는 파타야 버스 터미널에 정차한다.
쑤완나품 공항에서 파타야로 바로 가는 버스도 있다. 공항 1층 8번 게이트 앞에서 출발하며, 북파타야의 방콕-파타야 병원, 남파타야의 빅 시 맞은편, 좀티엔의 탑프라야 로드에 버스가 정차한다.

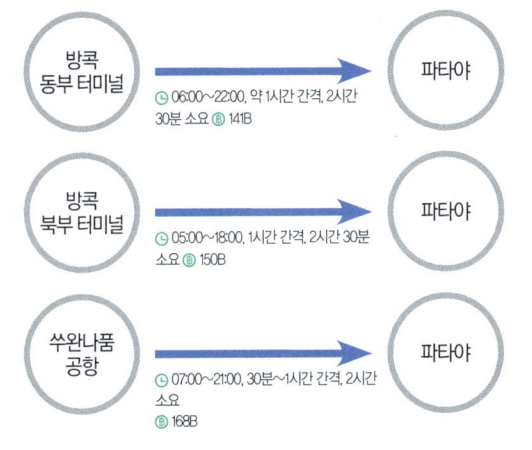

방콕 동부 터미널 → 파타야
⏱ 06:00~22:00, 약 1시간 간격, 2시간 30분 소요 ฿ 141B

방콕 북부 터미널 → 파타야
⏱ 05:00~18:00, 1시간 간격, 2시간 30분 소요 ฿ 150B

쑤완나품 공항 → 파타야
⏱ 07:00~21:00, 30분~1시간 간격, 2시간 소요 ฿ 168B

파타야 다니는 방법

썽태우
파타야 내에서 이동할 때 가장 중요한 교통수단이다. 정해진 노선을 따라 움직이지만 기사마다 목적지가 다를 수 있으므로 지리를 숙지해 승하차해야 한다. 지나가는 썽태우는 손을 들어 승차하면 된다. 내릴 때는 천장에 있는 벨을 누른다. 요금은 1인당 10B이며, 내릴 때 기사에게 건네면 된다. 파타야 버스 터미널에서 파타야 비치까지는 50B이다. 썽태우는 택시처럼 이용하는 것도 가능하다. 탑승 전 흥정 필수. 빈 썽태우를 탑승할 때 목적지를 말한다면 택시가 될 수도 있으므로 주의하자.

돌고래 동상 → 워킹 스트리트
파타야 비치 로드 일방통행

워킹 스트리트 → 돌고래 동상
파타야 세컨드 로드 일방통행

돌고래 동상 → 파타야 버스 터미널
터미널 21 비행기 모형 맞은편 탑승 – 버스 터미널 하차

돌고래 동상 → 나끌르아 해변
렛츠 릴랙스 스파 앞 승차

센트럴 페스티벌 파타야 비치 → 파타야 버스 터미널
파타야 세컨드 로드로 나와 썽태우 기사에게 물어보기. 버스 터미널까지 바로 가는 썽태우가 많다.

센트럴 페스티벌 파타야 비치 → 텝쁘라씻 야시장
파타야 비치 로드 승차 – 워킹 스트리트 지나자마자 파타야 세컨드 로드 입구에서 하차 – 좀티엔 방면으로 가는 썽태우 탑승

차량 공유 앱
그랩(Grab), 볼트(Bolt) 등 앱을 통해 차량을 부르거나 미터 택시를 이용할 수 있다. 길거리에서 미터 택시를 잡는 것보다는 앱 사용이 편하다.

MUST SEE
이것만은 꼭 보자!

No.1 꼬 란 Koh Larn
파타야 여행객의 필수 코스.

No.2 워킹 스트리트 Walking Street
걷지만 말고 밥도 먹고 술도 마시자.

MUST EAT
이것만은 꼭 먹자!

No.1 뿌뻰 ปูเป็น
적당한 가격, 신선하고 맛있는 해산물.

No.2 더 스카이 갤러리 The Sky Gallery
분위기 최고.

MUST DO
이것만은 꼭 해보자!

No.1 호라이즌 Horizon
파타야가 자랑하는 루프탑 바.

No.2 나 스파 Na Spa
고급스러운 시설 대비 저렴한 마사지 숍.

MAP
파타야 한눈에 보기

A 파타야 광역

- 뭄 아로이 Mum Aroi P.368
- 진리의 성전 The Sanctuary of Truth P.366
- 나끌루아 시장
- Big Bee Farm Pattaya
- Pattaya Sheep Farm
- Frost Magical Ice of Siam
- 미니 싸얌 Mini Siam P.366
- 방콕 병원
- 버스 터미널
- 돌고래상
- 백만 년 바위 공원과 악어 농장
- 카오키여우 오픈 주 Khao Kheow Open Zoo(36km) P.367
- 파타야 기차역
- 센트럴 페스티벌 파타야 비치 Central Festival Pattaya Beach
- 호라이즌 Horizon(Hilton 34F)
- 더 스카이 갤러리 The Sky Gallery
- 워킹 스트리트 Walking Street
- 쑤완나품 공항행 버스 터미널
- 언더워터 월드
- 파타야 수상 시장 Pattaya Floating Market P.373
- 뿌뺀 P.369
- 룽싸와이 P.369
- 글라스 하우스 The Glass House P.369
- 쁘리차 P.369
- 로터스ex
- Phoenix Gold Golf
- Rimpa Lapin
- Wat Yan Sang Wararam Woramahawihan
- 컬럼비아 픽처스 아쿠아버스 Columbia Pictures Aquaverse P.371
- 방쌜래 비치
- The Beach Restaurant
- Viharn Sien Pattaya
- 농눗 파타야 가든 Nong Nooch Pattaya Garden P.367
- Rim Hat Seafood
- 타이타니 Thai Thani P.367
- 카오 치 짠 Khao Chi Chan Buddha P.367

꼬 싹
쌍완 비치
타웬 비치
띠안 비치
타 나반
꼬 크록
꼬 란 Koh Larn P.366
싸메 비치
누안 비치
파타야 비치
타 발리 하이
좀티엔 비치
나 좀티엔 비치

터미널 21 파타야
Terminal 21 Pattaya P.206
- 3F 피어 21
- 3F 얌쌥, MK, 샤부시, KFC
- 2F 나라
- 1F 다이소, 왓슨스, 스파용품
- MF 나라야, 푸드랜드 슈퍼마켓
- MF 애프터유
- GF 에펠탑 모형

N 0 2km

COURSE 1

핵심만 즐기는 1박 2일 파타야 여행 코스

전통적인 볼거리 강자에 최근 인기를 얻고 있는 레스토랑과 루프톱 바를 넣은 코스. 둘째 날 오전에 꼬 란에 다녀오는 여정으로, 각자 일정에 따라 코스를 추가하면 된다. 한국으로 돌아가기 위해 파타야에서 바로 쑤완나품 공항으로 간다면 비행기 출발 5시간 전에는 공항버스를 타야 한다.

코스 무작정 따라하기
START

S. 호텔(비치 로드 기준)
10km, 택시 30분
1. 뿌뻰
14km, 택시 25분
2. 농눗 파타야 가든
24km, 택시 40분
3. 더 스카이 갤러리
4km, 택시 20분
4. 호라이즌
1.5km, 도보 20분
5. 워킹 스트리트 → 파타야 비치
스피드 보트, 15분
6. 꼬 란
Finish

S 호텔
Hotel
택시 탑승 → 뿌뻰 도착

1 뿌뻰
ปู่เป็น
⏱ 시간 10:00~22:00
→ 택시 탑승 → 농눗 파타야 가든 도착

2 농눗 파타야 가든
Nong Nooch Pattaya Garden
⏱ 시간 08:00~18:00
→ 택시 탑승 → 더 스카이 갤러리 도착

3 더 스카이 갤러리
The Sky Gallery
⏱ 시간 11:00~23:00
→ 택시 탑승 → 호라이즌 도착

4 호라이즌
Horizon
⏱ 시간 16:00~01:00
→ 파타야 비치 로드를 따라 약 1.5km 걷기 → 워킹 스트리트 도착

5 워킹 스트리트
Walking Street
⏱ 시간 18:00~02:00
→ 호텔로 이동, 다음 날 파타야 비치에서 스피드 보트 탑승 → 꼬 란 도착

6 꼬 란
Koh Larn

🔍 ZOOM IN

센트럴 파타야 비치

파타야 비치 로드 가운데에 자리해 파타야의 이정표 역할을 한다. 파타야 비치는 북쪽 나끌르아 비치, 남쪽 좀티엔 비치와 이어진다. 두 곳 모두 파타야 비치 기준 차량으로 20~30분가량 소요된다.

1 꼬 란
Koh Larn

산호섬이라 불리는 파타야 핵심 볼거리. 파타야 비치보다 물이 맑다. 섬은 가로 약 2km, 세로 약 5km 크기로 따이야이, 텅랑, 따웬, 티안, 싸매, 누안 등의 해변을 품었다. 최고 인기 해변은 핫 따웬으로, 단체 관광객을 위한 식당과 가게가 자리하며, 각종 해양 스포츠 시설이 마련돼 있다.

ⓘ **INFO** P.064　◎ **MAP** P.362C
◎ **구글 지도 GPS** 12.925267, 100.778484　◎ **찾아가기** 파타야 발리하이 선착장에서 페리 탑승　◎ **주소** Koh Larn　☎ **전화** 가게마다 다름　⏱ **시간** 가게마다 다름　◎ **휴무** 가게마다 다름　₩ **가격** 가게마다 다름　🌐 **홈페이지** 없음

2 워킹 스트리트
Walking Street

파타야 비치 로드 남쪽에서 발리하이 선착장 전까지 이어진 거리. 저녁 6시부터 다음 날 새벽 2시까지 차량 통행을 금지해 워킹 스트리트가 된다. 해산물 전문점과 고고 바가 빼곡히 자리한 거리를 따라 호객꾼과 관광객이 뒤섞여 시끌벅적한 밤을 맞는다.

ⓘ **INFO** P.069　◎ **MAP** P.363C
◎ **구글 지도 GPS** 12.926311, 100.872963　◎ **찾아가기** 파타야 비치 로드 남쪽　◎ **주소** Walking Street, Beach Road　☎ **전화** 가게마다 다름　⏱ **시간** 18:00~02:00　◎ **휴무** 연중무휴　₩ **가격** 가게마다 다름　🌐 **홈페이지** 없음

3 리플리스
Ripley's

로열 가든 플라자 내에 자리한 박물관과 놀이 시설. 빌리브 잇 오어 낫(Believe It or Not), 혼티드 어드벤처(Haunted Adventure), 인피니티 메이즈(Infinity Maze), 루이 투소(Louis Tussaud's Waxworks) 등이 자리한다.

◎ **MAP** P.363C
◎ **구글 지도 GPS** 12.928586, 100.878576　◎ **찾아가기** 파타야 비치 로드, 로열 가든 플라자 건물　◎ **주소** 218 Royal Garden Plaza, Room no. C 20-21 Moo 10, Pattaya Beach Road　☎ **전화** 038-710-294　⏱ **시간** 11:00~23:00　◎ **휴무** 연중무휴　₩ **가격** 시설에 따라 다름　🌐 **홈페이지** www.ripleysthailand.com

4 진리의 성전
The Sanctuary of Truth

싸뭇쁘라깐의 므엉 보란을 지은 렉 위리야판(Lek Wiriyaphan)이 1981년부터 조성한 박물관이다. 7개의 진리를 바탕으로 만든 거대한 목조 성전으로 정교한 나무 조각이 볼만하다. 자체 가이드와 함께 입장해야 하며, 한국어 가이드도 있다. 입장 시 복장 제한이 있다.

ⓘ **INFO** P.065　◎ **MAP** P.362B
◎ **구글 지도 GPS** 12.972929, 100.889122　◎ **찾아가기** 파타야 북쪽 나끌르아 로드 람 라차웻 해안, 택시 이용　◎ **주소** 206/2 Moo 5, Pattaya-Naklua Road　☎ **전화** 038-110-653　⏱ **시간** 08:00~18:00, 18:30~20:30　◎ **휴무** 연중무휴　₩ **가격** 낮 500B, 저녁 700B　🌐 **홈페이지** sanctuaryoftruthmuseum.com

5 미니 싸얌
Mini Siam

세계의 건축물을 축소해놓은 테마파크. 미니 싸얌 존에서는 방콕의 왓 프라깨우와 왓 아룬, 아윳따야 싸마콤 궁전 등 태국의 건축물을, 미니 유럽 존에서는 파리의 에펠탑, 이탈리아의 콜로세움, 캄보디아의 앙코르 왓 등 전 세계의 축소된 건축물을 볼 수 있다.

◎ **MAP** P.362B
◎ **구글 지도 GPS** 12.955039, 100.908801　◎ **찾아가기** 파타야 느아노스 파타야 로드와 쑤쿰윗 로드가 만나는 지점에서 방콕 방면으로 1.1km　◎ **주소** 387 Moo 6, Sukhumvit Road　☎ **전화** 081-735-6340　⏱ **시간** 09:00~19:00　◎ **휴무** 연중무휴　₩ **가격** 300B　🌐 **홈페이지** www.facebook.com/MiniSiam1988

6 농눗 파타야 가든
Nong Nooch Pattaya Garden ★★★ 택시 50분

프랑스 정원(French Garden), 이탈리아 정원(Italian Garden), 동물 왕국(Animals Kingdom), 나비 언덕(Butterfly Hill) 등 30여 개 테마로 꾸민 정원. 태국 전통 민속 무용, 코끼리 공연도 펼쳐진다.

🅘 INFO P.065 🅜 MAP P.362F
🅖 구글 지도 GPS 12,765490, 100,933358 🚗 찾아가기 싸따힙(Sattahip) 방면 쌤테우 혹은 택시 이용 🏠 주소 34/1 Moo 7, Na Jomtien, Sattahip ☎ 전화 038-238-061~3 🕐 시간 08:00~18:00 🚫 휴무 연중무휴 💰 가격 가든 어른 600B · 어린이 400B, 가든+셔틀 어른 700B · 어린이 600B, 가든+쇼 어른 800B · 어린이 650B, 가든+쇼+셔틀 어른 1000B · 어린이 750B 🌐 홈페이지 www.nongnoochtropicalgarden.com/ko

7 타이타니 아트 & 컬처 빌리지
Thai Thani Arts & Culture Village ★★★ 택시 50분

태국의 전통적인 문화 예술을 경험할 수 있는 일종의 민속촌이다. 끄라통 만들기, 염색 등의 태국 전통문화 체험 프로그램에 참여하거나, 태국 북부 란나의 숨결을 담은 칸똑 밥상을 경험할 수 있다. 태국 전통 의상을 대여해 기념사진을 남겨도 좋다.

🅜 MAP P.362F
🅖 구글 지도 GPS 12,773955, 100,929037 🚗 찾아가기 농눗 빌리지 입구 🏠 주소 88 Moo 3, Sukumvit Road ☎ 전화 096-062-1188 🕐 시간 09:30~19:00 🚫 휴무 연중무휴 💰 가격 프로그램마다 다름 🌐 홈페이지 www.thaithaniculturevillage.com

8 카오 치 짠
Khao Chi Chan Buddha ★★★ 택시 50분
พระพุทธรูปเขาชีจรรย์

별세한 라마 9세(푸미폰)의 만수무강을 기원하며 한화 60억 원의 예산을 들여 조성한 황금 불상이다. 치 짠 산을 깎아 불상을 음각해 금을 입혔으며, 높이는 109m, 너비는 70m에 이른다. 멀리서 바라봐야 한눈에 들어오며 뷰 포인트 주변은 공원으로 조성했다.

🅜 MAP P.362F
🅖 구글 지도 GPS 12,764586, 100,955870 🚗 찾아가기 파타야에서 싸따힙 방면으로 가다가 농눗 빌리지를 지나 이정표 따라 좌회전 🏠 주소 Soi Khao Chi Chan ☎ 전화 093-597-9872 🕐 시간 06:00~18:00 🚫 휴무 연중무휴 💰 가격 무료입장 🌐 홈페이지 없음

9 카오키여우 오픈 주
Khao Kheow Open Zoo ★★★ 택시 1시간

파타야에서 1시간가량 떨어진 촌부리에 자리한 열린 동물원이다. 전동 카트나 차를 이용해 동물원을 돌아다니며 사슴과 원숭이 등 방사된 동물을 볼 수 있다. 방사된 동물 외에 코끼리, 오랑우탄, 사자, 호랑이 등 포유류, 파충류, 조류 등 8000여 마리의 동물이 서식한다.

🅜 MAP P.362B
🅖 구글 지도 GPS 13,214983, 101,055989 🚗 찾아가기 파타야에서 방콕행 고속도로를 타고 30분가량 가다가 이정표 참고. 차량을 빌렸다면 직접 찾아가면 되지만 그렇지 않다면 여행사 투어 프로그램을 이용하는 게 낫다. 🏠 주소 235 Moo 7, Bang Phra, Sriracha ☎ 전화 038-318-444 🕐 시간 08:00~17:00 🚫 휴무 연중무휴 💰 가격 어른 350B, 어린이 120B 🌐 홈페이지 www.khaokheow.zoothailand.org

10 낭누안
Nang Nual ★★★ 도보 20분
นางนวล

파타야에 숙소가 있고, 개별 차량이 없다면 좀 티엔이나 방쌀레의 해산물 레스토랑보다는 낭누안을 추천한다.

🅘 INFO P.067 🅜 MAP P.363C
🅖 구글 지도 GPS 12,925523, 100,870891 🚗 찾아가기 파타야 워킹 스트리트 남쪽 끝, 파타야 쏘이 16 해변 방면 🏠 주소 214/10 Moo 10, Walking Street ☎ 전화 086-367-1213 🕐 시간 14:00~23:00 🚫 휴무 연중무휴 💰 가격 싸이끄럽뿌(Crabmeat Rolls) 200B, 허이라이팟프릭파오(Stir Fried Baby Clams with Chili Paste) 280B, 쁠라믁팟프릭연(Stir Fried Squid with Green Pepper) 280B +7% 🌐 홈페이지 www.facebook.com/nangnual.pattaya

11 자스민스 카페
Jasmin's Cafe ★★★ 도보 5분

전형적인 여행자 식당이다. 신선한 재료로 맛있게 요리하고, 의사소통이 쉬운 덕분에 인기 있다. 조식, 스낵, 버거, 샌드위치, 샐러드, 스테이크, 스파게티, 태국 요리, 음료 메뉴를 조금씩 갖췄다.

🅜 MAP P.363C
🅖 구글 지도 GPS 12,937264, 100,885047 🚗 찾아가기 센트럴 파타야 로드에 위치. 파타야 비치 로드에서 190m 🏠 주소 137 Moo 9, Central Pattaya Road ☎ 전화 081-429-8409 🕐 시간 10:00~22:00 🚫 휴무 연중무휴 💰 가격 팟끄라파오 무쌉(Pad Karpow Pork) 139B, 카우팟 시푸드(Kao Pad Seafood) 189B +7% 🌐 홈페이지 www.facebook.com/jasminspattaya

12 르엇무 쿤씨
เลือดหมู คุณศรี
도보 15분

돼지고기 꾸어이띠여우 무, 진한 돼지고기 국물의 꾸어이짭 등 돼지고기 국수를 잘한다. 남(국물), 행(비빔), 똠얌, 까우라우(면 없이)로 주문 가능하다.

📍 MAP P.363D

📌 구글 지도 GPS 12.935083, 100.890862 ⊙ 찾아가기 타는 파타야 끄랑 쏘이 7 입구, 영어 간판이 없다. 쏘이 7 사이를 두고 오른쪽에 'Central Pattaya Dental Center'가 있다. 🏠 주소 Central Pattaya Road Soi 7 ☎ 전화 081-778-9517 🕐 시간 06:30~17:00 🚫 휴무 연중무휴 💰 가격 꾸어이띠여우 무·꾸어이짭 각 70B, 까우라우 탐마다 (보통) 60B·피쌧곱빼기) 70B 🌐 홈페이지 없음

꾸어이띠여우 무 70B

15 백스트리트 하우스
Backstreet House
택시 16분

북파타야 골목 안쪽에 자리한 카페 겸 바. 울창한 나무가 그늘을 드리운 야외 좌석과 빈티지 소품으로 클래식하게 꾸민 실내 좌석이 있다. 바리스타 겸 바텐더가 취향을 고려한 커피와 칵테일을 추천하며, 맥주의 종류가 다양하다.

📍 MAP P.363B

📌 구글 지도 GPS 12.953302, 100.895263 ⊙ 찾아가기 노스 파타야 쏘이 2/2 골목 안으로 350m 🏠 주소 570/265 M.5 Northpattaya 2/2, Bang Lamung ☎ 전화 064-636-2365 🕐 시간 월~화요일 10:00~18:00, 목~일요일 10:00~23:30 🚫 휴무 수요일 💰 가격 아메리카노(Americano) Hot 80B, Cold 90B, 피콜로(Piccolo) 80B 🌐 홈페이지 www.backstreethouse.com

피콜로 80B

13 댕담
แดงดำ
도보 16분

국수 메뉴가 다양하고 인기 있다. 사진과 영어 메뉴가 있어 주문하기 어렵진 않다.

📍 MAP P.363D

📌 구글 지도 GPS 12.935016, 100.891582 ⊙ 찾아가기 파타야 끄랑 로드 쏘이 10 입구, 영어 간판이 없다. 쏘이 10을 사이에 두고 왼쪽에 패밀리마트가 있다. 🏠 주소 460/5~7 Central Pattaya Road ☎ 전화 086-321-8837 🕐 시간 06:00~22:00 🚫 휴무 연중무휴 💰 가격 꾸어이띠여우 룩친쁠라 (Clear Noodle Soup with Fish Ball, Fried Fish Cake) 60B, 꾸어이띠여우 똠얌쏫마나우(Noodle Soup with Fish Ball, Minced Pork Peanut, Spicy) 70B, 팟타이 꿍쏫 (Fried Noodle with Prawns) 140B 🌐 홈페이지 www.dangdum.com

꾸어이띠여우 룩친쁠라 60B

16 쏨땀 나므앙
ส้มตำหน้าเมือง
택시 17분

외국인 여행자에게도 잘 알려진 현지 식당. 놀랍도록 저렴한 가격 덕분에 많은 이들이 부담 없이 즐긴다.

📍 MAP P.363B

📌 구글 지도 GPS 12.950673, 100.892006 ⊙ 찾아가기 타는 파타야 느아 쏘이 4 입구 왼쪽. 테스코 로터스 파타야 느아에서 파타야 비치 방면으로 100m 이내 🏠 주소 Pattaya Neua Road Soi 4 ☎ 전화 038-423-927 🕐 시간 10:30~20:30 🚫 휴무 연중무휴 💰 가격 팟카나쁠라켐(Stir-fried Kale with Sun-dried Salted Fish) 85B, 쁠라묵팟카이켐(Stir-fried Squid with Salted Egg) 150B, 똠얌꿍 (Spicy Thai Shrimp Soup) 150B 🌐 홈페이지 없음

쏨땀타이 60B

14 라 바게트
La Baguette French Bakery
택시 14분

우드 랜드 리조트 입구에 자리한 베이커리 카페. 바게트, 크루아상, 케이크, 아이스크림, 음료, 차와 커피 등을 판매한다. 앤티크하게 꾸민 실내외 좌석이 마련되어 있어 잠시 쉬어 가거나 브런치를 즐기기에 그만이다.

📍 MAP P.363A

📌 구글 지도 GPS 12.952043, 100.888076 ⊙ 찾아가기 돌그래 동상에서 파타야 나끌아 로드로 약 120m, 우드 랜드 리조트 입구 🏠 주소 164/1 Moo 5, Pattaya–Naklua Road ☎ 전화 038-421-707 🕐 시간 08:00~23:30 🚫 휴무 연중무휴 💰 가격 빵 25B~ 🌐 홈페이지 www.facebook.com/labaguettebakerycafe

레몬 아몬드 타르트 160B

17 뭄 아러이
Mum Aroi
มุมอร่อย
택시 27분

대형 해산물 레스토랑. 북파타야의 바다를 접하고 있는 분위기 좋은 야외 테이블과 에어컨 룸을 갖췄다. 파타야 3 로드의 다른 지점은 가깝지만 바다 조망이 없다.

ℹ️ INFO P.067 📍 MAP P.362B

📌 구글 지도 GPS 12.978663, 100.911372 ⊙ 찾아가기 해변 북쪽, 나끌아 쏘이 4 바닷가, 돌고래 동상 렛츠 릴렉스 앞에서 썽태우로 15분, 혹은 택시 이용 🏠 주소 Na Kluea Soi 4, Bang Lamung ☎ 전화 038-223-252 🕐 시간 10:30~21:30 🚫 휴무 연중무휴 💰 가격 허이라이옵너이(Baked Baby Clam with Butter)·묵끄라티얌끄럽(Fried Round Squid with Garlic) 각 220B 🌐 홈페이지 없음

쁠라까퐁텃남쁠라 470B

18 더 스카이 갤러리
The Sky Gallery 택시 13분

프라 땀낙 언덕 위에 자리해 환상적인 조망을 자랑하는 레스토랑. 햇빛이 쏟아지는 잔디 위 소파에 몸을 눕히거나 커다란 나무 그늘 아래 테이블에서 식사를 즐기자. 에어컨을 가동하는 실내에 머물러도 좋다.

🌐 MAP P.362C
🔍 구글 지도 GPS 12.921414, 100.859360 ⓘ 찾아가기 택시 이용, 파타야 비치와 좀티엔 비치를 잇는 프라 땀낙 로드에서 랏차와룬 로드(Rajchawaroon Road) 안쪽으로 1km ⓘ 주소 400 Moo 12 Rajchawaroon Road ⓘ 전화 02-114-3014 ⓘ 시간 11:00~23:00 ⓘ 휴무 연중무휴 ⓘ 가격 카우팟뿌(Fried Rice with Crab) S 175B ⓘ 홈페이지 theskygallerypattaya.com

19 메이스 파타야
MAYs Pattaya 택시 14분

텝프라씻 로드에 자리한 파인다이닝 레스토랑. 꽃과 식물, 그림과 액자로 장식한 실내 분위기가 근사하고, 플레이팅이 고급스럽다. 음식 맛에도는 약간의 호불호가 있다. 예약 필수.

🌐 MAP P.363E
🔍 구글 지도 GPS 12.905357, 100.873068 ⓘ 찾아가기 좀티엔 텝프라씻 로드 동쪽 방면. 탑프라야 로드 삼거리에서 400m ⓘ 주소 315/74 Moo 12, Thepprasit Road ⓘ 전화 098-374-0063 ⓘ 시간 12:00~23:00 ⓘ 휴무 연중무휴 ⓘ 가격 뻬뻬야쩨(Deep Fried Vegetraian Spring Rolls) 160B, 팟팍붕 파이댕(Stir Fried Morning Glory) 150B +12% ⓘ 홈페이지 www.mayspattaya.com

20 뿌뻰
ปูเป็น 택시 25분

좀티엔 비치의 초대형 해산물 식당. 신선한 해산물을 합리적인 가격에 판매한다. 간판이 태국어로만 되어 있으므로 커다란 블루 크랩 조형물을 이정표로 삼으면 좋다.

🌐 INFO P.066 🌐 MAP P.362D
🔍 구글 지도 GPS 12.861439, 100.895523 ⓘ 찾아가기 택시 이용, "나 쩜티엔 비치 쏘이 2" 혹은 "쩜티엔 비치 뿌뻰"이라고 말하면 된다. ⓘ 주소 62 Moo 1, Na Jomtien, Sattahip ⓘ 전화 094-424-6966 ⓘ 시간 10:00~22:00 ⓘ 휴무 연중무휴 ⓘ 가격 허이체ㄹ 옵너이 끄라티얌(Stir Fried Scallop with Garlic) 400B, 쁠라까퐁텃 랏쁘리우완(Deep Fried Sea Bass Top with Sweet and Sour Sauce) 470B ⓘ 홈페이지 www.facebook.com/pupen24

뿌마팟퐁까리 390B

21 룽싸와이
ลุงใสว่าย 택시 25분

야외 테이블에 지붕을 얹은 형태로, 바다 바로 옆 좌석의 분위기가 좋다. 일대 레스토랑에 비해 가격이 저렴한 편으로 게 요리가 특히 저렴하고 맛있다.

🌐 INFO P.066 🌐 MAP P.362D
🔍 구글 지도 GPS 12.860497, 100.895966 ⓘ 찾아가기 택시 이용, "나 쩜티엔 비치 로드, 룽싸와이" 혹은 "쩜티엔 비치 뿌뻰"이라고 말하고 뿌뻰에서 150m 직진 ⓘ 주소 31/1 Moo 1, Na Jomtien, Sattahip ⓘ 전화 038-231-398 ⓘ 시간 10:00~22:00 ⓘ 휴무 연중무휴 ⓘ 가격 카우팟뿌 짠렉(Fried Rice with Crab Meat 작은 접시) 80B, 묵팟펫(Fried Squid with Chili Sauce) 250B ⓘ 홈페이지 lungsawaiseafood.com

뿌탈레팟퐁까리 1800B/kg

22 글라스 하우스
The Glass House 택시 30분

좀티엔 비치에서 방쌀레로 넘어가는 길에 자리한 비치프론트 레스토랑. 세련되고 중후한 분위기로, 음료 한잔 즐기며 쉬어 가고 싶은 분위기다.

🌐 INFO P.066 🌐 MAP P.362D
🔍 구글 지도 GPS 12.848864, 100.902193 ⓘ 찾아가기 택시 이용, 좀티엔 쏘이 나 8(Jomtien Soi Na 8) 안쪽 바닷가 ⓘ 주소 5/22 Moo 2, Na Jomtien, Sattahip ⓘ 전화 098-930-9800 ⓘ 시간 11:00~24:00 ⓘ 휴무 연중무휴 ⓘ 가격 카우팟뿌(Fried Rice with Crab Meat) S 170B, M 290B, L 490B +10% ⓘ 홈페이지 www.glasshouse-pattaya.com

묵팟퐁까리 280B

23 쁘리차
ปรีชาซีฟู้ด 택시 35분

음식 양이 적은 대신 가격이 저렴한 편이며, 식당 앞으로 백사장이 펼쳐져 분위기가 좋다. 굳이 단점을 꼽으라면 먼 거리. 택시를 이용한다면 배보다 배꼽이 커질 수 있음을 유념하자.

🌐 INFO P.067 🌐 MAP P.362F
🔍 구글 지도 GPS 12.817617, 100.912240 ⓘ 찾아가기 택시 이용, 좀티엔 쏘이 나 28(Jomtien Soi Na 28) 안쪽 바닷가 ⓘ 주소 200 Na Jomtien, Sattahip ⓘ 전화 087-484-6458 ⓘ 시간 10:00~21:00 ⓘ 휴무 연중무휴 ⓘ 가격 엔허이팟차(Spicy Stir-Fried Tendon-Shell) 200B, 깽빠꿍(Herbal Spicy Soup with Shrimp) 200B ⓘ 홈페이지 없음

묵팟끄라파오 200B

24 란 쩨또
ร้านเจ๊โต

택시 18분

잘 삶아 육질이 부드러운 소고기 국수 꾸어이 띠여우 느어가 별미다. 아쉬운 점은 접근성. 고속도로 진입로 옆에 자리해 대중교통으로 찾기가 쉽지 않다.

◎ MAP P.363B
◎ 구글 지도 GPS 12.944629, 100.910449 ◎ 찾아가기 택시 이용. 방콕-파타야 하이웨이 입구. 파타야에서 하이웨이 진입하자마자 왼쪽 도로로 나가면 비포장도로. 바로 주차장과 간판이 보인다. 영어 간판 없음 ◎ 주소 Nhong Yai Soi 6 ◎ 전화 089-833-1988 ◎ 시간 07:00~16:00 ◎ 휴무 연중무휴 ◎ 가격 꾸어이띠여우 느어(Beef Noodle Soup) 80·100·150B, 꾸어이띠여우 무뚠(Pork Noodle Soup) 70·90·150B ◎ 홈페이지 없음 꾸어이띠여우 느어 80B

25 호라이즌
Horizon

도보 2분

힐튼 파타야 34층에 자리한 루프톱 바. 파타야에서 가장 핫한 곳이라 예약해야 전망 좋은 자리를 얻을 수 있다. 파타야 비치 가운데에 자리한 지리적 이점 덕분에 태국만의 수평선은 물론 파타야 시내 풍경이 한눈에 들어온다. 드레스 코드는 스마트 캐주얼.

◎ INFO P.069 ◎ MAP P.362B, 363A
◎ 구글 지도 GPS 12.934631, 100.882966 ◎ 찾아가기 파타야 비치 로드 쏘이 9~10. 힐튼 로비 층에서 엘리베이터로 갈아타고 34층에서 내린다. ◎ 주소 333/101 Moo 9, Nong Prue, Bang Lamung ◎ 전화 038-253-000 ◎ 시간 16:00~01:00 ◎ 휴무 연중무휴 ◎ 가격 칵테일 410B~ ◎ 홈페이지 www3.hilton.com/en/hotels/thailand/hilton-pattaya-BKKHPHI/dining/horizon.html

26 하드 록 카페
Hard Rock Café

도보 6분

하드 록 카페를 상징하는 커다란 기타가 입구 외벽을 장식해 눈길을 끌며 내부 시설도 탁월하다. 밤이 되면 라이브 공연이 펼쳐진다. 카페 내부 한편에는 티셔츠 등 하드 록 카페의 기념품을 판매하는 매장이 있다.

◎ MAP P.363A
◎ 구글 지도 GPS 12.939363, 100.884267 ◎ 찾아가기 센트럴 페스티벌에서 파타야 비치 로드 북쪽으로 450m ◎ 주소 429 Moo 9, Pattaya Beach Road ◎ 전화 038-428-755 ◎ 시간 12:00~24:00 ◎ 휴무 연중무휴 ◎ 가격 칵테일 320B~, 비야 씽 생맥주 160B~ ◎ 홈페이지 www.hardrock.com/cafes/pattaya

27 홉스 브루하우스
Hops Brewhouse

도보 8분

파타야 비치 로드에 자리한 펍이자 레스토랑으로 직접 만든 맥주와 화덕에서 구운 피자 등을 판매한다. 통나무로 마감한 따뜻한 분위기로, 저녁에는 라이브 공연도 한다. 가격은 조금 비싸지만 현지 노천카페와는 또 다른 분위기를 느낄 수 있다.

◎ MAP P.363C
◎ 구글 지도 GPS 12.930748, 100.878579 ◎ 찾아가기 센트럴 페스티벌에서 파타야 비치 로드 남쪽으로 600m. 로열 가든 플라자와 마이크 쇼핑몰 사이에 위치 ◎ 주소 219 Pattaya Beach Road ◎ 전화 087-560-5555 ◎ 시간 월~금요일 16:00~24:00, 토·일요일 12:00~24:00 ◎ 휴무 연중무휴 ◎ 가격 수제 맥주 1잔 120B~ +17% ◎ 홈페이지 hopsbrewhouse.com/

28 알카자
Alcazar

도보 17분

세계 3대 쇼 중 하나로 꼽힐 만큼 유명해진 트랜스젠더 카바레 쇼. 춤과 무용, 팬터마임 등으로 공연이 진행된다. 공연이 끝나면 공연장 밖에서 무용수들과 사진을 찍을 수도 있다. 사진을 찍을 경우에는 팁을 줘야 한다.

◎ INFO P.069 ◎ MAP P.363B
◎ 구글 지도 GPS 12.943064, 100.888813 ◎ 찾아가기 파타야 쏘이 5 맞은편. 건물이 웅장해 찾기 쉽다. ◎ 주소 78/14 Pattaya 2nd Road ◎ 전화 038-425-425, 038-422-220, 038-410-224~7 ◎ 시간 17:00·18:30·20:00·21:30(시기에 따라 다름) ◎ 휴무 연중무휴 ◎ 가격 1800B ◎ 홈페이지 www.alcazarthailand.com

29 티파니 쇼
Tiffany's Show

도보 25분

1974년 새해 전날 친구를 위해 준비한 원맨쇼에서 현재에 이른 40년 전통의 트랜스젠더 카바레 쇼다. 다른 트랜스젠더 쇼에 비해 배우들이 아름답기로 소문났으며, 매년 공연장에서 열리는 '미스 티파니 유니버스' 등 독특한 볼거리도 제공한다.

◎ MAP P.363A
◎ 구글 지도 GPS 12.948834, 100.888499 ◎ 찾아가기 돌고래 동상에서 파타야 세컨드 로드로 260m 오른쪽 ◎ 주소 464/6 Moo 9, Pattaya 2nd Road ◎ 전화 038-421-700 ◎ 시간 18:00·19:30·21:00 ◎ 휴무 연중무휴 ◎ 가격 1000·1600·2000B ◎ 홈페이지 www.tiffany-show.co.th

30 컬럼비아 픽처스 아쿠아버스
Columbia Pictures Aquaverse   택시 40분 ★★★

파타야 남쪽에서 15km 떨어진 방쌀레에 자리한 테마파크. 영화를 테마로 한 8개의 놀이 시설과 워터파크, 레스토랑 등의 시설이 있다. 패키지의 구성에 따라 이용요금이 다르다.

◎ MAP P.362F
ⓘ 구글 지도 GPS 12.785216, 100.914959 ⓘ 찾아가기 쑤쿰윗 로드, 농눗 빌리지 입구 ⓘ 주소 888 Moo 8, Na Jomtien ⓘ 전화 033-004-999 ⓘ 시간 10:00~18:00 ⓘ 휴무 연중무휴 ⓘ 가격 어른 1500B~ ⓘ 홈페이지 columbiapicturesaquaverse.com

31 렛츠 릴랙스
Let's Relax   도보 26분 ★★★

여러 면에서 평균 이상의 만족을 주는 렛츠 릴랙스의 파타야 노스 지점. 로비가 매우 작아 예약 후 시간에 맞춰 찾는 게 좋다. 개별 룸의 방음이 잘 안 되어 있는데, 전반적으로 조용한 분위기라 크게 문제가 되진 않는다.

◎ MAP P.363A
ⓘ 구글 지도 GPS 12.951508, 100.887543 ⓘ 찾아가기 돌고래 동상이 있는 로터리에서 나끌르아 로드 방면으로 20m ⓘ 주소 240/9 Moo 5, Na Kluea Road ⓘ 전화 038-488-591 ⓘ 시간 10:00~24:00 ⓘ 휴무 연중무휴 ⓘ 가격 타이 마사지 2시간 1200B ⓘ 홈페이지 www.letsrelaxspa.com/pattaya

32 나 스파
Na Spa 택시 15분 ★★★

태국의 정취를 머금은 2층 가옥에 고즈넉하게 자리한 마사지 숍. 모든 마사지사가 5년 이상 경력의 숙련된 전문가이며, 전문가를 초빙할 때도 이곳의 프로그램을 3개월간 훈련시킨다고 한다. 전통 타이 마사지를 일컫는 '누앗 타이'와 혈액순환에 좋은 핫 스톤 마사지를 추천한다.

◎ MAP P.363A
ⓘ 구글 지도 GPS 12.958326, 100.889174 ⓘ 찾아가기 나끌르아 쏘이 16/2 안쪽으로 30m 진입한 후 왼쪽 ⓘ 주소 571/31 Moo 5, Na Kluea Road Soi 16/2 ⓘ 전화 038-371-454, 082-450-1558 ⓘ 시간 10:00~21:00 ⓘ 휴무 연중무휴 ⓘ 가격 누앗 타이 1시간 500B ⓘ 홈페이지 www.facebook.com/PattayaNaSpa

33 디 오아시스 스파 파타야
The Oasis Spa Pattaya   자동차 12분 ★★★

치앙마이에 이어 방콕과 푸껫, 파타야에 선보이며 명성을 얻은 스파. 파타야 지점은 샤토 데일 부지 내에 가든 빌라 형태로 자리한다. 내부는 7개의 독립된 스파 룸과 사우나로 구성된다. 예약 시 자체 교통편을 제공한다.

◎ MAP P.363E
ⓘ 구글 지도 GPS 12.906382, 100.870202 ⓘ 찾아가기 파타야 비치와 좀티엔 비치를 잇는 메인 도로인 탑프라야 로드에 위치. 텝쁘라싯 로드르 전 왼쪽에 샤토 데일 간판을 보고 들어가면 찾기 쉽다. ⓘ 주소 322 Moo 12, Chateau Dale, Thappraya Road ⓘ 전화 038-364-070 ⓘ 시간 10:00~22:00 ⓘ 휴무 연중무휴 ⓘ 가격 타이 마사지 2시간 1700B +17% ⓘ 홈페이지 www.oasisspa.net/destination/pattaya

34 헬스 랜드
Health Land 택시 16, 19분 ★★★

파타야에만 두 군데의 지점이 자리하며, 쑤쿰윗 로드 지점이 2017년에 오픈해 시설이 좋다.
ⓘ 휴무 연중무휴 ⓘ 가격 타이 마사지 2시간 650B ⓘ 홈페이지 www.healthlandspa.com

파타야 느아
◎ MAP P.363B
ⓘ 구글 지도 GPS 12.949853, 100.900052 ⓘ 찾아가기 파타야 느아 로드 ⓘ 주소 159/555 Moo 5, Pattaya Nuea Road ⓘ 전화 038-412-989 ⓘ 시간 10:00~23:00

파타야 쑤쿰윗 로드
◎ MAP P.363D
ⓘ 구글 지도 GPS 12.910334, 100.895772 ⓘ 찾아가기 텝쁘라싯 야시장 근처 ⓘ 주소 111/555 Moo 11, Nong Prue, Bang Lamung ⓘ 전화 038-412-995 ⓘ 시간 월~금요일 10:00~23:00, 토~일요일 09:00~23:00

35 파타야 카트 스피드웨이
Pattaya Kart Speedway   택시 16분 ★★★

태국 전역에 자리한 고 카트 중 시설이 가장 좋다. 프로 트랙에서는 스피드를 즐기는 현지 동호인들이 찾아 F1에 버금가는 레이스를 펼치기도 한다. 초보, 프로 트랙과 다양한 카트 중 자신의 수준에 맞게 선택 가능하다. 양궁, 번지 점프, 페인트 볼 파크도 함께 자리한다.

◎ MAP P.363F
ⓘ 구글 지도 GPS 12.904921, 100.882644 ⓘ 찾아가기 쑤쿰윗 로드에서 파타야 파크로 향하는 텝쁘라싯 로드 중간, 쏘이 텝쁘라싯 9 골목 안쪽에 위치 ⓘ 주소 248/2 Moo 12, Thep Prasit Road ⓘ 전화 093-758-2444 ⓘ 시간 09:00~18:00 ⓘ 휴무 연중무휴 ⓘ 가격 비기너 트랙 스탠더드 카트 400B, 프로페셔널 트랙 레이싱 카트 700B, 스페셜 카트 500B ⓘ 홈페이지 www.pattayakart.com

36 센트럴 파타야 비치
Central Pattaya Beach

파타야 비치 앞에 자리한 7층 규모의 쇼핑센터. 파타야 해변을 조망하는 쇼핑몰과 힐튼 파타야 호텔로 이뤄져 있다. 각종 쇼핑 매장과 프랜차이즈 음식점, 대형 슈퍼마켓, 마사지와 스파 숍 등이 알차게 들어서 있다.

ⓘ INFO P.068 ⓜ MAP P.362B, 363C
📍 구글 지도 GPS 12.934786, 100.883637 🔍 찾아가기 파타야 비치 로드 쏘이 9~10 🏠 주소 333/102 Moo 9, Pattaya Beach Road 📞 전화 038-930-999 🕐 시간 월~목요일 11:00~22:00, 금~일요일 11:00~23:00 ✖ 휴무 연중무휴 💰 가격 가게마다 다름 🌐 홈페이지 www.central.co.th

37 톱스 푸드 홀
Tops Food Hall

센트럴 파타야 G층에 입점해 있는 대형 슈퍼마켓이다. 고메 마켓(Gourmet Market)과 비슷한 수준의 쇼핑 수준과 환경을 자랑하며, 가격도 그만큼 비싸다. 과일이 특히 신선하고 즉석식품, 치즈, 햄 등의 종류도 다양하다.

ⓜ MAP P.363C
📍 구글 지도 GPS 12.934558, 100.884159 🔍 찾아가기 센트럴 페스티벌 파타야 비치 G층 🏠 주소 G Floor, Central Festival Pattaya Beach, 333/99 Moo 9, Pattaya Beach Road 📞 전화 038-043-472 🕐 시간 월~목요일 09:00~22:00, 금~일요일 09:00~23:00 ✖ 휴무 연중무휴 💰 가격 제품마다 다름 🌐 홈페이지 없음

38 로열 가든 플라자
Royal Garden Plaza

건물 외벽에 추락한 비행기 모형이 꽂혀 있는 쇼핑센터. 옷 가게, 서점, 기념품 가게, 엔터테인먼트 센터, 극장, 레스토랑이 입점해 즐길 거리와 먹거리가 풍부하다. 파타야 비치 전망이 좋은 3층의 카페, 레스토랑도 괜찮다.

ⓜ MAP P.363C
📍 구글 지도 GPS 12.929782, 100.877782 🔍 찾아가기 파타야 비치 로드 🏠 주소 218 Beach Road 📞 전화 038-710-297 🕐 시간 11:00~23:00 ✖ 휴무 연중무휴 💰 가격 가게마다 다름 🌐 홈페이지 www.royalgardenplaza.co.th

39 센트럴 마리나 파타야
Central Marina Pattaya

각종 브랜드 매장과 체인 레스토랑 등이 2층 규모의 쇼핑센터에 자리한다. 쇼핑센터 내에 대형 마트인 빅 시가 입점해 의류, 신발, 식품 등 일반적인 쇼핑과 더불어 저렴한 슈퍼마켓 쇼핑이 가능하다.

ⓜ MAP P.363B
📍 구글 지도 GPS 12.945580, 100.890319 🔍 찾아가기 파타야 세컨드 로드, 알카자 쇼 센터 옆 🏠 주소 78/54 Moo 9, Pattaya 2nd Road 📞 전화 033-003-888 🕐 시간 11:00~22:00 ✖ 휴무 연중무휴 💰 가격 가게마다 다름 🌐 홈페이지 shoppingcenter.centralpattana.co.th/branch/central-marina

40 터미널 21
Terminal 21

터미널 21의 파타야 지점. G층 파리, M층 런던, 1층 이탈리아, 2층 도쿄, 3층 샌프란시스코 등 각 층을 도시 테마로 꾸몄다. 가격이 저렴한 푸드코트인 피어 21과 MK, 샤부시, 키친 라오 등의 체인 레스토랑이 자리한 3층이 인기다.

ⓘ INFO P.068 ⓜ MAP P.362B, 363A
📍 구글 지도 GPS 12.950348, 100.888646 🔍 찾아가기 돌고래 동상 인근 🏠 주소 456·777·777/1 Moo 6, Pattaya Neua Road 📞 전화 033-079-777 🕐 시간 월~금요일 11:00~22:00, 토~일요일 11:00~23:00 ✖ 휴무 연중무휴 💰 가격 제품마다 다름 🌐 홈페이지 www.terminal21.co.th/pattaya

41 텝쁘라씻 야시장
Thep Prasit Night Bazaar
ตลาดเทพประสิทธิ์

텝쁘라씻 로드에서 열리는 야시장. 주중보다 주말에 큰 시장이 형성된다. 의류, 잡화, 액세서리 등 저렴한 생필품 노점이 대다수다. 음식 노점은 야시장 안쪽에 몰려 있다. 뷔페식 반찬을 덮밥으로 즐기는 카우깽이 많으며, 바비큐, 디저트, 과일 가게 등이 자리한다.

ⓘ INFO P.068 ⓜ MAP P.363F
📍 구글 지도 GPS 12.908561, 100.892984 🔍 찾아가기 쑤쿰윗 로드에서 텝쁘라씻 로드로 400m, 아웃렛 몰 파타야 바로 옆 🏠 주소 Thep Prasit Road Soi 1~3 📞 전화 084-660-7233 🕐 시간 17:00~22:30 ✖ 휴무 연중무휴 💰 가격 가게마다 다름 🌐 홈페이지 없음

42 아웃렛 몰 파타야
Outlet Mall Pattaya ★★★ 택시 18분

세계 유명 브랜드와 로컬 브랜드를 최대 70% 할인된 가격으로 구입할 수 있는 아웃렛. 파타야의 다른 쇼핑센터에 비해 저렴한 가격이 강점이다. 인근에 대형 마트인 로터스가 자리해 더불어 쇼핑하기에 편리하다.

⊙ MAP P.363F
구글 지도 GPS 12.908013, 100.895210 ⊙ 찾아가기 쑤쿰윗 로드와 텝쁘라싯 로드가 만나는 곳 ⊙ 주소 666 Moo 12, Bang Lamung ⊙ 전화 038-427-764~5 ⊙ 시간 10:00~20:00 ⊙ 휴무 연중무휴 ⊙ 가격 가게마다 다름 ⊙ 홈페이지 www.outletmallthailand.com

43 파타야 수상 시장
Pattaya Floating Market ★★★ 택시 25분

인공적으로 조성한 수상 시장. 목조 덱으로 이어진 길을 따라 의류, 액세서리, 먹거리, 전통 공예품 등을 판매하는 상점이 형성되어 있다. 단체와 개별 관광객의 입구가 다르므로 주의할 것. 매표소에서 패키지 상품을 반드시 구매해야 하는 것처럼 말하지만 입장권만 따로 판매한다.

⊙ MAP P.362D
구글 지도 GPS 12.867984, 100.904595 ⊙ 찾아가기 파타야에서 가장 큰 도로인 쑤쿰윗 로드에서 싸따힙 방면 썽태우를 탄다. 수상 시장은 농눗 빌리지 가기 전에 위치한다. ⊙ 주소 451/304 Moo 12, Sukhumvit Road ⊙ 전화 088-444-7777 ⊙ 시간 09:00~19:00 ⊙ 휴무 연중무휴 ⊙ 가격 입장료 200B ⊙ 홈페이지 www.pattayafloatingmarket.com

44 초콜릿 팩토리
The Chocolate Factory Pattaya ★★★ 택시 13분

초콜릿 숍과 이탈리안 레스토랑을 함께 운영한다. 매일 초콜릿을 만들고 매주 주말에는 초콜릿을 직접 만드는 체험을 할 수 있는 워크숍을 연다. 다양한 생초콜릿을 진열해놓았으며, 초콜릿과 과자를 이용한 상품이 많아 선물용으로 괜찮다.

⊙ MAP P.363C
구글 지도 GPS 12.921144, 100.859284 ⊙ 찾아가기 로얄 그랜드 호텔 옆, 택시 이용 ⊙ 주소 12 Soi Rajchawaroon, Phra Tamnak Road ⊙ 전화 092-467-8884 ⊙ 시간 11:00~22:00 ⊙ 휴무 연중무휴 ⊙ 가격 생초콜릿 35B~ ⊙ 홈페이지 www.facebook.com/thechocolatefactorythailand

45 로터스
Lotus's ★★★ 택시 16분, 2분

대형 마트. 북파타야 지점은 파타야 시내에서 찾기에 좋으며, 남파타야 지점은 텝쁘라싯 야시장, 아웃렛 몰과 함께 돌아보기 좋다.

⊙ 휴무 연중무휴 ⊙ 가격 제품마다 다름 ⊙ 홈페이지 www.lotuss.com

파타야 느아(북파타야)
⊙ MAP P.363B
구글 지도 GPS 12.951154, 100.893261 ⊙ 찾아가기 돌고래 동상에서 파타야 느아(노스 파타야) 로드 550m 왼쪽 ⊙ 주소 Moo 12, Pattaya ⊙ 전화 038-370-910 ⊙ 시간 08:00~21:00

파타야 따이(남파타야)
⊙ MAP P.363F
구글 지도 GPS 12.906138, 100.894489 ⊙ 찾아가기 쑤쿰윗 로드와 텝쁘라싯 로드가 만나는 인근. 아웃렛 몰 뒤쪽 ⊙ 주소 Thep Prasit Soi 1 ⊙ 전화 038-300-800 ⊙ 시간 08:00~22:00

46 킹 파워 파타야
King Power Pattaya ★★★ 택시 17분

태국을 대표하는 면세 브랜드의 파타야 매장. 리셉션에서 여권을 등록한 후 면세 쇼핑이 가능하다. 태국 스파 브랜드와 잡화, 술, 담배, 기념품 등 쇼핑 아이템은 공항 면세점과 크게 다르지 않아 여유를 갖고 쇼핑을 즐기기에 부족함이 없다.

⊙ MAP P.363D
구글 지도 GPS 12.929792, 100.899639 ⊙ 찾아가기 쑤쿰윗 로드와 센트럴 파타야 로드가 만나는 지점에서 좀티엔 방면으로 300m ⊙ 주소 8 Moo 9, Sukhumvit Road ⊙ 전화 1631, 038-103-888 ⊙ 시간 11:00~19:00 ⊙ 휴무 연중무휴 ⊙ 가격 제품마다 다름 ⊙ 홈페이지 story.kingpower.com/en/store-pattaya-en

47 빅 시 슈퍼센터
Big C Supercenter ★★★ 도보 20분, 택시 17분

대형 마트. 쑤쿰윗 로드 매장은 규모가 매우 크고, 센트럴 마리나 매장은 터미널 21, 알카자 쇼 센터와 연계하기 좋다.

⊙ 휴무 연중무휴 ⊙ 가격 제품마다 다름 ⊙ 홈페이지 www.bigc.co.th

센트럴 마리나
⊙ MAP P.363B
구글 지도 GPS 12.945629, 100.891170 ⊙ 찾아가기 센트럴 플라자 마리나 파타야 내 ⊙ 주소 Moo 9 Bang Lamung ⊙ 전화 080-057-9870 ⊙ 시간 09:00~23:00

쑤쿰윗 로드
⊙ MAP P.363D
구글 지도 GPS 12.915687, 100.894008 ⊙ 찾아가기 쑤쿰윗 로드와 파타야 따이 로드 교차로 ⊙ 주소 565/41 Moo 10, Nongprue ⊙ 전화 038-374-800 ⊙ 시간 09:00~22:00

AREA 05 HUA HIN
[หัวหิน 후아힌]

고즈넉한 태국 왕실 휴양지

1920년대 라마 6세가 여름 궁전을 지으며 휴양지로 개발했다. 요란한 해양 스포츠보다는 승마와 같은 한가로운 풍경이 어울리는 고즈넉한 해변으로, 태국인들의 주말 여행지로 각광받는다. 해변 외에 후아힌 자체에 큰 볼거리는 없다. 핫 스폿은 야시장으로 그 외의 볼거리는 선택 사항이다.

인기 ★★★

태국인들에게 인기 한 국인 여행자는 그리 많 지 않다.

관광지 ★★★

관광 포인트가 여러 곳 있지만, 봐도 그만 안 봐도 그만이다.

쇼핑 ★★★

쇼핑센터 외에 야시장 이 인기다.

식도락 ★★★★★

해산물 요리 전문점이 많다. 후아힌 비치에서 걸어서 이동할 수 있으 니 충분히 즐기자.

나이트라이프 ★★★

야시장은 후아힌 제일 의 볼거리. 야시장 외에 나이트라이프를 즐길 만한 곳은 없다.

혼잡도 ★★

야시장에 사람들이 많 지만 크게 혼잡하다는 생각은 들지 않는다. 비 치도 고즈넉하다.

375

후아힌 교통편

방콕에서 후아힌으로 갈 때는 기차와 버스가 가장 편리하다. 방콕 남부·동부 버스 터미널 등지에 후아힌행 미니밴(롯뚜)을 운행하지만 3시간 이상의 거리를 이동하기에 조금 불편하다. 버스의 경우, 방콕 구간은 쏨밧 투어(sombattour.com), 쑤완나품 구간은 벨 트래블(airporthuahinbus.com)에서 운영한다. 티켓은 인터넷으로 미리 구매 가능하다.

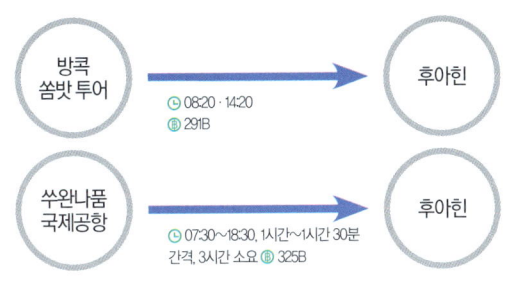

방콕 쏨밧 투어 → 후아힌
⏱ 08:20 · 14:20
💺 291B

쑤완나품 국제공항 → 후아힌
⏱ 07:30~18:30, 1시간~1시간 30분 간격, 3시간 소요
💺 325B

후아힌으로 가는 방법

🚆 기차
방콕 끄룽텝 아피왓 역에서 출발한 남부행 기차가 후아힌에 정차한다. 기차의 종류에 따라 소요 시간의 차이가 있다. 가장 빠른 기차가 4시간가량 걸린다. 온라인 예약은 태국 국영 철도 홈페이지에서 가능하다.
 홈페이지 dticket.railway.co.th

🚌 버스
방콕 북부 버스 터미널 인근 쏨밧 투어(구글 지도 GPS 13.822058, 100.557044)에서 후아힌으로 가는 에어컨 버스를 탈 수 있다. 후아힌 버스 터미널은 블루포트 가기 전 펫까썸 로드에 자리한다.
쑤완나품 공항에서 후아힌으로 바로 가는 버스도 있다. 공항 1층 8번 게이트 앞에서 출발하며, 차암 비치의 방콕 은행 앞, 후아힌 공항 근처에 버스가 정차한다. 후아힌의 정류장에서 호텔까지 운행하는 밴은 100B에 이용할 수 있으며, 후아힌 시계탑까지 간다면 30B로 셔틀 밴 이용이 가능하다.

후아힌 다니는 방법

🚐 썽태우
정해진 노선을 따라 움직이는 녹색 썽태우가 있다. 후아힌 야시장 중간 길인 싸쏭 로드(Sa Song Road)를 기준으로 따끼얍 방면과 공항 방면의 두 노선으로 운행한다. 따끼얍 방면 주요 노선은 후아힌 야시장, 마켓 빌리지, 블루포트, 씨카다 야시장, 왓 카우 따끼얍 등. 공항 방면 주요 노선은 후아힌 야시장, 공항 등이다. 후아힌 야시장에서 탑승할 경우, 길의 대각선 양편에 썽태우 정류장이 있으므로 방향에 맞게 탑승하자. 썽태우는 주요 장소 외에도 벨을 누르면 원하는 장소에 세워준다.
⏱ 시간 월~목요일 06:00~21:00, 금~일요일 06:00~22:00
💰 가격 기본 10B, 19:00 이후에 15B로 오른다.

🛺 뚝뚝
먼 거리를 택시처럼 이동할 때 이용할 수 있는 교통수단. 후아힌 야시장에서 씨카다 야시장까지 200B가량 부른다. 후아힌 야시장 인근에 호객 행위를 하는 뚝뚝 기사가 많다.

MUST SEE
이것만은 꼭 보자!

No. 1 후아힌 야시장
Hua Hin Night Market
후아힌 여행자들이 무조건 들르는 곳.

No. 2 씨카다 야시장
Cicada Market
주말에 후아힌을 찾는다면 방문하자.

MUST EAT
이것만은 꼭 먹자!

No. 1 유옌 후아힌 발코니
YouYen Huahin Balcony
อยู่เย็น หัวหิน บัลโคนี
매콤하게 맛있는 해산물 요리.

No. 2 쌩타이 시푸드
Saeng Thai Seafood
แสงไทยซีฟู้ด
바닷가 정취는 사라졌지만 맛은 일품.

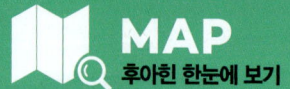

MAP
후아힌 한눈에 보기

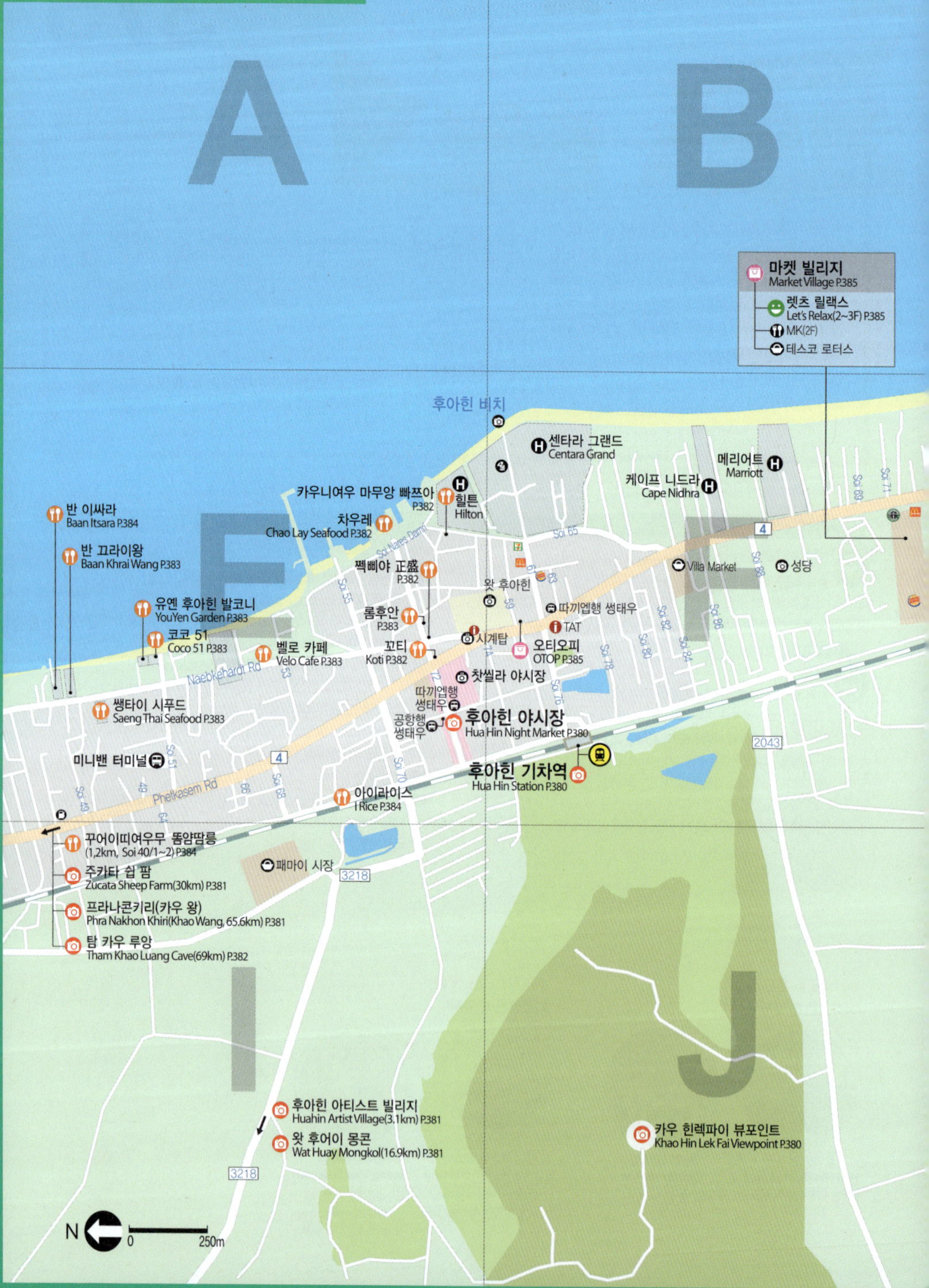

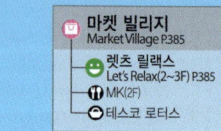

A
B
E
F
I
J
마켓 빌리지
Market Village P.385
렛츠 릴랙스
Let's Relax(2~3F) P.385
MK(2F)
테스코 로터스
후아힌 비치
센타라 그랜드
Centara Grand
메리어트
Marriott
케이프 니드라
Cape Nidhra
카우니여우 마무앙 빠쯔아
P.382
힐튼
Hilton
차우레
Chao Lay Seafood P.382
반 이싸라
Baan Itsara P.384
반 끄라이왕
Baan Khrai Wang P.383
쩩삐야 正盛
P.382
왓 후아힌
유옌 후아힌 발코니
YouYen Garden P.383
코코 51
Coco 51 P.383
벨로 카페
Velo Cafe P.383
롬후안
P.383
꼬티
Koti P.382
시계탑
따끼엡행 썽태우
TAT
오티오피
OTOP P.385
찻씰라 야시장
Villa Market
성당
따끼엡행 썽태우
공항행 썽태우
후아힌 야시장
Hua Hin Night Market P.380
쌩타이 시푸드
Saeng Thai Seafood P.383
미니밴 터미널
후아힌 기차역
Hua Hin Station P.380
아이라이스
I Rice P.384
꾸어이띠여우무 똠얌땀릉
(1,2km, Soi 40/1~2) P.384
주카타 쉽 팜
Zucata Sheep Farm(30km) P.381
프라나콘키리(카우 왕)
Phra Nakhon Khiri(Khao Wang, 65.6km) P.381
탐 카우 루앙
Tham Khao Luang Cave(69km) P.382
패마이 시장
후아힌 아티스트 빌리지
Huahin Artist Village(3.1km) P.381
왓 후어이 몽콘
Wat Huay Mongkol(16.9km) P.381
카우 힌렉파이 뷰포인트
Khao Hin Lek Fai Viewpoint P.380
Naebkehardt Rd
Phetkasem Rd
Soi Nares Damri
Soi 65
Soi 55
Soi 51
Soi 49
Soi 63
Soi 70
Soi 76
Soi 78
Soi 80
Soi 82
Soi 84
Soi 86
Soi 88
Soi 69
Soi 71
4
2043
3218
N
0
250m

차가 없어도 즐거운 후아힌 반나절 코스

후아힌에서 반드시 봐야 할 볼거리는 딱히 없다. 후아힌 비치에 숙소를 잡았다면 숙소와 걸어서 다닐 수 있는 맛집을 오가며 즐거운 시간을 보내면 그만. 차량을 따로 빌리거나 뚝뚝을 대절하지 않아도 즐거운 후아힌의 반나절 코스를 소개한다.

S 냅케핫 로드
Naebkehardt Road

후아힌 시계탑에서 냅케핫 로드를 따라 북쪽 방면으로 약 1km 걷기 → 유엔 후아힌 발코니 도착

1 유엔 후아힌 발코니
YouYen Huahin Balcony
อยู่เย็น หัวหิน บัลโคนี
◷ 시간 11:00~22:00

→ 큰길인 펫까쌤 로드로 나와 썽태우 탑승, 나이트 마켓 근처 정류장에서 하차해 썽태우가 진행하던 방향으로 600m 걷기 → 후아힌 기차역 도착

2 후아힌 기차역
Hua Hin Station
◷ 시간 24시간

→ 기차역에서 나와 약 400m 직진하면 보이는 우체국 근처에서 썽태우 승차, 블루포트 하차 → 블루포트 도착

3 블루포트
BlúPort
◷ 시간 11:00~21:00

→ 썽태우 내린 곳 반대편에서 썽태우 탑승, 야시장 하차 → 후아힌 야시장 도착

4 후아힌 야시장
Hua Hin Night Market
◷ 시간 18:00~24:00

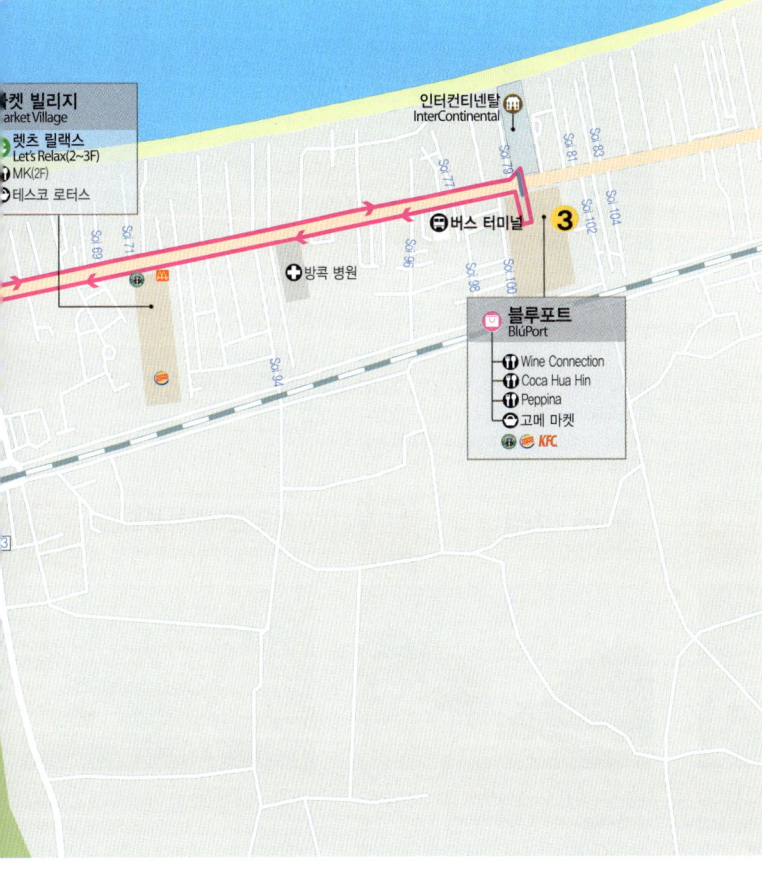

코스 무작정 따라하기
START

S. 냅케핫 로드
약 1km, 도보 15분

1. 유엔 후아힌 발코니
1.9km, 도보 5분+썽태우 5분+도보 7분

2. 후아힌 기차역
2.7km, 도보 5분+썽태우 6분

3. 블루포트
3km, 썽태우 7분

4. 후아힌 야시장
Finish

ZOOM IN

후아힌 시계탑

펫까쎔 로드와 냅케핫 로드의 교차로. 야시장, TAT와 가깝다.

1 후아힌 야시장
Hua Hin Night Market

후아힌 여행자가 모두 모이는 핵심 볼거리. 오후 5시 이후에 데차누칫 거리에 각종 노점이 들어선다. 먹거리를 판매하는 노점 중에서는 해산물 전문점이 특히 많다. 야시장 입구 근처에 핸드메이드 제품을 주로 판매하는 찻씰라 야시장(Chatsila Night Market)도 들어서 즐길 거리를 더한다.

ⓘ INFO P.070 ⓜ MAP P.376E
구글 지도 GPS 12.571141, 99.955458 찾아가기 후아힌 쏘이 72, 후아힌 최고 중심가라 찾기 쉽다. 주소 Soi Dechanuchit 전화 가게마다 다름 시간 18:00~24:00 휴무 연중무휴 가격 제품마다 다름 홈페이지 없음

2 씨케다 야시장
Cicada Market

생활 속에서 예술을 실천하는 이들의 디자인 제품을 판매하는 주말 야시장이다. 의류, 장식품, 홈웨어, 액세서리를 주로 취급한다. 제품 대부분이 핸드메이드라 일반적인 태국의 야시장과는 완전히 다른 분위기다. 외식 공간도 크고, 음식 종류도 다양하다.

ⓘ INFO P.071 ⓜ MAP P.377D
구글 지도 GPS 12.534114, 99.965823 찾아가기 택시 이용. 후아힌 쏘이 87 하얏트 리젠시 후아힌(Hyatt Regency Hua Hin) 입구에 위치. 시계탑 로터리에서 따끼얍 방면으로 4.2km 주소 83/159 Nong Kae-Khao Takiap Road 전화 099-669-7161 시간 금~일요일 16:00~23:00 휴무 월~목요일 가격 제품마다 다름 홈페이지 www.cicadamarket.com

3 후아힌 기차역
Hua Hin Station

태국에서 가장 오래된 기차역 중 하나. 라마 6세 때 여름 궁전 끌라이 깡원을 지으며 함께 건설했다. 후아힌의 상징과도 같은 공간으로 예쁜 역사와 증기기관차, 역사 밖에 자리한 기차역 도서관(Train Station Library) 등의 볼거리가 있다.

ⓜ MAP P.376F
구글 지도 GPS 12.567356, 99.954704 찾아가기 후아힌 쏘이 76 안쪽에 위치. 시계탑 로터리에서 600m, 도보 7분 주소 Prapokklao Road, Hua Hin Soi 76 전화 032-512-770, 032-511-073 시간 24시간 휴무 연중무휴 가격 무료입장 홈페이지 없음

4 카우 힌렉파이 뷰포인트
Khao Hin Lek Fai Viewpoint

후아힌 시내가 한눈에 바라보이는 전망대다. 시내와 거리가 있는 편이라 조망이 훌륭하지는 않지만 해 질 녘 바다 풍경을 감상하기 위해 현지인들이 즐겨 찾는다. 인근 숲속에 사는 원숭이, 라마 7세 동상 등도 소소한 재미도 있다.

ⓜ MAP P.376J
구글 지도 GPS 12.565274, 99.943796 찾아가기 후아힌 시내에서 서쪽으로 약 3km, 뚝뚝 혹은 오토바이, 자동차 이용 주소 Khao Hin Lek Fai Road 전화 없음 시간 24시간 휴무 연중무휴 가격 무료입장 홈페이지 없음

5 왓 카우 따끼엡
Wat Khao Takiap

자동차 17분

사원 주변에 수많은 원숭이가 살고 있어 원숭이 언덕(Monkey Hill)으로도 불린다. 따끼엡 북쪽에 거대한 황금 불상이 바다를 향하고 있으며, 왼쪽으로 후아힌 시내, 오른쪽으로 드넓은 바다가 보인다.

⊙ MAP P.377D
🏛 구글 지도 GPS 12.515718, 99.981862 ⊙ 찾아가기 후아힌 시계탑에서 남쪽으로 약 7km ⊙ 주소 Wat Khao Takiap, Nong Kae ⊙ 전화 032-536-064 ⊙ 시간 24시간 ⊙ 휴무 연중무휴 ⊙ 가격 무료입장 ⊙ 홈페이지 없음

6 랏팍 공원
Rajabhakti Park
อุทยานราชภักดิ์

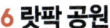자동차 20분

쑤코타이 왕조의 람캄행, 아유타야 왕조의 나레쑤언과 나라이, 톤부리 왕조의 딱신을 비롯해 짜끄리 왕조의 라마 1세, 4세, 5세 등 태국에서 존경받는 7명의 왕을 동상으로 표현한 공원이다. 태국인들에게 매우 인기인 곳으로 짧은 치마, 짧은 바지로는 입장 불가.

⊙ MAP P.377H
🏛 구글 지도 GPS 12.502261, 99.964941 ⊙ 찾아가기 후아힌 시계탑에서 펫까쌤 로드를 따라 남쪽으로 약 9km ⊙ 주소 Rajabhakti Park, Nong Kae ⊙ 전화 032-900-607 ⊙ 시간 08:00~17:00 ⊙ 휴무 연중무휴 ⊙ 가격 무료입장 ⊙ 홈페이지 없음

7 후아힌 아티스트 빌리지
Huahin Artist Village

자동차 12분

예술가들의 스튜디오가 위치해 작품 활동을 하는 모습을 직접 보고 작품도 감상할 수 있다. 크고 작은 갤러리 외에도 예술 활동에 참여할 수 있는 아트 워크숍과 커피숍, 기념품 가게 등이 자리한다.

⊙ MAP P.376I
🏛 구글 지도 GPS 12.576613, 99.920081 ⊙ 찾아가기 후아힌 시계탑에서 3218번 도로 서쪽으로 약 5km ⊙ 주소 299/8 3218, Hin Lek Fai ⊙ 전화 093-181-2959 ⊙ 시간 화~일요일 10:00~17:00 ⊙ 휴무 월요일 ⊙ 가격 80B ⊙ 홈페이지 www.huahinartistvillage.com

8 왓 후어이 몽콘
Wat Huay Mongkol

자동차 30분

태국 남부 출신으로 아유타야 시대의 고승인 루앙 퍼또의 거대 동상이 자리한 곳. 태국 남부에서 아유타야로 배를 타고 가던 중 바닷물을 담수로 바꾸는 기적을 펼쳐 많은 이들의 목숨을 구하는 등 태국인들의 존경을 받는 인물이다.

⊙ MAP P.376I
🏛 구글 지도 GPS 12.552582, 99.824297 ⊙ 찾아가기 후아힌 시계탑에서 3218·3219번 도로 서쪽으로 약 20km ⊙ 주소 Wat Huay Mongkol, Thap Tai ⊙ 전화 032-576-187, 081-858-6661 ⊙ 시간 06:00~20:00 ⊙ 휴무 연중무휴 ⊙ 가격 무료입장 ⊙ 홈페이지 www.facebook.com/huaymongkoltemplehuahin

9 주카타 십 팜
Zucata Sheep Farm

자동차 35분

차암에 자리한 양 농장으로 양과 말 먹이 주기, 말 타기, 마차 타기 등의 체험을 즐길 수 있으며, 농장 조형물을 배경으로 기념사진을 남기기에도 좋다. 3D 박물관도 무료로 이용할 수 있는 등 즐길 거리가 다양하다.

⊙ MAP P.376I
🏛 구글 지도 GPS 12.816674, 99.942206 ⊙ 찾아가기 후아힌 시계탑에서 방콕 방면으로 32km ⊙ 주소 722/22 Petchkasem Road ⊙ 전화 032-473-973 ⊙ 시간 09:00~18:00 ⊙ 휴무 연중무휴 ⊙ 가격 150B ⊙ 홈페이지 없음

10 프라나콘키리(카우 왕)
Phra Nakhon Khiri(Khao Wang)

자동차 60분

라마 4세의 여름 별궁. 트램을 타고 가파른 산길을 올라가면 박물관, 관측탑, 사원과 쩨디 등이 자리한 꽤 넓은 부지의 궁궐 단지가 나온다. 볼거리들은 산책로를 따라 걸어서 돌아볼 수 있다. 산책로에 원숭이가 많다.

⊙ MAP P.376I
🏛 구글 지도 GPS 13.109168, 99.936636 ⊙ 찾아가기 후아힌 시계탑에서 북쪽으로 약 80km ⊙ 주소 Phra Nakhon Khiri(Khao Wang), Khlong Kra Saeng, Phetchaburi ⊙ 전화 032-425-600 ⊙ 시간 트램 08:30~16:30, 박물관 09:00~16:00 ⊙ 휴무 연중무휴 ⊙ 가격 입장료 150B, 트램 80B ⊙ 홈페이지 없음

11 탐 카우 루앙
Tham Khao Luang Cave

동굴 사원. 입구 주차장에서 썽태우를 타고 5분, 썽태우에서 내려서 200m 정도 걸어가면 동굴 입구가 나온다. 동굴로 가는 길에 원숭이가 많다. 종유석이 달린 드넓은 동굴 안에는 200여 기의 불상과 탑이 놓여 있다. 썽태우 왕복 20B.

◎ MAP P.376I
◎ 구글 지도 GPS 13.135186, 99.932873 ◎ 찾아가기 후아힌 시계탑에서 북쪽으로 약 70km ◎ 주소 Tham Khao Luang Cave, Thongchai, Phetchaburi ◎ 전화 087-165-5876 ◎ 시간 월~금요일 08:00~16:00, 토~일요일 08:00~17:00 ◎ 휴무 연중무휴 ◎ 가격 10B ◎ 홈페이지 없음

13 쩩삐야
正盛
เจ๊กเปี๊ยะ

오전 메뉴로는 태국식 죽 쪽과 카우똠, 치킨라이스 카우만까이, 국수 꾸어이띠여우 등을, 저녁 메뉴로는 이싼 스타일 쑤끼인 찜쭘 등을 판매한다. 금요일 저녁이나 주말에는 무조건 줄설 각오를 해야 한다.

◎ MAP P.376E
◎ 구글 지도 GPS 12.571705, 99.957172 ◎ 찾아가기 후아힌 쏘이 57과 냅케하닷 로드(Naebkehardt Road)가 만나는 사거리에 위치 ◎ 주소 51/6 Dechanuchit Road ◎ 전화 032-511-289 ◎ 시간 06:30~12:30, 17:30~19:30(실내 좌석 20:00) ◎ 휴무 연중무휴 ◎ 가격 꾸어이띠여우 50B~, 카우만까이 50B ◎ 홈페이지 없음

꾸어이띠여우 쁠라 60B

12 꼬티
Koti Restaurant

주말 저녁에는 무조건 줄을 서야 할 정도로 인기 높은 현지 식당. 야시장 해산물 식당보다 저렴하고 외국인에게도 무리 없는 편안한 맛을 선보인다.

◎ MAP P.376E
◎ 구글 지도 GPS 12.571474, 99.956717 ◎ 찾아가기 후아힌 시계탑에서 펫까쌤 로드를 따라 110m, 도보 1분, 야시장 길 건너 ◎ 주소 69/7 Phet Kasem Road ◎ 전화 095-860-5364 ◎ 시간 12:00~24:00 ◎ 휴무 연중무휴 ◎ 가격 뿌팟퐁까리(Stir-Fried Crab with Yellow Curry Powder) 350B, 허이라이팟프릭파오(Stir-Fried Clams with Sweet Chilli Paste) 250B ◎ 홈페이지 www.facebook.com/Koti RestaurantHuahin

14 카우니여우 마무앙 빠쯔아
ข้าวเหนียวมะม่วงป้าเจ๊อ

코코넛 설탕물에 지은 찹쌀밥을 망고와 함께 먹는 카우니여우 마무앙으로 이름난 노점이다. 변변한 테이블도 없지만 현지인들은 물론 외국인 여행자들도 줄을 서서 먹을 정도로 인기다. 재료가 떨어지면 문을 일찍 닫으므로 꼭 맛보고 싶다면 오전에 찾는 게 좋다.

◎ MAP P.376E
◎ 구글 지도 GPS 12.570845, 99.960035 ◎ 찾아가기 힐튼 호텔 바로 앞 쏘이 쎌라캄(Soi Selakam) 모퉁이 ◎ 주소 118/1-3 Nares Damri Road ◎ 전화 081-259-2140 ◎ 시간 09:30~15:00(재료 소진 시 영업 종료) ◎ 휴무 연중무휴 ◎ 가격 120B ◎ 홈페이지 없음

카우니여우 마무앙 120B

15 차우레
Chao Lay Seafood
ชาวเล

바다 위 수상 가옥 형태의 레스토랑으로, 모든 좌석에서 바다가 보인다. 요리는 무난하고 맛있다.

◎ INFO P.073 ◎ MAP P.376E
◎ 구글 지도 GPS 12.572704, 99.959835 ◎ 찾아가기 후아힌 쏘이 57 해변에 위치, 시계탑 로터리에서 450m, 도보 6분 ◎ 주소 15 Nares Damri Road ◎ 전화 032-513-436 ◎ 시간 10:00~21:30 ◎ 휴무 연중무휴 ◎ 가격 루엄밋탈레짠런(Stir-fried Mixed Seafood in Hot Plate) 250B ◎ 홈페이지 www.facebook.com/profile.php?id=100063542714660

허이딸랍옵와인카우 250B

16 롬후완
룸후완

도보 2분 ★★

1980년에 문을 연 카우만까이 전문점이다. 닭고기를 부드럽게 삶아내며, 튀긴 마늘을 넣어 기름지지 않게 밥을 짓는다. 탐마다(일반)와 피쎗(곱빼기)의 가격 차이가 거의 없으므로 피쎗이 낫고, 시원한 탕을 곁들이면 멋진 한 끼 식사가 완성된다.

⊙ MAP P.376E
⊙ 구글 지도 GPS 12,571796, 99,957595 ⊙ 찾아가기 후아힌 쏘이 57. 쩩비야 레스토랑에서 해변 쪽으로 36m ⊙ 주소 49/5 Hua Hin 57 Road ⊙ 전화 086-513-1917 ⊙ 시간 목~화요일 07:00~13:30 ⊙ 휴무 수요일 ⊙ 가격 카우만까이(Chicken Rice) 45·50B ⊙ 홈페이지 없음

카우만까이 피쎗 50B

19 유옌 후아힌 발코니
YouYen Huahin Balcony
อยู่เย็น หัวหินบัลโคนี

도보 13분 ★★★

후아힌 해변의 모래사장에 인접해 환상적인 조망을 자랑하는 레스토랑. 태국 본연의 매운 맛을 부각한 곳으로, 게살튀김 뿌짜 등 맵지 않은 요리를 적당히 섞어 주문하면 좋다.

⊙ INFO P.072 ⊙ MAP P.376E
⊙ 구글 지도 GPS 12,580152, 99,956468 ⊙ 찾아가기 후아힌 시계탑에서 냅케핫 로드 북쪽으로 1.1km ⊙ 주소 29 Naebkehardt Road ⊙ 전화 032-531-191 ⊙ 시간 11:00~22:00 ⊙ 휴무 연중무휴 ⊙ 가격 뿌짜(Deep Fried Crab Meat with Garlic and Egg) 200B, 팟펫탈레(Stir Fried Seafood with Spicy Curry Sauce) 220B
⊙ 홈페이지 www.facebook.com/youyenbalcony

쏨땀 마라꼬 105B

17 벨로 카페
Velo Cafe

도보 8분 ★★★

커피를 내릴 때마다 원두를 갈아 사용하는 등 향과 맛을 훌륭하게 유지하는 후아힌 커피 맛집으로 소문난 곳이다. 작은 카페 특유의 아기자기한 멋이나 포토 스팟이 없음에도 커피 애호가들의 발길이 끊이지 않는다.

⊙ MAP P.376E
⊙ 구글 지도 GPS 12,576312, 99,956666 ⊙ 찾아가기 냅케핫 로드. 후아힌 쏘이 53 사거리에서 북쪽으로 52m ⊙ 주소 43/21 Naebkehardt Rd ⊙ 전화 063-223-9162 ⊙ 시간 07:30~16:30 ⊙ 휴무 연중무휴 ⊙ 가격 아메리카노(Americano) Hot 75B, Cold 80B, 피콜로 라테(Piccolo Latte) 75B ⊙ 홈페이지 www.facebook.com/velocafehuahin

아메리카노 콜드 80B

20 쌩타이 시푸드
Saeng Thai Seafood
แสงไทยซีฟู้ด

도보 15분 ★★★

후아힌 일대에서 가장 오래되고 인기 있는 해산물 전문점. 후아힌 비치에서 영업하다가 2017년 지금의 위치로 이전했다.

⊙ INFO P.072 ⊙ MAP P.376E
⊙ 구글 지도 GPS 12,580868, 99,955651 ⊙ 찾아가기 택시 이용. 냅케핫 로드 북쪽 해변에 위치, 시계탑 로터리에서 1.2km ⊙ 주소 8/3 Naebkehardt Road ⊙ 전화 032-530-343 ⊙ 시간 10:00~22:00 ⊙ 휴무 연중무휴 ⊙ 가격 쁠라까퐁능씨우(Seaperch Steamed in Soy Sauce) S 650B, 꿍깽쏨빼싸(Steamed Shrimp in Spicy Sour Soup) S 350B ⊙ 홈페이지 없음

허이라이팟프리파오 S 180B

18 코코 51
Coco 51
โคโค่ 51

도보 13분 ★★

후아힌 해변의 모래사장과 인접해 전망 좋은 레스토랑이다. 메뉴는 해산물 외에 서양 요리 등 다양하다. 테이블 세팅이 격조 있으며, 그만큼 가격은 높다.

⊙ MAP P.376E
⊙ 구글 지도 GPS 12,579558, 99,956765 ⊙ 찾아가기 후아힌 시계탑에서 냅케핫 로드 북쪽으로 1.1km, 후아힌 비치에서 해변을 따라 걸어도 된다. ⊙ 주소 51 Phet Kasem Road ⊙ 전화 080-006-1944 ⊙ 시간 12:00~22:00 ⊙ 휴무 연중무휴 ⊙ 가격 카우팟뿌(Fried Rice with Crabmeat) S 270B·M 480B·L 600B +10%
⊙ 홈페이지 없음

21 반 끄라이왕
Baan Khrai Wang
บ้านใกล้วัง

도보 16분 ★★★

바다와 접한 대저택에 자리한 디저트 전문점. 테이블은 야자수 아래에 바다가 보이는 위치에 자리한다. 가장 유명한 디저트는 코코넛 가토, 수제 빵에 버터크림을 바르고, 신선한 코코넛 과육을 올렸다.

⊙ MAP P.376E
⊙ 구글 지도 GPS 12,581800, 99,955612 ⊙ 찾아가기 택시 이용. 냅케핫 로드 북쪽 해변에 위치, 시계탑 로터리에서 1.5km ⊙ 주소 1 Naebkehardt Road ⊙ 전화 032-531-260 ⊙ 시간 10:00~19:00 ⊙ 휴무 연중무휴 ⊙ 가격 아이스 아메리카노(Iced Americano) 80B, 베리 스무디(Berry Smoothie) 110B +5%
⊙ 홈페이지 www.facebook.com/baangliwang

프레시 코코넛 가토 135B

22 반 이싸라
Baan Itsara
บ้านอิสระ
도보 17분 ★★

바다와 접한 야외 테이블이 대다수다. 바다 바로 옆 테이블에 앉길 원한다면 식사 시간 전에 방문하자. 블루 크랩을 사용하는 뿌팟퐁까리가 아주 저렴하다.

ⓘ INFO P.074 ⓜ MAP P.376E
ⓖ 구글 지도 GPS 12.582390, 99.955664 ⓒ 찾아가기 택시 이용, 냅케핫 로드 북쪽 해변에 위치, 시계탑 로터리에서 1.6km ⓐ 주소 7 Naebkehardt Road ⓣ 전화 081-887-9229 ⓞ 시간 10:30~21:00 ⓒ 휴무 연중무휴 ⓟ 가격 뿌탈레팟퐁까리(Sea Crab with Yellow Curry Powder) 240B/100g ⓗ 홈페이지 없음

뿌탈레팟퐁까리 1140B

23 아이라이스
I Rice
도보 9분 ★★

바닷가에 있는 것도 아니고, 해산물 레스토랑도 아니지만 해산물이 아주 신선하고 맛있다. 모든 요리가 기본 이상의 맛을 낸다.

ⓜ MAP P.376E
ⓖ 구글 지도 GPS 12.574246, 99.952932 ⓒ 찾아가기 야시장 끝 쪽에 해당하는 프라뽁끌라우 로드(Prapokklao Road)에서 우회전해 400m ⓐ 주소 Rieb Tanrod Fai Road, Hua Hin Soi 68~70 ⓣ 전화 089-137-6009 ⓞ 시간 일~금요일 11:00~21:00 ⓒ 휴무 토요일 ⓟ 가격 팟팍루엄(Stir Fried Mixed Vegetables) 120B, 팟쁠라믁(Stir Fried Squid) 180B ⓗ 홈페이지 www.facebook.com/IRiceHuaHin

쏨땀 150B

24 꾸어이띠여우무 똠얌땀룽
ก๋วยเตี๋ยวหมู ต้มยำตำลึง
자동차 10분 ★★★

국수 맛집. 국물이 있는 똠얌 국수 꾸어이띠여우 똠얌남, 똠얌 비빔국수 꾸어이띠여우 똠얌행, 맑은 국물의 꾸어이띠여우 남을 선보인다. 고명으로는 돼지고기와 돼지고기 내장, 다진 돼지고기, 생돼지고기(쏘), 룩친쁠라 등을 선택할 수 있다. 루엄밋으로 주문하면 골고루 섞어 준다.

ⓜ MAP P.376I
ⓖ 구글 지도 GPS 12.591582, 99.949832 ⓒ 찾아가기 후아힌 시계탑에서 펫까셈 로드를 따라 약 3km 왼쪽 ⓐ 주소 Phet Kasem Road ⓣ 전화 083-608-1050 ⓞ 시간 09:00~15:00 ⓒ 휴무 연중무휴 ⓟ 가격 탐마다 50B, 피쎗 60B ⓗ 홈페이지 없음

꾸어이띠여우 똠얌 남 50B

25 아러이 엣 후아힌
อร่อย@หัวหิน
자동차 7분 ★★★

주말여행을 즐기는 태국인들에게 인기 있는 레스토랑. 주메뉴인 해산물 요리가 신선하고 맛있다. 가격대가 비슷한 바닷가 레스토랑에 비해 서비스도 좋다.

ⓘ INFO P.074 ⓜ MAP P.377H
ⓖ 구글 지도 GPS 12.535795, 99.959935 ⓒ 찾아가기 후아힌 쏘이 112 입구 맞은편에 위치, 4번 국도를 따라 푸껫 방면으로 4.6km ⓐ 주소 129/18 Phet Kasem Road ⓣ 전화 083-562-4444 ⓞ 시간 월~목요일 11:00~21:30, 금요일 11:00~22:00, 토요일 10:30~22:00, 일요일 10:30~21:30 ⓒ 휴무 연중무휴 ⓟ 가격 허이럿팟차(Fried Razor Clams with Spicy Thai Herb) 220B ⓗ 홈페이지 www.facebook.com/aroyathuahin

꿍텃끄라티얌 400B

26 타마린드 마켓
Tamarind Market
자동차 6분 ★★★

팟타이와 까이양, 쏨땀 등 각종 태국 요리와 굴과 새우 등 해산물, 소시지와 핫도그, 한국식 프라이드치킨, 디저트 등 먹거리 가득한 야시장이다. 구입한 먹거리는 곳곳에 마련된 테이블에서 즐길 수 있다. 씨케다 야시장과 가깝고 먹거리가 풍성해 연계해 들르기 좋다.

ⓜ MAP P.377D
ⓖ 구글 지도 GPS 12.533393, 99.966014 ⓒ 찾아가기 씨케다 야시장 바로 옆 ⓐ 주소 Soi Huahin 23 ⓣ 전화 088-611-1644 ⓞ 시간 목~일요일 17:00~23:00 ⓒ 휴무 월~수요일 ⓟ 가격 주차 50B ⓗ 홈페이지 www.facebook.com/tamarindmarkethuahin

27 렛츠 시
Let's Sea
자동차 11분 ★★★

렛츠 시 리조트 내 레스토랑. 실내보다는 바다와 접한 야외 테이블의 분위기가 좋다.

ⓘ INFO P.073 ⓜ MAP P.377D
ⓖ 구글 지도 GPS 12.531572, 99.970769 ⓒ 찾아가기 후아힌 쏘이 87 씨케다 야시장 안쪽에 위치, 시계탑 로터리에서 따끼얍 방면으로 5.1km ⓐ 주소 83/155 Soi Huathanon 23, Khaotakieb-Hua Hin Road ⓣ 전화 032-900-800 ⓞ 시간 07:00~22:00 ⓒ 휴무 연중무휴 ⓟ 가격 카이쭈뿌마깐(Thai Omelette w Crab Meat) 280B, 쁠라까퐁카오능마나우(Steamed Sea Bass w Spicy Lime Sauce) 590B +17% ⓗ 홈페이지 www.letussea.com/dining

쏨땀뿌마 340B

28 렛츠 릴랙스
Let's Relax ★★★ 자동차 5분

한국 여행자들 사이에서 유명한 렛츠 릴랙스의 후아힌 지점. 마켓 빌리지 내에 자리해 쇼핑과 더불어 찾기에 좋다. 깨끗한 시설과 친절한 서비스, 합리적인 가격이 만족스럽다. 마사지 강도는 조금 약한 편이다.

ⓖ MAP P.376F
ⓐ 구글 지도 GPS 12.557462, 99.960357 ⓑ 찾아가기 마켓 빌리지 2~3층 ⓒ 주소 2nd·3rd Floor, Market Village, 234/1 Phet Kasem Road ⓓ 전화 032-526-364 ⓔ 시간 10:00~24:00 ⓕ 휴무 연중무휴 ⓖ 가격 타이 마사지 2시간 1200B ⓗ 홈페이지 www.letsrelaxspa.com/branch/huahin

29 블루포트
BlúPort ★★★ 자동차 8분

B층부터 3층까지 5층 규모로 자리한 후아힌 대표 쇼핑센터. B층의 푸드트럭과 라이프 스타일 숍, G층의 고메 마켓과 와인 커넥션 등 프랜차이즈 레스토랑, 태국을 대표하는 스파 브랜드를 선보이는 3층의 이그조틱 타이를 주목하자.

ⓘ INFO P.075 ⓜ MAP P.367G
ⓐ 구글 지도 GPS 12.547792, 99.962081 ⓑ 찾아가기 택시 이용 혹은 야시장 중앙의 싸쏭 로드(Sa Song Road)에서 썽태우를 타고 블루포트 하차 ⓒ 주소 8/89 Soi Moo Baan Nongkae ⓓ 전화 032-905-111 ⓔ 시간 11:00~21:00 ⓕ 휴무 연중무휴 ⓖ 가격 가게마다 다름 ⓗ 홈페이지 www.bluporthuahin.com

30 마켓 빌리지
Market Village ★★★ 자동차 6분

블루포트와 더불어 후아힌에서 가장 괜찮은 쇼핑센터. 가성비가 좋은 태국의 대표 대형 마트인 로터스가 입점해 있으며, 스트리트 푸드 마켓을 포함한 각종 프랜차이즈 레스토랑이 알차게 들어서 있다. 왕립 프로젝트 숍 푸파(Phufa) 등 특색 있는 매장을 구경하는 재미도 쏠쏠하다.

ⓘ INFO P.075 ⓜ MAP P.376F
ⓐ 구글 지도 GPS 12.557626, 99.959175 ⓑ 찾아가기 택시 이용 혹은 야시장 중앙의 싸쏭 로드(Sa Song Road)에서 썽태우를 타고 마켓 빌리지 하차 ⓒ 주소 234/1 Phet Kasem Road ⓓ 전화 032-618-888 ⓔ 시간 일~목요일 10:30~21:00(금·토요일 ~22:00) ⓕ 휴무 연중무휴 ⓖ 가격 가게마다 다름 ⓗ 홈페이지 www.marketvillagehuahin.co.th

31 오티오피
OTOP ★★★ 도보 2분

태국의 지역 단위인 땀본에서 생산하는 특산물을 판매하는 매장이다. 견과류, 건과일, 과자, 잼, 꿀, 차, 커피 등 먹거리는 물론 액세서리, 모자, 가방, 의류, 비누, 화장품, 오일 등 취급하는 상품의 범위와 종류가 다양하고, 가격이 저렴하다.

ⓜ MAP P.376F
ⓐ 구글 지도 GPS 12.568938, 99.957760 ⓑ 찾아가기 후아힌 시계탑에서 펫까쌤 로드 남쪽으로 190m 왼쪽 ⓒ 주소 71/17 Phet Kasem Road ⓓ 전화 087-171-3030 ⓔ 시간 09:00~21:00 ⓕ 휴무 연중무휴 ⓖ 가격 제품마다 다름 ⓗ 홈페이지 없음

DAY-40

무작정 따라하기 : 여행 준비

D-40
여권과 항공권 등 필요한 서류 체크하기

1. 준비할 서류 미리 보기
- 여권
- 항공권
- 여행자 보험

2. 여권 만들기

해외여행을 하려면 여권이 반드시 필요하다. 출입국은 물론 호텔 체크인, 면세점 이용 시 필요하다.

여권 소지자
유효기간을 확인할 것. 여권의 유효기간이 6개월 이상 남아 있어야 출입국에 문제가 없다.

여권을 처음으로 발급 받거나 유효기간 만료로 신규 발급받는 경우
신청 기관 전국 240개 도청, 시청, 군청, 구청 민원여권과
신청 서류 여권용 사진 1장, 신분증(주민등록증, 운전면허증), 여권 발급 신청서(민원여권과 비치)
18세 이상 37세 이하 남자인 경우 병역관계 서류.
수수료 10년 복수여권 58면 5만 원, 26면 4만7000원, 5년 복수여권 18세 미만 8세 이상 58면 4만2000원, 26면 3만9000원, 8세 미만 58면 3만3000원, 26면 3만 원, 1년 단수여권 1만5000원

3. 여행자 보험 살펴보기

여행자 보험은 여행 기간이 정해진 후 최소 출발 하루 전에 신청하면 된다. 공항 보험사 부스에서도 신청할 수 있지만 인터넷이 비교적 저렴하다. 여행자 보험 대행업체는 여러 보험사의 상품을 비교할 수 있어 편리하다. 그 밖에 인터넷 환전을 하면 여행자 보험 무료 가입 혜택을 받을 수 있다. 환전 시 보험 가입 여부란에 체크하면 된다. 보상 내용은 환전 금액에 따라 다르다.
신청 장소 보험사(홈페이지 신청 가능), 공항 보험사 부스
신청 서류 인터넷으로 신청하면 청약서와 인적 사항만 작성하면 된다. 공항 보험사 부스에서 신청하려면 여권이 필요하다.
비용 여행 기간, 나이, 보상 내용, 보험사에 따라 다르다.

D-35
예산 짜기

1. 예산 항목 만들기
- 항공 요금
- 숙박비
- 교통비(공항-시내, 시내에서의 이동 경비)
- 식비
- 입장료

2. 항목별 지출 예상 경비

항공 요금 30만~70만 원(세금, 유류할증료 포함) 시즌에 따라 항공료 차이가 크다. 저비용 항공사=저가의 등식이 성립되지 않으므로 여러 항공사를 비교해 조건을 잘 따져봐야 한다.
교통비 1일 100~300B (대중교통 기준)
숙박비 1일 1000~5000B 방콕에는 숙박 시설이 어마어마하게 많고 다양하며, 가격대도 천차만별이다. 1일 1000B가량 예산을 잡으면 에어컨과 욕실이 갖춰진 깔끔한 시설의 호텔 혹은 게스트하우스에 묵을 수 있으며, 브랜드 네임이 있는 유명 호텔은 3000~5000B 정도로 생각하면 된다. 게스트하우스 다인실은 200~300B이면 가능하다.
식비 1일 1000B~ 무엇을 먹느냐에 따라 차이가 크다. 쌀국수와 볶음밥으로 매끼를 때우면 하루 200B 이하로도 가능하다. 뿌팟퐁까리, 생선 등 해산물 요리를 즐기려면 현지 식당은 500B가량, 고급 식당은 1000B 이상을 예상해야 한다.

입장료 1회 20B~ 관광 명소 중 입장료가 가장 비싼 곳은 왓 프라깨우(왕궁)로 500B이다.

마사지 1회 300B~ 1시간에 100~200B짜리 마사지도 있지만 일반적으로 타이 마사지는 1시간에 300B 정도 한다. 고급 마사지 업소에서 오일 마사지를 받으면 3000B 이상이 들기도 한다.

3. 보편적인 방콕 3박 5일 예산

항공 요금	30만~50만 원
쑤완나품 공항 왕복 교통비 (택시 1회+공항철도 1회 기준)	400B
시내 교통비	500B
숙박비	3000~1만5000B
식비	3000B
입장료	650B
마사지	600B
총 경비	30만~50만 원+8150~2만150=63만~131만 원

환율: 1B=약 40원(매매기준율 기준)

✔ **1인 기준 비용 산출.** 3박 5일 동안의 짧은 일정이라 숙박비와 식비를 아끼지 않았다. 항공 요금은 시즌별, 항공사별로 차이가 크다. 저렴한 게스트하우스에서 지내며 현지 식당을 이용한다면 예산은 훨씬 낮아진다. 파타야, 후아힌 일정을 넣거나 1일 투어를 한다고 해도 비용은 크게 차이가 나지 않는다.

✔ **방콕 물가**
BTS・MRT 17B~(약 700원~)
택시 기본요금 40B(약 1600원)
호텔 중급 약 1000B(약 4만 원), 고급 약 5000B(약 20만 원)
생수 10B(약 400원)
캔 맥주 40B(약 1600원)
현지 식당 국수 50B(약 2000원)
버거킹 치즈 와퍼 219B(약 8700원)

D-30
항공권 구입하기

여행 계획을 세웠고 여권이 준비됐다면 항공권을 먼저 예약하는 게 답이다. 몇 개월 전부터 항공권을 확보하는 부지런한 여행자들 덕분에 저렴한 항공권은 일찍 동이 난다. 저비용 항공사도 마찬가지. 이른 예약이 진리다. 여권과 항공권을 준비하면 여행 준비의 절반 이상은 끝난 셈이다.

1. 방콕 취항 항공사
인천 ↔ 쑤완나품(BKK) 직항
대한항공(KE), 아시아나(OZ), 타이항공(TG), 이스타항공(ZE), 진에어(LJ), 제주항공(7C), 티웨이(TW), 에어부산(BX)

부산 ↔ 쑤완나품(BKK) 직항
대한항공(KE), 아시아나(OZ), 이스타항공(ZE), 제주항공(7C), 에어부산(BX), 진에어(LJ)

인천 ↔ 돈므앙(DMK) 직항
티웨이(TW), 에어아시아(XJ)

2. 항공권 판매 웹사이트
여행사, 항공사보다 웹사이트에서 직접 구매하는 게 저렴하다. 선호하는 항공사가 있다면 항공사 홈페이지를 자주 드나드는 것도 방법. 할인 요금이 이따금 나온다. 저비용 항공사라고 해서 무조건 저렴한 것도 아니므로 웹사이트에서 가격 비교 후 현명하게 결정하자.

스카이스캐너 www.skyscanner.co.kr
와이페이모어 www.whypaymore.co.kr
지마켓 air.gmarket.co.kr
인터파크투어 air.interpark.com

3. 태국 여행 최적기
방콕을 여행하기에 가장 좋은 시기는 11~2월이다. 밤에 살짝 춥게 여겨질 정도로 온도도 적당하고, 맑고 화창하다. 호텔 등에서 정하는 태국의 공식 성수기(High Season) 역시 11~3월로, 이 시기 숙박비가 가장 비싸다. 4월은 본격적인 우기가 시작되기 전이자 태국에서 가장 더운 시기. 쏭끄란 페스티벌이 열린다. 우기인 5~10월은 비수기에 해당된다.

4. 한국의 여행 성수기
설날, 추석 등 연휴와 방학 기간(12~2월, 7~8월)에 해당하는 우리나라의 여행 성수기에는 항공권 요금이 당연히 오른다. 우리나라의 여행 비수기이지만 태국의 성수기인 11월을 공략하면 그나마 저렴하게 여행을 즐길 수 있다.

D-25
숙소 예약하기

다인실에서부터 중급, 고급 호텔까지 다양한 선택지가 있다. 예산과 동선에 알맞게 숙소를 선택하면 된다.

숙소 예약 참고 사이트
아고다 www.agoda.com
호텔스닷컴 kr.hotels.com
부킹닷컴 www.booking.com
익스피디아 www.expedia.co.kr
호텔스컴바인 www.hotelscombined.co.kr

D-20
여행 정보 수집하기

온라인으로 정보 수집하기
관광청
태국정부관광청 서울 사무소 www.visitthailand.or.kr

커뮤니티
태사랑 www.thailove.net
→ 태국 최강 커뮤니티.

오프라인으로 정보 수집하기
가이드북 〈무작정 따라하기 방콕〉
→ 초보 여행자도 헤매지 않을 꼼꼼하고 정확한 정보.

D-10
환전하기

한국에서 미리 밧(B)으로 환전하는 게 편리하다. 환전할 때는 신분증(주민등록증, 운전면허증, 여권 중 하나)과 환전할 원화를 준비하면 된다. 은행과 사설 환전소의 환율을 순위대로 공시하는 마이뱅크(www.mibank.me/exchange/saving/index.php)는 환전 시 도움이 된다.

시중은행
은행마다 환율에 차이가 난다. 일반적으로 주거래은행에서 더 많은 환율 우대를 해준다. 환전 수수료를 우대받으려면 인터넷에 '환전 수수료 우대 쿠폰'을 검색하면 된다.

인터넷 환전
가장 편리하고 효과적인 방법이다. 환율 우대를 받거나 여행자 보험이 무료다. 여행자 보험은 환전 액수에 따라 혜택이 다르다. 인터넷 환전은 인터넷 뱅킹으로 환전 신청 후 수령 장소를 선택하는 방식. 공항은 지정 지점 혹은 해당 은행 아무 곳에서나 수령하면 된다. 방식은 은행마다 조금씩 다르다.

사설 환전소
환율이 가장 좋다. 환전 금액이 클 때는 무조건 유용하다. 직장이나 집 근처에 환전소가 자리해 방문하기 어렵지 않다면 적극 이용하자. 인터넷에 '환전소'를 검색하면 나온다.

공항 환전소
수수료가 높지만 편리하다. 큰돈을 환전하지 않는 이상 몇 백 원, 몇천 원 차이이므로 미리 환전하지 못했다면 맘 편하게 이용하자.

얼마나 환전해야 할까?
항공권과 숙박비를 신용카드로 계산한다면 남은 경비는 교통비, 식비, 입장료, 마사지 비용이다. 예상 금액은 4500B 정도. 시장을 제외한 웬만한 쇼핑은 신용카드로 해결되므로 나머지 잡비를 넉넉하게 10만 원만 잡아도 환전 금액은 30만 원이 채 되지 않는다.

D-3
짐 꾸리기

짐 꾸리기 체크리스트
☐ 여권
☐ 항공권
☐ 여행 경비
☐ 여행용 가방
☐ 현지에서 쓸 작은 가방
☐ 옷가지(겉옷, 속옷, 잠옷, 양말, 여름이라도 실내는 추우므로 긴팔 준비)

- ☐ 세면도구(칫솔, 치약, 빗 등)
- ☐ 화장품(기초 화장품, 자외선 차단제, 팩 등)
- ☐ 신발(운동화 혹은 편한 단화)
- ☐ 휴대폰과 충전기

있으면 유용한 물품
- ☐ 가이드북
- ☐ 카메라
- ☐ 신용카드
- ☐ 상비약(진통제, 종합 감기약, 일회용 밴드, 연고)
- ☐ 여성용품
- ☐ 물티슈
- ☐ 손수건
- ☐ 모기향과 모기 퇴치제
- ☐ 우산
- ☐ 모자 · 선글라스

기내에 가져가면 안 되는 물품
- ☐ 용기 1개당 100ml 초과 또는 총량 1L를 초과하는 액체류
- ☐ 칼
- ☐ 인화 물질
- ☐ 곤봉류
- ☐ 가스 및 화학물질
- ☐ 가위, 면도날, 얼음송곳 등 무기로 사용 가능한 물품
- ☐ 총기류
- ☐ 폭발물 및 탄약

D-DAY
출국하기

1. 공항 이동과 도착
공항 리무진 버스, 공항철도, 택시, 자가용 등을 이용해 공항으로 이동한다. 비행기 출발 2시간 전까지 공항에 도착해야 한다.

2. 탑승 수속
화면을 통해 해당 항공사의 카운터 위치를 확인한 후 카운터로 가 탑승 수속을 밟는다. 일부 항공사는 카운터에서 체크인을 하지 않고, 모바일 체크인과 키오스크를 통한 셀프 체크인만

가능하다. E-티켓을 프린트하거나 스마트폰에 저장해두면 예약 번호를 쉽게 확인할 수 있다. 부칠 짐이 없다면 탑승 수속은 끝. 부칠 짐이 있다면 체크인 후 카운터로 향한다. 수속이 끝나면 항공권과 수하물 태그(Baggage Tag)를 함께 준다. 수하물이 분실될 경우 증빙 서류가 되는 태그는 잘 보관한다. 카운터에서 체크인하는 경우에는 예약이 확인되지 않는 특별한 경우를 제외하면 여권만 보여주면 된다. 만약을 대비해 E-티켓을 프린트하거나 스마트폰에 저장해두면 좋다.

3. 환전하기
인터넷 환전을 신청했다면 해당 은행의 수령 장소에서 신분증을 보여준 다음 돈을 수령한다. 미리 환전하지 못한 경우에도 출국장으로 들어가기 전에 환전한다. 출국장 내에서는 ATM을 사용할 수 없으며, 환전소가 있지만 수가 적다.

4. 여행자 보험 신청
여행자 보험을 미리 신청하지 않았다면 공항의 여행자 보험 부스를 이용한다. 여행자 보험은 필수 사항은 아니지만 혹시 모를 상황을 위한 보험이다.

5. 출국 심사
여권과 탑승권을 보여준 후 들어가면 엑스레이 검사를 한다. 휴대품 중 노트북이 있다면 꺼내어 바구니에 넣는다. 사람은 금속 탐지기를 통과하므로 주머니의 소지품, 허리띠 등을 미리 확인해 바구니에 넣자.

엑스레이 검사를 마치면 출국 심사가 기다린다. 심사관에게 여권을 보여준 후 도장을 받으면 된다. 주민등록증을 발급받은 만 19세 이상 국민은 사전 등록 없이 자동출입국 심사대를 이용할 수 있다.

6. 면세점 쇼핑
공항 면세점을 다 돌아보는 건 힘든 일이므로 필요한 물품을 미리 생각해 쇼핑을 즐기자. 인터넷 면세점 혹은 시내 면세점에서 쇼핑을 한 후라면 면세품 인도장에서 물건을 찾으면 된다.

7. 탑승 대기
탑승권에 적혀 있는 보딩 타임(Boarding Time)에 맞춰 해당 게이트 앞에서 기다린다. 한 사람이 지각함으로써 수백 명이 불편을 겪는 일이 발생할 수 있으므로 시간을 엄수하자.

8. 비행기 탑승
안전벨트를 매고 스마트폰은 끄거나 비행 모드로 전환한다. 이륙한 후 안전벨트 사인이 꺼질 때까지 안전벨트를 풀고 자리에서 움직이거나 좌석 등받이를 뒤로 젖히면 안 된다.

OUTRO

무작정 따라하기 : 상황별 여행 회화

*남자는 크랍, 여자는 카

기본 표현

안녕하세요.
สวัสดีครับ/ค่ะ
◀ 싸왓디 크랍/카

안녕히 가세요.
สวัสดีครับ/ค่ะ
◀ 싸왓디 크랍/카

만나서 반갑습니다.
ยินดีที่ได้รู้จักครับ/ค่ะ
◀ 인디 티다이 루짝 크랍/카

저는 한국인입니다.
ฉันเป็นคนเกาหลี
◀ 찬 뻰 콘 까올리

고맙습니다.
ขอบคุณครับ/ค่ะ
◀ 컵쿤 크랍/카

실례합니다.
ขอโทษนะครับ/ค่ะ
◀ 커톳 나 크랍/카

미안합니다.
ขอโทษครับ/ค่ะ
◀ 커톳 크랍/카

정말 미안합니다.
ขอโทษจริงๆครับ/ค่ะ
◀ 커톳 찡찡 크랍/카

괜찮습니다.
ไม่เป็นไรครับ/ค่ะ
◀ 마이 뻰 라이 크랍/카

잘 지내세요?
สบายดีไหมครับ/ค่ะ
◀ 싸바이디 마이 크랍/카

네.
ครับ/ค่ะ
◀ 크랍/카

아니요.
ไม่ใช่ครับ/ค่ะ
◀ 마이 차이 크랍/카

이건 뭐예요?
อันนี้คืออะไรครับ/คะ
◀ 안니 크 아라이 크랍/카

화장실이 어디예요?
ห้องน้ำอยู่ที่ไหนครับ/คะ
◀ 헝남 유 티나이 크랍/카

숫자

0	◀ 쑨	8	◀ 뺏	40	◀ 씨씹	102	◀ 러이썽
1	◀ 능	9	◀ 까오	50	◀ 하씹	110	◀ 러이씹
2	◀ 썽	10	◀ 씹	60	◀ 혹씹	135	◀ 러이쌈씹하
3	◀ 쌈	11	◀ 씹엣	70	◀ 쩻씹	150	◀ 러이하씹
4	◀ 씨	12	◀ 씹썽	80	◀ 뺏씹	200	◀ 썽러이
5	◀ 하	20	◀ 이씹	90	◀ 까오씹	1000	◀ 판
6	◀ 혹	21	◀ 이씹엣	100	◀ 러이	10000	◀ 믄
7	◀ 쩻	30	◀ 쌈씹	101	◀ 러이엣	100000	◀ 쌘

교통

말씀 좀 묻겠습니다.
ขอถามหน่อยครับ/ค่ะ
◀ 커 탐 너이 크랍/카

카오산 로드가 어디입니까?
ถนนข้าวสารอยู่ที่ไหนครับ/คะ
◀ 타논 카오싼 유 티나이 크랍/카

얼마나 걸리나요?
ใช้เวลาเท่าไรครับ/คะ
◀ 차이웰라 타오라이 크랍/카

여기에서 먼가요?
ไกลจากที่นี่ไหมครับ/คะ
◀ 끌라이 짝 티니 마이 크랍/카
*멀다 끌라이(평성), 가깝다 끌라이(위로 올렸다 내리는 성조)

짜뚜짝 시장으로 가 주세요.
ช่วยไปที่ตลาดนัดจตุจักรครับ/ค่ะ
◀ 추어이 빠이 티 딸랏 짜뚜짝 크랍/카

여기에서 세워주세요.
ช่วยจอดรถที่นี่ครับ/ค่ะ
◀ 추어이 쩟 롯 티니 크랍/카

거스름돈은 가지세요.
ไม่ต้องทอนครับ/ค่ะ
◀ 마이 떵 턴 크랍/카

레스토랑

메뉴 좀 보여주세요.
ขอดูเมนูหน่อยครับ/ค่ะ
◀ 커 두 메누 너이 크랍/카

새우 볶음밥 주세요.
ขอข้าวผัดกุ้งครับ/ค่ะ
◀ 커 카우팟꿍 크랍/카

쏨땀 하나, 팟타이 하나 주세요.
ขอส้มตำหนึ่งและผัดไทยหนึ่งครับ/ค่ะ
◀ 커 쏨땀 능 래 팟타이 능 크랍/카

맛있어요.
อร่อยครับ/ค่ะ
◀ 아러이 크랍/카

매운 것을 좋아합니다.
ชอบอาหารเผ็ดครับ/ค่ะ
◀ 첩 아한 펫 크랍/카

팍치는 넣지 마세요.
ไม่ใส่ผักชีครับ/ค่ะ
◀ 마이 싸이 팍치 크랍/카

싱하 비어 주세요.
ขอเบียร์สิงห์หน่อยครับ/ค่ะ
◀ 커 비야 씽 너이 크랍/카

생수(얼음) 주세요.
ขอน้ำเปล่า(น้ำแข็ง)ครับ/ค่ะ
◀ 커 남쁠라오(남캥) 크랍/카

모두 얼마입니까?
ทั้งหมดเท่าไรครับ/คะ
◀ 탕못 타오라이 크랍/카

계산서 주세요.
เช็คบิลครับ/ค่ะ เก็บตังค์ครับ/ค่ะ
◀ 첵빈 크랍/카, 껩땅 크랍/카

쇼핑

이거 좀 보여주세요.
ขอดูอันนี้หน่อยครับ/ค่ะ
◀ 커 두 안니 너이 크랍/카

작아요. 커요.
เล็กครับ/ค่ะ ใหญ่ครับ/ค่ะ
◀ 렉 크랍/카, 야이 크랍/카

얼마예요?
เท่าไรครับ/คะ
◀ 타오라이 크랍/카

이거 얼마예요?
อันนี้ท่าไรครับ/คะ
◀ 안니 타오라이 크랍/카

200밧입니다.
200บาทครับ/ค่ะ
◀ 썽러이 밧 크랍/카

너무 비싸요.
แพงมากครับ/ค่ะ
◀ 팽 막 크랍/카

150밧에 주세요.
ขอเป็น150บาทครับ/ค่ะ
◀ 커 뻰 러이하씹 밧 크랍/카

좀 깎아주세요.
ช่วยลดหน่อยนะครับ/ค่ะ
◀ 추어이 롯 너이 나 크랍/카

이걸(저걸)로 주세요.
ขออันนี้(อันโน้น)ครับ/ค่ะ
◀ 커 안니(안논) 크랍/카

아플 때

두통이 있다.
ปวดหัว
◀ 뿌엇후어

복통이 있다.
ปวดท้อง
◀ 뿌엇텅

치통이 있다.
ปวดฟัน
◀ 뿌엇판

감기에 걸리다.
เป็นหวัด
◀ 뻰 왓

기침하다.
ไอ
◀ 아이

토하다.
อาเจียน
◀ 아찌얀

설사하다.
ท้องร่วง
◀ 텅루엉

두통약 있습니까?
มียาแก้ปวดหัวไหมครับ/คะ
◀ 미 야깨뿌엇후어 마이 크랍/카

두통약 주세요.
ขอยาแก้ปวดหัวครับ/ค่ะ
◀ 커 야깨뿌엇후어 크랍/카

두통약	ยาแก้ปวดหัว ◀ 야깨뿌엇후어
감기약	ยาแก้หวัด ◀ 야깨왓
지사제	ยาแก้ท้องร่วง ◀ 야깨텅루엉
소화제	ยาช่วยย่อย ◀ 야추어이여이
모기약	ยากันยุง ◀ 야깐융

위급 상황

도와주세요.
ช่วยด้วย
◀ 추어이 두어이

경찰서가 어디예요?
สถานีตำรวจอยู่ที่ไหนครับ/คะ
◀ 싸타니 땀루엇 유 티나이 크랍/카

경찰을 불러주세요.
เรียกตำรวจให้ด้วยครับ/ค่ะ
◀ 리약 땀루엇 하이 두어이 크랍/카

도난 신고를 하고 싶어요.
อยากแจ้งการถูกขโมยครับ/ค่ะ
◀ 약 쨍깐툭 카모이 크랍/카

가방을 잃어버렸어요.
กระเป๋าหายครับ/ค่ะ
◀ 끄라빠오 하이 크랍/카

가방을 날치기당했어요.
โดนวิ่งราวกระเป๋าครับ/ค่ะ
◀ 돈 윙라우 끄라빠오 크랍/카

가방	กระเป๋า ◀ 끄라빠오
지갑	กระเป๋าเงิน ◀ 끄라빠오 응언
휴대폰	มือถือ ◀ 므트
노트북	โน๊ตบุ๊ค ◀ 놋북
여권	หนังสือเดินทาง ◀ 낭쓰든탕

INDEX

A

CPS 커피_ 241

P. 키친_ 242

T&K 시푸드_ 091, 116, 325

ㄱ

가쓰이치_ 240

갤러리 드립 커피_ 217

게이손_ 230

고메 마켓(싸얌)_ 215

고메 마켓(프롬퐁)_ 245

국립 미술관_ 298

국립극장_ 287

국립박물관_ 054, 286

글라스 하우스_ 066. 369

까림 로띠 마따바_ 299

깐짜나부리_ 152

깔라빠프륵_ 272

껫타와_ 127, 243

꼬 란_ 064, 366

꼬앙 카우만까이 쁘라뚜남_ 107, 233

꼬티_ 382

꼬파닛_ 134, 311

꼬피 히야타이끼_ 311

꽝 시푸드_ 117, 246

꾸어이띠여우 뜨럭롱무_ 100, 324

꾸어이띠여우 르아 룽렉_ 359

꾸어이띠여우 르아 클렁싸부아_ 359

꾸어이띠여우무 똠얌땀릉_ 384

꾸어이띠여우쁠라 짜우까우 짜런끄룽 18_ 327

꾸어이짭우언 포차나_ 326

낀롬촘싸판_ 316

ㄴ

나 스파_ 371

나라_ 089, 228

나라야_ 215

나라야(칫롬)_ 230

나와 팟타이_ 094, 316

나이멩 바이뿌끼여우꿍약_ 266

나이몽 허이턴_ 327

나이쏘이_ 093, 103, 299

나이우언_ 093, 311

남니여우 빠쑥 꾸어이띠여우 씹썽빤나_ 270

남똑 기차역_ 348

낭누안_ 067, 367

넝까이넝까우 쁠라양 야오와랏_ 326

네버 엔딩 서머_ 275

노스이스트_ 109, 268

눙늣 파타야 가든_ 065, 367

니나 커피 로스터리 아리_ 220

ㄷ

담넌 싸두악 수상 시장_ 153, 337

댕담_ 368

더 가든스_ 258

더 덱_ 095, 119, 289

더 로컬_ 111, 241

더 블루밍 갤러리_ 254

더 빌리지_ 349

더 스카이 갤러리_ 369

더 스피크이지_ 146, 228

더 커먼스_ 255

더 커먼스 쌀라댕_ 267

도이캄_ 287

동동 동키_ 259

디_ 232

디 애틱_ 345

디 오아시스 스파 파타야_ 371

디 원 랏차다_ 178, 247

디오라 랑쑤언_ 229

디와나 너처_ 240

디와나 디바인_ 256

디와나 버추_ 272

딘 카페_ 346

딸랏 너이_ 328

딸링쁠링 쑤쿰윗 쏘이 34_ 111, 255

딸링쁠링(싸얌)_ 214

393

땀 란통_ 348
땅 후어 쌩_ 301
떵깐 카페_ 346
또 꾸어이짭_ 311
똔크르앙_ 255

ㄹ

라 바게트_ 368
라 빌라_ 220
라우 라우_ 220
라이즈 커피_ 131, 232
락 므앙_ 287
락 칸나_ 348
란 꾸어이짭 나이엑_ 092, 101, 326
란 빠약_ 218
란 싸이마이_ 291
란 쩨또_ 370
랏마윰 수상시장_ 274
랏차담넌 스타디움_ 311
랏팍 공원_ 381
램차런 시푸드_ 229
레 라오_ 220
레드 스카이_ 146, 229
레몬 팜_ 231
렉 시푸드_ 270
렛츠 릴렉스(싸얌)_ 214
렛츠 릴렉스(아쏙)_ 242
렛츠 릴렉스(파타야)_ 371
렛츠 릴렉스(후아힌)_ 385
렛츠 시_ 073, 384
로스트(텅러)_ 255
로스트(프롬퐁)_ 243
로열 가든 플라자_ 372
로열 프로젝트 숍_ 221
로켓_ 271
로터스_ 373
롬후완_ 383
롯파이 시장_ 259
롱터우_ 325
루카 카페_ 271
룸피니 공원_ 266
룸피니 스타디움_ 222
룽르앙_ 092, 099, 243
룽싸와이_ 066, 369
르엇무 쿤씨_ 368
리플리스_ 366
림라오응오_ 266

ㅁ

마담 투소 방콕_ 212
마담 행(쌀라댕)_ 269
마담행(싸얌)_ 216
마더 로스터_ 329
마더 메이 아이_ 257
마라꺼_ 358
마분콩_ 217
마켓 빌리지_ 075, 385
마하깐 요새_ 308
마하나콘 스카이워크_ 270
만다린 오리엔탈 숍_ 214
망고 트리_ 267
망고탱고_ 213
매끌렁 시장_ 155, 336
맴 똠얌꿍_ 089, 300
멀리건스 아이리시 바_ 300
메가 방나_ 259
메이스 파타야_ 369
메이크 미 망고_ 289
메타왈라이 썬댕_ 113, 309
몸놈솟_ 135, 310
무에타이 스트리트_ 301
문스톤 마사지_ 345
뭄 아러이_ 067, 368
므엉 말리까_ 349
미나 카페_ 347
미니 싸얌_ 366
미켈러 방콕_ 257
민주기념탑_ 308

ㅂ

바미콘쌜리_ 252
반 꾸어이디여우 르아텅_ 218
반 끄라이왕_ 383
반 쏨땀_ 095. 124, 272
반 아이스_ 126, 253
반 이싸라_ 074, 384
반 카니타 & 갤러리_ 267
반 쿤매_ 089, 216
반 팟타이_ 273
반마이림남_ 359
반잉_ 214
반촘낫 마사지_ 268
방빠인 궁전_ 061, 358
방콕 스카이_ 233
방콕 아트 앤드 컬처 센터_ 053, 216
백스트리트 하우스_ 368
버티고 & 문 바_ 144, 268
벨로 카페_ 383
벨스 피제리아_ 345

부다 & 팔스_ 149, 311
분똥끼얏_ 254
브릭 바_ 149, 300
브어이 포차나_ 254
블루포트_ 075, 385
비비_ 289
비스트 & 버터_ 254
비터맨_ 130, 268
빅 시 슈퍼마켓(파타야)_ 373
빅 시 슈퍼센터(에까마이)_ 259
빅 시 슈퍼센터(칫롬)_ 231
빠이 스파_ 301
빠텅꼬_ 299
빠하오티엔미_ 327
빡클렁 시장_ 183, 290
뻐 포차야_ 108, 310
뿌뻰_ 066, 369
쁘띠 솔레일_ 299
쁘라뚜남 시장_ 233
쁘라삿 므앙씽 역사공원_ 349
쁘라짝_ 102, 273
쁘리차_ 067, 369

ㅅ

사니스_ 273
사린야 타이 마사지 & 스파_ 256
사보이 시푸드_ 091, 228
살라 찰름끄룽_ 032
색소폰_ 148, 219
서포트 파운데이션_ 222
센터 포인트(싸얌)_ 214
센터 포인트(쌀라댕)_ 268
센트럴 마리나 파타야_ 372

센트럴 엠버시_ 232
센트럴 월드_ 230
센트럴 칫롬_ 231
센트럴 파타야 비치_ 068, 372
센트럴 푸드 홀_ 230
스리 식스티_ 147, 275
스카이 워크 깐짜나부리_ 344
스티브 카페_ 317
시 라이프 방콕 오션 월드_ 212
시로코 & 스카이 바_ 143, 274
싯 앤드 원더_ 253
싸남 루앙_ 286
싸바이짜이_ 124, 257
싸얌 디스커버리_ 215
싸얌 박물관_ 053, 290
싸얌 센터_ 215
싸얌 스퀘어 원_ 215
싸얌 파라곤_ 215
싸얌 파라곤 푸드 홀_ 214
싸오칭차_ 308
싸이남픙_ 241
싸이욕 너이 폭포_ 348
쌀라 랏따나꼬씬_ 120, 288
쌈얀 밋타운_ 329
쌈펭 시장_ 182, 328
쌍완씨_ 106, 231
쌔우(쑤쿰윗 쏘이 49)_ 252
쌔우(텅러)_ 252
쌔푼_ 310
쌘엽_ 274
쌥완 랏차다_ 246
쌩타이 시푸드_ 072, 383
썬텅 포차나_ 244

쏘헹타이_ 329
쏨땀 나므앙_ 368
쏨땀 누아_ 125, 213
쏨땀 더_ 095, 125, 226
쏨땀 쩨쏘_ 267
쏨분 시푸드_ 090, 116, 212
쏨분 시푸드(총논씨)_ 270
쏨분 시푸드(프런찟)_ 232
쏨쏨 포차나_ 092, 099, 316
쏨퐁 타이 쿠킹 스쿨_ 271
쑤다 포차나_ 090, 241
쑤리요타이 쩨디_ 061, 357
쑤말라이_ 256
쑤파니까 이팅 룸_ 121, 289
쑤파맛 쩨뚬_ 287
씨 뜨랏_ 112, 243
씨 마하 마리암만 사원_ 051, 272
씨롬 콤플렉스_ 269
씨롬 타이 쿠킹 스쿨_ 270
씨리랏 의학 박물관_ 291
씨리랏 피묵쓰탄 박물관_ 291
씨케다 야시장_ 071, 380

ㅇ

아러이 엣 후아힌_ 074, 384
아룬완_ 258
아시아 허브 어소시에이션(프롬퐁)_ 244
아시아티크_ 180, 276
아웃렛 몰 파타야_ 373
아이라이스_ 384
아이야아러이_ 242
아이콘 싸얌_ 275

아트 오브 더 킹덤 뮤지엄_ 032
아티스_ 241
알시에이_ 246
알카자_ 069, 370
암파와 수상 시장_ 154, 337
애드히어 서틴스 블루스 바_ 148, 317
애프터 유(싸얌)_ 213
애프터 유(텅러)_ 254
야오와랏 로드_ 324
야타야 수상시장_ 359
앤 꾸어이띠여우 쿠어까이_ 104, 328
어보브 일레븐_ 240
언럭윤_ 106, 328
엉떵 카우쏘이_ 093, 220
에라완 국립공원_ 349
에라완 사당_ 051, 228
에즈, 이즈_ 327
에프위_ 328
엑뗑푸끼_ 325
엠스피어_ 245
엠케이 골드_ 213
엠쿼티어_ 245
엠포리움_ 244
엠포리움 푸드 홀_ 243
엣 이즈_ 244
옌리 유러스_ 229
오까쭈_ 212
오드리_ 253
오디얀_ 327
오또꼬 시장_ 221
오티오피_ 385
옥타브_ 145, 252
온스 타이 이싼_ 345

와꼬_ 229
와타나파닛_ 102, 258
왓 나 프라멘_ 357
왓 뜨라이밋_ 049, 324
왓 랏차낫다람_ 047, 308
왓 랏차보핏_ 309
왓 랏차부라나_ 059, 356
왓 랏차쁘라딧_ 309
왓 로까야쑤타람_ 060, 357
왓 마하탓_ 048, 286
왓 망꼰 까말라왓_ 051, 324
왓 반탐_ 347
왓 벤짜마보핏_ 049, 309
왓 보원니웻_ 050, 298
왓 빡남 파씨짜런_ 273
왓 싸껫_ 048, 309
왓 쑤탓_ 046, 308
왓 아룬_ 040, 288
왓 야이차이몽콘_ 060, 358
왓 인타라위한_ 050, 316
왓 차이왓타나람_ 059, 358
왓 카우 따끼엡_ 381
왓 탐 쓰아_ 347
왓 탐 카오 너이_ 347
왓 포_ 036, 288
왓 포 마사지_ 289
왓 프라 마하탓_ 058, 356
왓 프라 씨싼펫_ 058, 356
왓 프라 응암_ 358
왓 프라깨우_ 029, 286
왓 프라람_ 061, 357
왓 피난청_ 357
왓 후어이 몽콘_ 381

왕궁_ 029, 286
왕랑 시장_ 183, 291
왕실 선박 박물관_ 291
우아눗_ 231
운찬 헬스 마사지_ 268
워킹 스트리트_ 069, 366
원 방콕_ 233
월플라워스 카페_ 327
위한 프라 몽콘보핏_ 061, 356
유 룩친쁠라 아오와랏_ 326
유엔군 묘지(던락)_ 344
유엔군 묘지(청까이)_ 344
유엔 후아힌 발코니_ 072, 383
이글 네스트_ 147, 288
인 러브_ 317
인디 마켓 삔끌라오_ 301
인터_ 213
잇 사이트 스토리_ 288
잇타이_ 232

ㅈ

자스민스 카페_ 367
전승기념탑_ 218
제스 전쟁 박물관_ 344
제이 애비뉴_ 256
제이제이 몰 마켓_ 222
주카타 십 팜_ 381
죽음의 철도_ 346
진리의 성전_ 065, 366
진저브레드 하우스_ 310
짐 톰슨 하우스_ 052, 216
짐 톰슨(싸얌)_ 217
짐 톰슨(쌀라댕)_ 269

짜뚜짝 주말 시장_ 175, 221
짜런쌩 씨롬_ 109, 274
짜오 쌈 프라야 국립박물관_ 061, 357
짜오프라야 크루즈_ 274
짜오프롬 시장_ 359
쩟패_ 247
쩩삐야_ 382
쪽 쌈얀_ 329
쪽 포차나_ 090, 108, 316
쪽 프린스_ 107, 274
찌라 엔따포_ 100, 298

ㅊ

차암 비치_ 071
차우레_ 073, 382
차타 스페셜티 커피_ 325
창추이 마켓_ 301
초콜릿 팩토리_ 373
촘 아룬_ 289
침침_ 217

ㅋ

카놈빵 짜우라어리뎃 야오와랏_ 135, 325
카르마카멧 다이너_ 243
카르마카멧(쌀라댕)_ 269
카르마카멧(프롬퐁)_ 245
카오 치 짠_ 367
카오산 센터_ 300
카오키여우 오픈 주_ 367
카우_ 257
카우 히렉파이 뷰포인트_ 380
카우니여우 마무앙 빠쯔아_ 382

카우니여우문 매와리_ 134, 253
카우똠 보원_ 300
카우무댕 씨모라꼿_ 324
카우쏘이 치앙마이 쑤팝(짜우까우)_ 317
카우짜우_ 255
칼립소 카바레_ 276
커피 올드 시티_ 358
커피 콘텍스트_ 299
커피빈 바이 다오_ 258
컬럼비아 픽처스 아쿠아버스_ 371
케이 커피_ 300
코카 레스토랑_ 267
코코 51_ 383
콰이 강의 다리_ 346
쿠어 끌링 팍 쏫(텅러)_ 126, 253
쿠어 끌링 팍 쏫(프롬퐁)_ 126, 220
쿤댕 꾸어이짭유안_ 101, 298
쿤쁘라넘_ 359
퀸 씨리낏 박물관_ 032
크루아 찌앙마이_ 254
크루아얍쏜_ 091, 113, 309
크루아축돈_ 345
크루아쿤뿍_ 240
클렁 방루앙_ 273
키리 만뜨라_ 349
키리 타라_ 346
킹 파워_ 271
킹 파워 마하나콘_ 144
킹 파워 콤플렉스_ 219
킹 파워 파타야_ 373

ㅌ

타 마하랏 시장_ 287
타마린드 마켓_ 384
타이타니 아트 & 컬처 빌리지_ 367
탄(칫롬)_ 230
탕잉_ 112, 272
탐 카우 루앙_ 382
탐마쌋 대학교_ 287
태국-버마 철도 센터_ 344
터미널 21(아쏙)_ 242
터미널 21(파타야)_ 068. 372
테웻 시장_ 183, 317
텍사스 쑤끼_ 325
텝쁘라씻 야시장_ 068, 372
톱스 푸드 홀_ 372
티추까_ 145, 252
티파니 쇼_ 370
팁싸마이_ 094, 103, 310

ㅍ

파라다이_ 217
파이끼여우_ 326
파카마라_ 255
파타야 수상 시장_ 373
파타야 키트 스피드웨이_ 371
판퓨리 웰니스(칫롬)_ 229
판퓨리(칫롬)_ 230
팜투테이블_ 290
팟타이 파이탈루_ 310
팟퐁 야시장_ 182, 269
팩토리 커피_ 131, 219
퍼셉션_ 270
페더스톤_ 130, 258
펩피나_ 232

포 타이 마사지 39_ 244
푸드 플러스_ 213
푸아끼_ 299
프라나콘끼리(카우 왕)_ 381
프라쑤멘 요새_ 298
플래티넘 패션 몰_ 233
플로럴 카페_ 290
플루_ 267
피어 21_ 241
필 커피_ 256

ㅎ

하드록 카페_ 370

하이 쏨땀 컨벤트_ 266
히이텃 차우레_ 253
험두언_ 127, 257
헤프닝_ 217
헬 파이어 패스_ 348
헬스 랜드(세인트 루이스)_ 271
헬스 랜드(아쏙)_ 242
헬스 랜드(에까마이)_ 259
헬스 랜드(카오산 로드)_ 301
헬스 랜드(파타야)_ 371
헹 허이텃 차우레_ 094, 104, 258
호라이즌_ 069, 370
홉스 브루하우스_ 370

홍씨엥꽁_ 129, 329
화이트 플라워_ 212
후아쌩홍_ 326
후아힌 기차역_ 380
후아힌 비치_ 071
후아힌 아티스트 빌리지_ 381
후아힌 야시장_ 070, 380
히어하이_ 117, 257

사진 제공

주라기 월드 Oksana Panova / Shutterstock.com
엠스피어 i viewfinder / Shutterstock.com
원 방콕 Kritsaroot Udkwae / Shutterstock.com
센트럴 월드 Itdegigos / Shutterstock.com
싸얌 파라곤 DavidNNP/Shutterstock.com

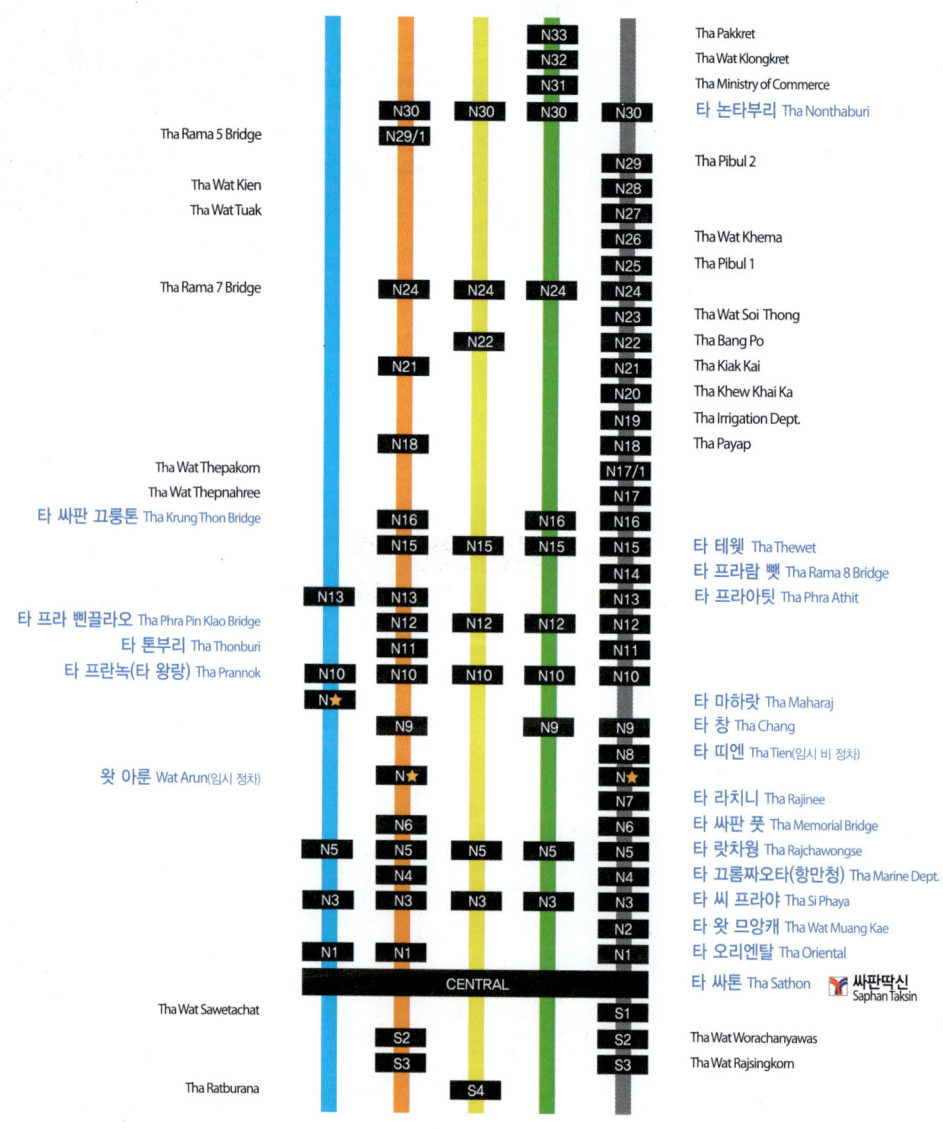